Montpellier au Moyen Âge

SEUH

40

STUDIES IN EUROPEAN URBAN HISTORY (1100–1800)

SERIES EDITORS

MARC BOONE

ANNE-LAURE VAN BRUAENE

Ghent University

Montpellier au Moyen Âge

Bilan et approches nouvelles

Ouvrage dirigé par Lucie Galano et Lucie Laumonier

BREPOLS

Illustration de couverture: Montpellier, détail de la carte de Georg Braun et Frans Hogenberg, Cologne, 1576. Barry Lawrence Ruderman Antique Maps Inc., ID 29545. Reproduit avec autorisation.

© 2017, Brepols Publishers n.v., Turnhout, Belgium.

All rights reserved. No part of this publication may be reproduced, stored in a retrieval system, or transmitted, in any form or by any means, electronic, mechanical, photocopying, recording, or otherwise without the prior permission of the publisher.

D/2017/0095/97
ISBN 978-2-503-56852-2 (printed)
ISBN 978-2-503-56853-9 (online)
DOI 10.1484/M.SEUH-EB.5.110654

Printed in the EU on acid-free paper.

TABLE DES MATIÈRES

LUCIE GALANO ET LUCIE LAUMONIER
Introduction : Bilan de plusieurs décennies de recherches sur Montpellier   vii

PARTIE 1. TERRITOIRE SEIGNEURIAL, VILLE CONSULAIRE

PIERRE-JOAN BERNARD
La conservation des archives des seigneurs de Montpellier.
Guilhem de Montpellier, rois d'Aragon, rois de Majorque   3

LUCIE GALANO
Au-delà de la commune clôture. Perspectives de recherche sur la
juridiction montpelliéraine et les ressources territoriales languedociennes   15

FRANÇOISE DURAND-DOL
L'Église de Maguelone et les nouvelles fondations religieuses à Montpellier
(milieu XIIe -milieu XIIIe siècles)   31

LEAH OTIS-COUR
La justice criminelle à Montpellier aux XIIe-XIIIe siècles   51

PIERRE CHASTANG
Le gouvernement urbain, la parole et l'écrit.
Autour de quatre criées urbaines montpelliéraines des années 1330   59

GENEVIÈVE DUMAS
Bien public et pratiques de la santé à Montpellier au XVe siècle   77

PARTIE 2. UNE VILLE HABITÉE : URBANISME ET OCCUPATION DE L'ESPACE

KATHRYN REYERSON
Les réseaux économiques entre femmes à Montpellier fin XIIIe -mi- XIVe   93

BERNARD SOURNIA
Le Patriciat montpelliérain et son habitat vers 1300   105

JEAN-LOUIS VAYSSETTES
Quoi de neuf à Montpellier depuis 1991, à propos de ses maisons
des XIIIe et XIVe siècles ?   119

TABLE DES MATIÈRES

LUCIE LAUMONIER

Les manières de vivre à Montpellier (mi XIIIe – fin XVe siècle) :
ménages et parenté dans l'espace urbain ... 137

**PARTIE 3. AU CARREFOUR DES INFLUENCES,
MONTPELLIER VILLE MARCHANDE ET CENTRE INTELLECTUEL**

MAÏTÉ FERRET-LESNÉ

Le droit des affaires dans le Montpellier médiéval ... 155

ROMAIN FAUCONNIER

L'« algorismo secondo la costumanza delli Arabi » : des traditions
mathématiques enseignées à de futurs marchands à Montpellier
aux XIVe et XVe siècles ... 169

DANIÈLE IANCU-AGOU

Les lettrés juifs de (ou à) Montpellier au Moyen Âge : données
connues et moins connues ... 191

DANIEL LE BLÉVEC

Urbain V et Montpellier ... 205

LUCIE GALANO ET LUCIE LAUMONIER

Conclusion. Nouvelles approches sur l'histoire de Montpellier ... 217

TABLE DES ILLUSTRATIONS ... 233

INDEX THÉMATIQUE ... 235

INDEX DES NOMS DE PERSONNES ... 239

INDEX DES LIEUX ... 241

INTRODUCTION : BILAN DE PLUSIEURS DÉCENNIES DE RECHERCHES SUR MONTPELLIER

Lucie GALANO
Université Paul-Valéry Montpellier 3
et Université de Sherbrooke

Lucie LAUMONIER
University of Calgary

Cet ouvrage collectif est la publication des actes d'un colloque tenu à Montpellier en novembre 2013, suscité par nos recherches de doctorat respectives. Confrontées à une bibliographie sur la ville pour le moins hétérogène et au vu du développement actuel des recherches, organiser une rencontre scientifique et en publier les résultats apparaissaient nécessaires afin de dresser un bilan des recherches passées et, surtout, de souligner les approches nouvelles de l'histoire de Montpellier au Moyen Âge[1]. De nombreux spécialistes de l'histoire de cette ville ont accepté d'y prendre part – bien que tous n'aient pu être présents. Le colloque, riche en échanges et en suggestions stimulantes, s'est achevé par une table-ronde. Les participants et les participantes y ont souligné le poids des monographies du passé paralysant à certains égards les chercheurs d'aujourd'hui, mais aussi l'importance de porter un regard nouveau sur les archives et l'intérêt d'aller hors de Montpellier chercher des sources inédites, et enfin, la valeur de l'interdisciplinarité qui ouvre de nombreuses perspectives. Le choix a été fait d'introduire cette publication par un bilan de l'historiographie montpelliéraine – dont on espère qu'il servira d'outil, notamment aux jeunes chercheurs. La conclusion de la publication propose un large éventail des « approches nouvelles » de l'histoire de Montpellier, telles que suggérées par les articles rassemblés ici.

---

[1] Nous souhaitons remercier les participants et les participantes présents lors du colloque ainsi que les personnes et les institutions qui ont rendu possible la tenue de cet événement. Patrick Gilli nous a offert un soutien de première importance dans l'organisation et le déroulement du colloque. Merci aussi à Jacqueline Caille et Thomas Granier qui ont généreusement accepté de modérer et d'animer des sessions. Sans le soutien financier de nos partenaires : le Centre d'études médiévales de Montpellier (Université Paul-Valéry Montpellier 3) ; l'École doctorale 58 (Langues, Littératures, Cultures et Civilisations, Université Paul-Valéry Montpellier 3) ; le Fonds de soutien aux activités étudiantes de l'Université de Sherbrooke ; la Maison des sciences de l'homme de Montpellier ; la Ville de Montpellier et l'Agglomération de Montpellier, nous n'aurions pu mener à bien ce projet.

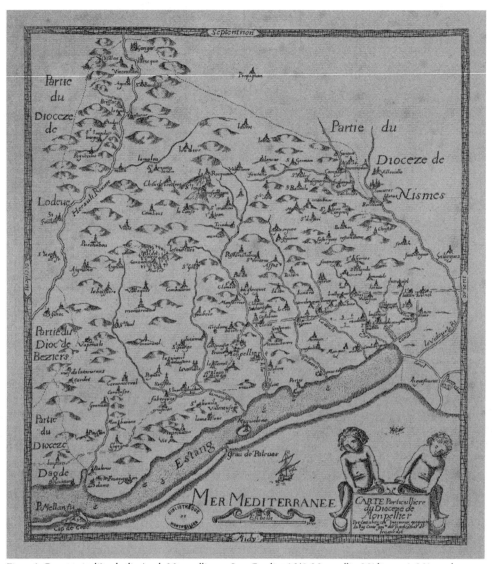

Figure 1. Carte particulière du diocèse de Montpellier par Jean Cavalier, 1640. Montpellier Méditerranée Métropole – Réseau des médiathèques, EST L0069

À l'Époque moderne, les chanoines Pierre Gariel (en 1665), et Charles d'Aigrefeuille (en 1737-1739) ont rédigé les premières monographies sur l'histoire de la ville[2]. Au milieu du XIXe siècle, Alexandre Germain ajoutait sa pierre à l'édifice par la rédaction de monographies encore incontournables de nos jours[3]. Dans les années 1970, Jean Baumel

---

2   Pierre GARIEL, *Idée de la ville de Montpellier, recherchée et présentée aux honnêtes gens*, Montpellier, Daniel Pech imprimeur du roi, 1665. Charles D'AIGREFEUILLE, *Histoire de la ville de Montpellier*, Montpellier, Rigaud père et fils, 2 volumes, 1737 et 1739.
3   Alexandre GERMAIN, *Histoire de la commune de Montpellier*, Montpellier, Imprimerie Jean Martel l'Aîné, 1851-1854, 3 volumes ; *Histoire du commerce de Montpellier antérieurement à l'ouverture du Port de Cette*, Montpellier, Imprimerie Jean Martel Aîné, 1861, 2 volumes. Germain a aussi publié de nombreux articles dans les *Mémoires de la société archéologique de Montpellier*.

réalisait une étude plutôt événementielle de la période médiévale[4]. Récemment, une monographie de grande ampleur, coordonnée par Christian Amalvi et Rémy Pech venait renouveler l'ouvrage collectif dirigé par Gérard Cholvy en 1984[5]. Ces ouvrages empruntent une perspective de longue durée et s'attardent sur des dossiers thématiques. Par ailleurs, de nombreuses études ont été menées depuis plusieurs années, problématisant et renouvelant l'historiographie montpelliéraine. Un bref bilan de ces perspectives s'impose.

À partir de la fin des années 1950, les historiens du droit ont commencé des études extensives sur la région de Montpellier. On citera par exemple les travaux de Jean Hilaire sur les régimes matrimoniaux, de Louis de Charrin sur la pratique testamentaire ou d'André Gouron sur le droit des affaires[6]. André Gouron ouvre également ses recherches à d'autres champs de l'histoire montpelliéraine, comme le font plus tard Henri Vidal et d'autres chercheurs[7]. Ces recherches ont posé différentes bases pour la connaissance du droit montpelliérain, tout en le replaçant dans un contexte méridional plus large et en s'interrogeant sur les rapports entre Montpellier, marquée par la présence de Placentin, et les foyers de revitalisation du droit romain[8]. Aujourd'hui, l'histoire du droit à Montpellier est principalement portée par Leah Otis-Cour et Maïté Ferret-Lesné[9]. Leurs contributions au présent volume

---

4   Jean Baumel, *Histoire d'une seigneurie du Midi de la France*, Montpellier, Causse, 3 volumes publiés entre 1969 et 1973.
5   Gérard Cholvy (dir.), *Histoire de Montpellier*, Toulouse, Privat, 1984 ; Christian Amalvi et Rémy Pech (dir.), *Histoire de Montpellier*, Toulouse, Privat, 2015.
6   Jean Hilaire, *Les régimes des biens entre époux dans la région de Montpellier, du XIIIᵉ à la fin du XVIᵉ siècle, Contribution aux études d'histoire de droit écrit*, thèse de droit, Université de Montpellier, 1956 ; Louis de Charrin, *Les testaments dans la région de Montpellier au Moyen Âge*, Ambilly, Les presses de Savoie, 1961 ; André Gouron, *La règlementation des métiers en Languedoc*, Paris, Minard, 1958.
7   Voir les recueils d'articles d'André Gouron, *La science du droit dans le midi de la France au Moyen Âge*, Londres, Variorum reprints, 1984 ; et d'Henri Vidal, *Montpellier et les Guilhem*, Montpellier, Université Montpellier 1, 2012. Voir les notes suivantes.
8   Voir les travaux de Jean-Marie Carbasse, comme : Jean-Marie Carbasse, *Consulats méridionaux et justice criminelle au Moyen Âge*, thèse de droit, Université Montpellier 1, 1974 ; Id., « Le duel judiciaire dans les coutumes méridionales », *Annales du Midi*, 87 : 124 (1975), p. 385-403 ; Id., « *Currant nudi* : La répression de l'adultère dans le Midi médiéval (XIIᵉ-XVᵉ siècles) », in Jacques Poumarède et Jean-Pierre Royer., *Droit, histoire et sexualité*, Lille, Publications de l'espace juridique, 1987, p. 83-102 ; Id., « La condition de la femme mariée en Languedoc (XIIIᵉ-XIVᵉ siècles) », in *La Femme dans la vie religieuse du Languedoc (XIIIᵉ-XIVᵉ siècles)*, Cahiers de Fanjeaux 23, Toulouse, Privat, 1988, p. 99-112 ; Id., « Note sur les fondements civilistes du "pactum pacis" médiéval », in Giles Constable et Michel Rouche (dir.), *Auctoritas, Mélanges offert à Olivier Guillot*, Paris, Presses de l'Université Paris-Sorbonne, 2006, p. 385-396 ; Id., « Justice "populaire", justice savante : les consulats de la France méridionale (XIIᵉ-XIVᵉ siècles) », in Claude Gauvard et Andrea Zorzi (dir.), *Pratiques sociales et politiques judiciaires dans les villes de l'Occident à la fin du Moyen Âge*, Rome, École française de Rome, 2007, p. 347-364.
9   Leah Otis-Cour, « *Universitas* : the Emergence of the Juristic Personality of Towns in the South of France at the turn of the Twelfth to the Thirteenth Century » in Gerhard Krieger (éd.), *Verwandtschaft, Freundschaft, Bruderschaft. Soziale Lebens und Kommunikationsformen im Mittelalter*, Oldenbourg Verlag, 2009, p. 253-270 ; Id., « Un "ius corrigendi" marital existait-il au Moyen Âge ? », in Leah Otis-Cour, (éd.), *Histoires de famille. À la convergence du droit pénal et des liens de parenté*, Limoges, PULIM, 2012, p. 187-217 ; Id., « Les sources de la justice pénale dans les villes du Midi de la France au Moyen Âge. Paroles et silences », in Jacques Chiffoleau, Claude Gauvard, Andrea Zorzi (éd.), *Pratiques sociales et politiques judiciaires dans les villes de l'Occident à la fin du Moyen Âge*, Rome, École française de Rome, 2013, p. 95-103 ; Id., « Personnalité morale et identité urbaine dans le Midi de la France aux XIIᵉ et XIIIᵉ siècles », in Patrick Gilli et Enrica Salvatori (dir.), *Les identités urbaines au Moyen Âge. Regards sur les villes du Midi français*, Turnhout, Brepols, 2014, p. 189-203. De Maïté Ferret-Lesné, « Les fondements du pouvoir législatif et statutaire dans les seigneuries méridionales », in André Gouron et Albert Rigaudière (dir.), *Renaissance du pouvoir législatif et genèse de l'État*, Montpellier, Publication de la Société d'histoire du droit et des institutions des anciens pays de droit écrit, 1988, p. 145-154 ; Id., « Un siècle de pratique judiciaire à Montpellier (1104-1204) : la cour seigneuriale des Guilhem », in *Justice et justiciable : mélanges Henri Vidal*, Montpellier, Faculté de droit, d'économie, de gestion, 1994, p. 47-64 ; Id., « The Notariate in the Consular Towns of Septimanian Languedoc (late Twelth – Thirteenth Centuries », in Kathryn Reyerson et John Drendel (éd.), *Urban and Rural Communities in Medieval France*, Leyde, Brill, 1998, p. 3-21 ; Id., « Démocratie et désignation des consuls dans les villes médiévales du sud de la France », in Bernard Durand et Laurent Mayali (éd.), *Exceptiones iuris : Studies in Honor of André Gouron*, Berkeley, Robbins Collection Publications, 2000, p. 385-401 ; Id., « La mémoire des seigneurs de Montpellier au début du XIIIᵉ siècle : le cartulaire et sa préface » in Orazio Condorelli (dir.), « *Panta rei* ». *Studi dedicati a Manlio Bellomo*, Rome, Il Cigno, 2004, vol. III, p. 259-276 ; Id., « Pouvoir municipal et châtiment de villes méridionales aux XIIᵉ et XIIIᵉ siècles », in Patrick Gilli et Jean-Pierre Guilhembet (dir.), *Le châtiment des villes dans les espaces méditerranéens (Antiquité, Moyen Âge, Époque moderne)*, Turnhout, Brepols, 2012, p. 175-186.

LUCIE GALANO ET LUCIE LAUMONIER

témoignent du renouvellement de l'histoire juridique, qui s'appuie sur l'analyse critique du corpus législatif montpelliérain et des sources de la pratique.

Les décennies 1950, 1960 et 1970 sont aussi la période d'un intérêt croissant pour l'histoire économique des villes médiévales un peu partout en Europe. L'histoire économique de Montpellier a connu un développement semblable à celui d'autres villes du Midi, avec les premières publications dans les années 1950, de Jean Combes[10]. Les rapports étroits entre histoire du droit et histoire politique ont permis l'ouverture de ce volumineux dossier, symbolisé en particulier par l'importante population marchande de la ville[11]. L'histoire économique de Montpellier a continué à s'enrichir quelques décennies plus tard de nombreuses et régulières publications, notamment celles de Kathryn Reyerson[12]. Il ne fait plus de doute que la ville de Montpellier constituait une des escales majeures du commerce régional et extrarégional. Les relations qu'elle entretenait avec le pourtour méditerranéen, en particulier avec la péninsule italienne et l'Orient sont les mieux connues[13].

Les orientations historiographiques en vogue dans les années 1980, 1990 et 2000 ont été inégalement représentées à Montpellier. L'histoire des femmes est par exemple un domaine qui a fait l'objet de plusieurs recherches, dans le champ de l'histoire économique en premier lieu[14]. Depuis une dizaine d'années, Cécile Béghin-Le Gourriérec a contribué par ses travaux à une meilleure compréhension du rôle des femmes dans l'économie de la ville[15]. À Montpellier, l'histoire des femmes est aussi représentée dans l'histoire de la prostitution[16]. Mais l'histoire sociale, l'histoire culturelle, l'histoire des représentations, malgré quelques études ponctuant çà et là l'historiographie montpelliéraine, sont long-

---

10 On ne manquera pas de souligner les volumes d'Alexandre GERMAIN, *Histoire du commerce de Montpellier...*, *op. cit.*. De Jean COMBES, citons par exemple « Les investissements immobiliers à Montpellier au commencement du XVᵉ siècle », *Recueil de mémoires et travaux publié par la Société d'histoire du droit et des institutions des anciens pays de droit écrit*, 2 (1951), p. 21-28 ; « Montpellier et les foires de Pézenas et de Montagnac au XIVᵉ siècle et au commencement du XVᵉ », in *Congrès régional des fédérations historiques du Languedoc (Carcassonne, 1952)*, Carcassonne, Imprimerie de Gabelle, 1955, p. 85-96 ; « Les foires en Languedoc au Moyen Âge », *Annales E.S.C.*, 13 :2 (1958), p. 231-259.

11 Voir André GOURON, *La règlementation des métiers en Languedoc*, Paris, Minard, 1958 et Kathryn REYERSON, *Commerce and Society in Montpellier : 1250-1350*, Ph.D. Dissertation, Yale University, 1974.

12 Entre autres, Kathryn REYERSON, *Business, Banking and Finance in Medieval Montpellier*, Toronto, Pontifical Institute of Medieval Studies, 1985 ; ID., *The Art of the Deal : Intermediaries of Trade in Medieval Montpellier*, Leyde, Brill, 2002 ; « Le commerce et les marchands montpelliérains au Moyen Âge », in Ghislaine FABRE, Daniel LE BLÉVEC et Denis MENJOT (dir.), *Les ports et la navigation en Méditerranée au Moyen Âge*, Paris, Le Manuscrit, 2009, p. 19-28. Voir aussi sa collection d'articles : Kathryn REYERSON, *Society, Law and Trade in Medieval Montpellier*, Aldershot, Variorum Reprints, 1995.

13 Kathryn REYERSON, « Montpellier and Genoa : The dilemma of dominance », *Journal of Medieval History*, 20 (1994), p. 359-372. Enrica SALVATORI, « Les relations entre Pise et Montpellier (XIIᵉ-XIVᵉ siècles) » et Bernard DOUMERC, « Montpelliérains et Vénitiens sur les routes de l'Orient (XIVᵉ-XVᵉ siècles) », in Ghislaine FABRE, Daniel LE BLÉVEC et Denis MENJOT (dir.), *Les ports et la navigation en Méditerranée au Moyen Âge*, Paris, Le Manuscrit, 2009, respectivement p. 29-35 et p. 43-60. Bernard DOUMERC et Pierre BONNASSIÉ, « Les marchands du Midi à Alexandrie au XVᵉ siècle », *Annales du Midi*, 97 :171 (1985), p. 269-284.

14 Kathryn REYERSON, « Women and Business in Medieval Montpellier », in *Women and Work...*, p. 117-144 ; ID. « La participation des femmes de l'élite marchande à l'économie : trois exemples montpelliérains de la première moitié du XIVᵉ siècle », *Études Roussillonnaises*, 25 (2013), p. 129-135. Voir aussi le dernier ouvrage de l'historienne : Kathryn REYERSON, *Women's Networks in Medieval France. Gender and Community in Montpellier, 1300-1350*, New York, Palgrave Macmillan, 2016.

15 Cécile BÉGHIN-LE GOURRIÉREC, *Le rôle économique des femmes dans la sénéchaussée de Beaucaire à la fin du Moyen Âge (XIVᵉ-XVᵉ siècles)*, thèse de doctorat, EHESS, 2000. Parmi plusieurs articles, « Entre ombre et lumière, quelques aspects du travail des femmes à Montpellier (1293-1408) », *Médiévales*, 30 (1996), p. 45-54 ; « Dot, patrimoine et solidarité à Montpellier dans les derniers siècles du Moyen Âge », *Études roussillonnaises*, 25 (2013), p. 31-41.

16 Leah OTIS-COUR, *Prostitution in Medieval Society : the History of an Urban Institution in Languedoc*, Chicago, University of Chicago Press, 1985 ; Kathryn REYERSON, « Prostitution in Medieval Montpellier : The Ladies of Campus Polverel », *Medieval Prosopography*, 18 (1997), p. 209-228 ; ID., « L'expérience des plaideuses devant les cours de Montpellier (fin XIIIᵉ-mi-XIVᵉ siècle) », in *Un Moyen Âge pour aujourd'hui, mélanges offert à Claude Gauvard*, Paris, PUF, 2010, p. 522-528.

INTRODUCTION : BILAN DE PLUSIEURS DÉCENNIES DE RECHERCHES SUR MONTPELLIER

temps demeurées des champs de recherche peu exploités, en particulier si l'on compare le cas de Montpellier à celui d'autres villes du Midi et d'Europe[17]. Ce, malgré l'abondance et l'accessibilité des sources disponibles pouvant servir de fondement à de telles études. Ces domaines ont néanmoins donné lieu à une recrudescence de recherches ces dernières années, permettant de rattraper un certain retard historiographique et de valoriser la qualité des archives locales[18].

Les recherches sur la médecine, les universités ou la communauté juive ont particulièrement bénéficié à la connaissance de l'histoire de Montpellier, qui se distingue dans ces dossiers par son exemplarité. Jacques Verger, étudiant l'émergence des universités, ne pouvait faire l'impasse sur la précocité de l'université de médecine de la ville[19]. Cette précocité justifie la place de choix réservée à Montpellier dans l'histoire de l'enseignement, en France comme en Europe. L'université de médecine a ainsi été l'objet d'un important colloque international réuni par Daniel Le Blévec, dont les actes ont été publiés en 2004[20]. La parution récente de l'ouvrage de Geneviève Dumas apporte un complément à ces recherches, étudiant d'un point de vue d'histoire intellectuelle et sociale la science médicale, l'université de médecine et les praticiens œuvrant dans le domaine des soins à Montpellier[21]. L'histoire intellectuelle de Montpellier a sans nul doute profité et profite encore d'une attention soutenue. La communauté juive de la ville a très tôt été identifiée comme d'importance et fortement liée à ce milieu intellectuel et médical. Cette communauté juive particulièrement nombreuse dans la ville et ses alentours directs (à Lunel) en comparaison à d'autres lieux méridionaux, a retenu l'attention de plusieurs historiens et historiennes, tels que Danièle Iancu-Agou ou Joseph Shatzmiller[22]. La Gallia Judaica, groupe de recherche du CNRS a ainsi son siège au Mikvé médiéval, l'un des plus anciens d'Europe[23].

---

17 Parmi les quelques études en histoire sociale datant des années 1980 et 1990 : Kathryn Reyerson, « Changes in Testamentary Practice at Montpellier on the Eve of the Black Death », *Church History*, 47 (1978), p. 253-269 ; Leah Otis-Cour, « Municipal Wet Nurses in Fifteenth-Century Montpellier », in Barbara Hanawalt (dir.),*Women and Work in Preindustrial Europe*, Bloomington, Indiana University Press, 1986, p. 83-93 ; Id., « Les « pauvres enfants exposés » à Montpellier aux xive et xve siècles », *Annales du Midi*, 105 (1993), p. 309-327.

18 Kathryn Reyerson, « Wills of Spouses in Montpellier before 1350 : a Case Study of Gender in Testamentary Practice » in Joëlle Rollo-Koster et Kathryn Reyerson (éd.), « *For the Salvation of my Soul* » : *Women and Wills in Medieval and Early Modern France*, Saint-Andrews, Saint-Andrews Studies in French History and Culture, 2012, p. 44-60 ; Id., « Urban Sensations : The Medieval City Imagined », in Richard Newhauser (éd.), *A Cultural History of the Senses in the Middle Ages*, Londres/New York, Bloomsbury, 2014, p. 45-65 ; Lucie Galano, « À table ! Festivités et banquets au Consulat de Montpellier à la fin du Moyen âge », *Bulletin historique de la ville de Montpellier*, 36 (2014), p. 60-72 ; Geneviève Dumas, *Santé et société à Montpellier à la fin du Moyen Âge (1293-1516)*, Leyde, Brill, 2014 ; Lucie Laumonier, *Solitudes et solidarités en ville. Montpellier, mi xiiie – fin xve siècles*, Turnhout, Brepols, 2015.

19 Entre autres : Jacques Verger, *Les Universités au Moyen Âge*, Paris, PUF, 1973 ; *L'Essor des universités au xiiie siècle*, Paris, Cerf, 1997.

20 Daniel Le Blévec (dir.), *L'Université de médecine de Montpellier et son rayonnement (xiiie-xve siècles)*, Turnhout, Brepols, 2004.

21 Geneviève Dumas, *Santé et société à Montpellier...*, *op. cit.* On consultera également son bilan de l'histoire de l'enseignement : Geneviève Dumas, « L'enseignement au Moyen Âge », in C. Amalvi et R. Pech (dir.), *Histoire...*, p. 109-129.

22 Bernard Blumenkranz et Marie-Humbert Vicaire (dir.), *Juifs et judaïsme en Languedoc*, Toulouse, Privat, 1977 ; Carol Iancu, (dir.), *Les juifs de Montpellier et dans le Languedoc. Du Moyen Âge à nos jours*, Montpellier, Centre de recherches et d'études juives et hébraïques, Université Paul Valéry, 1988 ; Joseph Shatzmiller, « Étudiants juifs à la Faculté de médecine de Montpellier, dernier quart du xive siècle », *Jewish History*, 6 (1992), p. 244-255 ; Danièle Iancu-Agou et Élie Nicolas (dir.), *Des Tibbonides à Maïmonide, rayonnement des Juifs andalous en pays d'Oc médiéval*, Paris, Cerf, 2009. Voir le bilan proposé dans Danièle Iancu-Agou, « Le judaïsme à Montpellier au Moyen Âge » in C. Amalvi et R. Pech (dir.), *Histoire...*, p. 97-107.

23 Danièle Iancu-Agou, « Le Mikve et l'évolution du quartier juif médiéval à Montpellier », in *Les juifs de Montpellier...*, p. 73-92.

Sur un plan plus local, la décennie 1990 a permis une réévaluation de certains domaines de recherche propres à l'histoire montpelliéraine. La question des origines de Montpellier et de l'histoire des seigneurs Guilhem a occupé ainsi Claudie Duhamel-Amado, Henri Vidal et Hideyuki Katsura[24]. Quelques éléments d'intérêt ont été soulevés par la thèse de Françoise Durand-Dol, qui éclaire les rapports entre la papauté, l'évêché de Maguelone et les Guilhem[25].

D'autre part, les connaissances de la ville médiévale ont été largement amplifiées par d'importantes recherches archéologiques menées à Montpellier et ses alentours. Elles ont permis à Ghislaine Fabre et Thierry Lochard de publier en 1992 l'ouvrage *Montpellier, la ville médiévale*, renouvelant la dernière synthèse archéologique sur la ville, celle de Louise Guiraud datant de la fin du XIXe siècle[26]. Fabre et Lochard, mais aussi Jean Nougaret, Bernard Sournia et Jean-Louis Vayssettes, ont reconstitué avec précision les différentes facettes de l'habitat, de l'urbanisme et des modes de vie du Moyen Âge[27]. Les travaux de construction du tramway ont aussi mené à des fouilles et des prélèvements dans le cimetière médiéval de Saint-Côme et Saint-Damien, apportant des informations précises tant sur les lieux et les modes d'ensevelissement que sur les corps enfouis[28]. Les découvertes ne cessent de continuer grâce aux différents chantiers supervisés par la DRAC. Les fouilles réalisées récemment sur la Place Albert 1er ont permis de développer une meilleure compréhension du couvent des Carmes et du tracé de l'enceinte[29].

D'autres chantiers archéologiques ont été menés dans l'arrière-pays montpelliérain. La présence d'une production très importante de céramique, témoignant de caractéristiques propres à ce qui se faisait dans la région montpelliéraine, est attestée par les travaux de Jean-Louis Vayssettes et Lucy Vallauri[30]. Marie Leenhardt, avec la collaboration d'autres chercheurs, a présenté les résultats d'une fouille réalisée dans un puits de Montpellier qui démontre que de la vaisselle provenant des fours de potiers de la région se trouvait sur la table des habitants de la ville[31]. Les archéologues Laurent Schneider, Lucie Chabal ou

---

24   Claudie DUHAMEL-AMADO, « Les Guilhems de Montpellier à la fin du XIIe, un lignage en péril », *Revue des langues romanes*, 89 :1 (1985), p. 13-28 ; ID. « Aux origines des Guilhems de Montpellier (Xe-XIe siècle) : questions généalogiques et retour à l'historiographie », *Études Héraultaises*, 7 :8 (1991-1992), p. 89-108 ; Henri VIDAL, « Les mariages dans la famille des Guillems, seigneurs de Montpellier », *Revue historique de droit français et étranger*, 4 :62 (1984), p. 231-245 ; ID., « Aux origines de Montpellier : la charte de donation du 26 novembre 985 », in *Recherches sur l'histoire de Montpellier et du Languedoc (110e congrès national des sociétés savantes)*, Paris, CTHS, 1986, p. 9-55 ; ID., « L'Aragon et la révolution montpelliéraine de 1204 », in *Montpellier, la couronne d'Aragon et les pays de langue d'Oc (1204-1349) (Actes du 12e congrès d'histoire de la couronne d'Aragon)*, Montpellier, Société archéologique de Montpellier, 1988, p. 43-60 ; ID., « Guilhem de Gellone et Guilhems de Montpellier », *Revue historique de droit français et étranger*, 79 (2011), p. 197-210. Hideyuki KATSURA, « Serments, hommages et fiefs de la seigneurie des Guilhem, fin XIe siècle-début XIIIe siècle », *Annales du Midi*, 104 :198 (1992), p. 141-161. Voir aussi Vincent CHALLET, « Le temps des Guilhems (985-1204) ou l'histoire d'un miracle urbain », in C. AMALVI et R. PECH (dir.), *Histoire...*, p. 45-61.

25   Françoise DURAND-DOL, *Origines et premiers développements de l'ordre hospitalier du Saint-Esprit dans les limites de la France actuelle (fin XIIe-fin XIIIe siècle)*, thèse de doctorat, Université Paul-Valéry Montpellier 3, 2011.

26   Louise GUIRAUD, *Recherches topographiques sur Montpellier au Moyen Âge*, Montpellier, Mémoires de la société archéologique de Montpellier, 1895 ; Ghislaine FABRE et Thierry LOCHARD, *Montpellier : la ville médiévale*, Montpellier, Éditions de l'Inventaire, 1992.

27   Bernard SOURNIA et Jean-Louis VAYSSETTES, *Montpellier, la demeure médiévale*, Paris, Imprimerie nationale, 1991 ; Jean NOUGARET (dir.), *Montpellier monumental*, Paris, Éditions du patrimoine, 2005.

28   Éric CRUBÉZY, Sylvie DUCHESNE et Catherine ARLAUD, *La mort, les morts et la ville : Saint-Côme et Saint-Damien, Montpellier, Xe-XVIe siècles*, Paris, Errance, 2006.

29   Voir le site Internet de l'INRAP : <http://www.inrap.fr/place-albert-1er-1555>

30   Jean-Louis VAYSSETTES et Lucy VALLAURI (dir.) *Montpellier terre de faïences. Potiers et faïenciers entre Moyen Âge et XVIIIe siècle*, Milan, Silvana Editoriale, 2012.

31   Marie LEENHARDT, Martine LEGUILLOUX, Lucy VALLAURY, *et al.*, « Un puits : reflet de la vie quotidienne à Montpellier au XIIIe siècle », *Archéologie du Midi médiéval*, 17 (1999), p. 109-186.

INTRODUCTION : BILAN DE PLUSIEURS DÉCENNIES DE RECHERCHES SUR MONTPELLIER

encore Charlotte Britton, dans leurs études du Mas-Viel et du bois de Valène, ont utilisé les sources d'archives de Montpellier et ont d'ores et déjà démontré les liens à établir entre la ville et son territoire[32]. Ces recherches permettent d'inscrire la ville dans des réseaux plus larges d'exploitation des ressources et de production artisanale, questions fortement liées à l'histoire économique de Montpellier. Le processus de commercialisation qui s'est développé dans la région autour la ville a fait l'objet d'une étude récente et se présente comme une perspective prometteuse[33]. La prise en compte des rapports entre monde urbain et monde rural s'inscrit dans un mouvement historiographique plus large, à échelle européenne.

L'histoire religieuse de la France méridionale constitue depuis plusieurs décennies un objet d'étude retenant l'attention des chercheurs, comme en témoignent par exemple les publications des *Cahiers de Fanjeaux*. Pourtant, l'histoire religieuse de Montpellier a été longtemps délaissée. Il existe bien sûr des synthèses anciennes, par Charles d'Aigrefeuille, Alexandre Germain et Julien Rouquette[34]. Le premier ouvrage contemporain est un collectif, dirigé par Gérard Cholvy et publié en 1976, *Le diocèse de Montpellier*[35]. Montpellier n'étant pas le siège de l'évêché avant le xvie siècle, son histoire religieuse est nécessairement liée à celle de Maguelone[36]. Désormais, les liens entre Montpellier et Maguelone sont de plus en plus étudiés : citons en particulier l'ouvrage codirigé par Thomas Granier et Daniel Le Blévec sur l'évêché[37]. L'histoire religieuse de la ville connaît ainsi un certain renouveau, enrichie de quelques articles sur les ordres mendiants, le culte des saints, la paroisse Saint-Firmin, les recluses[38]. La contribution de Françoise Durand à la nouvelle *Histoire de Montpellier* constitue un point de départ bienvenu pour conférer un dynamisme certain à ces recherches[39].

---

32 Charlotte Britton, Lucie Chabal, Gaspard Pagès et Laurent Schneider, « Approche interdisciplinaire d'un bois méditerranéen entre la fin de l'antiquité et la fin du Moyen Âge, Saugras et Aniane, Valène et Montpellier », *Médiévales*, 53 (automne 2007), p. 65-80.

33 Kathryn Reyerson, Gilbert Larguier et Monique Bourin, « Les dynamiques commerciales dans les petites villes languedociennes aux environs de 1300 », in Monique Bourin, François Menant, et Lluís To Figueras (éd.), *Dynamiques du monde rural dans la conjoncture de 1300*, Rome, École française de Rome, 2014, p. 171-204. Sur le concept de commercialisation, voir l'introduction de ce volume.

34 Charles d'Aigrefeuille, *Histoire de la ville de Montpellier*, Montpellier, Rigaud père et fils, volume II, 1739 ; Alexandre Germain, *Maguelone sous ses évêques et ses chanoines*, Montpellier, J. Martel, 1869 ; Julien Rouquette, *Histoire du diocèse de Maguelone*, Montpellier, édité par l'auteur, 2 volumes, 1921-1926.

35 Gérard Cholvy (dir.), *Le diocèse de Montpellier*, Paris, Beauchesne, 1976.

36 Jean-Arnault Dérens, « La cathédrale et la ville : Maguelone-Montpellier (xiiie-xive siècle) », in *La Cathédrale (xiie-xive siècle)*, Cahiers de Fanjeaux 30, Toulouse, Privat, 1995, p. 97-117 ; Henri Vidal, « Montpellier et le diocèse de Maguelone », *Mémoire dominicaine*, 21 (2007), p. 75-86.

37 Thomas Granier et Daniel Le Blévec (dir.), *L'Évêché de Maguelone au Moyen Âge*, Montpellier, Université Paul-Valéry Montpellier 3, 2005. Voir aussi la thèse de Françoise Durand-Dol, *Origines et premiers développements... op. cit.*.

38 Entre autres : Henri Vidal, « La paroisse Saint-Firmin de Montpellier », in *La Paroisse en Languedoc (xiiie-xive siècle)*, Cahiers de Fanjeaux 25, Toulouse, Privat, 1990, p. 69-84 ; Jean-Arnault Dérens, « Les ordres mendiants à Montpellier : religieux de la ville nouvelle ou religieux du consulat ? », *Annales du Midi*, 211 (1995), p. 277-298 ; Id. « La prédication et la ville : pratiques de la parole et « religion civique » à Montpellier aux xive et xve siècles », in *La prédication en Pays d'Oc (xiie-début xve siècle)*, Cahiers de Fanjeaux 32, Toulouse, Privat, 1997, p. 335-362 ; Pierre Bolle, *Saint Roch. Genèse et première expansion d'un culte au xve siècle*, thèse de doctorat Université libre de Bruxelles, 2001 ; Jean-Claude Hélas, « Le culte des saints Côme et Damien à Montpellier », in *Hagiographie et culte des saints en France méridionale (xiiie-xve siècle)*, Cahiers de Fanjeaux 37, Toulouse, Privat, 2002, p. 455-480 ; Julie Primi, « Le Prouillan montpelliérain : naissance et essor d'un monastère de Dominicaines dans une période troublée », *Mémoire Dominicaine*, 23 (2008), p. 79-108 ; Lucie Laumonier, « *Les recluses de Montpellier du xiiie au xve siècle, une institution urbaine* », *Revue Mabillon, n.s. 26 :87 (2015)*, p. 179-204.

39 Françoise Durand-Dol, « La vie religieuse à Montpellier au Moyen Âge », in C. Amalvi et R. Pech (dir.), *Histoire...*, p. 85-96.

L'actualité de la recherche est liée également à un retour aux archives. Pierre Chastang a initié une réflexion approfondie sur la production archivistique dans le cadre consulaire[40]. Les livres de comptes des consuls sont ainsi l'objet de recherches récentes par Geneviève Dumas[41]. Les archives fiscales de la ville ont donné lieu à un regain d'intérêt[42], tout comme les registres d'élections consulaires[43]. Vincent Challet, qui n'avait pu participer au colloque, a reçu une subvention de l'ANR lui permettant de mener un projet d'édition numérique du manuscrit du *Petit Thalamus* des archives municipales, avec un groupe de recherche rassemblant historiens, linguistes, historiens de l'art et historiens du droit[44]. Le lancement du site Internet a eu lieu en décembre 2015, à l'occasion d'un colloque[45]. Pour l'heure, seules les chroniques médiévale et moderne sont disponibles, mais elles seront enrichies de l'édition des serments prêtés par les différents acteurs de la ville et de son gouvernement, d'un intérêt majeur pour la connaissance de la législation consulaire médiévale.

Cette actualité est aussi celle des thèses récemment achevées et en préparation. Parmi les thèses récentes, certaines reflètent une certaine tradition historiographique montpelliéraine, en confirmant par exemple la place primordiale de la ville comme centre de diffusion intellectuelle, tout en la situant dans des réseaux d'échanges. En 2010, s'appuyant sur l'étude de nombreux manuscrits, en particulier arabes, Jean-Louis Bosc a réalisé une étude minutieuse de la transmission des savoirs médicaux à Montpellier[46]. En 2016, les résultats principaux de ses recherches ont donné lieu à un livre[47]. Romain Fauconnier travaille sur plusieurs traités de mathématiques de Montpellier et leurs influences catalanes et italiennes, tout en repérant leurs incidences sur les pratiques marchandes et comptables[48]. D'autres thèses permettent de combler certaines lacunes historiographiques. C'est le cas de celle de Stephan Kölher qui travaille sur les relations commerciales de Montpellier et des petites et

---

40 Sur le consulat, Pierre CHASTANG, « L'émergence et l'affirmation du consulat au XIIIᵉ siècle », in C. AMALVI et R. PECH (dir.), *Histoire…*, p. 63-84. Sur la production archivistique, Pierre CHASTANG, *La ville, le gouvernement et l'écrit à Montpellier : essai d'histoire sociale*, Paris, Publications de la Sorbonne, 2013. Pierre Chastang n'a pas uniquement travaillé sur les archives consulaires, voir aussi Pierre CHASTANG, « La préface du *Liber instrumentorum memorialis* des Guilhem de Montpellier ou les enjeux de la rédaction d'un cartulaire laïque méridional », in Daniel LE BLÉVEC (éd.), *Les Cartulaires méridionaux*, Paris, Ecole des Chartes, 2006, p. 91-123. Dans cette veine, Geneviève DUMAS, « Le livre de mémoires des notaires Bertrand Paul (1397-1400) et Jean du Pin (1401-1419) : gestion documentaire et mémoire urbaine », in Patrick GILLI et Enrica SALVATORI (dir.), *Les identités urbaines … op. cit.*, p. 81-92.

41 Geneviève DUMAS, « Un registre de comptes à Montpellier au XVᵉ siècle : nouveau regard sur l'organisation communale médiévale », *Bulletin historique de la ville de Montpellier*, 35 (2013), p. 48-61. Geneviève Dumas dirige actuellement un projet de recherche subventionnée par le CRSH (Canada) intitulé « Scripturalité, comptabilité et sédimentation documentaires à Montpellier au XVᵉ siècle ».

42 Lucie LAUMONIER, « Les compoix montpelliérains : approche qualitative des archives fiscales médiévales », *Memini. Travaux et documents*, 14 (2010), p. 97-122 ; ID., « Exemptions et dégrèvements : les Montpelliérains face à la fiscalité (fin XIVᵉ-XVᵉ siècle) », *Bulletin historique de la ville de Montpellier*, 35 (2013), p. 34-47.

43 Pierre CHASTANG, *La ville, le gouvernement …, op. cit.* ; Justin GUILLAUMOT, « Les élections municipales dans le Midi de la France : le cas de Montpellier (XIIIᵉ-XIVᵉ siècles) », *Circé*, 4 (2014), (<http://www.revue-circe.uvsq.fr/spip. php ?article54>).

44 Vincent CHALLET, « Le « Petit Thalamus » : un monument-document de l'histoire montpelliéraine », *Bulletin historique de la ville de Montpellier*, 34 (2009), p. 24-37.

45 <http://thalamus.huma-num.fr/>. Les actes de ce colloque ont été publiés récemment. Vincent Challet (dir.), *Aysso es lo comessamen : écritures et mémoires du Montpellier médiéval*, Montpellier, PULM, 2017.

46 Jean-Louis Bosc, *Les auteurs andalous dans les œuvres médicales montpelliéraines au Moyen Âge. Essai de mise en évidence d'une voie de transmission montpelliéraine*, thèse de doctorat, Université Paul-Valéry Montpellier 3, 2010, sous les directions de Daniel Le Blévec et Christophe Picard.

47 Jean-Louis Bosc, *Montpellier et la médecine andalouse au Moyen Âge. Transfert des textes et des savoirs*, Montpellier, PULM, 2016.

48 Romain FAUCONNIER, *Les traités de mathématiques dans la région de Montpellier aux XIVᵉ et XVᵉ siècles*, thèse de doctorat en préparation, Université Paul-Valéry Montpellier 3 et Université de Sherbrooke, sous les directions de Patrick Gilli et Geneviève Dumas.

Introduction : Bilan de plusieurs décennies de recherches sur Montpellier

moyennes villes du Languedoc[49]. C'est également le cas de la thèse de Françoise Durand soutenue en 2011 qui a particulièrement éclairé l'histoire des origines et du développement de l'ordre du Saint-Esprit, une recherche fondamentale pour l'histoire religieuse et politique tant de la ville que de l'ordre[50].

La richesse des archives montpelliéraines, notamment consulaires, dont beaucoup sont rédigées en langue vernaculaire – comme le *Petit Thalamus* – permet également le développement de travaux linguistiques. Benoît Soubeyran prépare une thèse sur l'évolution de l'occitan dans les archives consulaires, des années 1350 aux années 1550[51]. Grâce à ses fonds d'archives exceptionnels, Montpellier peut ainsi servir de cas d'étude pour des recherches situées dans des tendances actuelles de l'historiographie. Lucie Laumonier a présenté en 2013 une thèse sur les formes prises par la solitude en ville, située dans les champs de l'histoire sociale et de l'histoire de la famille et s'appuyant sur un appareil critique pluridisciplinaire[52]. L'ouvrage tiré de ses recherches est paru en 2015[53]. De son côté, Lucie Galano étudie les relations de la ville à son arrière-pays lagunaire, s'inscrivant dans le courant de l'histoire environnementale, résolument actuel, et inédit à Montpellier[54]. Au sein du champ large de l'histoire environnementale, l'histoire des déchets suscite un intérêt certain pour la connaissance du monde urbain. Catherine Dubé prépare une thèse sur le sujet, et compare les villes de Toulouse, Pézenas et Montpellier, une dimension comparatiste qui manque parfois à l'historiographie de la ville[55]. De même, dans sa thèse achevée en 2015, Adam Boss n'interroge pas seulement les archives de Montpellier pour étudier les discours portés sur les étrangers et la notion de communauté urbaine, mais compare la ville méridionale aux cas de Lyon et Rouen[56].

***

La ville de Montpellier et ses environs immédiats possèdent des singularités qui ont retenu et méritent encore de retenir l'attention des chercheurs, bénéficiant pour leurs études de fonds d'archives riches et fournis. L'historiographie de Montpellier fait écho aux développements de la discipline historique, mais de manière inégale. Certains champs, longtemps laissés en friche, sont maintenant étudiés à l'aune d'interrogations et d'approches nouvelles. D'autres, mieux connus, sont réévalués. L'histoire de la ville s'intègre également à une histoire urbaine bien plus large, méditerranéenne tout d'abord, mais aussi européenne, présentant certaines caractéristiques faisant écho aux situations politique,

---

49   Stephan KÖLHER, *Ein okzitanisches Dreieck. Handel und Austausch in Südfrankreich des 13. Jahrhunderts* (Un triangle occitan, les relations commerciales dans le sud de la France au XIIIᵉ siècle), thèse en doctorat en préparation, Universität Mannheim, sous la direction de Annette Kehnel.

50   Françoise DURAND-DOL, *Origines et premiers développements...*, op. cit., sous la direction de Daniel Le Blévec.

51   Benoît SOUBEYRAN, *L'écrit occitan dans les Inventaires et Documents des archives de la ville de Montpellier (1350-1550)*, thèse de doctorat en préparation, Université Paul-Valéry Montpellier 3, sous la direction de Philippe Martel.

52   Lucie LAUMONIER, *Vivre seul à Montpellier à la fin du Moyen Âge*, thèse de doctorat, Université Paul-Valéry Montpellier 3 et Université de Sherbrooke, 2013, sous les directions de Daniel Le Blévec et Geneviève Dumas.

53   Lucie LAUMONIER, *Solitudes et solidarités...*, op. cit.

54   Lucie GALANO, *Montpellier et sa lagune. Histoire sociale et culturelle d'un milieu naturel (XIᵉ-XVᵉ siècles)*, thèse de doctorat en préparation, Université Paul-Valéry Montpellier 3 et Université de Sherbrooke, sous les directions de Patrick Gilli et Geneviève Dumas, 2017.

55   Catherine DUBÉ, *Gestion sanitaire et pollution urbaine en Languedoc à la fin du Moyen Âge (XIIIᵉ au XVᵉ siècles)*, thèse de doctorat en préparation, Université de Sherbrooke, sous la direction de Geneviève Dumas.

56   Adam BOSS, *Outsiders : Crisis and the Limits of Urban Community in Medieval France*, P.h.D. Dissertation, Brown University, 2015, sous la direction de Amy Remensnyder.

XV

économique et sociale rencontrées dans d'autres villes, avec lesquelles elle entretenait par ailleurs des rapports fréquents. Ce bilan introductif de l'historiographie montpelliéraine sera étayé au fil des articles rassemblés dans le volume et mis en perspective avec les questionnements qui marquent la démarche historique contemporaine. Tous les articles s'inscrivent dans cette tradition historiographique propre à la ville, tout en allant puiser dans les courants plus actuels de la recherche historique. Ces approches nouvelles permettent de porter un regard neuf tant sur les archives que sur les travaux – ou l'absence de travaux – des historiens du passé, en dégageant des pistes de recherche pour l'avenir. Ne s'agit-il pas là des défis rencontrés aujourd'hui par les historiens du monde urbain ?

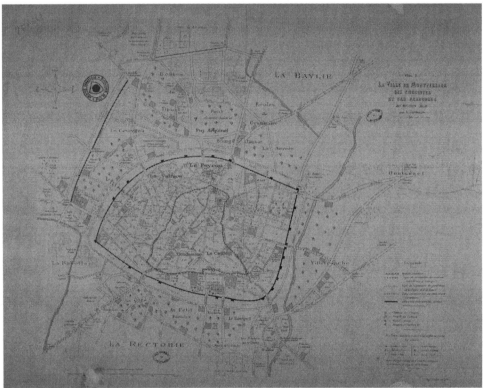

Figure 2. Plan de la ville de Montpellier, ses enceintes et ses faubourgs au Moyen Âge par Louise Guiraud, 1895. Archives Municipales de Montpellier, 2Fi441 (Planche 1)

Partie 1

Territoire seigneurial, ville consulaire

La présente section porte sur les espaces gouvernés et les différentes instances de pouvoir qui avaient droit de juridiction sur Montpellier. Elle s'ouvre par la contribution de Pierre-Joan Bernard qui permet de faire un point sur la conservation des archives seigneuriales et consulaires, rappelant ainsi les grands jalons de l'histoire de Montpellier et posant d'emblée les problèmes liés à la conservation des sources. La zone d'influence de Montpellier n'était pas uniquement celle de la ville comme le rappelle Lucie Galano dans son article, soulignant qu'elle s'étendait largement vers l'ouest. Lucie Galano analyse ainsi la concurrence entre l'évêque de Maguelone d'une part, les seigneurs de Montpellier et les consuls d'autre part, pour la gestion de l'arrière-pays et de ses nombreuses ressources entre le XIe et le XVe siècle. Conflits et résistances caractérisent aussi les rapports entre Maguelone et les ordres religieux nouveaux des années 1150 aux années 1250, qui tentent de s'installer à Montpellier sous l'impulsion des Guilhem malgré les réticences du chapitre à les accueillir. Françoise Durand étudie les racines de ces oppositions et montre que l'intervention pontificale a souvent apaisé les tensions, permettant les fondations de l'ordre du Saint-Esprit, des Trinitaires et des Hospitaliers dans le territoire de Montpellier.

Les seigneurs de la ville étaient par ailleurs détenteurs des droits de justice, objets de l'article de Leah Otis-Cour pour la période allant du XIIe au XIIIe siècle, qui souligne la maigreur des sources disponibles pour en documenter le cadre et les usages. Cette justice s'exerçait sur les habitants de la ville et de la seigneurie, à Montpellier par l'entremise du bayle, qui en faisait respecter les règles sans pour autant les dicter. De leur côté, les consuls usaient de leur *potestas statuendi* pour œuvrer au « bien public ». Pierre Chastang, dans sa contribution sur les criées de la première moitié du XIVe siècle, montre que la production documentaire qui en émane témoigne des négociations entre les consuls et le roi de France, collaborateurs antagonistes dans l'espace urbain, un espace tant juridictionnel (territoire marqué par les criées et les panonceaux), que politique (territoire civique, habité par les citoyens). Le bien public est aussi au centre de l'article de Geneviève Dumas, qui analyse la manière dont les consuls usent de ce concept pour gérer les hôpitaux, contenir les épidémies de peste, se charger des lépreux et des enfants exposés au XVe siècle, de plus en plus souvent en accord, à la fin de la période, avec les maîtres-régents de l'université de médecine.

La conservation des archives des seigneurs de Montpellier

Guilhem de Montpellier, rois d'Aragon, rois de Majorque

Pierre-Joan BERNARD
Archives municipales de Montpellier

Si les archives de la gouvernance de la ville par les consuls de Montpellier ont été transmises jusqu'à aujourd'hui dans les fonds des Archives municipales dans un état de classement proche de celui de l'Ancien régime, au point, pour Pierre Chastang, de parler de « pétrification des archives de Montpellier[1] », il n'en est pas de même des archives de l'institution seigneuriale[2], dont l'histoire chaotique est parsemée de démembrements et de destructions. En raison de l'abondance des documents conservés aux Archives municipales émanant des seigneurs successifs – citons le *Liber instrumentorum memorialis*, cartulaire des Guilhem de Montpellier, et les nombreux diplômes et lettres des rois d'Aragon et de Majorque que renferme le Grand chartier –, la question de la conservation des archives propres à l'administration de la seigneurie de Montpellier ne s'est jamais véritablement posée pour les historiens[3]. Dans cet exposé, nous nous limiterons à l'étude des archives produites entre la naissance de la seigneurie de Montpellier à la fin du Xe siècle et sa vente au roi de France en 1349, et de leur conservation jusqu'à nos jours. Il ne s'agira pas seulement de faire une histoire chronologique des archives seigneuriales, mais aussi de tirer quelques enseignements sur l'administration seigneuriale de la ville et de son arrière-pays. En effet, comprendre comment une institution conserve ses archives nous renseigne sur la manière

---

1 Pierre CHASTANG, *La ville, le gouvernement et l'écrit à Montpellier (XIIᵉ-XIVᵉ siècle)*, Paris, Publications de la Sorbonne, 2013, p. 65.

2 Nous entendons par archives seigneuriales l'ensemble des documents produits ou reçus dans l'exercice du pouvoir seigneurial (*dominium*) et conservés par cette autorité pour des besoins de la gestion et de la justification de ses droits.

3 L'histoire de Montpellier au Moyen Âge a été écrite presque exclusivement à partir des sources consulaires (nous reviendrons dans l'article sur le statut particulier du cartulaire des Guilhem), au risque parfois d'omettre le paramètre pouvoir seigneurial dans le gouvernement urbain. Alexandre Germain avait pleinement conscience de cette situation documentaire, si bien qu'il a intitulé son premier grand opus sur l'histoire de Montpellier *Histoire de la Commune de Montpellier*. Jusqu'à présent, le meilleur état des sources sur la question reste le travail d'Hideyuki Katsura, malheureusement inédit, mais il manque à celui-ci le recul d'une réflexion archivistique : Hideyuki KATSURA, *La seigneurie de Montpellier aux XIIᵉ et XIIIᵉ siècles. Formation et mutation d'une seigneurie en Bas-Languedoc*, thèse de doctorat (P. Bonnassie dir.), université Toulouse-Le Mirail, 1995-1996, 2 vol.

Montpellier au Moyen Âge. Bilan et approches nouvelles, éd. Lucie GALANO et Lucie LAUMONIER, Turnhout, 2017 (*Studies in European Urban History*, 40), p. 3-14

PIERRE-JOAN BERNARD

dont elle est gérée. En outre, cela permettra de dresser un état des sources disponibles pour les chercheurs, en signalant les documents originaux, copies et inventaires.

Les archives sous les Guilhem de Montpellier (989-1204)

Le contenu du *Liber instrumentorum memorialis*[4] donne un aperçu de la composition du chartrier seigneurial au début du XIIIe siècle. Ce registre est le document pivot pour l'étude des archives sous les Guilhem de Montpellier.

Pour la période Xe-XIe siècles, les lacunes dans la documentation transcrite dans le cartulaire des Guilhem laissent entendre une négligence dans la conservation de leurs archives à cette époque. De manière générale, les documents antérieurs à 1100 sont rares et mal identifiés car souvent non datés. Sur 570 actes, 25 sont antérieurs à 1090 selon la datation d'Alexandre Germain, parmi lesquels seulement 14 peuvent être considérés comme faisant partie des archives seigneuriales à cette époque. Les onze autres émanent des seigneurs de Castries et ont intégré le chartrier au cours du XIIe siècle. Comme l'écrit Henri Vidal, « le contraste entre le silence du XIe siècle et l'abondance du XIIe est saisissant et surprenant[5] ». Le défaut de conservation des archives est une des hypothèses à retenir pour expliquer ce déficit documentaire.

Le contexte change à partir du règne de Guilhem V (1076-1121), premier à se qualifier de *dominus Montispessulani*. Montpellier devient le centre d'une seigneurie qui étend sa domination sur un territoire allant des rives de l'Hérault, à l'ouest, au Bérange, à l'est, au détriment des anciennes autorités comtales et vicomtales. Dans ce processus de construction d'un pouvoir nouveau, les Guilhem s'entourent de professionnels formés au droit romain pour rédiger les chartes qui définissent leurs droits[6]. Pour défendre ces droits, il ne suffit pas de les mettre par écrit par des juristes éprouvés ; il faut être également en capacité de produire les documents afférents quand il est besoin d'en apporter la preuve. La conservation des archives seigneuriales s'impose alors comme une nécessité pour les Guilhem de Montpellier. Un chartrier s'organise au palais des Guilhem, situé place de la Canourgue puis au Peyrou après la révolte urbaine de 1141-1143, vraisemblablement sous la responsabilité des scribes et notaires attachés au seigneur : Gilbert sous Guilhem V, Pierre Angel et maître Durant sous Guilhem VI, Foulque Escrivan sous Guilhem VII, Guilhem Raimond sous Guilhem VIII[7]. Au fil des acquisitions, le chartrier seigneurial s'accroît des titres de propriété remis par la famille Ébrard, les seigneurs de Castries, les descendants de Guilhem d'Aumelas et les détenteurs de la viguerie de Montpellier, la famille Aimoin[8].

---

4   Archives municipales de Montpellier [désormais AMM], AA1. Edité par : Alexandre GERMAIN, *Liber Instrumentorum Memorialium, cartulaire des Guillems de Montpellier*, Société archéologique de Montpellier, Montpellier, 1884-1886 [désormais LIM]. Pour tout ce qui concerne le cartulaire, on renvoie à notre article : Pierre-Joan BERNARD, « Le cartulaire des Guilhem de Montpellier : *Liber instrumentorum memorialis* alias Mémorial des nobles », *Bulletin historique de la Ville de Montpellier*, 35 (décembre 2013), p. 12-33.

5   Henri VIDAL, « Aux origines de Montpellier : la donation de 985 », in *Montpellier et les Guilhems*, Montpellier, Presses de la Faculté de Droit et Science politique de Montpellier, 2012, p. 89.

6   Pour une synthèse sur la question : André GOURON, « Médecins et juristes montpelliérains au XIIe siècle : une convergence d'origines ? », *Hommage à Jean Combes, Mémoires de la Société archéologique de Montpellier*, 19 (1991), p. 21-37.

7   D'après le LIM : *Girbertus* actif de 1112 à 1127, *Petrus Angelus* actif de 1128 à 1139, *magister Durantus* actif de 1139 à 1157, *Fulco* actif de 1157 à 1181, *Guillelmus Raimundi* actif de 1183 à 1206.

8   Ces différents fonds constituent chacun un chapitre du *Liber Instrumentorum Memorialis* : chapitre 5 [*de vicario*], chapitre 8 *de honoribus Ebrardorum*, chapitre 15 *de castro de Castriis*, chapitre 38 *de Omellacio*.

À la fin du XIIᵉ siècle, sans doute sous l'effet concomitant de la croissance urbaine et de la diffusion de la pratique du notariat à Montpellier, on assiste à une inflation de la production documentaire[9]. Face à l'augmentation du volume des archives, la rédaction d'un cartulaire répond à un besoin d'améliorer la gestion du chartrier seigneurial dans le but de défendre le patrimoine lignager[10]. En 1201-1202, à l'initiative de l'auteur de sa préface, identifié par Maïté Ferret comme étant le juriste maître Gui, est entreprise la rédaction du *Liber instrumentorum memorialis*[11]. Il s'agit d'un travail collectif, œuvre du *causidicus* Pierre Lucian, du chanoine de Maguelone Pierre Calvet et du scribe Bérenger de Bagnols, qui ont sélectionné, classé et transcrit sur 190 folios de parchemin 570 bulles pontificales, chartes, listes, règlements, formulaires et documents fiscaux[12]. Dans la forme, le registre prend modèle sur le *Liber feodorum major* des rois d'Aragon, avec lequel il présente de nombreuses similitudes[13]. Le cartulaire est conçu comme un instrument de recherche dans les archives seigneuriales, donnant accès à leur contenu, dont la consultation est particulièrement aisée. Il est dès lors très probable que cette entreprise se soit accompagnée d'un reclassement du chartrier correspondant aux trente-neuf chapitres du registre. Le *Liber instrumentorum memorialis* s'est très vite imposé comme le livre majeur auquel on a recours, accordant progressivement autant de valeur aux actes transcrits qu'aux documents originaux.

Les archives sous les rois d'Aragon (1204-1276)

En juin 1204, par le mariage de Marie de Montpellier avec Pierre II d'Aragon, Montpellier passe sous domination catalano-aragonaise. Au niveau de l'administration de la ville, le changement dynastique est marqué par le passage d'un seigneur résident à un seigneur lointain, avec pour conséquence, d'une part, davantage de pouvoirs et de libertés accordés aux habitants pour gérer les affaires de la communauté, ce qui se concrétise par l'apparition du Consulat en 1205, et d'autre part, un renforcement de l'institution du baile, représentant la personne et l'autorité du seigneur en son absence, charge annuelle occupée par un Montpelliérain[14]. Cette institution est dédoublée à partir de 1219 par celle

---

9 A partir des années 1190, on constate que trois autres notaires publics de Montpellier secondent régulièrement Guilhem Raimond dans ses travaux scripturaires à la chancellerie seigneuriale, mais Guilhem Raimond garde seul le pouvoir de buller une charte de l'empreinte du seigneur de Montpellier.

10 De la préface du *Liber Instrumentorum Memorialis*, nous retiendrons cette phrase : « *ut omnia privilegia omniaque alia instrumenta que domini Montispessulani possessionum causas determinant et exponunt, ad majorem diligentiam et evidentiorem cautelam, de confusionis sue multiplicitate in unum choartaremus volumen, ut si quis deinceps possessionum ipsius ordinem turbare proponeret, statim e vicino confusus cognosceret quibus ipse titulis possidere gaudet.* » Voir sur ce point : Pierre Chastang, « La préface du *Liber instrumentorum memorialis* des Guilhem de Montpellier ou les enjeux de la rédaction d'un cartulaire laïque méridional », in Daniel Le Blévec (éd.), *Les Cartulaires méridionaux*, Paris, Ecole des Chartes, 2006, p. 91-123.

11 Maïté Lesné-Ferret, « La mémoire des seigneurs de Montpellier au début du XIIIᵉ siècle : le cartulaire et sa préface », in « *Panta rei* ». *Studi dedicati a Manlio Bellomo*, Rome, Il Cigno Edizioni, 2004, tome III, p. 259-276.

12 Johannes Vincke, « Der Eheprozess Peters II. von Aragon (1206-1213), mit Veröffentlichung der Prozessakten », *Spanische Forschungen der Görresgesellschaft, Erste Reihe : Gesammelte Aufsätze zur Kulturgeschichte Spaniens*, Münster, 1935, p. 172-173.

13 Il y a de fortes présomptions pour que le scribe soit d'origine catalane et par conséquent qu'il soit passé par la chancellerie des rois d'Aragon à Barcelone.

14 Sur ce sujet voir : Hideyuki Katsura, *La seigneurie de Montpellier...*, vol. II, p. 289-295 et Émile Allien, *La Cour du Bayle de Montpellier depuis l'émancipation communale*, Montpellier, Montane, Sicardi et Valentin, 1912. L'institution du baile est propre à chaque localité sous juridiction directe du seigneur de Montpellier. Ainsi un baile et une cour du baile sont attestés à Lattes et Aumelas, un baile seulement dans d'autres villages comme Castelnau.

du lieutenant du roi[15], confiée généralement à un noble fidèle du roi d'Aragon, entrainant un dédoublement des lieux de production et de conservation des archives seigneuriales.

Les archives des Guilhem ne semblent pas bouger de l'ancien palais seigneurial, malgré l'ordre du démantèlement de la tour de Montpellier en 1207, le palais étant réinvesti par le lieutenant du roi d'Aragon au cours du XIIIe siècle. Bien que l'existence d'un *archivum publicum* du palais – local où sont conservés chartes et registres – ne soit mentionnée que tardivement en 1334[16], des copies ordonnées par le lieutenant du roi d'Aragon dès le milieu du XIIIe siècle indiquent que les titres de la seigneurie, dont le *Liber instrumentorum memorialis*, étaient sous sa responsabilité au palais[17]. Nous ne savons rien sur l'organisation de la garde de ces archives. Leur entretien, croyons-nous, se réduit au minimum après la disparition des notaires Hugues et Jacques Laurens et Bernard de la Porte, anciens de la chancellerie seigneuriale de Guilhem VIII. Le lieutenant du roi d'Aragon fait appel ponctuellement à des notaires publics. Dans la deuxième moitié du XIIIe siècle, on note la reprise du travail de transcription documentaire dans le *Liber instrumentorum memorialis*, interrompu depuis 1202, à la suite du registre. En 1270, le notaire Michel de Malbois y copie les reconnaissances féodales faites à Jacques Ier en 1266-1267.

Quant à la cour du baile – la *curia Montispessulani* –, elle assure en premier lieu l'exercice de la justice, mais elle détient aussi l'autorité en matière d'actes publics. Elle procède notamment au contrôle des actes de mutation ou lausime, attribue les permis de bâtir, autorise les criées urbaines et ordonne l'expédition de grosses sur parchemin[18]. Elle se structure dès le début du XIIIe siècle autour du baile et de ses officiers. Un notaire public est attaché en permanence à son service. Il est le seul compétent à Montpellier pour délivrer des copies authentiques de chartes ou de testaments certifiées de son seing et du sceau de la *curia*, vidimus pour lesquels il s'adjoint le concours d'autres notaires pour la transcription et la collation[19]. Toutes ces responsabilités administratives impliquent une intense activité scripturaire, de sorte que certains exemplaires de documents de nature publique ou privée ont pu être conservés dans son propre dépôt ou dans l'*archivum publicum* du palais pour des raisons diverses.

Les rois d'Aragon Pierre II et Jacques Ier officient la plupart du temps avec leurs propres notaires lors de leurs déplacements à Montpellier, si bien que certains de ces documents issus de la chancellerie aragonaise furent conservés dans les archives royales à Barcelone. Hideyuki Katsura n'a dénombré lors de ses recherches qu'un très petit nombre de chartes montpelliéraines présentes actuellement dans les *pergaminos* et les *cartas reales* de l'Arxiu de la Corona d'Aragó, ce qui lui a inspiré la remarque suivante : « On a l'impression que les actes rédigés dans la chancellerie des rois d'Aragon concernant la seigneurie de Montpellier, domaine éloigné appartenant au royaume, n'ont pas été alors soigneusement conservés aux archives des rois d'Aragon[20] ». En revanche, il a retrouvé dans une dizaine de *registros* de Jacques Ier de nombreuses de mentions de documents regardant la ville et les

---

15 Sur ce sujet voir : Hideyuki Katsura, *La seigneurie de Montpellier...*, vol. II, p. 277-289.

16 AN, P1353 pièce 742.

17 AN, P1353 pièce 778.

18 Aux Archives municipales, le Grand chartrier (inventaire Louvet) et le fonds de l'Œuvre de la Commune clôture (série EE) renferment de multiples exemples de documents témoignant de l'activité de la cour du baile.

19 Jusqu'en 1349, la cour du baile délivrera des copies notariées portant soit une demi-boule de cire, soit une bulle de plomb avec les devises « *sigillum curie Montispessulani* » et « *juste judicate* ».

20 Hideyuki Katsura, *La seigneurie de Montpellier...*, vol. I, p. 19-20 et vol. II, p. 452 pour les références des pièces.

castra qui relèvent de la seigneurie, et relatifs notamment à son administration financière[21]. La période aragonaise marque donc l'éclatement des lieux de conservation des archives seigneuriales.

De leur côté, les consuls de Montpellier obtiennent de larges privilèges, conditionnés au remboursement des sommes considérables prêtées à Pierre II d'Aragon en 1205 et 1206. Ils se substituent au seigneur dans la négociation des traités commerciaux, en particulier avec les villes italiennes. Preuve de ce changement de gouvernance, les consuls de Montpellier renouvellent dès 1205 la paix conclue entre Guilhem VIII et les Génois quelques années auparavant, acte fondamental pour l'économie de la ville[22]. Ce transfert de pouvoir est marqué symboliquement par le transfert, dans les mains des consuls, des chartes contenant les accords signés par Guilhem VII et Guilhem VIII avec les cités de Gênes et de Pise, toujours conservées aujourd'hui aux Archives municipales[23].

Les archives sous les rois de Majorque (1276-1349)

Jacques Ier d'Aragon a institué son fils cadet Jacques II héritier d'un ensemble territorial hétéroclite, comprenant la seigneurie de Montpellier, et désigné sous le nom de royaume de Majorque. Jacques II (1276-1311) met en place dans ses états une administration bicéphale partagée entre Perpignan, pour la partie continentale, et Palma de Majorque, pour la partie insulaire, afin de contrôler cet espace morcelé. Il fait édifier dans chacune de ses capitales un palais, centre du pouvoir, dans lequel il regroupe ses archives et crée un trésor des chartes. Le palais des rois de Majorque à Perpignan, achevé en 1309, devient un nouveau lieu de conservation des archives seigneuriales montpelliéraines. Ainsi, sous les règnes de Jacques II, de Sanche et de Jacques III, sont envoyés de Montpellier à Perpignan de nombreux documents, émanant de leur lieutenant en fonction alors à Montpellier, et des chartes plus anciennes, de leurs prédécesseurs, datées des XIIe et XIIIe siècles[24]. L'*archivum publicum* du palais se retrouve diminué au début du XIVe siècle d'une partie substantielle de ses parchemins pour alimenter le trésor des chartes des rois de Majorque à Perpignan. Cela constitue un démembrement important des fonds montpelliérains.

S'il y a en général une continuité des institutions seigneuriales à Montpellier, leur fonctionnement connaît quelques changements par rapport à la période précédente. Au début du XIVe siècle, une *curia* établie autour du lieutenant du roi, cour de justice supérieure ayant juridiction sur toute la seigneurie, est organisée de manière officielle au palais[25]. En outre, les rois de Majorque cherchent à améliorer la gestion des biens patrimoniaux et la fiscalité afin d'accroître leurs revenus, créant une dynamique de production croissante de documents. L'administration financière de la seigneurie foncière et banale nécessite spécialement la confection de gros registres, tels que des livres de reconnaissance pour la

---

21 *Ibid.*, vol. I, p. 20-21 et vol. II, p. 452.
22 AMM, Louvet 2133.
23 AMM, Louvet 2130 et 2131.
24 Plusieurs vidimus faits à Perpignan de chartes montpelliéraines anciennes et contemporaines attestent à partir de 1315 de l'existence d'un tel dépôt central des archives du royaume de Majorque au palais des rois de Majorque à Perpignan (AN, P1353).
25 La *curia palatii* n'apparaît dans les archives qu'à partir des années 1310.

perception du cens sur les terres et des leudaires pour la perception des taxes sur les marchandises[26]. On voit ainsi réapparaître une chancellerie seigneuriale attachée au lieutenant du roi et à la cour du palais, dirigée successivement par les notaires Pierre Davin (1277-1280), Jean de Malbois (1282), Jean de Puech Arnaud (1294), Bertrand de Rial *palacii Montispessulani notarius* (1301-1302), et Pierre de Crémirac *curie palatii regii notarius* (1312-1334)[27]. Ces notaires du palais ont la garde de l'*archivum publicum*. L'entretien des archives semble, dans ce contexte, redevenir progressivement une préoccupation pour le pouvoir majorquin.

Les progrès dans la gestion des archives sont perceptibles surtout dans les efforts de cartularisation. Jusqu'en 1302, le *Liber instrumentorum memorialis* sert à l'enregistrement des actes de la chancellerie seigneuriale, mais cela ne concerne en tout qu'une quarantaine de documents transcrits en trente ans[28]. Au début du XIVᵉ siècle, avec la fermeture du vieux registre des Guilhem, s'ouvre une nouvelle phase de cartularisation plus intense. Les inventaires du XVIIᵉ siècle signalent la présence dans les « Archives du Roy » de trois grands registres sur parchemin : un livre de 238 folios appelé « Grand Thalamus », à l'instar de celui des Archives municipales, et deux fragments de 26 et 34 folios[29]. Les actes sont retranscrits par petits groupes touchant un même fief ou une même affaire, mais sans ordonnancement topographique précis. Ils concernent indistinctement les rois d'Aragon et les rois de Majorque, avec parfois des doublons copiés dans plusieurs registres. Il faut rapprocher ces cartulaires des trois *Libri feudorum* des rois de Majorque rédigés à Perpignan, dont on peut faire des remarques identiques sur la composition[30].

La dispersion des archives seigneuriales sous les rois de France (1349-1693)

En 1349, Montpellier passe sous administration royale française. Les institutions seigneuriales comme la cour du palais et la cour du baile perdurent. Cependant, il est permis de s'interroger sur les conditions de conservation des archives de la période antérieure, à partir de la fin du XIVᵉ siècle. Il n'a pas été possible de retrouver des vidimus de chartes anciennes copiés à cette époque qui auraient donné des indications sur leur état ou leur utilisation. Cas symbolique, la destinée du *Liber instrumentorum memorialis*. En 1443, le

---

26   Les inventaires anciens des Archives du Roy (Archives départementales de l'Hérault, désormais AD34, 1E1428) mentionnent l'existence de ces types de registres à partir des règnes des rois de Majorque, plusieurs livres de reconnaissance pour Montpellier, Lattes, Mireval et Frontignan (1288-1338) et trois leudaires décrits comme celui-ci : « Un petit livre en parchemin fort vieux contenant vingt fuilles recouvert aussy de parchemin, au comancement dudit est le calendrier des mois et apres les estatuts de ce que se prend pour la leude maior dudit Montpellier, faict en l'an 1290 estant le roy de Malhorque seigneur de Montpellier ».

27   Ces informations partielles sont tirées des chartes conservées aux Archives nationales sous la cote P1353 et des actes copiés dans la continuation du *Liber instrumentorum memorialis*. Les dates sont purement indicatives et ne constituent en rien des bornes chronologiques définitives.

28   Actes édités par : Joseph BERTHELÉ, *Le cartulaire montpelliérain des rois d'Aragon et des rois de Majorque*, Montpellier, Serre et Roumégous, 1904.

29   AD34, 1E1428. Le *Grand Thalamus* contient des actes des rois de Majorque jusqu'au folio 171, puis une continuation avec des actes de l'époque navarraise et française jusqu'à la fin du XIVᵉ siècle, et enfin folios 223-238 une série d'actes se rapportant aux aliénations de patrimoine faites par Jacques III de Majorque à la fin de son règne. Le second registre est formé de deux cahiers reliés ensemble extraits d'un cartulaire. Le troisième registre est composé de divers feuillets distraits d'un cartulaire qui comportait plus de 133 folios, d'après la numérotation des pages rapportée dans l'inventaire.

30   Archives départementales des Pyrénées-Orientales, désormais AD66, 1B15, registre A, 117 fᵒ (1165-1324), et 1B16, registre C, 170 fᵒ (976-1341). Le registre B est perdu.

cartulaire des Guilhem, tombé dans les mains d'un notaire montpelliérain, est racheté par les consuls[31]. Faut-il voir ici la preuve de la déshérence des archives seigneuriales ? En tout cas, sans doute bien des années auparavant, le registre est sorti du dépôt, vraisemblablement pour être copié par un notaire, et n'a pas réintégré sa place. N'étant pas réclamé, le notaire se l'était approprié. Les notaires du consulat, puis à leur tour les archivistes municipaux, prendront beaucoup plus de soin du cartulaire et le feront plusieurs fois restaurer jusqu'à aujourd'hui. Les consuls de Montpellier se placent ainsi dans la continuité des anciens seigneurs, en tant que pouvoir urbain autonome, et comme garants de leur mémoire. Dans cette même logique, ils en reprennent la symbolique identitaire : ils font peindre au verso du dixième folio du cartulaire les armes des Guilhem, désignées comme représentant les armes du consulat[32].

Après le siège de la ville en 1622, l'administration royale à Montpellier est complètement réorganisée. Le dépôt des archives du palais connaît de profonds bouleversements à la suite de la reconstruction du bâtiment et à sa requalification. De palais royal hébergeant le gouverneur de Montpellier et la cour du palais, il devient palais de justice, siège du présidial – juridiction qui a pris la suite de la cour du palais depuis 1552 – et des cours souveraines – la cour des aides, établie en 1467 à Montpellier, et la chambre des comptes, établie en 1523, réunies en juillet 1629 en une seule entité : la cour des comptes, aides et finances de Montpellier (CCAF) –. Le gouverneur, quant à lui, prend possession de la nouvelle citadelle militaire édifiée à l'est de la ville. Les travaux sont achevés en 1629. L'édifice, dû à l'architecte Pierre Levesville, abrite désormais les archives du domaine de toute la province de Languedoc. Les archives de la seigneurie de Montpellier ne constituent plus qu'une composante parmi les fonds des sénéchaussées de Beaucaire-Nîmes, de Béziers-Carcassonne et de Toulouse, réunis dans ce lieu. Le dépôt connaît un nouvel accroissement non moins considérable soixante ans après. Un édit royal de novembre 1690 ordonne le transport à Montpellier de « tous les papiers, actes, titres et documents concernant notre domaine et la recherche de la noblesse de notre province de Languedoc, dénombrements et autres papiers[33]... » qui restaient à Toulouse, Carcassonne et Nîmes. « Le dépôt d'archives de la cour des comptes, aides et finances de Montpellier eut une importance exceptionnelle par le nombre et la nature des documents qui y furent rassemblés. [...] Les documents antérieurs à l'an 1510 ont [à l'heure actuelle] presque entièrement disparu[34]. »

En effet, ce contexte archivistique troublé ne fut guère favorable à la conservation du chartrier seigneurial montpelliérain dans son intégrité. La lecture des inventaires des Archives du Roy permet de constater qu'excepté les actes copiés dans les registres, on ne trouve trace de presqu'aucun document antérieur aux rois de Majorque, une remarque qui

---

31 AMM, CC 534, f°76 v°. A partir de cette date, le cartulaire apparaît dans les inventaires des archives consulaires.

32 AMM, AA 1, f°10 v° : « *L'an mil quatre cens quaranta tres, foron consols de la villa de Montpelier* [...] *losqualz seynors consolz feron metre las armes del consolat al present libre. Et aquel feron reliar et cobrir de rouge delz deniers del comun, perso car era tot desliat et gastat.* » Les consuls de Montpellier reprennent les armes des Guilhem sur leurs sceaux dès le milieu du XIVe siècle et les font peindre ou gaufrer également sur les couvertures de leurs registres.

33 Eugène MARTIN-CHABOT, *Les archives de la Cour des Comptes Aides et Finances de Montpellier avec un essai de restitution des premiers registres de sénéchaussée*, « Bibliothèque de la Faculté des lettres de l'Université de Paris », n° XXII, Paris, Félix Alcan, 1907, p. 1.

34 *Ibid.*

9

peut être étendue aux autres fonds[35]. Indubitablement, il a fallu faire du tri, en éliminant les documents considérés sans valeur ou dont les droits étaient éteints. Les archives antérieures à l'établissement de l'administration royale française en Languedoc au milieu du XIIIe siècle ont-elles été systématiquement détruites ? C'est peu probable. Il faut rapprocher la restructuration des archives du palais avec un autre fait avéré : nombre de chartes ont été envoyées à Paris à une date indéterminée pour accroître le dépôt des fiefs de la chambre des comptes. Il s'agit des pièces les plus anciennes (XIe-XIIIe siècles), celles justement qui manquent à l'inventaire. En effet, on trouve l'édition de quelques-uns de ces documents dans le *Spicilegium* de Luc d'Achéry[36]. Ces textes, portant la mention « *ex membranis domini d'Herouval* », ont été transmis à d'Achéry par Antoine de Vion sieur d'Hérouval, chargé de dresser un inventaire des archives domaniales de la chambre des comptes à partir de 1643[37]. Parmi les documents dynastiques publiés dans le *Spicilegium*, citons les contrats de mariage d'Armand d'Aumelas et de Sibille d'Obillon (1129), de Raimond de Roquefeuil et de Guilhelma alias Marquise de Montpellier (1169), et de Guilhem VIII et d'Agnès (1187), non inclus dans le *Liber instrumentorum memorialis*. Ces archives montpelliéraines ont totalement brûlé dans l'incendie de la chambre des comptes de Paris le 27 octobre 1737.

Autre fonds sinistré : les archives de la cour du baile. En 1551, le roi Henri II décide de la création d'une seule cour de justice à Montpellier, la viguerie ou cour ordinaire, issue de la fusion de la bailie et de la rectorie. La même année, les consuls de Montpellier acquièrent la seigneurie de la ville. En vertu de cette acquisition, la viguerie est placée entre leurs mains[38]. Le siège de la cour du baile, situé au moins depuis le début du XIVe siècle à l'emplacement de l'actuelle place Chabaneau, devient en 1552 propriété communale, désaffecté après la suppression définitive de la bailie, puis aliéné par les consuls vers 1559 et transformé en Temple[39]. Les archives de la cour du baile sont alors transférées à l'Hôtel de ville. Enfin, en 1693, la cour ordinaire de Montpellier est rattachée à son tour au sénéchal-présidial et ses archives rejoignent le palais[40]. Les déménagements successifs n'ont pu être que néfastes pour la bonne conservation des archives de la cour du baile. Les archives judiciaires n'ont pas la valeur des titres féodaux et ne servent pas à la justification des droits. Les vieux registres et sacs à procès jugés inutiles ou trop encombrants ont pu être éliminés à ces occasions. De nos jours, les documents les plus anciens conservés dans la sous-série 6B des Archives départementales de l'Hérault (sénéchal-présidial et cour ordinaire de Montpellier) ne remontent pas au-delà de 1565. Remarquons au passage que les archives de l'ancienne cour du palais qui, elles, n'ont pas bougé de local, ont subi le même traitement, preuve du peu de cas fait sous l'Ancien Régime des archives de la justice seigneuriale médiévale. Seul témoin du passage des archives de la cour du baile sous la garde des consuls,

---

35 AD34, B La Pijardière 8. On rappellera pour mémoire qu'une partie de ces mêmes documents avaient été transférés vers 1310 à Perpignan au palais des rois de Majorque, mais nous refusons de croire que le chartrier seigneurial ait été amputé à ce moment-là de la totalité de ses parchemins.

36 Luc d'ACHÉRY, *Veterum aliquot scriptorum qui in Galliae bibliothecis maxime Benedictinorum latuerant, Spicilegium*, tomes VIII-X, Paris, Savreux, 1669-1671 ; 2e éd. parue sous le titre *Spicilegium sive collectio veterum aliquot scriptorum qui in Galliae bibliothecis delituerant*, tome III, Paris, Montalant, 1723.

37 Michel NORTIER, « Le sort des Archives de la Chambre des comptes de Paris », *Bibliothèque de l'Ecole des chartes*, 123 (1965), p. 460-537.

38 Sur ces évènements : Émile ALLIEN, *op. cit.*, et Charles d'AIGREFEUILLE, *Histoire de la ville de Montpellier depuis son origine jusqu'à nostre tems*, tome I, Montpellier, Jean Martel, 1737, p. 563.

39 Louise GUIRAUD, *Recherches topographiques sur Montpellier au Moyen Age*, Montpellier, Camille Coulet, 1895, p. 193.

40 Charles d'AIGREFEUILLE, *Histoire de la ville...*, p. 470.

un registre de notes brèves pour les années 1488-1489 a été identifié par Lucie Laumonier aux Archives municipales[41].

Les Archives du Roy à la CCAF de Montpellier (1629-1793)

Durant plus de six siècles, le palais royal près de la porte du Peyrou a abrité le principal dépôt des archives seigneuriales à Montpellier et cela mérite de s'y attarder un instant. Après sa reconstruction en 1629, elles furent conservées au sein des Archives du domaine de la province de Languedoc ou Archives du Roy. Les Archives du Roy occupaient tout le rez-de-chaussée du bâtiment avec les prisons, la salle de direction et la chapelle. Voici un témoignage de 1768 sur leur organisation :

> La Cour des Aydes a le dépôt du Trésor des Chartes ou titres du Domaine du Roy de toute l'ancienne province du Languedoc. Ce sont les plus considérables que l'on connoisse dans le royaume. Elles sont composées de terriers, reconnoissances, titres de justice et de foncialité du Domaine royal, homages, aveus, dénombremens anciens et modernes, lettres patentes sur différents droits, statuts et règlemens des corps de métier, jugemens et titres de noblesse, anciennes sentences et ordonnances, etc. Les répertoires généraux et particuliers indiquent tous ces titres. Le procureur Général de la Cour des Aydes est chargé de ce dépôt, qu'il confie à l'un de ses Substituts, lequel vize tous les extraits des titres, qui en sont tirés par un Garde en titre, commis pour les signer et délivrer. On ne peut y entrer et obtenir les extraits, qu'au moyen d'une lettre de cachet, qu'il faut obtenir du Ministre, qui a le Languedoc dans son département[42].

Les archives des anciens seigneurs de Montpellier étaient comprises parmi les titres de la sénéchaussée de Nîmes, et rangées dans l'armoire S, section « viguerie de Montpellier[43] ». Sous cette appellation, étaient regroupées les archives de la seigneurie de Montpellier (la bailie), qui formaient la masse principale des documents, et les archives du comté de Melgueil et de l'ancienne seigneurie épiscopale (la rectorie). La section était organisée de cette manière. D'abord les titres particuliers de la viguerie de Montpellier, fourre-tout incluant notamment les cartulaires, puis les titres, hommages et reconnaissances classés par lieu, dans l'ordre suivant : Montpellier, Mireval, Frontignan, Aumelas, Fabrègues, Montbazin, Le Pouget, Pignan, Mauguio, Le Terral (Saint-Jean-de-Védas), Poussan, Caunelle (Juvignac), Montlaur, Balaruc, Montferrier, Lattes, Castries, Castelnau, Ganges, Cournonterral, Saint-Georges-d'Orques, Saint-Martin-de-Londres, Pégairolles-de-Buèges,

---

41 AMM, BB101, registre de notes brèves pour la cour du bayle – causes en cour, comparutions, production de preuves, etc. (24 juin 1488-février 1489).

42 Anonyme, « Montpellier en 1768 », in *Archives de la ville de Montpellier, inventaires et documents publiés par les soins de l'administration municipale*, tome IV, Montpellier, Roumégous et Déhan, 1920, p. 64.

43 AD34, B La Pijardière 8, f° 11-29. Dans la deuxième moitié du XVIIe siècle, furent rédigés des inventaires des titres de la chambre des comptes correspondant aux registres cotés B La Pijardière 1 (sénéchaussée de Toulouse), 8 (sénéchaussée de Nîmes) et 9 (sénéchaussée de Carcassonne) des Archives départementales de l'Hérault. L'original du registre B La Pijardière 8 est perdu. Il s'agit d'une copie de la deuxième moitié du XVIIIe contenant des extraits de l'inventaire général, ne gardant que les regestes des actes et ne faisant pas de distinction entre les chartes et les cartulaires. Une autre copie de ces inventaires, très succincte celle-ci, compilée en 1715, existe à l'Institut d'histoire du droit (UM1), ms. 778, mais il manque le volume concernant la sénéchaussée de Nîmes. Il ne subsiste qu'un seul fragment de l'inventaire XVIIe des titres de la sénéchaussée de Nîmes aux Archives départementales de l'Hérault au sein du Chartrier du Pouget. Il s'agit d'un cahier papier de 37 folios, coté 1E1428, qui comprend une partie de l'inventaire des titres particuliers de la viguerie de Montpellier.

Saint-Drézéry et Mas-de-Londres[44]. Ces fonds, de diverses provenances, étaient mélangés entre eux. On trouve parfois à la lecture de l'inventaire une vague cohérence chronologique, topographique ou typologique dans le classement, mais une impression générale de désordre domine. Les analyses sont souvent imprécises voire fautives. À titre d'exemple, on découvre en fin d'inventaire, au milieu des hommages, un document que nous croyons reconnaître comme un des manuscrits du *Petit Thalamus* et décrit en ces termes :

> Il se voit qu'en 1296, il y avait thoselle froment et orge, la toselle coutoit 6 sols le septier, le froment 4 sols 10 deniers. Il y est noté ce qu'il s'est passé à Montpellier et aux environs entre autres qu'en 1141, à cause de la guerre, dix fèves à Montpellier valoient un denier ; que la veille de la Croix de septembre 1182, il y eut un éclipse de soleil qui disparut entièrement, et que les étoiles se montrèrent ; que le 8 juillet 1204, les chrétiens perdirent Hierusalem ; que la fette de la Magdelaine, la ville de Béziers fut prise par le duc de Berghoue et le comte de St Pol, dont hommes, femmes et enfans furent passés au fil de l'épée. Il est dit que la veille de st Antoine 1301 vint le feu du ciel, aporté par deux étoiles qui brula l'isle d'Isele qui est devant Naples, et une autre petite isle de mer, dans lesquelles il y avoit plus de 6000 personnes qui périrent, excepté XI qui avoient même plus de la moitié de leur corps brullés[45].

L'analyse est très partielle. On fait référence dans la première phrase aux tarifs du blé et on reconnaît pour le reste des passages des annales consulaires qu'on retrouve dans les autres exemplaires du Petit Thalamus, sans pouvoir identifier ce document avec l'un d'eux.

L'histoire de ce dépôt s'achève en 1793 sous la Terreur. La Révolution a organisé la destruction systématique des documents attestant de la servitude et du fanatisme (loi sur les archives du 7 messidor an II). A Montpellier, le représentant en mission Boisset ordonne en août 1793 la recherche des titres féodaux pour être brûlés le 1er novembre suivant[46]. Ainsi, le 11 brumaire an II,

> on brûla sur la place de la Révolution tout ce qui était renfermé dans les archives du roi, toutes les pièces que l'on crut des titres de féodalité, soit dans les archives de la Province, soit dans les papiers déposés à la mairie par divers particuliers, les portraits des rois, ceux des anciens consuls de la ville et même un tableau représentant l'incendie du théâtre, parce qu'il s'y trouvait un consul en costume dirigeant les travaux[47].

Les révolutionnaires s'acquittèrent si bien de leur tâche qu'il ne reste aujourd'hui plus rien des archives des anciens seigneurs de Montpellier aux Archives départementales de l'Hérault dans la sous-série 1B (fonds de la CCAF de Montpellier). Cependant, outre les extraits d'inventaires déjà cités, quelques copies modernes très éparses, réalisées souvent pour des procès, permettent d'accéder à leur contenu disparu. Signalons aux Archives départementales de l'Hérault les volumes intitulés *Lettres patentes et autres titres de la sénéchaussée de Beaucaire et Nîmes*, en particulier les registres cotés A4, A5 et A10, ainsi que

---

44   AD34, B La Pijardière 8. Le registre commence par une « rubrique générale des lieux contenus au présent inventaire de la sénéchaussée de Nîmes » qui correspond à la table des matières de l'inventaire original.
45   AD34, B La Pijardière 8.
46   Joseph DUVAL-JOUVE, *Montpellier pendant la Révolution, 2ᵉ période – La République*, Montpellier, Camille Coulet, 1881, p. 97.
47   *Ibid.*, p. 124.

le Chartrier du Pouget (1E1428-1E1481), qui rassemblent un nombre important de pièces sur les possessions de la vallée de l'Hérault, et à la Société archéologique de Montpellier le manuscrit n° 291, dit Cartulaire de Lattes, réalisé en 1549 pour les consuls de Lattes, petit registre de 25 folios, où sont retranscrits 38 actes (1197-1305). Un registre original semble toutefois avoir échappé à la destruction, car tombé entre des mains privées dans la deuxième moitié du XVIᵉ siècle. Il s'agit d'un manuscrit de petit format, de 140 folios parchemin, écrit en latin et enluminé, daté du début du XIVᵉ siècle, sans doute à l'usage de la cour du baile de Montpellier, contenant un calendrier, les coutumes de 1204-1205, les statuts consulaires et une série d'actes concernant la juridiction seigneuriale (1241-1302)[48].

L'odyssée du Trésor des chartes de Perpignan (1344-1870)

Nous avons évoqué précédemment la constitution d'un trésor des chartes par les rois de Majorque à Perpignan. On ne trouve aujourd'hui plus aucun document montpelliérain dans le fonds de la chambre du domaine aux Archives départementales des Pyrénées orientales (sous-série 1B), si ce ne sont quelques copies de reconnaissances féodales dans les *Libri feodorum*[49]. Il subsiste néanmoins une épave de ce fonds à Paris aux Archives nationales, dont il faut retracer brièvement le parcours[50].

En février 1343, le roi Pierre IV d'Aragon prononce la confiscation des terres du royaume de Majorque et entreprend l'invasion du Roussillon l'année suivante. Jacques III signe sa reddition le 15 juillet 1344 et négocie sa sortie avec son beau-frère. Il se réfugie à Montpellier, son unique possession, en emportant avec lui une partie de ses archives. Animé par des rêves de reconquête de son royaume perdu, Jacques III se lance en 1349 dans une expédition sans retour. Avant son départ, il vend au roi de France Montpellier et Lattes, et met à l'abri à Avignon, sous protection pontificale, les biens qui lui restent, dont ses archives. Jacques III trouve la mort sur les côtes de l'île, sa femme et ses enfants sont prisonniers du roi d'Aragon. Son fils Jacques IV mène une existence d'aventurier, sans jamais pouvoir recouvrer sa couronne. Après sa mort en 1374, sa sœur Isabelle de Montferrat décide de céder tous ses droits sur le royaume de Majorque à Louis, duc d'Anjou et frère du roi de France, à charge pour lui de reconquérir le royaume. Le transfert du royaume de Majorque au duc d'Anjou a lieu en 1375. Isabelle de Montferrat lui remet en même temps les titres du royaume de Majorque qui lui sont associés. Ces documents partent alors au château d'Angers pour être déposés à la Chambre ducale.

Après la réunion de l'Anjou au domaine royal, la chambre des comptes d'Angers est supprimée en 1483 et ses archives transférées à la chambre des comptes de Paris. Ces archives sont conservées dans une salle spéciale du palais de la Cité, qu'on appela assez vite la Chambre d'Anjou. En 1545, est réalisé leur premier inventaire exhaustif, où apparaissent les titres du royaume de Majorque au milieu des aveux et dénombrements de fiefs[51]. En 1737, la Chambre d'Anjou échappe miraculeusement à l'incendie qui ravage la chambre

---

48 Ce document, actuellement non localisé, a été microfilmé par les Archives de l'Hérault en 1961 et est coté 1Mi125/1.
49 AD66, 1B15 et 1B16.
50 Nous nous appuierons pour ce qui va suivre sur nos travaux personnels et sur l'ouvrage : Albert Lecoy De La Marche, *Les Relations politiques de la France avec le royaume de Majorque (îles Baléares, Roussillon, Montpellier, etc.)*, Paris, Ernest Leroux, 1892, 2 vol.
51 AN, PP33, inventaire du Trésor des chartes des ducs d'Anjou et des aveux d'Anjou et du Maine par Michel Tambonneau, conseiller du roi et maître ordinaire en la chambre des comptes.

des comptes de Paris. Au début du XIXe siècle, ces documents sont déposés aux Archives nationales, nouvellement créées, et rangés dans la série P (chambre des comptes). Il faut attendre 1870 pour que l'archiviste Albert Lecoy se voie confier leur classement. Il les retrouve dans un état quasi identique à celui décrit au XVIe siècle, avec peu de pièces manquantes. Il décide de séparer toutes les chartes concernant la famille, les apanages et les possessions des ducs d'Anjou, et d'en constituer une collection factice intitulée les « Titres de la maison d'Anjou », sous les cotes P1334 à P1354. Le fonds des rois de Majorque occupe les sections X (Languedoc et Roussillon), XI (Aragon et Majorque) et XII (Italie et Grèce). Les parchemins sont reliés dans de grands portefeuilles cotés P1353 pour les pièces 731 à 797, P1354/1 pour les pièces 801 à 842, et P1354/2 pour les pièces 854 et 855. Les chartes se rapportant à Montpellier et sa seigneurie sont regroupées dans la section X/2, pièces 731 à 789, sous la cote P1353, soit 52 documents datés de 1103 à 1349[52]. Ce fonds renferme les plus anciennes chartes originales des Guilhem de Montpellier et constitue l'unique épave du chartrier seigneurial montpelliérain parvenue jusqu'à nous.

À la différence de l'administration communale, où l'on ne peut que constater la continuité des institutions de 1204 à nos jours, qui explique la permanence de la conservation des archives consulaires, le pouvoir seigneurial est passé de mains en mains au gré des changements dynastiques, chacun imposant sa marque par la création ou la suppression d'institutions politiques et judiciaires, ce qui s'est traduit par un bouleversement des fonds. La volonté centralisatrice de l'administration royale, successivement sous les dominations aragonaise, majorquine et française, a entraîné leur démembrement. La grande rupture que constitue de la Révolution a porté le coup de grâce : la table rase de l'Ancien régime a été fatale à la plupart des documents conservés à Montpellier. En résultent des fonds éclatés et très lacunaires. Seules subsistent quelques épaves, principalement le *Liber instrumentorum memorialis* et les titres du royaume de Majorque aux Archives nationales, ou des documents de deuxième main qui permettent d'accéder par une lecture en creux à ces archives perdues, comme l'inventaire des titres domaniaux de la sénéchaussée de Beaucaire aux Archives de l'Hérault. Il est donc nécessaire de reconsidérer l'histoire de la seigneurie de Montpellier à l'aune de cet état des sources. Ces recommandations sont valables tant pour les historiens du passé, dont il faut revoir certaines analyses, que pour ceux à venir, à qui cet article servira de point d'appui.

---

52   Ces documents ont été édités dans : Pierre-Joan BERNARD, *La Seigneurie de Montpellier dans les titres de la maison d'Anjou aux Archives nationales. Présentation et édition. (1103-1349)*, mémoire de Master 2, Université Toulouse II-Le Mirail (sous les directions de Jean-Loup Abbé et Laurent Macé), 2008.

Au-delà de la commune clôture

Perspectives de recherche sur la juridiction montpelliéraine et les ressources territoriales languedociennes

Lucie GALANO
Université Paul-Valéry Montpellier 3 et Université de Sherbrooke

L'histoire rurale a mis en exergue – depuis plusieurs années déjà – l'importance du questionnement des paysages et des processus de peuplement[1]. L'histoire du Bas-Languedoc a été éclairée par de nombreuses études adoptant ce cadre de réflexion[2]. Toutefois, l'histoire environnementale ne reste encore qu'un sous-champ disciplinaire en devenir[3]. L'environnement désigne, dans cette approche, un milieu naturel dont il convient d'étudier les spécificités ontologiques et en particulier, les ressources, et qui dispose d'une certaine capacité de résilience face à l'anthropisation[4]. Faire de l'environnement un objet d'étude historique permettrait d'ouvrir l'historiographie traditionnelle à de nouvelles perspectives.

Jusqu'à présent, ce cadre d'analyse n'a pas été adopté dans l'historiographie concernant Montpellier. Bien évidemment, le centrage des études montpelliéraines sur la ville en elle-même était largement justifié par la forte « urbanité » de Montpellier, dont les caractéristiques nécessitaient des études approfondies. Cette focalisation de la recherche sur les particularités interurbaines de Montpellier a fait oublier, parfois, que la ville était avant tout un chef-lieu seigneurial qui possédait l'autorité sur de nombreux foyers de peuplement du Bas-Languedoc. Les seigneurs de Montpellier, tout comme le consulat d'ailleurs, ont veillé à accroître leur espace d'influence. Ces terres leur offraient autant de ressources qu'il était dès

---

[1] Benoît CURSENTE et Mireille MOUSNIER (dir.), *Les Territoires du médiéviste*, Rennes, Presses universitaires de Rennes, 2005. Cet ouvrage collectif majeur présente un bilan historiographique de l'étude des paysages, un questionnement sur la sémantique des termes « espace », « territoire », « terroir », et ouvre les perspectives de recherche sur la représentation de ces paysages dans les sources. Il met en avant la collaboration des chercheurs, historiens et archéologues notamment, pour l'étude de l'organisation spatiale et de l'appropriation du milieu par les sociétés humaines.

[2] Les références majeures de ces études pour le Bas-Languedoc sont celles de Monique BOURIN, *Villages médiévaux en Bas-Languedoc, genèse d'une sociabilité : X^e-XIVe siècle*, « Du château au village : X^e-XIIe siècle », tome I et « La démocratie au village : XIIIe-XIVe siècle », tome II, Paris, L'Harmattan, 1995, p. 338 p. et p. 433 et celle d'Aline DURAND, *Les paysages médiévaux du Languedoc, X^e-XIIe siècles*, Toulouse, Presses Univ. du Mirail, 2003.

[3] Pour un bilan historiographique complet sur l'histoire environnementale moderne et contemporaine et ses problématiques, voir Fabien LOCHER et Grégory QUÉNET, « L'histoire environnementale : origines, enjeux et perspectives d'un nouveau chantier », *Revue d'histoire moderne et contemporaine*, 56 :4 (2009), p. 7-38. Même si ce bilan ne concerne pas la période médiévale, il est très utile pour situer le développement épistémologique de cette approche et présente des problématiques communes.

[4] Sur le concept de résilience, voir Aline DURAND, « À la recherche du paysage médiéval. Approches paléoenvironnementales », in Benoît CURSENTE et Mireille MOUSNIER (dir.), *Les Territoires du médiéviste*, p. 363-379, ici p. 368.

Montpellier au Moyen Âge. Bilan et approches nouvelles, éd. Lucie GALANO et Lucie LAUMONIER, Turnhout, 2017
(*Studies in European Urban History*, 40), p. 15–30

BREPOLS ☙ PUBLISHERS   DOI: 10.1484/M.SEUH-EB.5.113299

lors possible d'exploiter, en fonction des avantages qu'elles pouvaient présenter pour les activités humaines. Les ressources naturelles, en plus de représenter des profits pour les seigneurs, ont favorisé l'artisanat *intra* ou *extra muros* et par là-même le commerce, si précieux à la communauté urbaine. L'exploitation et la gestion de ces ressources étaient prises en charge par les autorités qui veillaient tant à leur sauvegarde qu'à celle de leurs intérêts juridictionnels.

L'histoire environnementale, dont l'une des perspectives est centrée sur l'utilisation des ressources naturelles, permet ainsi d'aborder l'histoire des techniques (celles utilisées pour l'extraction et l'exploitation des ressources), l'histoire économique et l'importance de ces ressources dans l'économie locale, régionale et extraterritoriale, mais aussi l'histoire politique, puisque l'exploitation des ressources supposait une réglementation, voire une gestion réfléchie et pouvait être l'objet de conflits parfois violents. Il est proposé ici de relire l'histoire de Montpellier par le prisme de cette perspective environnementale, sur une période s'échelonnant du XIe au début du XVe siècle. La documentation conservée dans les fonds des archives municipales de la ville et des archives départementales de l'Hérault concernant les ressources territoriales de Montpellier est très volumineuse et n'a pu être sollicitée dans sa totalité ; elle permettrait cependant une analyse précise des conditions d'implantation de la ville et de l'appropriation de son territoire[5]. Une telle étude ne peut, cependant, se contenter de sources textuelles, les sources archéologiques et les données scientifiques étant prépondérantes dans la connaissance des paysages. Les données mises au jour dans ces domaines sont nombreuses et sont éclairées par l'analyse des textes.

Il s'agit ici de comprendre comment la ville de Montpellier avait mis la main sur plusieurs ressources naturelles utiles à son développement économique et comment elle avait géré ces ressources. Montpellier, avant d'être un grand centre urbain, était le chef-lieu d'une seigneurie : il convient de présenter tout d'abord les ressorts de cette seigneurie afin d'établir à quels types de ressources la ville avait accès. Les droits sur certains territoires, obtenus par les seigneurs ou le consulat, étaient parfois partagés avec d'autres autorités de la région, ce qui pouvait donner lieu à des conflits. Le bois de Valène, sur lequel le consulat de Montpellier et l'évêque de Maguelone revendiquaient des droits, servira de cas d'étude. Pour garantir la disponibilité de la ressource forestière, le consulat avait instauré une réglementation autour de son exploitation qui avait été à l'origine de nouvelles tensions.

Les territoires de Montpellier, au-delà de la commune clôture

L'extension de la juridiction montpelliéraine

L'histoire politique de Montpellier appartient à une historiographie traditionnelle[6], qui a connu un certain renouvellement, notamment grâce au développement des recherches sur la féodalité méridionale[7]. Hideyuki Katsura a étudié l'avènement et les

---

5   Les archives municipales de Montpellier seront désormais désignées AMM et les archives départementales de l'Hérault, ADH.

6   Les grands noms de cette historiographie sont les biens connus Alexandre Germain et Jean Baumel. Ces auteurs (respectivement de la fin du XIXe et du milieu du XXe siècle) ont présenté l'histoire de Montpellier essentiellement sous les traits d'un recueil évènementiel, sans grande problématisation.

7   Ces recherches, menées en particulier par Pierre Bonnassié et Hélène Débax, ont abouti à la parution d'un ouvrage collectif offrant une vue d'ensemble de ces questions. Voir Pierre BONNASSIÉ (dir.), *Fiefs et féodalité dans l'Europe méridionale : Italie, France du Midi, Péninsule ibérique, du Xe au XIIIe siècle*, Toulouse, C.N.R.S. Université Toulouse-Le Mirail, 2002.

spécificités des structures féodo-vassaliques de la seigneurie montpelliéraine pour les XIIe et XIIIe siècles, en mettant en avant les relations entretenues par les Guilhem avec leurs suzerains – les évêques de Maguelone, les comtes de Melgueil, les vicomtes de Béziers et les comtes de Barcelone – et leurs châtelains[8]. S'il est indéniable que les recherches d'Hideyuki Katsura ont contribué à la connaissance des pratiques féodales grâce auxquelles se mettait en place l'extension du territoire montpelliérain, les ressorts de ce territoire restent peu étudiés. Certes, comme le propose Hélène Débax dans ses travaux sur la féodalité méridionale, il ne faut pas voir uniquement une stratégie d'expansion territoriale dans la constitution des réseaux de fidélité entourant la seigneurie montpelliéraine, mais plutôt la définition d'une zone d'influence des seigneurs. Une telle stratégie ne leur permettait pas moins de mettre la main sur les ressources naturelles qui appartiennent aux moyens dont disposait le pouvoir pour s'exercer, s'affirmer, se renforcer[9]. L'étude des ressources naturelles de Montpellier exige ainsi de revenir sur la délimitation juridictionnelle de la seigneurie, et permet d'entrevoir, par là-même, les stratégies de l'expansion territoriale.

Les sources les plus utiles à ce niveau sont le *Liber instrumentorum memorialis* et le *Cartulaire des rois d'Aragon et de Majorque*[10], les cartulaires des seigneurs de Montpellier qui permettent de documenter les différents droits que ces derniers détenaient sur les territoires du Bas-Languedoc, depuis la fin du Xe et jusqu'au début du XIVe siècle. Ces droits découlaient de plusieurs pratiques féodales : concédés en fief par une autorité supérieure (le comte de Melgueil, l'évêque de Maguelone, par exemple), droits acquis sur des châtellenies indépendantes ou dons en alleu par des petits propriétaires régionaux (reprises en fief ou coseigneurie)[11]. Les accords passés entre les familles aristocratiques châtelaines et les Guilhem ne comprenaient parfois qu'un simple serment de fidélité, sans donner lieu à un échange de fief[12]. La suprématie des Guilhem était reconnue là et les prestations de serment à leur profit leur permettaient d'étendre leur terre d'influence, en prenant sous leur protection des hobereaux de la région ou en se garantissant leur assistance. Ce type d'accord a probablement offert un terrain propice pour des échanges commerciaux – au cœur desquels pouvaient également se trouver les ressources des territoires. Cette fidélité reconnue, associée à la puissance grandissante de la maison des Guilhem, pouvait aboutir à l'intégration

---

8 Hideyuki Katsura, « Serments, hommages et fiefs de la seigneurie des Guilhem, fin XIe siècle-début XIIIe siècle », *Annales du Midi*, 104 :198 (avril-juin 1992), p. 141-161. Cet article est issu d'un mémoire de D.E.A. dirigé par Pierre Bonnassié et intitulé *La seigneurie des Guilhem de Montpellier au XIIe siècle, gouvernants et gouvernés dans la région montpelliéraine*, Toulouse-Le Mirail, 1988-1999. Compte-tenu des difficultés de consultation de ce mémoire, il n'a été fait recours ici qu'à cet article.

9 Hélène Débax, *La féodalité languedocienne, XIe-XIIe siècles. Serments, hommages et fiefs dans le Languedoc des Trencavel*, Toulouse, Université Toulouse-Le Mirail, 2003 (voir notamment p. 156 et p. 292-296 sur « les moyens du pouvoir » et « les ressources du sol et du sous-sol »).

10 Pierre-Joan Bernard a démontré qu'Alexandre Germain aurait commis une erreur en transcrivant « memorialium » ; voir Pierre-Joan Bernard, « Le Cartulaire des Guilhem de Montpellier – *Liber instrumentorum memorialis* alias Mémorial des nobles », *Bulletin historique de la ville de Montpellier*, 35 (2013), p. 12-33, ici p. 13. Pour les éditions des cartulaires, voir : *Liber Instrumentorum Memorialium, cartulaire des Guilhems de Montpellier*, éd. par la Société Archéologique de Montpellier, Montpellier, Imprimerie Jean Martel l'Aîné, 1884-1885, abrégé désormais « LIM », et *Les Cartulaires des rois d'Aragon et de Majorque*, Serres et Roumégous, Montpellier, 1904.

11 Hideyuki Katsura, « Serments, hommages et fiefs... », p. 153. Hélène Débax, *La féodalité languedocienne*, p. 152-157 sur le principe de fonctionnement des reprises en fief et p. 221-225 sur l'importance en Languedoc des coseigneuries.

12 L'un des premiers actes de ce genre remonte à 1059 et se trouve dans le mémorial des nobles. Il s'agit d'un serment prêté par Guilhem, fils de Guidenelle, à Guilhem VI de Montpellier par lequel il s'engage à ne pas substituer le château du Pouget (« Podio » ici) à l'autorité du seigneur de Montpellier. « *D'aquesta hora in antea non tolra, Guilelms, lo filz Guidinildis, lo castel de Podio qu fo d'en Gelen, a Guilelm, fill Beliarz, nil li devedara, ni l'en decebra, d'aquella forteza que i es, ni adenant facta i er, ni el, ni hom, ni femena, ab son art, ni ab son genio, ni ab son consel.* [...] » LIM, p. 666.

17

définitive du territoire dans le patrimoine des seigneurs de Montpellier, par l'achat ou par la reprise en fief des domaines des alleutiers.

Prenons ici l'exemple du Pouget, un territoire composé essentiellement de garrigue sur les collines du nord-ouest de Montpellier. Dans le *LIM*, se retrouvent six serments de même type, reprenant les mêmes clauses, dans un état de langue vernaculaire similaire : trois pour les années 1059 et trois en 1114[13]. Par ces serments, les familles aristocratiques qui avaient acquis – ou s'étaient appropriées – les droits sur le Pouget et qui se les partageaient, reconnaissaient la supériorité du seigneur de Montpellier. Cette mainmise avait abouti à une récupération progressive du territoire par la dynastie des Guilhem. Tout d'abord, grâce à des achats : en mars et avril 1124, Ermessens, la veuve de Guilhem V, achetait avec son fils Guilhem d'Aumelas, une vigne pour 10 sous ou même toute une portion du territoire hors des murailles du Pouget contre 200 sous[14]. On remarquera l'écart entre ces deux acquisitions, qui paraît indiquer que toutes possessions semblaient bonnes à prendre, même une vigne de 10 sous. En 1129, Guilhem d'Aumelas obtenait une part plus considérable encore de ce territoire[15]. Il achetait pour 700 sous les possessions et les droits de Gase Elzéar et de sa femme Agnès, à savoir le quart des droits d'usage qui se percevaient sur les vignes, les prés, les jardins, etc., mais aussi sur les hommes et les femmes, ce qui confirme ici leur statut de coseigneurs du Pouget.

La suprématie des seigneurs de Montpellier s'exprimait particulièrement dans l'octroi de reprises en fief dont ils bénéficiaient. En 1132, Adalais concédait à Guilhem, fils d'Ermessens, son domaine du Pouget qu'elle détenait en alleu avec toutes ses prétentions[16]. Cette donation comprenait trois manses (« *menses* »), les droits d'usages qui s'y prélevaient et là encore, les droits sur les hommes et les femmes qui s'y trouvaient : c'était bien une nouvelle partie de la coseigneurie que Guilhem obtenait là. Ce dernier avait ensuite inféodé ce territoire à Adalais « *ad feudum et ad servicium*[17] ». Au cours du XIIe siècle, les acquisitions des Guilhem étaient devenues plus fermes et plus nombreuses, en partie grâce à leurs ressources financières qui leur permettaient d'acheter de nouveaux territoires. Mais ils avaient également su affirmer leur suprématie sur plusieurs coseigneuries dans lesquelles ils étaient engagés et avaient bénéficié de nombreuses reprises en fief qui marquaient leur emprise sur la région[18].

Il est possible, à partir des cartulaires méridionaux, d'établir une liste approximative des territoires sous autorité totale ou partielle des seigneurs de Montpellier, que ce soit à titre d'alleu ou de fief[19].

---

13   Voir note *supra* et les pages 666 à 668, et 684 à 685 du *LIM*.

14   « honorem [...] que es extra portam de castelle Pojeto », voir *LIM.*, p. 670 et 683.

15   *LIM*, p. 670.

16   « ... ego Adalais, [...], dono, et titulo perfecte donationis trado tibi Guillelmo, de Montepessulano domino, [...] scilicet III menses quos annuatim per alodium in castro de Pogeto, cum toto alio alodio quod ego habeo in suo terminio, cum omnibus ad se pertinentibus... », *LIM*, p. 673.

17   *LIM*, p. 673-674.

18   On pourrait voir aussi l'exemple de Pignan, un castrum pour lequel les actes sont relativement nombreux (*LIM*, p. 581-602). On conserve notamment les serments de fidélité prêtés aux seigneurs de Montpellier, prouvant une division du castrum, et les actes de donation et d'inféodation qui démontrent que l'autorité des Guilhem s'était imposée progressivement sur les autres châtelains.

19   Cette liste a été réalisée à partir du premier document mentionnant un serment de fidélité, une donation, ou une inféodation concernant le territoire donné et engageant la seigneurie de Montpellier. Sont absents de cette liste Montpellier et Lattes, dont l'acquisition pose encore de nombreuses questions. Voir Hideyuki Katsura, « Serments, hommages et fiefs... », p. 143-147, qui revient sur le problème de l'origine de Montpellier et réalise un bilan de l'historiographie la concernant, mais qui présente une date qui semble erronée pour l'acquisition de Lattes, en 1140 (p. 149), puisque le castrum de « Palude » était déjà signalé dans les territoires des seigneurs de Montpellier dans le testament de Guilhem V en 1114 (*Cartulaire de Maguelone*, éd. par Jean-Baptiste Rouquette et A. Villemagne, Montpellier, Imprimerie Louis Valat, 1913, tome I, p. 76-80).

Figure 3. Dates d'acquisition totale ou partielle des territoires du Bas-Languedoc par les seigneurs de Montpellier

Date	Lieu	Folio/côte
x^e ?	Garrigues	*LIM*, folio 138 r°, éd. p. 580
1059	Le Pouget	*LIM*, folio 160 r, éd. p. 666
1059	Saint Pons de Mauchiens	*LIM*, folio 168 r, éd. p. 708
xie ?	Leuc ?	*LIM*, folio 150 r, éd. p. 627
1111	Cournonsec	*LIM*, folio 143 v°, éd. p. 603
1111	Montarnaud	*LIM*, folio 150 v, éd. p. 630
1111	Montferrier	*LIM*, folio 121 v°, éd. p. 506
1112	Frontignan	*LIM*, folio 147 v°, éd. p. 616
1112	Popian	*LIM*, folio 163 v, éd. p. 691
1113	Montbazin	*LIM*, folio 146 r, éd. p. 612
1114	Pignan	*LIM*, folio 138 v°, éd. p. 723
1118	Aumelas	*LIM*, folio 178 r, éd. p. 726
1129	Balaruc	*LIM*, folio 154 v, éd. p. 647
1132	Castelnau	*LIM*, folio 118 r°, éd. p. 497
1138	Gignac	*LIM*, folio 168 r, éd. p. 706
1142	Paulhan	*LIM*, folio 174 v°, éd. p. 722
1157	Castries	*LIM*, folio 136 r°, éd. p. 573
1160	Clermont	*LIM*, folio 170 v, éd. p. 713
1160	Nébian	*LIM*, folio 173 r, éd. p. 719
1161	Mireval	*LIM*, folio 126 r°, éd. p. 523
1189	Loupian	*LIM*, folio 157 v, éd. p. 657
1196	Saint Paul de Montcamel	*LIM*, folio 154 r, éd. p. 645
xiie ?	Plaissan	*LIM*, folio 163 r, éd. p. 687
1200	Tressan	*LIM*, folio 188 r, éd. p. 767
1201	Mas Dieu, la Blaquière, Saturargues	*LIM*, folio 150 r, éd. p. 329
1215	Valène	ADH, Registres du Cartulaire de Maguelone, A 221, D 203, F 160, éd. *Cartul. de Maguelone*, tome 2, p. 144-150
1218	Pignan, Saussan, Frontignan, Castries, Castelnau et Centreyrargues	*Cart. des rois d'Aragon et de Majorque*, folio 199 art. 578, éd. p. 346-350
1226	Juvignac	*Cart. des rois d'Aragon et de Majorque*, folio 204 r°, art. 593, éd. p. 397-398
1263	Jacou	*Cart. des rois d'Aragon et de Majorque*, folio 193 v° et 194 r°, art. 570, éd. p. 392-395
1267	Saint Jean de Védas	*Cart. des rois d'Aragon et de Majorque*, folio 195 r°, art. 574, éd. p. 433-434

Si l'on confronte ces données à une carte, en situant l'emplacement des territoires, on peut constater une certaine propension occidentale de la juridiction montpelliéraine qui dépassait là les limites du diocèse de Maguelone. Il est difficile de dire avec précision quels facteurs ont été à l'origine de cette occidentalisation. Le principal élément de réponse se trouve dans la présence, à l'est de Montpellier, de la famille de Gérondès de Castries dont les très nombreux territoires n'avaient été récupérés qu'en 1157 par Guilhem VII, grâce à une alliance matrimoniale[20]. Il faudrait incontestablement revenir sur ces éléments afin de clarifier le statut de chef-lieu régional pris par Montpellier au Moyen Âge. L'étude des documents présentant la délimitation de la juridiction entre ce pouvoir et celui de l'évêque de Maguelone, notamment la procédure de 1273 n.s., apparaît comme un point de départ prometteur[21].

Les seigneurs de Montpellier n'ont pas été les seuls à se préoccuper de l'extension de leur juridiction ; le consulat a également agi à ce niveau. Les consuls de Montpellier avaient profité de la situation financière difficile de l'évêque de Maguelone – faisant suite à l'inféodation du comté de Melgueil, la même année – pour adjoindre de nouvelles possessions au temporel de la ville. En 1215, ils obtenaient de ce dernier une partie de la monnaie de Melgueil et l'inféodation du bois de Valène, le tout pour 25 000 sous melgoriens et l'albergue de dix chevaliers[22]. Il est indéniable, dans le cas de Valène, que cette acquisition répondait, au moins en partie, à une nécessité d'approvisionnement en matière première, en l'occurrence ici en bois. D'ailleurs, le bois de Valène était utilisé par les Montpelliérains bien avant qu'il ne soit inféodé à leur consulat. Le serment d'hommage prêté en 1190, par lequel Guilhem VIII reconnaissait tenir ses possessions de Raymond de Toulouse, évoquait déjà « les habitants de Montpellier se trouvant au bois de Valène »[23]. L'acquisition de Valène était profitable à la communauté montpelliéraine et aux finances du consulat, comme nous le verrons plus loin ; elle n'est donc pas anodine et ce sont bien ses ressources qui présentaient alors le plus d'intérêt[24].

Les ressources des territoires sous l'autorité de Montpellier et leurs usages

Les ressources naturelles comptaient bien dans les stratégies d'acquisitions territoriales. La ville de Montpellier ne disposait pas en elle-même de toutes les matières premières nécessaires à son artisanat et à son économie. Les territoires littoraux offraient des ressources en poisson, en gibier d'eau et en sel ; ceux de l'arrière-pays permettaient l'exploitation sylvo-agro-pastorale et l'extraction de terres, métaux et minerais. L'arrière-pays,

---

20 Le frère de Guilhem VII, Guilhem de Tortose, avait épousé Ermessens, la fille et héritière de Dalmace de Castries qui se trouvait à la tête d'un patrimoine relativement important (les actes attestant de l'expansion progressive du patrimoine de cette famille sont édités dans le *LIM*, des pages 542 à 558).

21 Voir en particulier un acte du 5 janvier 1273 n.s. qui présente un accord entre Jacques Ier, roi d'Aragon et seigneur de Montpellier passé avec l'évêque de Maguelone, Bérenger de Frédol, comprenant une délimitation relativement stricte et précise des juridictions des deux seigneurs. Cf. *Cart. de Maguelone*, tome III, p. 147-165.

22 Plus tard, en 1218, le roi d'Aragon avait également obtenu de l'évêque l'inféodation d'une partie de la monnaie de Melgueil, et la part sur les châteaux de Pignan, Saussan, Frontignan, Castries, Castelnau et Centrayrargues qui dépendaient du pouvoir du comte de Melgueil, le tout contre contre 20 000 sous melgoriens. *Cart. des rois d'Aragon et de Majorque*, p. 346. Si l'acte de 1218 est passé avec les consuls de la ville représentant le roi d'Aragon, il s'agit bien d'une inféodation seigneuriale (« *ad feudum honoratum et censatum domino* ») tandis que l'acte de 1215 engageait bien un pouvoir consulaire c'est-à-dire non noble, comme semble l'indiquer le cadre de la transaction qui se fait à acapte (« *ad acapite impertuum* ») *Cartul. de Maguelone*, tome II, p. 144-150.

23 « [...] et omnibus habitatoribus Montispessulani in boscho de Valena, de omnibus arboribus et lignis, exceptis roures et elzers, [...] ». Acte du 3 mars 1190 (n.s.), dans le *LIM*, p. 160.

24 Valène est relativement éloigné de Montpellier (à près de 20 km de distance). La ville de Montpellier était bien dépendante de son territoire juridictionnel pour l'approvisionnement en bois, et devait parfois aller chercher plus loin les ressources qui lui faisaient défaut.

présentant essentiellement un sol calcaire et caillouteux, était peu propice aux cultures céréalières, mais caractérisé par une végétation méditerranéenne typique (vigne et olivier) et xérophile (brachypode rameux notamment). Il ne disposait pas de grandes forêts, mais affichait une prééminence des chênaies. Si le Bas-Languedoc était réputé pour sa relative sécheresse, son hydrographie restait avantageuse. La région n'était pas pourvue d'un relief important mais disposait de promontoires propices à l'installation de structures défensives (par exemple à Aumelas). Les caractéristiques de ces paysages supposent des ressources naturelles et donc des exploitations particulières. Il convient dès lors de préciser quelles étaient ces ressources et quels en étaient les usages.

L'article de Philippe Bernardi et Didier Bosseuil intitulé « Des prouffits champestres à la gestion des ressources naturelles », sert de base conceptuelle sur la manière dont cette locution moderne peut être comprise pour la période médiévale[25]. Les ressources naturelles désignent « l'ensemble des éléments de la nature [...] qui entrent dans un processus de production artisanale ou industrielle, et qui ne sont pas cultivés ou élevés par l'homme ; ce qui exclut toutes les productions agricoles et les ressources alimentaires »[26]. Cela comprend les terres, les ressources minières, forestières, métallurgiques, hydrauliques, les plantes et les animaux (catégorie à laquelle appartient la cochenille)[27]. L'extraction de ces ressources brutes est suivie par une phase de traitement ou de manufacture, qui finalise le processus d'appropriation. Ces usages conditionnent la place des ressources dans l'artisanat et le commerce, induisant des rapports de complémentarité entre monde urbain et rural. L'anachronisme de cette locution est déjoué par l'émergence dans la scolastique de l'idée d'une nature destinée à servir l'homme. Les ressources naturelles sont bien des « inventions » humaines, dans la mesure où les activités des hommes subordonnent l'utilisation des ressources, induisant un rapport pragmatique entre l'homme et son milieu qui va dans le sens d'une spécification de ces dernières[28].

Il ne sera pas possible de traiter ici, dans le détail, tous ces types de ressources, leurs disponibilités et leurs usages, pour la juridiction montpelliéraine ; il s'agira essentiellement d'en donner un aperçu global qui atteste de l'intérêt de ces perspectives de recherches. La première ressource qui sera analysée est l'eau. Aucune étude précise de l'eau à Montpellier et dans les terres de sa juridiction n'a été menée, malgré la quantité importante de documents disponibles et l'intérêt que peuvent présenter les problématiques s'y rapportant[29].

---

25 Philippe Bernardi et Didier Boisseuil, « Des « prouffitz champestres » à la gestion des ressources naturelles », *Médiévales*, 53 (automne 2007), p. 5-10. Dans cet article, les auteurs reviennent sur l'utilisation de la locution « ressources naturelles » dans l'historiographie, locution attestant selon eux d'une « conception de la Nature propre à l'Occident » et dont il faut chercher les racines dans la période médiévale (p. 7).

26 *Ibid.* p. 8.

27 Ils établissent ainsi une liste des « objets animés ou inanimés » pouvant être compris comme des ressources naturelles : « les ressources minières (au sens large, de tous les minéraux, pas seulement les minerais métalliques), les pierres (qu'elles soient précieuses ou ordinaires), les terres (pour tous les usages : entre autres la céramique), les ressources hydrauliques (les cours d'eau utilisés pour leurs capacités énergétiques, curatives, d'irrigation), les ressources forestières (pour les combustibles ou le bois d'œuvre qu'elles produisent), et plus largement les plantes (les plantes tinctoriales notamment, les fibres textiles lorsqu'elles ne sont pas issues de la culture) ; les ressources animales (comme les cochenilles du chêne kermès), les ressources maritimes (sel), etc. » *Ibid.* p. 8-9. Ce sont toutes ses ressources qui mériteraient d'être étudiées dans le cadre de l'historiographie montpelliéraine.

28 *Ibid.*, p. 9.

29 Trois fleuves traversent Montpellier : le Lez, la Mosson et le Verdanson (qu'il serait plus convenable d'appeler « rivières », ces trois cours d'eau se déversant dans les étangs avant de rejoindre la mer). Les documents les concernant sont nombreux, disséminés dans les différents fonds des AMM et des ADH. Ils sont relativement présents dans les recherches sur Montpellier mais aucun n'a fait l'objet d'une étude spécifique, ce qui est regrettable compte tenu de leurs implications dans de nombreuses problématiques rurales comme urbaines.

Les multiples usages de l'eau, ainsi que sa disponibilité, en faisaient l'objet d'inquiètes attentions. Les recherches archéologiques et historiques sur l'innovation ont mis en avant le rôle fondamental des moulins et donc, de l'utilisation de l'énergie hydraulique, dans la « révolution industrielle » du XIIIᵉ siècle[30]. À la question des moulins est liée celle de l'irrigation, parfois nécessaire pour réguler les débits des cours d'eau. Cette dépendance de plusieurs activités aux mêmes ressources hydrographiques pouvait entraîner des conflits, parfois armés et violents. Le détournement d'un cours d'eau pouvait priver un moulin de l'énergie suffisante à son fonctionnement ; de même manière, l'utilisation de l'eau par un moulin pouvait réduire l'irrigation des terres et gêner leur exploitation[31]. Ces conflits, dans le contexte médiéval, engageaient les droits de juridiction et les pouvoirs des seigneurs[32].

L'utilisation de l'eau ne s'arrêtait pas là. Elle restait tout d'abord un besoin alimentaire et il serait utile de mieux connaître les conditions d'approvisionnement de la ville en eau potable, abordant ici des problématiques sanitaires[33]. Les usages industriels et artisanaux de l'eau supposaient des déversements qui pouvaient influer sur la qualité des eaux du littoral. Le traitement des eaux usées et domestiques étudié actuellement permettra peut-être de comprendre également les répercussions de la vie urbaine sur le monde rural[34].

Le sous-sol du Bas-Languedoc était exploité au Moyen Âge. Les fouilles archéologiques du Roc de Pampelune (non loin d'Argelliers et donc, du bois de Valène) ont montré qu'une exploitation métallurgique existait déjà durant le Haut Moyen Âge[35]. Dans le secteur des Matelles, au nord de Montpellier, les archéologues ont également mis au jour une installation très conséquente, dévolue en particulier à l'extraction du fer, au lieu-dit de la « tour de Rocayrol », appelé « Cairol » au Moyen Âge[36]. Une étude historique des exploitations souterraines serait nécessaire et bénéficierait des nombreux travaux archéologiques en la matière. D'autant plus que cette exploitation semble avoir été sous l'autorité de la seigneurie des Guilhem et donc, de Montpellier. Le *Liber instrumentorum memorialis* fait état de deux feudataires des Guilhem qui disposaient du manse du Cairolet et de celui du « Carol », le premier devant l'albergue de six chevaliers, le second celle de quatre chevaliers plus deux pour ces dépendances (« *appennaria* »)[37]. Des traces d'exploitations

---

30   Voir Aline DURAND, *Jeux d'eau : moulins, meuniers et machines hydrauliques, XIᵉ-XXᵉ siècles : études offertes à Georges Comet*, Aix-en-Provence, Publications de l'Université de Provence, 2008. Voir sur l'innovation et les moulins, l'ouvrage collectif dirigé par Patrice BECK, *L'innovation technique au Moyen Âge*, Paris, Errance, 1998, et notamment l'article de Jean-Marie PESEZ, « Le Moyen Âge est-il un temps d'innovation ? » p. 11-14. Jean-Marie Pesez insiste sur l'importance de l'utilisation de l'énergie au Moyen Âge (hydraulique, éolienne, animale) utilisée « comme jamais avant ». Il explique ainsi que l'une des principales innovations du Moyen Âge a été de diffuser les techniques liées à l'énergie hydraulique.

31   Jean-Pierre CUVILLIER, « L'irrigation dans la Catalogne médiévale et moderne », *Mélanges de la Casa de Velázquez*, 20 (1984), p. 145-187, ici p. 149.

32   Il faut noter que l'intérêt de la question des conflits entourant la gestion de l'eau a été mis en avant récemment par l'historiographie. Sandrine LAVAUD et Patrick FOURNIER (éd.), *Eaux et conflits dans l'Europe médiévale et moderne*, Toulouse, Presses universitaires du Mirail, 2012.

33   Daniel ROCHE, « Le temps de l'eau rare du Moyen Âge à l'époque moderne », *Annales – Économies, Sociétés, Civilisations*, 39-2 (1984), p. 383-399, ici p. 389.

34   Voir la thèse de Catherine Dubé en cours de préparation, mentionnée dans l'introduction de cet ouvrage.

35   Charlotte BRITTON, Lucie CHABAL, Gaspard PAGÈS et Laurent SCHNEIDER, « Approche interdisciplinaire d'un bois méditerranéen entre la fin de l'Antiquité et la fin du Moyen Âge, Saugras et Aniane, Valène et Montpellier », *Médiévales*, 53 (automne 2007), p. 65-80, ici p. 67. Voir l'étude plus détaillée : Laurent SCHNEIDER (*et al.*), « Le travail du fer dans l'établissement perché tardo-antique du Roc de Pampelune (Argelliers, Hérault) : l'apport des analyses métallographiques », *Archéosciences, Revue d'Archéométrie*, 29 (2005), p. 107-116.

36   Pierre-Yves GENTY, « Le manse de Cairol, une exploitation minière médiévale des XIIᵉ-XIVᵉ siècles, près de Montpellier », *Archéologie du Midi médiéval*, 12 (1994), p. 188-197. Les archéologues ont conclu à une exploitation du fer : voir p. 191.

37   Pierre-Yves GENTY, « Le manse de Cairol... », p. 196 et *LIM*, p. 415.

agricoles ont été révélées aux abords du complexe minier qui présentait des bâtiments très importants, et dont l'architecture témoigne d'une volonté défensive. Il faudrait réaliser un dépouillement systématique de toutes les archives concernant le Cairol, pour mieux comprendre quels étaient les enjeux de l'extraction de ses ressources naturelles et leur place dans l'artisanat et dans l'économie montpelliéraine.

Les usages des terres sont aussi très intéressants et mériteraient une analyse historique détaillée. Les fouilles archéologiques sur la faïence présente dans le pourtour de Montpellier ont prouvé l'émergence d'une poterie spécifique à la région[38]. L'artisanat potier est permis par l'extraction des terres, mais aussi par les ressources forestières nécessaires à l'utilisation des fours. Les fouilles du Mas-Vieil, territoire non loin de Valène, ont prouvé l'existence de plusieurs fours de potiers et l'utilisation du bois des chênaies languedociennes pour les alimenter[39]. Cette poterie du Mas-Vieil a été retrouvée dans un puits de Montpellier, preuve de sa commercialisation ou du moins, de sa présence dans la ville[40]. Les terres sont également un des éléments prépondérants de l'écosystème d'un territoire. Elles conditionnent les propriétés de la végétation et par là-même, les pratiques sylvo-agro-pastorales qui peuvent y être menées. Les terres sont simplement décrites, dans les textes, « *cultis seu incultis* », c'est-à-dire cultes ou incultes mais le fait qu'elles aient été incultes ne signifie pas qu'elles aient été sans ressources[41]. Cette distinction cultes/incultes est à mettre en parallèle avec la distinction souvent évoquée entre arbres fruitiers et non fruitiers : ce n'est pas parce que les arbres ne portaient pas de fruits qu'ils n'étaient pas utiles aux hommes, bien au contraire. L'exploitation de la garrigue, qui faisait partie intégrante du paysage languedocien, présentait évidemment des intérêts[42].

L'une des exploitations les plus précieuses pour Montpellier était, d'ailleurs, l'extraction de la cochenille abondante dans les chênaies languedociennes[43]. Là encore, la ville trouvait dans son arrière-pays cette ressource animale précieuse. Aumelas et ses abondantes chênaies constituaient sans conteste un de ces lieux d'exploitation les plus importants, qui avaient failli échapper à la seigneurie des Guilhem. Le testament de Guilhem V avait divisé ses possessions entre ses deux fils – tous deux s'appelaient Guilhem : l'aîné avait obtenu Montpellier et Lattes et avait pris le titre de Guilhem VI ; le cadet avait acquis Aumelas

---

38 Voir Jean-Louis Vayssettes (dir.), *Montpellier, terre de faïences : potiers et faïenciers entre Moyen Âge et XVIIIe siècle*, Montpellier, Silvana Editoriale, 2012 ; C.A.T.H.M.A., « Céramiques languedociennes du haut Moyen Âge (VIIe-XIe siècle) », *Archéologie du Midi médiéval*, 11 (1993), p. 111-228.

39 Hélène Breicher, Lucie Chabal, Nolween Lecuyer et Laurent Schneider, « Artisanat potier et exploitation du bois dans les chênaies du nord de Montpellier au XIIIe s. (Hérault, Argelliers, Mas-Viel) », *Archéologie du midi médiéval*, 20 (2002), p. 57-106.

40 Marie Leenhardt, « Un puits : reflet de la vie quotidienne à Montpellier au XIIIe siècle », *Archéologie du Midi médiéval*, 17 (1999), p. 109-186.

41 En guise d'exemple, un acte de 1121 (*LIM*, p. 730), mais bien d'autres pourraient être cités, qui énumère les différentes caractéristiques d'un territoire inféodé par Guilhem d'Aumelas dans la localité du même nom : « *sint vinee, campi, domus, prata, nemora, heremi, culta et inculta*, [...] ».

42 Le terme « garrigue » n'apparaît pas nécessairement pour des territoires présentant pourtant les mêmes caractéristiques intrinsèques. Dans un acte, daté de manière imprécise de la fin du Xe siècle concernant le territoire appelé justement « Garrigues » (au nord-est de Montpellier), apparaît le terme « garrucibus » (*LIM*, p. 580). En latin, *garrica, e*, f. signifie « chêne, chênaie » (cf. *Lexique de Latin-Français, Antiquité et Moyen Âge*, Paris, éd. Picard, 2006). Les garrigues étaient largement pourvues en chênaie, et par analogie sémantique, le terme en est venu à désigner un écosystème à part entière, caractérisé par un sol caillouteux et une végétation épineuse (cf. étymologie et historique du terme garrigue, sur le site du Centre National des Ressources Textuelles et Lexicales.) Cette évolution sémantique a pris un certain temps : en l'absence de terme stable pour désigner les garrigues, il est possible que le mot « eremus » ait été utilisé parfois pour les qualifier (eremus, i, m. signifiant « désert, terre non culte » ; cf. *Lexique, op. cit.*), comme dans le texte précédemment cité.

43 La cochenille du chêne kermès, ou *kermes vermilio*, était utilisée au Moyen Âge à Montpellier pour teindre les draps en un rouge vermeille qui avait participé à la réputation de la ville.

(lui valant son surnom de Guilhem d'Aumelas), Montarnaud, le Pouget et de nombreuses possessions encore[44]. La seigneurie montpelliéraine, tout en gardant la suprématie, avait vu se réduire l'étendue de ses territoires, et pouvait manquer de certaines ressources dont elle avait l'habitude de faire usage. Dans son testament, Guilhem d'Aumelas réservait à son neveu, Guilhem VII, l'exploitation de tout ce qui permet de faire du « vermeille » dans sa châtellenie d'Aumelas[45]. Cet acte permet de concevoir un certain besoin de la ville auquel son seigneur entendait répondre. Il n'est pas étonnant de voir, par la suite, Guilhem VII employé à récupérer en biens propres tous les territoires qui revenaient à Montpellier, avant la succession de Guilhem V[46]. La cochenille est l'une des ressources naturelles des garrigues. Le brachypode rameux ou herbe à mouton en est une autre, qui prouve les conditions propices offertes par les garrigues pour l'élevage[47].

La juridiction de Montpellier ne se limitait pas à l'enceinte de la ville : les territoires qu'elle englobait avaient été acquis par des stratégies matrimoniales, grâce à des donations ou à d'importantes ressources financières, ou simplement par la reconnaissance de l'autorité supérieure de son seigneur. Tous ces territoires constituaient un patrimoine temporel dont les ressources naturelles faisaient partie intégrante. L'étude de ces ressources peut éclairer les implications de la ville dans sa région et les rapports entre monde urbain et monde rural. Si l'arrière-pays présentait quelques inconvénients (pauvreté des cultures céréalières en particulier), il apparaît dans les sources un rapport relativement pragmatique à ces ressources qui étaient exploitées en fonction de leur disponibilité et de leurs spécificités ontologiques.

Tensions et réglementation autour de l'exploitation des ressources naturelles

Les conflits liés à l'utilisation des ressources

L'exploitation des ressources des territoires dépendant de l'autorité des seigneurs pouvait être à l'origine de conflits. Le Bas-Languedoc a connu de telles oppositions ; l'un des seigneurs de Montpellier en a même été l'instigateur. Le 9 mai 1125 était conclu un accord de paix entre Bernard IV, comte de Melgueil et Guilhem VI, seigneur de Montpellier, à la suite de violents affrontements, dont le point d'origine était l'utilisation de l'eau[48]. Guilhem avait détourné un cours d'eau à son profit, empêchant aux moulins de Bernard Gandalmar, vassal du comte de Melgueil, de recevoir les eaux nécessaires à leur fonctionnement. S'il est possible que ce détournement ait servi de prétexte pour une guerre ouverte entre vassaux du comte de Melgueil, il fallait que le prétexte soit bon pour la déclencher.

---

44 *LIM, op. cit.*, p 734-737 (8 mars 1156 n.s.).

45 « Solvo etiam et guirpisco vetum quem feceram de vermilio, ut deinceps non fiat, et omnes secatores graderios qui solebant michi fieri ne amplius exigantur in terra mea. » *LIM*, f° 179, p. 736.

46 Par stratégies matrimoniales et par alliances politiques, Guilhem VII était parvenu, à la fin du XIIe siècle, a récupéré la totalité des territoires appartenant à son cousin germain, Raimbaud, fils de Guilhem d'Aumelas. Le rôle d'Adémar de Murviel, allié de Guilhem VII, et époux de Tiburge, la sœur de Raimbaud, et a été décisif à ce propos. L'affaire avait duré sur de longues années, depuis la mort de Guilhem d'Aumelas en 1155 (voir *LIM*, p. 734) jusqu'à la vente définitive du territoire d'Aumelas et des droits s'y percevant en 1199 (voir *LIM*, p. 764).

47 Le brachypode rameux (ou *brachypodium retusum*) est une herbacée présente en abondance dans les garrigues et les chênaies. Espèce xérophile (qui apprécie les milieux secs), elle permet de nourrir les bêtes (d'où son nom d' « herbe à mouton ») qui favorisent le transport des semences (espèce zoochore).

48 *Cart. de Maguelone*, tome III, p. 1084 et *LIM*, p. 103-108 (l'acte de cette édition est plus loin, un paragraphe introductif rappelant le contexte de l'accord). Cet acte est bien traité par Alexandre Germain qui en donne les principaux éléments.

Cet épisode a été traité à plusieurs reprises par Alexandre Germain[49] mais son analyse consistait essentiellement à exposer les différents évènements liés à ce détournement[50].

Il s'agit ici de comprendre la nature des travaux d'aménagement entrepris par le seigneur de Montpellier. En effet, il est dit d'une part que Guilhem avait réalisé un barrage[51], de l'autre qu'il aurait fait une saillie, une « incision » dans le lit de la rivière[52]. En fait, pour détourner le cours d'eau, le seigneur de Montpellier avait dû réaliser les deux aménagements : une saillie pour créer une nouvelle voie d'écoulement et un barrage pour contraindre l'eau à l'emprunter. Pourquoi une telle réalisation et à quel endroit ? Germain propose que cette construction ait visé à réunir deux bras du Lez (le Lez Capol à l'ouest et le Lez-Viel à l'est), pour améliorer la navigation vers le port de Lattes. Même si aucune mention du port ne se trouve dans les archives, il est probable que Germain n'ait pas eu tort en ceci. En effet, les deux bras se divisaient en amont de Lattes, et le Lez-Viel servait à alimenter des moulins dits du « Tavan ». En réalisant une saillie et un barrage avant les moulins, le seigneur de Montpellier détournait bien les eaux du Lez en direction de son port. Ce choix de construction reste étonnant puisqu'il aurait suffi de réaliser un barrage au lieu d'une séparation des bras pour n'en conserver qu'un seul. L'intérêt de ce texte est d'attester de la précocité des travaux d'aménagement sur le littoral, d'une utilisation de l'eau prépondérante, subordonnant la réalisation de ces travaux, et de présenter les problématiques juridictionnelles et les conflits qui pouvaient émerger de la captation des eaux fluviales. C'est la multiplicité des usages de l'eau qui en faisait un objet de conflit.

L'utilisation des ressources ne provoquait pas uniquement des conflits entre seigneurs : ces conflits pouvaient engager des exploitants privés. En 1426, les consuls de mer de Montpellier avaient porté plainte contre contre le notaire Jean Vayssière, son épouse, et Philippe Ostarde, qu'ils accusaient d'avoir creusé un fossé pour arroser leurs prés. Ce fossé détournait les eaux du Lez dans les environs de Lattes et de l'étang du Méjean, et surtout contribuait au déversement de déchets (arbres, herbes et terres) dans la roubine. Cela pouvait, à long terme, réduire la navigabilité de la roubine utilisée par les marchands pour se rendre à Lattes et porter atteinte au profit de la ville[53]. Les consuls n'excluaient pas l'utilisation de l'eau du Lez pour l'irrigation, mais imposaient que tout canal d'irrigation soit creusé avec leur consentement. Cet acte atteste de la présence de canaux

---

49 Voir Alexandre GERMAIN, « Étude historique sur les comtes de Maguelone, de Substantion et de Melgueil », *Mémoires de la Société Archéologique de Montpellier*, 1 :3 (1854), p. 547-550 ; *Mémoire sur les anciennes monnaies seigneuriales de Melgueil et de Montpellier*, p. 7. Il explique notamment la suite des événements, en se basant sur l'acte relatant les faits, édité dans le *LIM*, p. 101-103.

50 La suite des événements est surtout connue grâce à l'acte cité précédemment, présent dans le *LIM*, p. 101-103. S'il n'est pas complètement douteux, il doit être abordé avec précaution. En effet, cet acte explique qu'après avoir réalisé un barrage (« *paxeria* »), Guilhem VI, ayant appris que cela rendait mécontent le comte de Melgueil auprès duquel s'était plaint Bernard Gandalmar, s'était rendu près du comte pour s'excuser et rétablir les dommages causés. Mais durant ce temps, Bernard Gandalmar avait attaqué Montpellier et les alentours de sa juridiction et causé de nombreuses destructions. Guilhem VI avait, à son tour, détruit certaines des possessions de Bernard et avait même assiégé son suzerain, le comte de Melgueil. Devant la gravité de ce conflit, l'évêque de Maguelone était intervenu et avait imposé une médiation dont l'aboutissement se trouve dans l'acte du 9 mai 1125. Le seigneur de Montpellier serait, dans cette perspective, et c'est l'interprétation suivie par Germain, non pas l'instigateur du conflit, mais la victime. Il faut atténuer cette vision en comprenant bien que ce conflit était né, malgré tout, du fait que Guilhem VI avait outrepassé ses droits en détournant un cours d'eau dont dépendaient des territoires situés hors de sa juridiction.

51 *LIM*, p. 101 et 102.

52 *Cart. de Maguelone*, tome III, p. 1084 ; « *incisionem alvei quam fecerat* ».

53 AMM, Joffre 419, recoté HH282. OUDOT DE DAINVILLE, Maurice, *Archives de la ville de Montpellier. Inventaires et documents. Inventaire de Joffre*, tome VII, *Archives du greffe de la maison consulaire, armoire C*, Montpellier, Imprimerie l'Abeille, 1939, p. 322-324.

d'irrigation aux abords du Lez, dont l'usage était réglementé par une instance consulaire de Montpellier, sur un territoire dépendant de sa juridiction. Il montre aussi que, même s'il s'agit certainement ici d'un acte répressif visant à asseoir l'autorité des consuls de mer sur la gestion du littoral, la qualité première de l'eau qui était valorisée dans cette affaire par les consuls était sa navigabilité. Cela s'explique par les nombreux échanges commerciaux de Montpellier, dépendants de la présence du port de Lattes. La navigation et l'importation des marchandises pouvaient constituer des activités plus importantes qu'une simple exploitation agro-pastorale : apparaissaient alors des conflits d'intérêt pouvant donner lieu à un recours en justice.

La perception des taxes

Les conflits entre les seigneurs et leurs vassaux, et entre ces derniers et la population, pouvaient également être liés à la perception des taxes attachées à l'exploitation des ressources. L'on s'appuiera sur l'exemple du bois de Valène[54]. Comme nous l'avons vu, il avait appartenu tout d'abord au comte de Melgueil qui avait autorisé les hommes de Montpellier à l'exploiter. Puis, l'évêque de Maguelone, devenu comte de Melgueil, l'avait rapidement inféodé aux consuls de Montpellier qui lui devaient alors l'albergue de dix chevaliers en signe de suzeraineté[55]. Les consuls de Montpellier avaient à leur tour concédé des parcelles de territoire, afin de déléguer l'exploitation à des particuliers, des « rendiers », qui leur devaient une redevance annuelle. Ils percevaient donc les droits d'usage prélevés sur le territoire de Valène à l'exception d'une taxe seigneuriale, réservée à l'évêque de Maguelone en signe de suzeraineté : la tête et les pieds des sangliers chassés dans le bois revenaient à l'évêque et non au consulat, qui devait s'accommoder de cette restriction[56].

Les taxes perçues par les consuls sur les territoires qu'ils concédaient aux rendiers variaient en fonction des qualités et de la taille de la parcelle. Certaines taxes semblent bien faibles (seulement 1 denier par an) mais ne devaient ouvrir qu'à très peu de droits, sur un très petit espace ; d'autres devaient concerner des territoires très étendus, étant bien plus onéreuses (jusqu'à 20 sous par an)[57]. Il est intéressant de constater que l'on retrouve des « bourgeois » de Montpellier parmi ces exploitants privés qui achetaient un territoire à

---

54   Les données archéologiques concernant Valène sont nombreuses. Voir Charlotte Britton, Lucie Chabal, Gaspard Pagès et Laurent Schneider, « Approche interdisciplinaire... » *art. cit.* et Hélène Breicher (*et al.*), « Artisanat potier et exploitation du bois... » *art. cit.*

55   Voir note 22.

56   Auparavant cette taxe revenait au seigneur de Caravètes (Ferdinand Castet et Joseph Berthelé, *Archives de la ville de Montpellier, inventaires et documents. Tome I, Inventaire du grand Chartrier rédigé par Pierre Louvet en 1662-1663*, Montpellier, Imprimerie Serre et Roumégous, 1895-1899, p. 247, AMM, Louvet 2875-2876). Ce droit était reconnu plus tard (en 1264) à l'évêque, à la suite d'un conflit juridictionnel avec le consulat (*Inventaire du Grand Chartrier*, p. 244, AMM, Louvet 2936).

57   Un acte de 1341, (*Inventaire du Grand Chartrier*, p. 240-241, AMM, Louvet 2918) présente bien ces données comptables ; il s'agit plus ou moins d'une mise en recouvrement. Plusieurs taxes portant sur des territoires appartenant à Valène n'avaient pas été payées depuis longtemps. Ces taxes allaient de 1 denier, à 6 ou 8 et même 2 sous. En 1270, les consuls de Montpellier avaient concédé à deux frères, dont Bernard Vabulxières, un large territoire à Valène intégrant le mas et les lieux de Taurier et Taurairol dans le voisinage, sous juridiction consulaire, contre l'usage annuel de 20 sous, payé à la Saint Michel (*Inventaire du Grand Chartrier*, p. 238, AMM, Louvet 2892). Il est possible que les lieux de Taurier et Taurairol aient correspondu aux manses du Cairol et du Cairolet donc il a été question plus tôt.

Valène[58]. L'achat concernait parfois seulement la coupe des bois et des herbages, c'est-à-dire l'exploitation, pour une durée limitée et contre de fortes sommes d'argent (jusqu'à 50 sous). Une étude plus précise sur les origines sociales, les métiers et les intérêts de ces bourgeois dans l'exploitation forestière et pastorale préciserait certainement l'influence du monde rural sur les activités urbaines.

Si l'on aurait pu s'attendre à un intérêt tout particulier des consuls dans la perception de ces redevances, il apparaît pourtant que la gestion des comptes du consulat avait été défaillante durant un temps. En 1341, les consuls avaient dû faire réclamer par leur procureur des taxes impayées parfois sur une période de plus de dix ans. Même si les sommes étaient faibles, on comprend que leur cumul rendait le recouvrement intéressant pour les consuls, qui se devaient également de faire respecter leur droit sur ces territoires anciennement concédés[59]. Cet exemple permet de voir qu'administrer une ville et son territoire n'était pas chose aisée et pouvait entraîner des erreurs de gestion.

L'exercice de la justice et la délimitation des juridictions

Ces taxes prises sur les exploitations dépendaient des droits de juridiction des seigneurs et du consulat sur les territoires qu'ils possédaient. Ces droits de justice pouvaient être à nouveau à l'origine de conflits importants. Afin de délimiter leurs territoires et de représenter leurs droits sur la justice, les seigneurs faisaient installer des fourches patibulaires, manifestation visuelle de leur autorité. Il apparaît que la question de l'installation de ces gibets a été l'une des plus conflictuelles entre le consulat montpelliérain et l'évêque de Maguelone, puisqu'ils servaient de « marqueurs territoriaux »[60]. Les différends ont été nombreux et se sont étendus parfois sur de longues durées.

Le premier différend qui les ait opposés remonte à 1264[61]. Bérenger Frédol avait contesté les droits de juridiction des consuls à Valène. Ces derniers avaient présenté les actes les corroborant et un accord avait été conclu entre les deux parties. Le différend concernait essentiellement l'exercice de la justice. Par cet accord, étaient reconnues aux consuls l'exercice de la basse et moyenne justice jusqu'à effusion de sang, et par là-même, la réglementation des exploitations. La haute justice seulement revenait à l'évêque, en signe de suzeraineté. Toutefois, la cour de justice de l'évêque avait également le droit de juger les forestiers en charge de surveiller Valène pour les consuls qui auraient été reconnus coupables de forfaits méritant mutilation ou pendaison. Plus tard, en 1271, une nouvelle procédure était engagée par le même évêque contre les consuls qui avaient fait abattre ses fourches patibulaires[62]. Les consuls avaient justifié de leur acte devant le sénéchal de Beau-

---

58 Un acte de 1287 (*Inventaire du Grand Chartrier*, p. 204, AMM, Louvet 2534) présente une vente faite à un bourgeois de Montpellier par les consuls concernant la coupe des bois et des herbages d'un lieu de Valène, pour une durée de 13 ans et contre 50 livres.

59 Voir plus haut, la note 57, sur l'acte de 1341. Les taxes n'avaient pas été payées depuis minimum 6 ans, maximum 11 ans, avec apparemment une défaillance administrative du consulat, puisqu'un des particuliers auxquels on réclamait paiement, s'était plaint et avait dit s'être présenté au consulat pour payer mais que personne n'avait voulu s'occuper de sa demande. Je ne statuerai pas ici sur la valeur de ce témoignage qui peut être tout autant douteux que fiable.

60 Vincent CHALLET, « Les fourches sont-elles vraiment patibulaires ? Les fourches et leur contraire à partir de quelques exemples languedociens », *Criminocorpus* [en ligne], *Les Fourches Patibulaires du Moyen Âge à l'Époque moderne. Approche interdisciplinaire, Communications*, (septembre 2015), disponible sur <http://criminocorpus.revues.org/3033> (consulté le 20 juin 2016).

61 *Inventaire du Grand Chartrier*, p. 244, AMM, Louvet 2935.

62 *Inventaire du Grand Chartrier*, p. 238-239, AMM, Louvet, 2893.

caire en présentant les différents accords passés avec l'évêché concernant le bois de Valène, attestant de leur droit de juridiction.

Les conflits opposant l'évêque et les consuls avaient des répercussions sur l'exploitation du bois et sur les hommes qui en étaient chargés. Ainsi, en 1307, les hommes de Montferrand avaient pris, au nom de l'évêque, les moutons de certains habitants de Montpellier qui avaient acheté les herbages des consuls à Valène[63]. Puis en 1327, sept hommes étaient placés en prison pour avoir coupé du bois à la demande des consuls dans des territoires que l'évêque revendiquait[64]. Les consuls étaient parvenus dans les deux cas à faire annuler ces condamnations injustement prononcées, qui reposaient bien sur un conflit juridictionnel relancé fréquemment par les différents évêques de Maguelone qui avaient succédé à Guillaume d'Autignac et à sa politique de déconstruction patrimoniale, imposée par l'achat du comté de Melgueil[65].

La réglementation des exploitations

Les consuls de Montpellier avaient donc pour charge de réglementer l'exploitation du bois de Valène et de veiller à l'organiser du mieux possible. L'évêque de Maguelone avait un droit de regard sur la réglementation des exploitations, mais il s'en passait bien, sauf en cas de conflits de justice. Les mesures prises par les consuls étaient présentées à la population lors de criées menées dans tous les endroits principaux du bois et de ses alentours[66]. Elles visaient à garantir la sauvegarde de l'espace naturel et surtout les intérêts du consulat. Les principales mesures édictées interdisaient à toute personne de venir couper du bois ou faire paître leurs bêtes dans le bois de Valène et ses environs, sans l'accord des consuls. Pour se garantir du respect de ces préconisations, les consuls de Montpellier avaient délégué la surveillance du lieu à deux forestiers, qui vivaient à proximité avec leur famille et devaient officier de jour et de nuit. Ceux-ci étaient élus tous les quatre ans et leur serment est présent dans le *Petit Thalamus*[67]. Ils étaient chargés de faire payer les amendes décidées par les consuls avec l'accord de l'évêque, à ceux qui allaient contre les préconisations du consulat[68]. Un document datant de 1264 nous renseigne sur le montant des amendes réclamées aux paysans ayant fait paître leur bétail sans autorisation, amendes plus importantes encore si le forfait avait été commis de nuit (témoignant d'une volonté de dissimulation)[69]. Couper du bois pouvait être plus rudement sanctionné : en 1364, un homme avait été condamné à

---

63   *Inventaire du Grand Chartrier*, p. 217, AMM, Louvet 2629.

64   *Inventaire du Grand Chartrier*, p. 240, AMM, Louvet 2914.

65   L'inféodation du comté de Melgueil avait contraint l'évêché de Maguelone à s'endetter fortement, ce qui l'avait obligé par la suite à inféoder un certain nombre de ses possessions, comme le bois de Valène, contre d'importantes sommes.

66   Plusieurs de ces criées sont conservées aux AMM : pour l'année 1269, voir *Inventaire du Grand Chartrier*, p. 238, AMM, Louvet 2889 ; pour 1295, *ibid*. p. 239, AMM, Louvet 2897 ; pour 1312, *ibid.*, p. 240, AMM, Louvet 2904 ; pour 1364, *ibid.* p. 209, AMM, Louvet 2564 ; pour 1409, *ibid.*, p. 216, AMM, Louvet 2623.

67   *Thalamus Parvus. Le Petit Thalamus de Montpellier publié pour la première fois d'après les manuscrits originaux*, éd. par la Société archéologique de Montpellier, Montpellier, J. Martel Aîné, 1840, p. 296-297.

68   Il faut reconnaître que ceux-ci ne faisaient pas toujours correctement leur travail. Les consuls avaient dû au début du XVIᵉ, installer des couchettes pour les surveiller. Hélène Breicher (*et al.*), « Artisanat potier et exploitation du bois... » p. 75 qui cite un « Livre de mémoyres » (1580, f° 53) ; Maurice Oudot de Dainville, *Archives de la ville de Montpellier. Inventaires et documents*, tome XI, Montpellier, 1959, p. 72-96.

69   Était payé : 12 d. par jour, 4 sous par nuit pour un âne ou une autre grosse bête (bœuf, vache, etc.) ; 2 d. par jour et 12 d. par nuit pour des pourceaux, brebis ou moutons ; et 6 d. par jour, 2 sous par nuit pour des boucs et des chèvres. *Inventaire du Grand Chartrier*, p. 244, AMM, Louvet 2935.

être fouetté à tous les gibets placés dans le bois de Valène et le territoire des consuls, pour avoir coupé du bois sans leur autorisation[70].

Cette réglementation n'avait pas toujours été facile à imposer à la population locale. En 1270 (n.s.), les habitants des Matelles s'étaient rendus en armes à Valène. Ils avaient pris les forestiers pour les enfermer et avaient brûlé leur maison. Ils avaient également mis à bas les pierres portant les armes des consuls qui servaient à délimiter leur juridiction et avaient emporté du bois[71]. L'affaire avait été résolue rapidement par la double justice de l'évêque et des consuls qui avaient fait saisir tous les biens des coupables et se les étaient partagés[72].

Il y a bien évidemment une logique financière très forte derrière la réglementation des exploitations, par les possibles amendes qu'offrait la répression des actes transgressifs. Pourtant, il n'est pas incompatible de voir derrière cette réglementation un procédé visant à la gestion des ressources naturelles. Par l'effet des coupes, le bois pouvait se fortifier, ou au contraire, se ramifier, voire s'épuiser. Organiser l'exploitation du bois revenait à garantir sa disponibilité pour différents usages, et cette organisation nécessaire demandait aux hommes de s'adapter aux conditions naturelles. La documentation concernant Valène montre que les délais pour couper du bois et faire paître les bêtes étaient déterminés par les consuls[73]. En 1398, les coupes de Valène étaient vendues à deux habitants de Montpellier, François Teysselier, mazelier du porc, et Jehan Puech, laboureur, pour une durée de cinq ans (c'est-à-dire jusqu'en 1403)[74]. Ils devaient organiser les coupes dans plusieurs zones d'exploitation désignées ici (l'Ostelier et le Taurier, Bormidol, Monberras, Caravètes, etc., soit douze zones au total) qui appartenaient toutes au bois de Valène et ne pouvaient pratiquer qu'une seule coupe tous les cinq ans. Il fallait que tous les rendiers qui exploitaient le bois avec l'autorisation des consuls aient veillé à organiser l'exploitation pour garantir la présence de 100 grands arbres, offrant le bois dur dévolu à la construction des monuments de la ville et aux besoins de la population urbaine[75]. Éviter les tailles dans certaines zones du bois durant cinq années pouvait même permettre de disposer de « beaux arbres » pour réaliser des « nefs, galères et autres navires »[76]. Derrière cette réglementation se cache une appropriation de l'arrière-pays par le monde urbain, définissant les usages du bois et les bonnes conditions à son exploitation. Les ressources naturelles subissaient l'action humaine, mais cette subordination pragmatique de leurs usages allait dans le sens de leur préservation.

---

70   *Inventaire du Grand Chartrier*, p. 241, AMM, Louvet 2920. La sentence avait été exécutée, à sons de trompette et cri publique disant « Baros, veias la justicia que fa far la Cort de Caravetas dels senhors Cossols de Mompelier, senhors de Caravetas et de Valena, d'aquest layre que avia raubat la lenha ho la ramilha del bosc de Caravetas del dich senhors Cossols et avia volada la carter de la dicha Cort, per que veias lo estar en lodich costel de Caravetas et escobar per la senhoria de Caravetas del dich senhors Cossols, et qui aytal fara aytal penra ».

71   *Inventaire du Grand Chartrier*, p. 206-207, AMM, Louvet 2550.

72   *Inventaire du Grand Chartrier*, p. 206, AMM, Louvet 2547.

73   Hélène Breicher (*et al.*), « Artisanat potier et exploitation du bois... » p. 75. Voir notamment le *Liber Recognicionum et Arrendamentorum nemoris Valenne*, AMM, DD17.

74   Achille Montel, « Le cérémonial des consuls », *Revue des langues romanes*, série 1, volume 6 (1874), p. 395-396.

75   Voir Charlotte Britton, Lucie Chabal, Gaspard Pagès et Laurent Schneider, « Approche interdisciplinaire... », p. 75. L. Chabal et L. Schneider rappellent d'ailleurs que le bois de Valène servait à fournir les besoins du consulat en matière de bois de chauffe.

76   Achille Montel, « Le cérémonial des consuls », p. 396.

LUCIE GALANO

Conclusion

Il reste beaucoup à étudier sur l'histoire environnementale de Montpellier, dont il n'a pu être donné ici qu'un aperçu. Les usages de l'eau, l'exploitation des forêts et des garrigues, des ressources souterraines et terriennes mériteraient des études approfondies qui permettraient de clarifier les rapports entre monde urbain et rural. L'extension de la juridiction de la seigneurie au-delà de la commune clôture répondait à des stratégies ou à des opportunités prises, parmi lesquelles l'appropriation des ressources naturelles devait largement compter. Ces ressources étaient utilisées en fonction de leur disponibilité et l'on allait chercher ailleurs celles qui faisaient défaut aux territoires. Une relation pragmatique se tissait ainsi entre l'homme et son milieu, mais aussi entre la ville et son arrière-pays. Les territoires présentaient des avantages et des inconvénients auxquels s'adaptaient les hommes. C'est ce que semble induire l'exemple de la cochenille, ressource sur laquelle Montpellier avait fondé la réputation de sa draperie : la garrigue n'était peut-être pas avantageuse en termes d'agriculture, mais présentait des spécificités naturelles intéressantes à exploiter.

Les conflits entre pouvoirs politiques attestent d'un intérêt prégnant pour ces ressources territoriales et engagent à reconsidérer l'histoire politique de la région par le prisme de cette perspective environnementale. Ces conflits étaient liés aux droits juridictionnels des seigneurs et leur analyse permettrait sans doute d'affiner notre connaissance des structures féodo-vassaliques autour de Montpellier. De la moitié du XIe à l'aube du XIIIe siècle, les seigneurs de Montpellier se sont attelés à étendre le nombre de leurs territoires. Les rois d'Aragon et de Majorque et le consulat montpelliérain à partir du XIIIe siècle, ont continué cette œuvre, et le consulat surtout a affirmé ses droits de gestion sur les espaces naturels. Les seigneurs ou les propriétaires des réserves de ressources naturelles se devaient de veiller à leur sauvegarde et pouvaient mettre en place pour ce faire une réglementation drastique, sous la surveillance de leurs officiers. Une autre perspective prometteuse serait d'étudier le rôle joué par le roi de France après 1349 et l'intégration définitive de Montpellier à son royaume afin de jauger dans quelle mesure la réglementation des ressources naturelles tenue par le maître des eaux et forêts avait pénétré en Bas-Languedoc. La question de la gestion des ressources, tellement actuelle, était déjà présente dans le contexte médiéval montpelliérain. Les mesures prises visaient à garantir la disponibilité des ressources pour les générations futures et à instaurer, dans une certaine propension, une gestion durable.

L'ÉGLISE DE MAGUELONE ET LES NOUVELLES FONDATIONS RELIGIEUSES À MONTPELLIER (MILIEU XIIe -MILIEU XIIIe SIÈCLES)

Françoise DURAND-DOL
Université Paul-Valéry Montpellier

Ce réexamen à nouveaux frais de la réception par l'Église de Maguelone des ordres religieux s'installant à Montpellier[1] est né de recherches autour des origines de l'ordre hospitalier du Saint-Esprit[2], « religion » fondée avant 1198 au faubourg de Saint-Gilles[3] par frère Gui, dit ensuite « de Montpellier ». Ce travail a en effet nécessité la contextualisation du rejet de cette fondation par l'Église locale, amenant à la mise en perspective d'un *corpus* de sept compromis passés par l'Église de Maguelone aux XIIe et XIIIe siècles, à leur rapprochement avec le rôle de la papauté à Montpellier et, en complément du large tableau brossé par Daniel Le Blévec, à un examen approfondi des fondements particuliers des réticences maguelonaises[4].

Brossons très rapidement le cadre de ce travail. Montpellier, qui n'était pas cité épiscopale, entretenait des relations complexes avec l'Église. Au spirituel, la ville dépendait de la paroisse Saint-Firmin, prieuré du chapitre maguelonais. Au temporel, elle appartenait à l'*episcopatus* de Maguelone. Depuis 1087, ce diocèse et le comté de Substantion-Melgueil relevaient du Siège Apostolique moyennant chacun un cens annuel d'une once d'or, et l'élection de l'évêque était déléguée au chapitre. Les Guilhem de Montpellier, qui s'étaient imposés entre les Barcelone-Aragon et les comtes de Toulouse, s'éteignirent au plan politique en 1213 en la personne de Marie de Montpellier, reine d'Aragon depuis 1204. À partir de 1205, les consuls jouèrent un rôle majeur dans la ville, et pour les rois d'Aragon puis de Majorque, Montpellier fut une source de revenus, non plus le centre d'un pouvoir politique. Daniel Le Blévec a signalé l'implication aux côtés des ordres religieux des pouvoirs civils successifs, qui souhaitaient vraisemblablement, au-delà des quêtes personnelles de salut, améliorer l'encadrement spirituel de la population montpelliéraine toujours

---

1 Le souhait de cette recherche a été exprimé par Daniel LE BLÉVEC, « Les ordres religieux et la ville : Montpellier (XIIe-XIVe siècle) », in *Moines et religieux dans la ville, (XIIe-XVe siècle)*, Cahiers de Fanjeaux 44, Toulouse, Privat, 2009, p. 203-220, ici p. 216.

2 Françoise DURAND-DOL, *Origines et premiers développements de l'ordre hospitalier du Saint-Esprit dans les limites de la France actuelle (XIIe-XIIIe siècle)*, thèse de doctorat sous la direction de D. Le Blévec, Université Paul Valéry-Montpellier 3, 2011, en cours de publication. Sur l'identité du fondateur, voir *Ead.*, « Controverses autour de l'hôpital du Saint-Esprit. Dom Vaissète et Gui de Montpellier », in *Historiens modernes et Moyen Âge méridional*, Cahiers de Fanjeaux 49, Toulouse, Privat, 2014, p. 139-171.

3 Voir *Archéologie et Tramway, Diagnostic 11, Corum-Boulevard du 11 novembre*, Montpellier-Hérault, Service Régional de l'Archéologie de Languedoc et Roussillon, Association pour les Fouilles Archéologiques Nationales-Méditerranée, Société Montpelliéraine de Transport Urbain, Montpellier 1998 ; Odile MAUFRAS (dir.), *Vestiges funéraires du haut Moyen Âge et Hôpital médiéval et moderne du Saint-Esprit, place du 11 novembre 1918*, Montpellier, 1999, 2 vol. Nous remercions ici Catherine Arlaud, Alain Chartrain et Jean-Louis Vayssettes pour la communication de ces documents.

4 Daniel LE BLÉVEC, « Les ordres religieux... », p. 216-217.

croissante et maintenir des liens privilégiés avec la papauté protectrice de ces nouveaux venus[5]. Mais il a rappelé aussi la réticence globale de l'Église locale, qui sera ici considérée de plus près.

Pour une meilleure connaissance de la vie religieuse à Montpellier aux XIIe et XIIIe siècle, nous reprendrons le contenu des compromis locaux auxquels les religieux ne pouvaient éviter d'être confrontés malgré leurs privilèges, puis nous aborderons les causes de l'hostilité maguelonaise, apportant un complément aux publications d'Alexandre Germain[6], de l'abbé Rouquette[7], d'Henri Vidal[8], et à celles de Claudie Amado, Ghislaine Fabre et Thierry Lochard[9].

Des fondations difficiles

Avant 1215, une hostilité déjà installée

Le décor des futurs compromis avait été planté le 29 avril 1138, quand Guilhem VI avait obtenu d'Innocent II chapelle et droit universel de sépulture pour les clunisiens exempts qu'il installait près du Lez à Sauret[10], peut-être à défaut de pouvoir les imposer dans sa ville[11]. Il avait demandé à l'abbé et le chapitre de Cluny d'être ses « auxiliaires fidèles et intercesseurs auprès de la Sainte Église Romaine [...] si, à cause de cette donation, l'évêque de Maguelone, les chanoines ou d'autres personnes causaient un ennui ou quelque inquiétude à [lui-même, à ses] successeurs ou même aux hommes de Montpellier, de quelque manière ou par quelque machination que ce soit, [...] jusqu'à ce que cet ennui ou inquiétude soit entièrement terminé et que la paix qui le précédait [leur] soit rendue »[12]. Précaution utile : entre 1145 et 1153, Eugène III requis par Cluny ordonna à l'archevêque de Narbonne d'intervenir contre l'Église de Maguelone qui, malgré les privilèges

---

5   *Ibid.* p. 217.
6   Alexandre GERMAIN, *Histoire de la Commune de Montpellier*, Montpellier, 1851, 4 vol. ; *Histoire du commerce de Montpellier antérieurement à l'ouverture du port de Cette*, Montpellier, 1861, 3 vol. ; *Liber Instrumentorum Memorialium*, désormais *LIM*, Montpellier, 1884-1886 ; *Le couvent des Dominicains de Montpellier*, Montpellier, 1856 ; *La paroisse à Montpellier au Moyen Âge*, Montpellier, 1860.
7   Julien ROUQUETTE et Augustin VILLEMAGNE, *Bullaire de l'Église de Maguelone* (désormais *BLM*), t. I, Montpellier, 1911 ; *Cartulaire de l'Église de Maguelone*, Montpellier (désormais *CRM*), t. II, 1912, t. III, 1913 ; « Gui de Montpellier fondateur de l'hôpital du Saint-Esprit », *Semaine religieuse du Diocèse de Montpellier*, (nov. 1911-mars 1912) ; *Histoire du diocèse de Maguelone*, Montpellier, 1921-1927.
8   Henri VIDAL, « Au temps des Guilhems », in Gérard CHOLVY (dir.), *Histoire de Montpellier*, Toulouse, Privat, 1984, p. 9-34. Henri VIDAL, « Les mariages dans la famille des Guilhems », *Revue historique de Droit français et étranger*, 62 (1984), p. 231-244 ; « La paroisse Saint-Firmin de Montpellier, XIIIe-XVe siècle », in *La paroisse en Languedoc*, Cahiers de Fanjeaux 25, Toulouse, Privat, 1990, p. 69-84 ; « Montpellier et le diocèse de Maguelone », *Mémoire dominicaine*, 21 (2007), p. 75-86. Etudes réunies dans *Montpellier et les Guilhems*, Montpellier, Faculté de Droit et de Science politique de Montpellier, 2012.
9   Ghislaine FABRE et Thierry LOCHARD, *Montpellier : la ville médiévale*, Montpellier, Éditions de l'Inventaire, 1992.
10   « *Nos igitur... saluti tue ac populi Montispessulani prospicere cupientes, piis tuis desideriis assensum prebemus...* » (*BLM*, I, p. 48) nuance la formule « *autoritate et precepto domini pape Innocentii* » de la donation du fonds. Il est peu probable qu'Innocent II ait imposé une fondation à Guilhem VI son protecteur de 1130, qu'il avait qualifié en 1132 de chevalier de saint Pierre puis de fils spécial de saint Pierre, et qu'il soutint ensuite contre les Montpelliérains et l'évêque (*BLM*, I, p. 49-62). L'*arenga* du privilège n'indique pas une initiative pontificale, et l'insistance de Guilhem VI sur le rôle du pape paraît liée à sa crainte de la réaction maguelonaise (*LIM.*, p. 290-291).
11   Guilhem VI se garantit d'un bourg concurrent de Montpellier, bien qu'ayant fondé de ce côté une léproserie (*LIM*, p. 282), et reçu en 1146 avec les Hospitaliers un moulin voisin (*Ibid.*, p. 286). Mais les Guilhem restèrent proches des clunisiens : avant 1146, Guilhem VI avait offert à Cluny son troisième fils Raymond (*Ibid.*, p. 179) et en octobre 1158, son second fils Guilhem de Tortose partant en Terre Sainte élit sépulture à Sauret, avec legs d'un moulin (Luc D'ACHÉRY, *Spicilegium*, III, p. 526).
12   *LIM.*, p. 290-291.

clunisiens, exigeait les dîmes et empêchait inhumations et legs. Menaçant l'évêque de l'interdit, le pape ordonna de faire les mêmes conditions qu'aux abbayes d'Aniane et de Saint-Guilhem[13], chargeant l'archevêque de convoquer Pierre de *Verona* qui avait brisé un moulin du monastère[14]. Les protagonistes étaient en place : la papauté liée aux Guilhem soutenant les ordres religieux novateurs contre l'évêque, le chapitre et les hommes agissant pour ce dernier.

Ensuite, la chronologie est parlante. Le premier compromis des templiers[15] fut accordé seulement en avril 1196[16], et remplacé en juillet 1200 par un second[17] qui fut le modèle de la plupart des compromis ultérieurs, excepté celui des Prêcheurs[18]. Or les templiers étaient arrivés à Montpellier avant 1145[19], y possédaient en octobre 1161 maison, église et jardin[20] et avaient depuis 1178 d'importants biens près de Maguelone[21], ayant aussi une maison à Lunel. L'Hôpital de Saint-Jean de Jérusalem aussi attendit longtemps. Vers 1132, Guillaume Ebrard avait légué vingt sous à ce qui aurait pu être un projet de maison montpelliéraine[22], mais cette maison n'est attestée que dans le compromis obtenu le 5 janvier 1204 n.st.[23], auquel son *preceptor* Pons d'Alignan ne souscrivit modestement qu'en troisième position, et qui ne fut ratifié par le chapitre général de l'ordre que le 16 juillet 1246[24].

Ainsi s'éclairent les affres que connut la « religion » de l'hôpital du Saint-Esprit, fondation locale, soutenue par Guilhem VIII, et dont le premier compromis maguelonais, perdu, fut approuvé par le cardinal Grégoire de Saint-Ange vers 1193 et modifié en 1203[25]. Bien que confirmée par Innocent III en 1198 avec Montpellier pour centre d'une dizaine de filiales et assimilée à un *regularis ordo* quand le pape l'institua en 1204 dans sa propre fondation hospitalière de Sainte-Marie *in Saxia* à Rome, elle ne dut son salut qu'à une transplantation à Rome en 1208, après qu'Innocent III eut tenté d'imposer la

---

13   *BLM* I, p. 73-74.

14   Peut-être Pierre de Lavérune, témoin en 1140 d'un accord entre l'évêque et Guilhem VI que le chapitre ne ratifia qu'en 1151 (*CRM*, I, p. 136), et qui, qualifié de fils de Rostang, fit serment de fidélité à l'évêque pour le château de Lavérune, en mai 1150 (*CRM*, I, p. 161).

15   Latran III avait précisé leurs privilèges (Canon 9. *Les conciles œcuméniques, Les décrets II-1*, G. ALBERIGO *et al.* (éd.), Paris 1994, p. 464-468).

16   Confirmation par Célestin III (23 juillet 1196, *BLM*, I, 135, p. 222 sq.) et par Innocent III à la demande des templiers (31 décembre 1198, *ibid.* I, 150, p. 253), avec celle de l'acquisition de l'étang de Cogul et du mas de Granouillet (avant fin 1177 où le prévôt souscripteur, Fulcrand, devint évêque de Toulouse) (Julien ROUQUETTE, *Histoire du diocèse de Maguelone*, I, p. 266).

17   *CRM*, I, p. 453 sq.

18   Selon l'abbé Rouquette, le compromis des trinitaires « a servi de type à tous les actes pareils » (*Histoire du diocèse de Maguelone*, I, p. 478) ; il est au contraire une des dernières adaptations du compromis des templiers, auquel il est postérieur d'un quart de siècle.

19   Ghislaine FABRE et Thierry LOCHARD, *Montpellier...*, p. 81, n. 130. Gariel affirme, sans donner de preuve, que leur église Notre-Dame de Lèzes avait été consacrée par l'évêque Galtier, mort en 1129. La Milice de Jérusalem est mentionnée dans le testament de Guillaume Ebrard, situé par Germain entre 1136 et 1139 (*LIM*, p. 380 et 800).

20   Le compromis entre Guilhem VII et Guerrejat après la mort de Guilhem de Tortose fut passé dans le *jardin* à côté de l'église Sainte-Marie (*LIM* p. 294), mais en 1204 le mariage de Marie de Montpellier et de Pierre II d'Aragon fut célébré dans leur *cimetière* (Luc D'ACHÉRY, *Spicilegium*, III, p. 566).

21   Notamment l'étang de Cogul et le mas de Granouillet, acquis du prévôt de Maguelone Fulcrand, élu fin 1177 évêque de Béziers (*BLM*, I, p. 255).

22   *LIM.*, p. 380. s.d.

23   Elle n'apparaît pas en 1153 lors d'un acte impliquant l'évêque de Maguelone, le prieur de Saint-Gilles et du procureur de Saint-Christol (*CRM*, I, p. 168-170). *CRM*, II, p. 9-17.

24   *CRM*, II, p. 618.

25   Françoise DURAND-DOL, *Origines et premiers développements...*, p. 377-378. S'occupant des affaires maguelonaises depuis début 1192 (*CRM*, I, p. 391), en novembre 1193 ce légat présida à Montpellier au serment de Guilhem VIII à l'évêque Guillaume Raymond (*LIM*, p. 88 sq).

modification de compromis de 1203 et condamné des violences en 1205[26]. Une série de documents pontificaux illustrent l'opposition maguelonaise précoce à cette initiative proche du modèle de Saint-Jean de Jérusalem, quoique sans lien avec la Terre Sainte[27], et la laborieuse réorganisation de l'ordre au long du XIIIe siècle[28] comme la perte avant 1291 d'une de ses trois maisons du diocèse, signent la persistance de cette hostilité[29].

Montpellier, modèle de limitations maximales

Comme partout, le chapitre défendait ses droits concernant le partage des offrandes et l'action pastorale des religieux. Mais les conditions faites à Montpellier furent sévères malgré les besoins de la population.

Le chapitre n'acceptait dans le diocèse qu'un oratoire pour chaque ordre. Ayant imposé en 1196 la démolition de l'oratoire non autorisé du Temple de Lunel[30], en 1200, il interdit aux templiers église ou autel autres que ceux de Montpellier[31]. Le Saint-Esprit eut peut-être précocement un oratoire au Clap de *Mala Vetula*[32], et le refus d'un second oratoire à Montpellier pourrait être une cause du déplacement de Gui de Montpellier, début 1198, auprès d'Innocent III, à peine élu mais déjà informé des questions maguelonaises[33]. Innocent III mentionnait en 1205 les tentatives de destruction de l'oratoire montpelliérain accordé au Saint-Esprit. Les fouilles de 1999 ont confirmé l'absence d'église dans cet hôpital jusqu'aux « dernières décennies du XIIIe s., au plus tard dans la première moitié du XIVe s. », en se fondant sur les « corps inhumés après la construction de la nef, à l'intérieur et à l'extérieur de l'édifice : le mobilier céramique lié aux sépultures et l'analyse 'C' réalisée sur l'un d'entre eux date les tombes des années 1280-1350 »[34]. Seul, Saint-Jean de Jérusalem obtint en 1204 oratoire et cimetière à Montpellier malgré la préexistence dans le diocèse de ses église et cimetière à Saint-Christol, sur la route de Sommières[35].

L'activité pastorale des nouveaux venus fut sévèrement limitée. En 1200, les templiers furent autorisés à faire célébrer les offices par des chapelains étrangers mais n'obtinrent que deux chapelains permanents, et tous leurs religieux durent promettre à l'évêque qu'ils ne feraient ni ne diraient rien contre l'Église de Maguelone lors de leurs visites aux malades, qu'ils ne donneraient ni pénitence ni viatique, et ne porteraient pas croix, encensoir, eau bénite ni ornements sacerdotaux hors des limites du Temple. Saint-Jean de Jérusalem dut accepter en 1204 les mêmes limitations d'action, avec la faveur de

---

26 Françoise DURAND-DOL, *Origines et premiers développements...*, p. 818-828.

27 *Ibid.*, p. 818-828.

28 *Ibid.*, p. 696-748.

29 *Ibid.*, p. 1003.

30 *BLM*, I, p. 255. Le 8 avril 1161, le chapitre avait cédé l'église de Gigean à Jean de Montlaur contre plusieurs autres dont Sainte-Marie du *castrum* de Lunel (*CRM*, I, p. 209).

31 *CRM*, I, p. 456.

32 Mention d'un religieux-prêtre en 1202 (*Diplomata pontificia et regia ordini regulari Sancti Spiritus Monspeliensi concessa*, TOUSART (éd.), Paris 1723, p. 37). Le Clap *de Mala Vetula* était un lieu-dit entre Poussan et Bouzigues, qui a été identifié par Joseph BERTHELÉ, « Eclaircissements topographiques », *Archives de la Ville de Montpellier, Inventaires et documents*, tome V, Montpellier, Imprimerie l'Abeille, 1925, p. 3-8.

33 *BLM*, I, p. 289.

34 Muriel VECCHIONE, « Les deux étapes de la construction de l'église, phases IIA1C et IIA2 », in Odile MAUFRAS (dir.), *Vestiges funéraires...*, vol. I, p. 55.

35 En 1153, Bachimus, procureur de cette maison, reçut avec le prieur de Saint-Gilles les donations de l'évêque de Maguelone Raymond (*CRM*, I, p. 168).

deux petites cloches dans l'oratoire de Montpellier[36]. En 1203, les frères du Saint-Esprit de Montpellier obtinrent l'ordination de leurs religieux-clercs et la confirmation de leur droit de présentation du desservant de leur hôpital. Mais leur subordination progressive à l'hôpital de Rome[37] amena peut-être des revendications, Innocent III ayant institué en 1204 à l'hôpital Sainte-Marie *in Saxia* quatre clercs profès assurant soin spirituel et prière pour le pape et l'Église de Rome[38]. Nous ignorons aussi comment les chanoines accueillirent la prescription de la règle du Saint-Esprit d'aller en ville, une fois par semaine, pour y chercher les malades incapables d'aller à l'hôpital par eux-mêmes[39] : interventionnisme dans Montpellier à rapprocher de la distribution des sacrements à domicile, interdite aux templiers et hospitaliers.

Le partage des offrandes faites aux églises fut défavorable au Temple. En 1196, le chapitre y prenait un tiers des offrandes ordinairement et la moitié lors de dix fêtes[40]. En 1200, il put prendre tous les jours, y compris aux vigiles la moitié des offrandes jusqu'à deux deniers, les trois-quarts au-delà de cette somme. Il percevait encore les trois quarts des offrandes liées à une sépulture au Temple, y compris pour le luminaire si l'offrande excédait le nécessaire pour une seule lampe[41]. Saint-Jean de Jérusalem subit en 1204 des prescriptions semblables à celles du Temple en 1200. La modification approuvée par Innocent III en 1203 accordait au Saint-Esprit des conditions plus généreuses : intégralité permanente des ustensiles destinés aux pauvres et des offrandes, soumises seulement au prélèvement du quart lors de neuf fêtes désignées ainsi qu'à toutes les fêtes des Apôtres et des saints locaux[42].

Quant aux dîmes, les privilèges des religieux étaient inégaux. L'Église de Maguelone fixa en 1200 qu'à l'exception des novales, elle percevrait toutes les dîmes et prémices des fruits, prés et vignes du Temple dans l'*episcopatus*, n'étant exemptés que les jardins de Montpellier, Lunel et *Nangeria* et les possessions dans l'étang de Cogul, le mas de Granouillet et leurs dépendances. Saint-Jean de Jérusalem accepta la perception par le chapitre des dîmes des fruits, prés et vignes des terres situées dans l'*episcopatus*, avec seulement exemption des décimes et prémices sur le petit bétail et des novales des prés et des fruits des arbres et jardins à l'usage des frères et de leur *familia* – ces novales s'étendant aux revenus des eaux et des bois incultes et de quatre sétérées de terres à Soriech que l'on savait gagnées sur les eaux. En 1198, les frères du Saint-Esprit n'avaient droit à aucune exemption de dîmes, mais la question se posa peut-être lors de l'union puis de la subordination de la maison montpelliéraine à l'hôpital romain[43], exempté en 1204 des dîmes des terres et vignes cultivées par les religieux ou leurs salariés pour l'usage des pauvres, ainsi que des troupeaux et des fruits, et déclaré apte à recevoir des dîmes[44].

---

36   *CRM*, II, p. 269.
37   Françoise DURAND-DOL, *Origines et premiers développements...*, p. 700, p. 723-736.
38   *Ibid.*, p. 595.
39   Bibliothèque apostolique vaticane (désormais B.A.V.), Borghese, cod. 252, ch. XXXV.
40   Noël, fêtes de saint Étienne, saint Jean l'évangéliste, Épiphanie, Rameaux, Pâques, Ascension, Pentecôte, Assomption, Purification de Marie et Toussaint (*BLM*, p. 254).
41   *CRM*, I, p. 456.
42   Noël, Épiphanie, Ascension, Nativité de Jean-Baptiste, fêtes de la Vierge et Toussaint (*BLM*, I, p. 289).
43   L'union permettait à Montpellier l'usage des privilèges de Sainte-Marie *in Saxia*. Innocent III n'y mit pas fin à la mort de Gui en 1208, malgré l'affirmation d'Henri VIDAL (*Montpellier et les Guilhems...*, p. 284) ; elle fut dissoute seulement par Honorius III le 13 mai 1217 et remplacée progressivement par la subordination (*Diplomata*, p. 12 ; voir Françoise DURAND-DOL, « La confrérie du Saint-Esprit de Marseille. Nouvelle approche », *Provence historique*, 63 :251 (2013), p. 121-144).
44   *BLM*, I, p. 295-296.

FRANÇOISE DURAND-DOL

Le contrôle maguelonais des cimetières montpelliérains fut une considérable pierre d'achoppement. Les templiers avaient le privilège de libre sépulture, même si Latran III avait dû leur rappeler l'exclusion des excommuniés[45]. En 1196, ils obtinrent à Montpellier l'intégralité des offrandes ou legs de chevaux, armes et armures, et des sommes ou biens laissés pour de tels achats, alors que le chapitre prélevait le reste, à la seule exception des malades décédés au Temple après s'y être rendus sans être aidés, avoir revêtu le *signum* du Temple et fait le vœu solennel et perpétuel d'y rester en cas de guérison. En 1200, le Temple perdit l'exception de prélèvement sur les dons de chevaux, armes ou armures, et vit augmenter jusqu'aux trois quarts les prélèvements à l'occasion des sépultures. Ce taux fut appliqué aussi aux dons et legs liés à un fidèle mort au Temple revêtu de l'habit mais entré gravement malade. Les exceptions se limitaient aux défunts ayant pris l'habit en bonne santé, aux malades ayant pris l'habit gravement atteints mais restés après leur guérison, à l'héritage d'une personne saine entrée au Temple pour en suivre la règle sans prendre l'habit et qui y serait décédée, ainsi qu'aux dons et legs sans mention de sépulture.

Le droit de libre sépulture restreint à la communauté et la *familia*, confirmé aux frères du Saint-Esprit en 1198, fut étendu par le compromis de 1203 aux pèlerins, mais aux autres fidèles seulement après consentement « des prélats des églises auxquelles appartenaient les corps », avec prélèvement du quart des legs. Tôt, un fait a pu soutenir les élections de sépulture[46] : Gui avait installé son hôpital dans un ancien cimetière, qu'Innocent qualifie de déjà béni en 1203. Les fouilles de 1999 ont prouvé qu'« à la fin du XIIe siècle, [quand] l'hôpital du Saint-Esprit s'installe sur la parcelle, [...] ce cimetière n'est pas tout à fait abandonné, il est en cours d'éradication[47] » après une « continuité de l'occupation funéraire de la parcelle[48] », et en certaines parties de l'enclos, une très ancienne utilisation funéraire du site, dès la fin Xe, juqu'au milieu du XIIe siècle. Les Hiérosolymitains obtinrent dans le cimetière projeté à Montpellier la libre sépulture pour tout homme, femme, clerc ou laïc, *parrochianus Magalonensis* ou non[49]. Le chapitre fixa cependant un prélèvement des trois quarts de tous les legs et offrandes à cette occasion, énumérés avec précision, depuis les legs des malades venus mourir là sous l'habit et la croix, jusqu'aux armes et chevaux, roncins ou juments acquis après le commencement de la maladie[50]. Le prélèvement ne baissait à la moitié que pour les animaux et armes acquis avant la maladie, de même en cas de legs destiné à l'acquisition d'armes et chevaux, et les exemptions étaient les mêmes que pour le

---

45   Canon 29, *Les Conciles œcuméniques. Les Décrets, II-1*, G.ALBERIGO *et al.* (éd.), Paris 1994, p. 466.

46   Je remercie ici Pierre-Joan Bernard de m'avoir signalé que le premier testament de Guilhem VIII, daté de 1180 (Paris, Archives Nationales, P 1353, pièce n° 733-3), mentionne un « hôpital de Saint-Gilles » recevant un legs de cent sous comme les hôpitaux lignagers, Saint-Guilhem et la léproserie du pont de Castelnau, mais aussi l'hôpital Saint-Martin, jusqu'ici inconnu, tandis que l'hôpital de Lattes ne reçoit que cinquante sous. C'est la seule mention connue d'un hôpital dans ce secteur de la ville avant la fondation de Gui de Montpellier. En l'état des sources, il semble difficile de voir en lui les prémices de l'hôpital du Saint-Esprit car aucun document ne fait allusion à une reprise d'une institution préexistante par Gui de Montpellier et les fouilles de l'AFAN ne suggèrent pas l'existence d'un hôpital antérieur dans la vaste zone de l'enclos du Saint-Esprit étudiée en 1198-1199. Il paraît plus vraisemblable de retrouver cet établissement dans l'hôpital Saint-Gilles fondé « en 1183 par Robert Pellier » dont les privilèges de Saint-Firmin (XVe siècle) mentionnent la chapelle mais pas de cimetière annexe, et dont les clefs devaient être rendues au prieur de Saint-Firmin au décès de chaque *preceptor* (Alexandre GERMAIN, *La paroisse...*, p. 47).

47   Odile MAUFRAS, « Les éléments de datation », in Odile MAUFRAS (dir.), *Vestiges funéraires...*, vol. I, p. 46.

48   Corinne BOUTTEVIN, Muriel VECCHIONE, Christophe VOYEZ, « L'installation initiale : un hôpital et peut-être quelques inhumations (IIA1A), un puits et quelques fosses (IIA) ? », in Odile MAUFRAS (dir.), *Vestiges funéraires...*, vol. I, p. 49.

49   *CRM*, II, p. 9.

50   *Ibid.*, p. 10.

Temple : dons entre vifs sans mention de mort ou de sépulture, sépulture de religieux ayant pris l'habit et la croix en bonne santé, biens des malades guéris restés à l'Hôpital, biens de donats entrés en bonne santé et ayant prêté serment de suivre le règlement. À Saint-Christol s'ajoutait aux critères de l'état de santé et de la mention de la sépulture celui du lien éventuel avec Montpellier.

Après le concile

Après Latran IV, Montpellier, pivot du commerce méridional et centre stratégique de l'action pontificale contre l'hérésie, accueillit de nombreuses communautés ; mais nous n'avons que les compromis des Trinitaires, des Antonins et des Prêcheurs. Le chapitre maguelonais tenta encore de les repousser et de limiter leur rayonnement, mais dut s'incliner plus rapidement.

Les Trinitaires avaient déjà en 1217 un projet montpelliérain qu'Honorius III soutint activement : le 6 avril, il demanda aux consuls et au peuple de les aider à faire respecter leurs droits[51] et le 20 avril, il les félicita de leur générosité envers cette maison, qualifiant pour l'occasion Montpellier de fief pontifical[52]. Le 11 mai, il rappela à l'évêque et au chapitre qu'il accordait aux Trinitaires oratoire et cimetière, conformément à leurs privilèges. Cette salve de lettres pontificales fut méprisée à Maguelone et, le 23 décembre 1218, Honorius III menaça l'évêque Bernard de Mèze d'une enquête de l'évêque d'Agde et des abbés de Valmagne et de Saint-Guilhem, lui intimant de cesser de faire la sourde oreille, de redevenir obéissant et d'accorder l'oratoire et le cimetière[53]. Cette lettre restée sans effet, les Trinitaires, au lieu de construire, acquirent des bénédictins une chapelle et un cimetière préexistants dans la paroisse Saint-Denis[54] et cette prudente manœuvre leur permit de conclure un compromis avec l'Église de Maguelone dès 1225[55]. Les Antonins de Montpellier, pour leur part, ayant commencé sous Jean de Montlaur II (1232-1247) leurs démarches pour s'installer à La Cadoule, obtinrent un compromis sous Pierre de Conques (1249-1256)[56].

L'accueil fait aux Prêcheurs est paradoxal. Daniel Le Blévec a souligné l'importance de Montpellier pour l'ordre, où les religieux installés dès 1220 furent dotés d'une église propre déjà en 1225, où elle fut consacrée par Bernard de Mèze[57]. Mais la conclusion de leur compromis fut difficile. Ils obtinrent en 1223 un premier document[58] si drastique que le chapitre général de l'ordre refusa de le confirmer et qu'Alexandre IV l'annula le 28 avril 1259[59]. Et il fallut encore quatre ans de discussions pour que fût conclu entre les frères et l'Église de Maguelone, le 24 mai 1263, un nouvel accord tenant compte des privilèges de l'ordre[60].

---

51   *BLM*, II, p. 16.
52   *CRM*, II, p. 17.
53   *BLM*, II, p. 30.
54   *Ibid.*, p. 32.
55   *CRM*, II, p. 268.
56   *CRM*, II, p. 772-773.
57   Daniel Le Blévec, « Les ordres religieux... », p. 209 ; et Alexandre Germain, *Le couvent des Dominicains...*, p. 158-159.
58   A la demande de l'évêque et du chapitre, Honorius III avait confirmé le 23 décembre 1223 ce compromis passé sur l'intervention du légat Conrad de Porto (*BLM*, II, p. 71). L'usage du cimetière y était limité aux frères et aux convers.
59   *BLM*, II, p. 361.
60   *CRM*, III, p. 18.

Tentons une comparaison thématique avec les compromis antérieurs à Latran IV. Fort de son expérience, le chapitre continua à s'opposer à de nouvelles églises dans la paroisse de Saint-Firmin, cédant plus volontiers lorsqu'il s'agissait de Saint-Denis de Montpelliéret ou de La Cadoule. De nouvelles limites apparurent concernant l'action pastorale, les relations avec les séculiers et les questions matérielles.

Les Trinitaires, n'ayant obtenu en 1225 qu'un oratoire à un seul autel, jouxtant obligatoirement leur maison, durent renoncer par avance à tous les privilèges et indulgences ultérieurs de leur maison ou de leur ordre. De plus, ils durent verser un cens annuel d'un marc sterling nouveau à la paroisse Saint-Denis, dont leur oratoire devait être considéré comme une chapelle[61]. La consécration de l'édifice restait probablement à venir car le compromis fixa les prélèvements du sacriste et du procureur de la mense du chapitre à cette occasion. Un seul frère prêtre y fut autorisé, un second toléré pour certains jours de fête[62], et les Trinitaires ne purent demander de l'aide qu'à un seul prêtre extérieur. Soumis aux mêmes limitations que les templiers et les hospitaliers lors de leurs visites aux malades en ville, les Trinitaires obtinrent comme les Hiérosolymitains deux petites cloches. Selon notre documentation, ils se virent imposer les premiers des clauses, les intégrant dans le clergé diocésain, qui semblent nées en 1224 à propos du clergé séculier de l'hôpital Notre-Dame[63] : les clercs desservant leur oratoire se rendraient aux synodes diocésains et lors des processions des Rameaux, des Rogations et des fêtes de saint Denis et de saint Laurent, ils manifesteraient honneur et révérence aux églises paroissiales, à la manière habituelle des chapelles. Ils devraient aussi annoncer publiquement les interdits et excommunications prononcés par l'archidiacre, par l'archiprêtre de Maguelone et par les prieurs de Saint-Firmin et de Saint-Denis, ainsi que les interdits lancés à titre personnel, tout en veillant à éviter tous ces condamnés[64].

Le préambule du compromis de 1263 montre que primitivement, les Prêcheurs avaient été « lourdement chargés » par le prévôt et le prieur de Saint-Firmin ; ils ne pouvaient confesser que les étrangers, ils devaient demander la permission du prieur avant d'administrer le viatique, et hors de leurs murs, ils ne devaient pas prêcher après le repas du matin, ni sur les places, ni dans les églises, cloîtres ou cimetières. Ils ne devaient faire sonner leurs deux cloches qu'aux heures canoniques et ne pouvaient déménager sans autorisation maguelonaise. Enfin, ils ne pouvaient recevoir dans leurs rangs des prêtres ou écoliers de Montpellier malades. La détermination à limiter l'activité pastorale des Prêcheurs était manifestée par le choix de la sanction éventuelle : après un avertissement, les frères seraient tenus de cesser toute célébration des sacrements tant que le prieur de Saint-Firmin ne s'estimerait pas satisfait[65]. En 1263, ils obtinrent enfin des assouplissements, dont la multiplication de leurs autels avec le droit de libre prédication, pourvu toutefois « qu'un des seigneurs de Maguelone » n'ait pas décidé de prêcher. Comme les Trinitaires, ils durent s'intégrer dans le clergé diocésain, s'engageant à instruire les paroissiens de l'évêque ou du chapitre qu'ils devaient entendre la messe à l'église paroissiale tous les dimanches et jours de fête et jeûne, à éviter les excommuniés et à suivre les statuts des synodes diocésains[66]. Ils

---

61 *CRM*, II, p. 271.
62 Noël, Pâques, Pentecôte, fête de la Trinité, fêtes de la Vierge (*CRM*, II, p. 268).
63 Alexandre GERMAIN, *La paroisse...*, p. 55.
64 *CRM*, II, p. 271.
65 *BLM*, II, p. 363.
66 *CRM*, III, p. 22.

devaient encore payer annuellement, dans l'octave de la fête des saints Pierre et Paul, un marabotin à l'évêque, au prévôt et au sacriste, et deux frères devraient suivre la procession de la Saint-Firmin.

Concernant les offrandes, le chapitre fut contraint de céder davantage qu'avant Latran IV. En 1225, les Trinitaires obtinrent le relèvement à douze deniers du seuil au-delà duquel le prélèvement canonial passait de la moitié aux trois-quarts[67] ; et hors de la consécration des églises et autels, ils purent garder l'intégralité des offrandes et vigiles. Les frères de Saint-Antoine obtinrent des conditions identiques : intégralité des offrandes sauf lors de la consécration de leur oratoire, enfin autorisé[68]. Nous ignorons les premières conditions de partage obtenues par les Prêcheurs en 1259, mais leur compromis de 1263 fixa que rien ne serait pris sur les offrandes faites à l'autel ou aux frères pour des vivants ou des défunts, ni sur les dons entre vifs faits de bonne foi.

La question des cimetières dans Montpellier restait encore très litigieuse. En 1225, les Trinitaires eurent droit de libre sépulture, y compris pour les paroissiens de Montpellier, mais à condition de verser à l'Église de Maguelone les trois quarts des offrandes, dons, donations, legs, ou tout autre transfert de toute sorte, faits par le défunt, ses parents ou amis à propos de lui ou de sa sépulture, avant ou après celle-ci. N'échappaient que les dons ou legs sans mention de mort ou de sépulture. Le chapitre prenait aussi les trois quarts de ce que laisserait un défunt décédé sous l'habit mais entré malade. Les Prêcheurs avaient été d'abord réduits à des conditions proches de celles du Temple : cimetière ouvert seulement aux religieux, aux convers et à ceux qui, arrivés sur pied, seraient restés dans l'ordre ; personne ne devait même être reçu comme frère ou convers pour obtenir une sépulture. Mais l'accord de 1263 leur fut bien plus favorable. Il concéda la libre sépulture, apportant seulement quelques précisions sur celle des enfants et instituant un règlement particulier pour les habitants de Montpellier ou de ses faubourgs. Leur dépouille devait être apportée à l'église, avec ou sans célébration de messe, les cloches sonnant et la rétribution habituelle étant versée ; puis le curé ou un autre prêtre, un clerc portant la croix, avec l'encens et l'eau bénite, devaient accompagner *devote et humiliter* le défunt jusqu'à la porte des frères prêcheurs où ces derniers leur faisaient un accueil solennel, les laissant libres d'accompagner ou non le défunt au-delà de la porte. La portion canonique prélevée par Saint-Firmin fixée en 1263 fut minime : le onzième des dons pour cause de mort et de tous les legs en numéraire à l'occasion de sépultures, une franchise étant même instituée en cas de legs d'un défunt ayant parmi les frères un fils, frère, neveu ou cousin jusqu'au second degré et si le legs n'excédait pas dix livres. La part canonique du onzième ne s'appliquait qu'en cas de parenté plus lointaine ou de legs supérieur à la limite. Les mêmes conditions s'appliquaient aux lits, ornements de lits et cierges, exception faite des lits des membres de la *familia* du couvent.

Et les dîmes ? Les Trinitaires furent traités comme Saint-Jean de Jérusalem, payant l'intégralité de celles de leurs biens et troupeaux dans tout le diocèse, hormis ce qui était cultivé pour les religieux et leur *familia*. Les Antonins durent accepter de payer aux églises paroissiales concernées l'intégralité des dîmes et prémices de tous leurs biens, y compris novales, terres, jardins ou troupeaux à l'usage des frères et de leur *familia*, nonobstant les indulgences et privilèges de toute sorte existants ou à venir[69].

---

67 *Ibid.*, p. 270.
68 *CRM*, III, p. 775.
69 *CRM*, II, p. 775.

FRANÇOISE DURAND-DOL

Nous pouvons faire l'hypothèse que cette prudente restriction, imposée déjà aux Trinitaires, provenait de l'expérience de revendications émanant des frères du Saint-Esprit au fur et à mesure de la transformation de leur institution. Les Prêcheurs, eux, n'obtinrent qu'en 1263 l'application de leurs privilèges, exemption des dîmes des terres et jardins de leur voisinage et autres lieux[70].

Les modalités de l'opposition

Les évêques de Maguelone semblent en retrait dans ces affaires. Rien ne prouve que Jean de Montlaur, mort à la fin de 1190, ait soutenu les frères du Saint-Esprit ; et Guillaume de Fleix (fin 1197-décembre 1203) ne les secourut pas contre le chapitre en 1202[71]. Nous ignorons le rôle de Guillaume d'Autignac dans le compromis des Hospitaliers et, si l'on en croit le sec rappel à l'ordre d'Honorius III, les Trinitaires n'eurent aucun appui de Bernard de Mèze (1216-1230). De plus, il est probable que lors de la consécration de l'église des Prêcheurs[72], Bernard de Mèze ratifia le compromis drastique qu'annula ensuite Alexandre IV[73]. Faisons cependant l'hypothèse d'une bienveillance ou d'un soutien dans deux cas. Sous Guillaume Raymond (fin 1190-fin 1197), actif malgré les abus de son prévôt[74], les religieux du Saint-Esprit obtinrent leur premier compromis valant approbation diocésaine de la nouvelle religion, la réception d'un legs auquel ils durent renoncer ensuite[75], et probablement le domaine de Ferrières, situé dans la mense épiscopale[76]. En 1263, Bérenger Frédol, élu depuis peu[77], concéda avec le prévôt Jean Atbrand et le chapitre le nouveau compromis des Prêcheurs. Il promulgua l'acte où il s'exprimait tout au long à la première personne. Cependant son soutien reste incertain : y eut-il volonté d'imposer au chapitre la paix avec ces Mendiants, ou obéissance forcée, après l'annulation pontificale du premier compromis ? La documentation manque. Entre-temps, en 1198, avait eu lieu une négociation au sujet des frères du Saint-Esprit : en novembre leur privilège *Religiosam vitam* revêtu de la signature des cardinaux ne leur accorda plus de se tourner vers un évêque voisin en cas d'opposition locale, possibilité pourtant accordée en avril précédent dans le texte enregistré[78]. Ce changement, par ailleurs favorable à des interventions pontificales précoces, pouvait venir des insuffisances de Bérenger II de Narbonne[79], mais il ménageait aussi les susceptibilités maguelonaises. En 1204, le privilège *Inter opera pietatis* unissant les hôpitaux de Rome et Montpellier réaffirma le contrôle épiscopal, confirmant le compromis avec l'Église de Maguelone et n'accordant l'exemption qu'à Gui, à titre personnel.

---

70   *CRM*, III, p. 19.

71   *CRM*, I, p. 474.

72   Alexandre GERMAIN, *Le couvent des Dominicains...*, p. 159.

73   *BLM*, II, p. 361.

74   *BLM*, I, p. 246-249. Guillaume Raymond a été évêque de Maguelone de 1190 à 1196 selon l'abbé Julien ROUQUETTE, *Histoire du diocèse de Maguelone*, I, 1921, rééd. Nîmes 1996, p. 298-299.

75   Ce legs portait sur un moulin de Sémalen, qui déjà en 1103 ne pouvait être aliéné à des clercs ou à des chevaliers « *cum consilio tamen dominorum ad quos pertinet* » (*CRM*, I, p. 34). Une exception en faveur des pauvres de l'hôpital du Saint-Esprit aurait donc été possible.

76   *CRM*, II, p. 717.

77   Première mention le 23 février 1263 n.st. (*BLM*, III, p. 1).

78   23 avril : *Die register Innocenz' III*, I, Pontifikatsjahr, 1198/99, HAGENEDER et *al.* (éd.), 97, p. 142-143 ; 25 novembre : Pietro DE ANGELIS, *L'Ospedale Santo Spirito in Saxia*, Rome, Biblioteca della Lancisiana, 1960, vol. I, p. 377.

79   Peu soucieux de soutenir la foi et la pauvreté dans sa province, il cumula durablement l'abbaye de Montearagon et le siège de Narbonne (Christine THOUZELLIER, *Catharisme et Valdéisme en Languedoc à la fin du XIIᵉ et au début du XIIIᵉ siècle*, Paris, PUF, 1966 (rééd. 1982), p. 137-243 *passim*).

La lenteur fut la première arme du chapitre et Gui de Montpellier, brusquant les choses en faveur d'une fondation de peu antérieure à 1190, pourrait bien avoir particulièrement braqué le chapitre en 1193 puis en 1198. Innocent III imposa une accélération, et Honorius III comme Grégoire IX soutinrent aussi rapidement les nouvelles fondations, mais ensuite, le chapitre fit traîner l'affaire des Prêcheurs jusqu'en 1263. Les chanoines maguelonais utilisèrent aussi la violence, en envoyant leurs hommes contre les nouveaux venus. Guilhem VI avait redouté des ennuis à « Clunezet », les compromis des Templiers en sont suggestifs et Innocent III ne laisse guère de doute sur les essais de destruction répétés subis par l'oratoire du Saint-Esprit malgré son intervention. Cette violence n'est plus mentionnée par la suite, mais le spectacle de l'église inachevée de l'hôpital du Saint-Esprit put inciter les Trinitaires à renoncer au territoire de Saint-Firmin. La concentration d'épisodes violents à la fin du XIIe siècle pourrait être liée à une conjonction favorable à l'impunité du chapitre : l'élection au siège de Narbonne de Bérenger II, actif jusqu'en 1211, et le cumul par le chanoine Gui de Ventadour de la prévôté de Maguelone et du prieuré de Saint-Firmin. Au pouvoir jusqu'à l'automne 1204 au moins, ce dernier déploya dans la défense de ses droits une âpreté allant jusqu' aux abus condamnables mais confirmés par Célestin III, insuffisamment informé selon la chancellerie d'Innocent III[80].

Les compromis soulignent la disparité de moyens entre les ordres de Terre Sainte, bien structurés comme plus tard les Prêcheurs, et les jeunes fondations encore peu organisées. En 1196, les templiers firent agir Déodat de Brissac, maître du Temple dans les provinces d'Arles et Narbonne, Pierre de Cabrespine, commandeur du Temple de Montpellier, et le commandeur d'Arles, avant ratification par Pons de Rigaud, maître du Temple *in partibus cismarinis*, par le chapitre général et si possible par le pape[81]. En 1200, Cabrespine étant « commandeur et procureur » de la maison de Montpellier, l'acte fut approuvé par le maître du Temple dans les Espagnes et en Provence, par Déodat de Brissac et trente-huit autres templiers dont de nombreux commandeurs[82]. Ce compromis fut très solennel, devant l'évêque Guillaume de Fleix venu au Temple avec un groupe composite où se détachent le *causidicus* Pierre Almeradi, maître Gui, dont la carrière a été étudiée par André Gouron[83] et un maître Alain qui est très probablement Alain de Lille, alors présent à Montpellier où il rédigeait peut-être déjà le *De fide catholica* qu'il dédia à Guilhem VIII de Montpellier[84]. Le compromis des Hiérosolymitains déploie bien leur hiérarchie avec Senioret, prieur de Saint-Gilles, et son chapelain Privat, Benoît *preceptor* de Saint-Gilles, les *preceptores* des maisons de Montpellier, d'Alès et de Pignan, frère Étienne de Paris, chapelain de la maison de Montpellier, et six autres frères. L'acte prévoit l'approbation du chapitre général de Saint-Gilles, la ratification par Auger, « *magister major citra marinas partes* » et le scellement par le « *magister Hospitalis major in partibus Iherosolimitanis* ». Le 16 juillet 1246, lors de la ratification à Saint-Gilles par le représentant du prévôt de Maguelone, l'ordre fut représenté par Raimbaud de « *Betsone, major preceptor in partibus cismarinis* », le prieur de Saint-Gilles, quatre chapelains ou prieurs et trente-deux frères *preceptores*. Le *preceptor* d'Alès ratifia après coup, à la Canourgue de Saint-Firmin. Nous ignorons si le

---

80 *BLM*, I, p. 249.
81 Célestin III promulgua rapidement la confirmation, le 23 juillet suivant (*BLM*, I, p. 222).
82 *CRM*, I, p. 453-467.
83 André Gouron, « Autour de Placentin à Montpellier : maître Gui et Pierre de Cardona », *Studia Gratiana*, vol. XIX, 1976, p. 339-354 et « Qui était l'énigmatique maître G. ? », *Journal des Savants*, 3 :4 (1990), p. 269-289.
84 Christine Thouzellier, *Catharisme et Valdéisme*..., p. 81.

premier compromis des Prêcheurs avait fait intervenir d'autres responsables que leur prieur provincial frère Raymond[85]. Mais celui de 1263, conclu par le prieur de Montpellier, fait apparaître la hiérarchie : il devait être approuvé, aux frais de l'ordre, par le prieur provincial, le chapitre et le maître de l'ordre.

Rien de comparable chez les hospitaliers du Saint-Esprit. Nous connaissons seulement, en février 1202, ce qui pourrait être un chapitre réunissant à Montpellier frères et sœurs venus de filiales pour ratifier une décision[86]. Cet acte suggère surtout de fréquentes absences du fondateur, car le procureur frère Gaucelm insiste sur la légitimité de ses fonctions de gérant et d'administrateur avec pleins pouvoirs, conférées par Gui. Ce dernier, qualifié de *fundator et procurator, iniciator* de l'hôpital de Montpellier, reste le pivot de la jeune religion. La chancellerie d'Innocent III le désigna d'ailleurs, en 1205 et 1208, comme *magister, primus institutor et rector* des deux hôpitaux de Rome et de Montpellier[87]. Son identification a souffert en France d'élucubrations composées à l'instigation de la monarchie, comme des assertions de dom Vaissète reprises encore récemment par Henri Vidal, que le retour aux sources montre non fondées[88]. En l'état actuel de la documentation, rien ne s'oppose à la thèse traditionnelle transmise par d'Aigrefeuille, qui voyait en lui Gui, fils de Mathilde et de Guilhem VII, frère cadet de Guilhem VIII[89]. Cela pouvait donner du poids au personnage à Montpellier comme à Rome, et la direction de l'hôpital *in Saxia* à partir de 1201 puis l'union des hôpitaux en 1204 auraient pu augmenter ses capacités de résistance au chapitre, mais la faiblesse institutionnelle de sa jeune religion demeurait. Le compromis des Trinitaires, approuvés en 1198, montre une organisation plus aboutie : il fut conclu en 1225 par Richard, ministre de la maison de Montpellier, qui avec deux autres frères s'engagea à faire approuver l'acte, à leurs frais, par le pape, par le *major minister* et le chapitre général[90]. Celui des Antonins, ratifié seulement par trois *fratres*[91], suggère un organigramme encore plus développé. Il mentionne le maître de l'hôpital de la Cadoule de Montpellier (*sic*), le *preceptor* de cet hôpital dans la province de Narbonne et l'adjoint pour la province de Maguelone (*sic*), agissant pour le maître et le chapitre général des Pauvres frères de Saint-Antoine de Vienne[92].

Aux fondements d'un dialogue difficile

Les religieux se heurtaient aux privilèges du chapitre de Maguelone. Le pouvoir d'interdire toute construction d'église avait été obtenu de Calixte II en 1119 et confirmé en 1155[93]. Et Alexandre III, reconnaissant de l'aide apportée par le prévôt et le chapitre lors de son exil, leur avait accordé des privilèges empêchant l'évêque de recourir aux sanctions

---

85 *BLM*, II, p. 363.

86 *CRM*, I, p. 476.

87 Françoise DURAND-DOL, *Origines et premiers développements...*, Annexes, p. 127.

88 Sur dom Vaissète et Gui de Montpellier : Françoise DURAND-DOL, « Controverses... », p. 159-162. Henri Vidal dit de Gui qu'il est « probablement bourgeois de Montpellier » (Henri VIDAL, *Montpellier et les Guilhems...*, p. 284), reprenant dom Vaissète quoique sans le citer. Pour un retour aux archives, Françoise DURAND-DOL, « Controverses... », p. 163-166.

89 Françoise DURAND-DOL, « Controverses... », p. 154-158.

90 *CRM*, II, p. 270.

91 *Ibid.*, p. 777.

92 *Ibid.*, p. 773-775.

93 Calixte II avait ajouté à la nécessaire permission de l'évêque celle de l'accord du chapitre régulier (*BLM*, I, p. 33 ; confirmation, p. 82).

ecclésiastiques[94]. Gui de Ventadour avait fait confirmer ces privilèges par Célestin III qui, cardinal, avait fait partie de la suite du pape fugitif, et l'activité pastorale à Montpellier était bloquée.

Les problèmes de l'Église de Maguelone

La *Vieille Chronique de Maguelone* mentionne la gravité de l'endettement du chapitre lors de l'élection de Jean de Montlaur et son amplification par le prévôt[95]. Au temps de Gui de Ventadour, un an après des lettres d'Urbain III[96] Clément III intervint à ce sujet le 16 janvier puis le 22 avril 1188[97] ; et à cause de ce manque de ressources, Célestin III autorisa en 1197 le prévôt à retenir les revenus de plusieurs prieurés[98]. Cela pourrait expliquer en partie l'âpreté du chapitre envers le Temple, le Saint-Esprit et Saint-Jean de Jérusalem. L'affaire dura : en 1247, Innocent IV obligea les chanoines à apurer les dettes en versant le tiers de leur revenu, mais l'évêque Rainier ne parvint pas à l'imposer[99]. Les dettes continuèrent jusqu'à l'épiscopat de Pierre de Conques[100] ; aussi ne doit-on pas s'étonner des conditions faites aux ordres arrivés à Montpellier dans la première moitié du XIIIe siècle. Cet endettement semble moins lié à des dépenses exagérées qu'à la nécessité d'entretenir à Maguelone les chanoines claustraux, les chanoines oblats et une nombreuse *familia*, alors que les « chanoines-prieurs », titulaires des églises du chapitre, ne versaient pas toujours au prévôt leur quote-part au profit de la mense commune.

Cela participait d'un problème plus profond, l'inobservance de la règle de saint Augustin. Urbain II l'avait imposée au chapitre en 1095, après avoir en 1087 pressé l'évêque Godefroi de convaincre son chapitre d'adopter vie canoniale et mœurs religieuses. Les huit années écoulées suggèrent des résistances[101]. Le pape avait employé le terme de *coenobium*[102], et en 1168-1169, Alexandre III rappela à l'évêque Jean de Montlaur qu'il avait été tiré de cette « religion »[103]. Malgré ces rappels, la séparation des menses et l'attribution des prieurés souvent sans résidence ni vie communautaire avaient favorisé le détachement de la règle, ruinant l'équilibre économique au détriment des chanoines claustraux. La recherche de l'unanimité des cœurs et du partage des biens, caractéristiques de la vie apostolique, était loin. Depuis que le 15 février 1151 n.s., Guilhem VII lui avait cédé l'église Sainte-Croix et les demeures seigneuriales voisines[104], le prieur de Saint-Firmin disposait dans Montpellier d'une installation digne d'un second évêque, et le légat Zoën s'indignait en 1244 encore de voir des chanoines vivant à Montpellier *temporaliter et laicaliter*[105]. Les lettres pontificales

---

94   Le prévôt, que l'évêque ne pouvait déposer sans l'accord du chapitre, avait la gestion du temporel dans et hors de Maguelone, nommait à certains offices capitulaires et aux prieurés du chapitre et pouvait muter sans attendre les chanoines fautifs si l'évêque, absent de Maguelone et de Villeneuve, mettait plus de cinq jours à arriver. En cas de préjudice causé à leurs intérêts, prévôt et chanoines ne devaient pas obéir à l'évêque et ce dernier ne pouvait les frapper d'interdit ou d'excommunication (*BLM*, I, p. 98-127 notamment p. 119 ; p. 149).

95   *Ibid.*, p. 49.
96   *Ibid.*, p. 167-177.
97   *Ibid.*, p. 195.
98   *Ibid.*, p. 234.
99   *BLM*, II, p. 261.
100   *Ibid.*, p. 296-300.
101   *BLM*, I, p. 18.
102   *Ibid.*, p. 17.
103   *Ibid.*, p. 140.
104   *LIM*, p. 288-289.
105   *BLM*, II, p. 238.

intimant aux prieurs de verser leur dû au prévôt, de cesser leur absentéisme, de ne pas s'adonner aux études civiles ni au négoce et de ne pas pressurer les familles des défunts à l'occasion des funérailles tracent un tableau peu équivoque de la décadence des dignitaires du chapitre, auquel correspond leur résistance opiniâtre à la réforme soutenue avec vigueur par Innocent IV et Alexandre IV[106]. L'absentéisme sévissait toujours en 1256[107].

Un conflit intra-ecclésial

Le chapitre était divisé. La *Vieille Chronique de Maguelone* s'en fait l'écho à propos de l'institution de la prévôté restaurée en 1161 par la violence de quelques chanoines[108], et le 27 mai 1197, Célestin III mentionna le « pullulement des occasions de brouille » dans le chapitre, essayant de mettre fin aux aspects économiques de cette situation[109]. Mais les origines spirituelles de la division ne doivent pas être oubliées. Il semble qu'une minorité de chanoines étaient adeptes de la régularité, à en juger notamment par la vie de l'ancien prévôt Fulcrand, évêque de Toulouse de 1178 à 1200, s'accommodant de la pauvreté[110], et par celle de Pierre de Castelnau qui, dès avant 1198, avait été élu par une partie de la commission électorale plutôt que le candidat de Gui de Ventadour. Le choix d'Innocent III de l'adjoindre en 1199 à son légat Rainier de Ponza témoigne de son exemplarité, car le pape ne confia les missions antihérétiques qu'à des représentants au-dessus de toute critique. Rainier, confesseur d'Innocent III, ancien compagnon de Joachim de Flore et qui finit ermite, était un exemple d'austérité et avait été déjà flanqué de frère Gui de Montpellier dans sa mission de 1198[111]. Pierre, devenu lui-même légat en 1203, montra envers les prélats négligents une sévérité non imputable entièrement à son bref séjour à Fontfroide, étape probablement due à la nécessité de renforcer sa légitimité en faisant de lui un cistercien avant de lui conférer la pleine légation[112]. La fracture au sein du chapitre continua au moins jusqu'au milieu du XIIIe siècle où un dignitaire claustral déclencha la réforme.

L'impuissance épiscopale avérée, en 1244 cette réforme, sévère, fut tentée par des légats pontificaux, Zoën d'Avignon puis l'archevêque de Narbonne et l'évêque de Béziers[113]. Après son échec, la division régnant de plus belle, en 1248 le sacriste Pierre de Conques en appela à Innocent IV qui chargea alors l'évêque Rainier, un Prêcheur nommé exceptionnellement et qui était respectueux des droits du chapitre[114], d'examiner les règlements proposés et, « ayant Dieu seul devant les yeux, d'ordonner ce qui semblerait le meilleur et de le faire observer nonobstant les serments précédents, sous peine de la censure

---

106 2 décembre 1248, *ibid.*, p. 272 ; 6 février 1256, *ibid.*, p. 336 ; 30 mai 1257, *ibid.*, p. 358.

107 *Ibid.*, p. 330.

108 *CRM*, I, p. 48.

109 *BLM*, I, p. 234.

110 Guillaume de PUYLAURENS, *Chronique – Chronica magistri Guillelmi de Podio Laurentii (1203-1275)*, édition et traduction par Jean Duvernoy, Toulouse, Le Pérégrinateur, 1996, p. 46.

111 Françoise DURAND-DOL, « Innocent III et les Guilhem de Montpellier », Cahiers de Fanjeaux 50, Toulouse, Privat, à paraître en 2015.

112 Christine THOUZELLIER, *Catharisme et Valdéisme...*, p. 189.

113 *BLM*, II, p. 266.

114 Nommé par le pape parce que Jean de Montlaur II était mort à la curie, ou en vertu de la réserve instituée par la papauté pour les diocèses des territoires hérétiques, il avait reconnu les droits du chapitre dans l'affaire des Antonins de La Cadoule (*CRM*, II, p. 773).

ecclésiastique »[115]. Après la mort brutale de Rainier qui n'était pas arrivé à rétablir l'unité, Pierre de Conques lui succéda, élu à l'unanimité d'une délégation de dignitaires envoyés par le prévôt et le chapitre à la curie, à Lyon. Confirmé par Innocent IV le 1er mars 1249, ce choix peut suggérer le progrès du désir d'unité dans le chapitre[116]. Finalement, l'intervention réitérée du Siège Apostolique permit l'extinction des dettes du chapitre, le retour à l'observance de la règle fut considéré acquis et l'appartenance du chapitre à l'ordre de saint Augustin fut réaffirmée de temps à autre[117]. Ce meilleur équilibre facilita peut-être l'accord avec les Prêcheurs en 1263.

De l'incompréhension à l'hostilité

Les réticences des chanoines s'expliquent aussi par leur incompréhension devant des arrivants inclassables. Comptant des maîtres en droit canon, le chapitre était à même de critiquer toute *novitas* ; or templiers et hospitaliers en tout genre n'entraient pas dans les cadres. Ils n'étaient ni moines ni chanoines, même si la règle du Temple s'appuyait sur celle de saint Benoît et si, à la suite de Saint-Jean de Jérusalem, le Saint-Esprit s'inspirait des conseils de saint Augustin pour la vie monastique[118]. Le concept de guerre sainte et le quatrième vœu d'hospitalité ou de rachat des captifs, associés à la prétention à la vie régulière, constituaient des étrangetés. À quoi s'ajoutait la présence aux côtés des frères du Saint-Esprit d'une communauté féminine se voulant aussi régulière, attestée dès 1202[119], et la sortie en ville hebdomadaire[120]. La revendication de la pauvreté par les Mendiants ralluma sans doute aussi des inquiétudes[121]. Pareille méfiance peut expliquer la médiocre reconnaissance par les chanoines des services que les nouveaux arrivants rendaient aux Montpelliérains dans des champs qu'eux-mêmes négligeaient, comme l'assistance aux pauvres. Nous n'avons en effet aucune trace d'une activité hospitalière organisée par le chapitre à Montpellier. Le compromis de la communauté de l'hôpital Notre-Dame, accordé en 1224 par le prieur de Saint-Firmin, ne suggère pas que ce dernier ait eu un rôle dans cette fondation[122] et les statuts de Maguelone de 1331 n'envisagent toujours l'assistance qu'à Maguelone[123]. Or, dans Montpellier en expansion, si les prélèvements favorisèrent quelquefois l'assistance matérielle des divers hospitaliers, la limitation de leur activité pastorale resta constante.

L'attitude maguelonaise était parfois entretenue par l'orgueilleuse désobéissance des religieux, désapprouvée par la papauté. Les statuts des ordres de Terre Sainte témoignent de l'importance des *responsiones* prélevés en Occident pour assurer leur mission en Orient, mais Latran III avait condamné leurs abus vis-à-vis des Églises

---

115 *BLM*, II, p. 261.

116 *Ibid.*, p. 278-280.

117 Entre le 26 juin 1246 et le 26 juin 1247 (réponse à une supplique de l'évêque de Maguelone, *BLM*, II, p. 251) ; 14 mai 1252 au sujet des dettes du chapitre (*BLM*, II, p. 299, 300, 301).

118 Françoise DURAND-DOL, *Origines et premiers développements...*, p. 819-821.

119 *CRM*, I, p. 474.

120 *Regula Sancti Spiritus*, B.A.V., Borghese cod. 292, ch. XXXV.

121 Voir notamment Géraldine PALOC, « Les frères pêcheurs et la ville : l'exemple de Millau », in *L'ordre des Prêcheurs et son histoire en France méridionale*, Cahiers de Fanjeaux 36, Toulouse, Privat, 2001, p. 81-98.

122 Les privilèges de Saint-Firmin (xvᵉ s.) montrent encore l'hégémonie du prieur sur les hôpitaux laïcs de Montpellier, sans suggérer que l'un d'entre eux ait été de sa fondation (Alexandre GERMAIN, *La paroisse...*, annexes).

123 *CRM*, V, p. 205-352 et Jean-Loup LEMAITRE et Daniel LE BLÉVEC (éd.), *Les statuts de Jean de Vissec pour le chapitre de Maguelone (1331)*, Paris, Honoré Champion, 2009, p. 117-127.

locales ; aussi Célestin III puis Innocent III entérinèrent la démolition de l'oratoire non autorisé de Lunel, preuve d'arrogance. De même, la précipitation des Antonins de Montpellier, s'installant à La Cadoule avant l'accord du chapitre, fut sanctionnée par une commission comprenant l'évêque Prêcheur, Rainier[124]. La lourdeur des sanctions en cas de manquement aux compromis rappelait l'importance de l'humilité envers l'Église locale : faute de réparation dans le mois suivant l'avertissement, Saint-Jean de Jérusalem devait verser 200 marcs d'argent[125], les Antonins rendre leur hôpital au prévôt[126], et les Prêcheurs cesser de célébrer les offices jusqu'à satisfaction de l'autorité séculière. Pour leur part, les frères du Saint-Esprit ne semblent pas avoir bâti d'oratoire montpelliérain avant la confirmation pontificale de la modification de leur compromis, en 1203. Pareille humilité, inutile face à l'ire maguelonaise, contribua à coup sûr à l'accueil positif d'Innocent III, très attentif à l'attitude des quémandeurs, et permit à terme le transfert salvifique de 1208[127].

Une question territoriale

La notion de territoire semble avoir été cruciale. Maguelone était un centre insulaire où les nombreux chanoines claustraux se consacraient à l'étude et à la beauté de la liturgie loin des nécessités extérieures[128]. Leur incapacité à accepter d'autres centres les amena jusqu'à limiter l'action locale de religieux se dévouant pour le centre primordial du christianisme, la Terre du Christ. Le chapitre semble avoir considéré Montpellier comme une cellule territoriale à contrôler étroitement via le prieuré Saint-Firmin, face à la multiplication des initiatives centrifuges des Guilhem. Outre le contrôle des constructions d'églises, l'arme majeure était la réserve à l'église paroissiale de la distribution des sacrements : les consuls et les habitants obtinrent seulement en 1213, par intervention d'Innocent III, que l'évêque imposât au prieur de Saint-Firmin cette distribution dans quatre ou cinq succursales. Rappelons que le chapitre alla jusqu'à faire de Montpellier un des critères de son contrôle du cimetière des Hospitaliers à Saint-Christol, prélevant les trois-quarts des offrandes concernant pèlerins ou voyageurs venus de Montpellier ou s'y rendant, contre la moitié en cas de lien seulement avec le diocèse.

Le chapitre utilisa diversement les outils de la centralité. Comme partout, la réglementation de l'usage des cloches rappela que l'espace sonore appartenait d'abord à la paroisse, et les compromis obligèrent de plus en plus les nouveaux venus à s'intégrer dans le clergé diocésain lors des processions, synodes ou annonces : précautions liées peut-être au fait qu'en leur temps les religieux de Terre Sainte et du Saint-Esprit avaient été insuffisamment intégrés, et leur conduite parfois ambiguë envers les excommuniés[129]. Religieux des ordres de Terre Sainte, Antonins et Trinitaires jurèrent entre les mains de l'évêque de respecter leurs accords, avec parfois un serment particulier des clercs et laïcs visiteurs de

---

124 *CRM*, III, p. 772-773.
125 *CRM*, II, p. 16.
126 *Ibid.*, III, p. 777.
127 Françoise DURAND-DOL, « Entre Justice et Miséricorde : la foi et les oeuvres dans la pensée et dans l'action d'Innocent III, à travers quelques exemples », in Catherine Vincent (éd.), *Justice et Miséricorde : discours et pratiques dans l'Occident médiéval*, Limoges, PULIM, 2015, p. 93-117.
128 Le prévôt pouvait se faire remplacer (*BLM*, I, 176 et 193), mais il était interdit aux chanoines de s'absenter durablement de Maguelone pour études, négoce ou desserte d'église sans son autorisation préalable (*Ibid.*, p. 173, p. 192 et 196).
129 Françoise DURAND-DOL, *Origines et premiers développements...*, p. 76.

malades[130], mais sans que ce fût jamais comparable au serment de fidélité exigé à partir de 1224 du prêtre institué dans l'hôpital Notre-Dame, institution locale non affiliée à un ordre. Nous ignorons si les premiers responsables de l'hôpital du Saint-Esprit prêtèrent l'un ou l'autre serment. Cependant, une fois institué le serment de fidélité du maître de l'hôpital romain entre les mains du pape, nous pouvons faire l'hypothèse d'un problème à ce sujet sous Boniface VIII, quand la maison de Montpellier, assimilée aux filiales de Sainte-Marie *in Saxia*, parut entièrement centrée sur Rome[131]. Les nouveaux venus du XIIIe siècle durent payer un cens, à la manière de l'hôpital Notre-Dame, qui payait annuellement vingt sous melgoriens à Saint-Firmin. Les Trinitaires durent payer un cens d'un marc sterling à Saint-Denis[132], les Antonins un *aureus* d'or au chapitre[133] et les Prêcheurs trois marabotins partagés entre l'évêque, le prévôt et le sacriste[134]. Mais les frères du Saint-Esprit, eux, versèrent au moins à partir de 1256 un cens... à leur maison centrale romaine.

La centralisation maguelonaise, cristallisée par « l'enfermement » insulaire à distance de la ville, n'empêchait pas Montpellier d'exercer sur le chapitre une forte attirance, à laquelle répondait la répulsion des réformateurs. La dénonciation des serviteurs séculiers de Jean de Montlaur à Montpelliéret sonne comme un rappel à la vie canoniale régulière mais aussi peut-être comme l'intention de placer là quelques chanoines. Les réprimandes pontificales des chanoines vagants ou dépourvus des ordres sacrés nécessaires à l'attribution d'un prieuré augmentèrent avec le temps. Elles suggèrent la fascination pour les études et la vie laïques fustigée par Innocent IV et génératrice des précautions de Zoën : interdiction absolue d'étudier à Montpellier, la formation n'étant possible que dans les *studia* voisins de la ville, c'est-à-dire chez des réguliers, ou loin de Montpellier[135].

Le Siège Apostolique et la réforme de l'Église dans le diocèse de Maguelone

Innocent III, instruit de l'état lamentable de la régularité à Maguelone par l'affaire de Pierre de Castelnau, confirma le premier compromis des templiers ; mais il soutint probablement la reprise de discussions en vue d'un nouvel accord, à en juger par son attitude envers le Saint-Esprit, obtenant la modification de clauses essentielles du compromis visé par Grégoire de Saint-Ange. Et il prit rapidement à son service deux « victimes » du prévôt : Pierre de Castelnau pour réformer la vie religieuse puis lutter contre l'hérésie, Gui de Montpellier aussi contre l'hérésie, puis pour organiser une charité pontificale exemplaire. Les successeurs du pontife continuèrent sur cette lancée. Honorius III secourut les Trinitaires et démêla les problèmes des hospitaliers du Saint-Esprit dans le Midi. Grégoire IX continua la soustraction de ces derniers à Maguelone en faisant promulguer leur règle en tant que règle de leur maison centrale romaine et rechercher un nouveau statut pour leur hôpital de Montpellier. Innocent IV lança la réforme du chapitre maguelonais

---

130 *CRM*, I, p. 421 ; *Ibid.*, II, p. 775.
131 Françoise DURAND-DOL, *Origines et premiers développements...*, p. 768.
132 *CRM*, II, p. 272.
133 *Ibid.*, p. 775.
134 *Ibid.*, III, p. 22.
135 *BLM*, II, p. 238.

et Alexandre IV promulgua en 1256 le nouvel « organigramme » du Saint-Esprit[136]. Le Siège Apostolique s'intéressait toujours à Montpellier à l'occasion de l'affaire de la paix et de la foi et, en 1295, la politique s'ajoutant aux affaires maguelonaises, le nouveau privilège du Saint-Esprit *in Saxia, In hospitali nostro* promulgué par Boniface VIII, imposa sans nuances à l'Église de Maguelone la dépendance de Rome de l'hôpital montpelliérain. L'on n'y trouve plus aucune allusion à l'ancien compromis maguelonais déjà mis à mal par Alexandre IV en 1256.

Deux visions de l'Église étaient en jeu. Les chanoines maguelonais se référaient à des idéaux grégoriens : vie apostolique exaltant l'unité et le partage, affirmation du droit de l'Église vis-à-vis des princes séculiers. En 1095, Urbain II ratifiant l'introduction de la règle augustinienne les avait félicités de relever leur Église *instinctu Sancti Spiritus*[137]. Mais depuis, le chapitre avait déserté la vie régulière pour dériver vers un esprit profondément teinté de juridisme. Les privilèges demandés par les prévôts Bernard de Tréviers et Gui de Ventadour manifestaient un esprit de système au service du contrôle du territoire par l'institution et à son propre profit, sans guère de souci d'adaptation pastorale. Si les consuls obtinrent en 1213 la distribution des sacrements dans quatre ou cinq chapelles, Saint-Firmin demeura la seule paroisse, et les articles des statuts maguelonais de 1331 concernant le chanoine aumônier de Maguelone illustrent la permanence de cet esprit : le juridisme y prime sur la recherche d'efficacité au service du pauvre[138].

À l'opposé, la papauté promut à Montpellier les initiatives venues des laïcs en vue d'un meilleur encadrement pastoral et d'une Église plus teintée d'évangélisme : les ordres de Terre Sainte se référaient à la personne du Christ pour défendre et faire vivre sa terre natale, les autres le rencontraient dans les pauvres. Le désir au moins initial de vivre la *sequela Christi* dans la vie pauvre affleurait d'ailleurs dans la titulature d'institutions rejetées par le chapitre : « Pauvre milice de Jésus-Christ », « Pauvres frères de Saint-Antoine »... ; et même, selon Innocent III dépassant ici les formules de chancellerie, « [dans l'hôpital du Saint-Esprit de Montpellier] seuls le maître et les frères manquaient de tout parmi les pauvres, eux qui servaient les pauvres en leur apportant le nécessaire avec amour[139] ». Innocent III semble avoir apprécié les caractères novateurs de la fondation de Gui : patronage de l'Esprit Saint, sollicitude inventive palliant les carences locales, sorties de l'enclos vers les nécessiteux et volonté d'adaptation aux besoins. Sa volonté de réforme élargit de façon inespérée le rayonnement de la religion de l'hôpital du Saint-Esprit de Montpellier, tandis que cette institution rejetée par Maguelone ne perdura au lieu de sa naissance, jusqu'en 1562, qu'assez modestement.

Les nouvelles formes de religiosité constituaient autant de critiques du chapitre. Les effets de la rencontre au voisinage de la ville entre les légats voyageant en grand appareil et les austères Dominique et Diègue d'Osma amènent à considérer un épisode certain mais sur lequel nous sommes fort peu documentés : la rencontre avec l'Église de Maguelone, dans l'été ou l'automne 1198, des adeptes de la pauvreté, Rainier de Ponza et Gui de Montpellier, envoyés d'Innocent III pour réformer et organiser la lutte contre l'hérésie[140].

---

136 *Inter opera pietatis* 1256, *Diplomata pontificia et regia ordini regulari Sancti Spiritus Monspeliensi concessa*, Tousart (éd.), Paris, 1723, vol. I, p. 24.

137 *BLM*, I, p. 17.

138 *CRM*, IV, p. 205-352, ici p. 301-315.

139 *BLM*, I, p. 240.

140 Christine Thouzellier, *Catharisme et Valdéisme...*, p. 141.

Un accueil mitigé pourrait avoir contribué à deux rapides transformations de grande conséquence : d'une part, le retour en 1199 de Rainier, devenu légat *a latere* en bonne et due forme, suivi par l'appel fait à Pierre de Castelnau[141], confirmé en janvier 1199 dans son office d'archidiacre peut-être pour l'occasion[142] ; d'autre part, l'ouverture romaine procurée à Gui en 1201 par un premier appel à Sainte-Marie *in Saxia*. Un demi-siècle plus tard, la concurrence des partisans de la pauvreté restait honnie par le chapitre : rappelons qu'en 1263, les Prêcheurs furent soumis à l'obligation de s'effacer, si nécessaire, devant quelque chanoine décidé à prêcher[143].

Le comportement des chanoines de Maguelone à l'égard des religieux était propice à l'émergence de critiques du clergé et il doit être rapproché des rappels à l'ordre du concile qui, en janvier 1215 n.s., réunit à Montpellier les prélats de quatre provinces : la moitié de ses quarante-six canons cherchent à réformer la vie canoniale et souvent expressément les chapitres cathédraux[144]. Le chapitre semble donc avoir assez peu soutenu l'affermissement de la foi à Montpellier et les légats disent avoir choisi la ville pour siège de ce concile à cause de sa proximité de Toulouse, son opulence, l'importance de ses capacités d'accueil et sa sécurité, sans un mot sur la foi de son clergé ni de ses habitants[145].

Conclusion

Selon notre *corpus*, certes lacunaire, le rejet maguelonais des nouveautés spirituelles et pastorales fut principalement lié aux privilèges excessifs du chapitre amenuisant le rôle des évêques, au délaissement de la règle augustinienne menant à l'appauvrissement du chapitre, et à la défiance systématique des chanoines envers le pouvoir grandissant des Guilhem et envers la ville. Il apparaît aussi que jusqu'au triomphe des ordres mendiants, les limites imposées ont obscurci le rayonnement des religieux à Montpellier, et dans le cas extrême du Saint-Esprit, elles ont entraîné le recentrage d'une religion qui aurait pu être emblématique de Montpellier.

Notre documentation souligne le statut spécial de Montpellier, part lointaine mais revendiquée des territoires de Pierre, où le pape se devait particulièrement d'intervenir : prétention rappelée par le maintien d'un vocabulaire aux accents programmatiques, faisant des consuls les « fils spéciaux de Saint-Pierre » en 1205 et de Montpellier « notre fief » en 1217[146] alors que les chanoines, considérant Montpellier comme le bastion de leurs privilèges, semblent se soucier peu du soutien apporté par les religieux à la lutte anti-hérétique chère au Siège Apostolique. Les compromis se préoccupent surtout de l'exclusion des fidèles excommuniés par les prélats locaux.

Du côté des pouvoirs laïcs, l'ostentation d'orthodoxie de Guilhem VIII, demandant un légat, accueillant Alain de Lille et présidant au second compromis des templiers, paraît largement liée au désir de se concilier le pape dans ses affaires matrimoniales, et le dévouement des consuls au Siège Apostolique semble porté par les bienfaits de la protection pontificale envers le commerce montpelliérain. Aussi, malgré l'accueil que les pouvoirs

---

141 *Ibid.*, p. 158 n. 114.
142 *BLM*, I, p. 257. Ceci avant que le passage à Fontfroide ne lui confère une nouvelle respectabilité.
143 *CRM*, III, p. 19.
144 MANSI, *Sacrorum Concilium nova et amplissima collectio*, XXII, c. 939-950.
145 *Ibid.*, c. 951.
146 *BLM*, II, p. 17.

civils offrirent aux légats au XIIIᵉ siècle, il faut peut-être prendre avec précaution les fortes expressions de Christine Thouzellier et d'Henri Vidal : Montpellier, sans être un foyer de l'hérésie, pourrait avoir été surtout « une citadelle *pour* l'orthodoxie »[147]. Les ordres novateurs ont cependant su développer à Montpellier une nouvelle vision de l'Église : en témoigne particulièrement le succès des Prêcheurs, y établissant précocement un *studium generale*[148]. Les nouveaux venus, décentrés de Maguelone, ont maintenu Montpellier dans le courant de l'Église universelle, renforcé la fidélité au Siège Apostolique et, notamment, l'hôpital du Saint-Esprit a constitué *volens nolens* un relais direct de l'influence pontificale.

---

[147] « Seul, Montpellier reste un centre irréductible d'orthodoxie » Christine Thouzellier, *Catharisme et Valdéisme...*, p. 137 ; « Citadelle de l'orthodoxie », Henri Vidal, in Gérard Cholvy (dir.), *Histoire de Montpellier...*, p. 44.
[148] Daniel Le Blévec, « Les ordres religieux... », p. 210.

La justice criminelle à Montpellier aux XIIe-XIIIe siècles

Leah OTIS-COUR
Université Montpellier 1 (EA 7401)

Malgré la richesse immense des archives montpelliéraines, soigneusement constituées par les consuls dans le souci du prestige de l'écrit, autant que pour une pratique administrative quotidienne, nous nous trouvons face à une pénurie de documentation judiciaire. À la tête d'une ville d'une grande activité commerciale, centre intellectuel d'importance européenne, communauté dotée très précocement de tous les attributs de la personnalité morale[1], les consuls de Montpellier ne semblent pourtant pas avoir adhéré à la devise du juriste Alberico da Rosciate (1290-1360) : *Iustitia est anima civitatis*[2]. Jaloux de leur *potestas statuendi* établie dans une charte de 1205, les édiles montpelliérains semblent avoir laissé de côté néanmoins cet attribut emblématique des communes italiennes du Moyen Âge, la juridiction, tant criminelle que civile[3]. À la différence de Toulouse, dont les ambitions de constituer une véritable république-*contado* au début du XIIIe siècle comprenait un important volet judiciaire, à la différence aussi de toute une série de petites villes du sud-ouest – Gourdon, Fleurance, Mireval-Lauragais, Escazeaux – dont quelques fragments de documentation judiciaire subsistent encore, les consuls de Montpellier n'ont pas pu ou n'ont pas tenu à exercer – ni à documenter – une justice à proprement parler consulaire.

La *curia* du seigneur de Montpellier continue à fonctionner sans césure pendant toute la période de la rédaction des coutumes de la ville et de la transition dynastique contemporaine, fin XIIe et début XIIIe siècle, sans devenir à proprement parler une institution consulaire[4]. Les édiles se contentent d'encadrer cette cour seigneuriale par diverses mesures, et à faire participer à la cour des habitants de la ville, qualifiés de *probi viri* et de *sapientes*[5]. Le bayle du seigneur, à choisir parmi les Montpelliérains, était nommé, nous précise le texte complémentaire aux coutumes daté de 1205, « suivant les conseils et la

---

[1] Voir, dans Gérard CHOLVY, *Histoire de Montpellier*, Toulouse, Privat, 1984, les chapitres de Henri VIDAL, Guy ROMESTAN, Jean COMBES et André GOURON ; voir aussi Leah OTIS-COUR, « Personnalité morale et identité urbaine dans le midi de la France aux XIIe et XIIIe siècles », in Patrick GILLI et Enrica SALVATORI, *Les identités urbaines en France du Sud, XIIe-XVe siècles. Actes du colloque des 8-9 décembre 2011*, Turnhout, Brepols, 2014.

[2] Cité par Andrea ZORZI, « Introduzione », in Jacques CHIFFOLEAU, Claude GAUVARD et Andrea ZORZI, *Pratiques sociales et politiques judiciaires dans les villes de l'Occident à la fin du Moyen Âge*, Rome, École française de Rome, 2007, p. 17. Pour Zorzi, ce passage exprime « *lo stretto legame che collego l'esercizio della giustizia ai regimi urbani di autonomia* ».

[3] André GOURON, « La *potestas statuendi* dans le droit coutumier montpelliérain du treizième siècle », in *Diritto comune e diritti locali nella storia dell'Europa : Atti del convegno di Varenna (12-15 giugno 1979)*, Milan, A. Giuffrè, 1980, p. 95-118.

[4] Voir l'étude de Maïté LESNE-FERRET, « Un siècle de pratique judiciaire à Montpellier (1104-1204) : la cour seigneuriale des Guilhem », *Recueil de mémoires et travaux publié par la Société d'histoire du droit et des institutions des anciens pays de droit écrit*, 16 (1994), p. 47-64.

[5] Pour les *probi viri*, voir Paul OURLIAC, « Juges et justiciables au XIe siècle : les *boni homines* », *Recueil de mémoires et travaux publié par la Société d'histoire du droit et des institutions des anciens pays de droit écrit*, 16 (1994), p. 17-34. Voir aussi Archibald LEWIS, « The Development of Town Government in Twelfth-Century Montpellier », *Speculum*, 22 (1947), p. 51-67 et André GOURON, « *Libertas hominum Montispessulani*. Rédaction et diffusion des coutumes de Montpellier », *Annales du Midi*, 90 (1978), p. 289-318.

Montpellier au Moyen Âge. Bilan et approches nouvelles, éd. Lucie GALANO et Lucie LAUMONIER, Turnhout, 2017 (*Studies in European Urban History*, 40), p. 51-58
BREPOLS ✠ PUBLISHERS   DOI: 10.1484/M.SEUH-EB.5.113301

volonté » des douze *probi viri*[6] (qui prennent pour la première fois le titre de *consules* en 1206). Ce bayle devait, d'ailleurs, prêter serment de juger selon les coutumes de la ville (et à défaut, *secundum juris ordinem*), proclamées en 1204. Imposer le respect des textes dictés semble avoir importé plus aux consuls qu'une éventuelle consécration de rôle officiel et institutionnalisé d'acteur judiciaire ; c'est comme si, pour les consuls montpelliérains, ainsi que pour maints juristes contemporains, la loi rédigée résumait le droit.

C'est donc vers les textes normatifs – les coutumes et statuts de la ville – qu'il faut se tourner, en absence de registres judiciaires, pour se faire une idée de la pratique de la justice criminelle à Montpellier au XIIIᵉ siècle. Le droit pénal ne semble pas, pourtant, être un sujet prioritaire dans ces coutumes et statuts, plus concernés par le droit privé – régimes matrimoniaux successions, obligations, les relations créanciers/débiteurs – que par des problèmes de nature pénale. Dans les premiers articles de la coutume de 1204 (qui reprennent un texte de 1190), esquissant les contours de la *curia* et de son personnel, le seul passage relatif au droit pénal – celui portant sur les sentences concernant les homicides et les coups et blessures – semble avoir été un « afterthought », car il ne figure même pas dans toutes les versions du texte[7]. L'article 23 précise que ces infractions doivent être sanctionnées par le seigneur et des *sapientes*[8].

Quant au « substantive criminal law »[9], seuls deux articles précisent infractions et peines possibles : l'article 21, qui traite des adultères, et l'article 22, qui évoque les insultes. Mais le souci dans les deux cas n'est pas celui de la répression efficace de l'infraction ; il s'agit plutôt d'un délit dont un notable risquerait d'être accusé, l'objectif était donc d'en limiter la peine. En ce qui concerne l'adultère, ceux qui sont arrêtés en état d'adultère peuvent être condamnés à la fameuse « course » de la ville, mais ceci constitue un maximum : « *in alio non condempnantur* ». Par cette précision, les rédacteurs des coutumes cherchent à éviter qu'une sentence de peine de mort, et/ou de confiscation des biens, ne soit prononcée. Comme l'a démontré Jean-Marie Carbasse il y a quarante ans, le droit pénal des villes du Midi de la fin du Moyen Âge tend vers un adoucissement des peines sanctionnant l'adultère, et veille, en plus, à ce que la preuve en soit irréfutable[10]. De façon comparable, la cour est censée limiter la poursuite à celle des insultes les plus graves, tenir compte de la qualité et dignité des personnes impliquées (« *pro qualitate et dignitate personarum* »), et en limiter la sanction (la cour peut faire une remise, *remissio*) ; dans le cas d'une insulte proférée par une *vilis persona* contre un *probus homo*, en revanche, une peine corporelle (« *in verberando corpore suo* ») peut être prononcée.

L'article 65 traite des vols domestiques (*domestica furta*) ou autres délits commis dans le cercle familial ; plutôt que de faire l'objet d'un jugement de la part de la cour

---

6 « *...consilio et expressa voluntate et comonitione..* » A. TEULET, J. de LABORDE, E. BERGER et H.-F. DELABORDE, *Layettes du Trésor des Chartes*, Paris, 1863, I, p. 290.

7 TEULET, *Layettes*, p. 255-266.

8 « *Homicidia e cetera crimina, que penam sanguinis irrogant, pro arbitrio et judicio domini et sapientum virorum puniuntur.* » Je respecte ici la numérotation de Teulet. Un texte datant de 1201 ne mentionne que le jugement du seigneur (*Liber instrumentorum memorialium*, Montpellier, J. Martel aîné, 1884, p. 407 ; Maïté LESNE-FERRET, « Pratique judiciaire... », p. 60).

9 Quelques articles traitent de la procédure, comme par exemple l'article 62, qui interdit d'imposer la preuve par ordalie ou duel judiciaire, et les articles 43 et 44, qui prévoient une procédure d'appel, et une action de prise à partie (TEULET, *Layettes*, p. 261, 259-60).

10 Jean-Marie CARBASSE, *Consulats méridionaux et justice criminelle au Moyen Age*, Thèse de droit, Montpellier, 1974, p. 300-332 ; EAD., « *Currant nudi* : La répression de l'adultère dans le Midi médiéval (XIIᵉ-XVᵉ siècles) », in Jacques POUMARÈDE et Jean-Pierre ROYER., *Droit, histoire et sexualité*, Lille, Publications de l'espace juridique, 1987, p. 83-102.

seigneuriale, ces actes, précise l'article, sont à « corriger » par le chef de famille, et non à porter à la cour. Les châtiés non plus ne seront écoutés dans la cour. Cet article protège la famille contre une action *ex officio* de la part de la cour seigneuriale en cas d'un tel vol ou autre délit commis à domicile ; il protège en outre tout chef de famille qui ferait recours à une correction (voir violence) domestique du délinquant[11].

Le contraste entre ces articles, peu nombreux et plutôt limitatifs, et beaucoup de coutumes du sud-ouest de la France est frappant ; ces dernières comportent souvent des listes détaillées de tous les délits possibles et les peines les sanctionnant : le voleur est puni selon la valeur de l'objet dérobé, et les circonstances dans lesquelles le vol se déroule ; le viol est sanctionné selon la qualité de la personne atteintes (épouses ? vierges ? femme publique ?) ; les insultes et les coups et blessures sont précisés dans le détail, avec les peines appropriées[12]. Rien de cette nature ne paraît dans la documentation montpelliéraine, comme si ces détails n'intéressaient pas les auteurs des textes, comme si la répression de tels délits relevait d'une évidence, d'un consensus, ne méritant ni le recours à une justice à proprement parler consulaire, ni à un « code » écrit complet.

Les consuls savaient pourtant prendre des initiatives en matière de droit pénal, de manière exceptionnelle, à travers leur *potestas statuendi*. En 1223, au milieu d'un texte consacré au personnel de la cour (les notaires et les avocats), les rédacteurs ont inséré une initiative précise et draconienne à l'égard des incendiaires[13]. Précisant les modalités de la preuve (cinq témoins étaient nécessaires), le texte instaure l'obligation de la cour d'agir *ex officio* contre les incendiaires (« *ex officio suo, sine accusatore, diligentissime investigare et inquirere teneantur* »), et d'appliquer strictement les peines prévues, sans adoucissement éventuel, et sans la possibilité d'interjeter appel (« *sine remissione aliqua, absque remedio appellationis* »). Les peines prévues sont des plus rigoureuses : la confiscation des biens, le bannissement perpétuel et, si une véritable conflagration s'ensuit, l'ablation de la langue (« *lingua abscindatur* »). Si les édiles se souciaient de fixer un maximum aux peines qu'ils pourraient imaginer commettre eux-mêmes, voire se protéger des actions *ex officio* de la cour seigneuriale, ils savaient en revanche être implacables dans une lutte contre les auteurs d'actes répréhensibles, qui menaçaient le bien-être de la collectivité.

***

C'est justement la licéité du droit de confiscation qui est mise en question dans un document exceptionnel, se trouvant dans le *Grand Thalamus*, rapportant une enquête diligentée dans un conflit survenu entre le lieutenant du roi d'Aragon et les consuls en 1228, document édité par Guy Romestan, et étudié par Henri Vidal[14]. Seize témoignages font état du fonctionnement de la cour seigneuriale depuis des décennies – c'est-à-dire depuis la fin du XIIe siècle – et notamment de la pratique de l'application de la peine. Le but, pour les

---

11 Il est intéressant de noter que dans d'autres villes, on précise que l'interdiction de l'action seigneuriale *ex officio* n'écarte pas la possibilité d'une plainte (*clamor*) déposée de la part du délinquant « corrigé ». La mère, d'ailleurs, fait partie souvent des chefs de ménage possibles évoqués, et donc bénéficie de la même protection d'une action *ex officio* lorsqu'elle inflige une correction. Pour une discussion plus approfondie de l'évolution de telles coutumes, voir Leah Otis-Cour, « Un *"ius corrigendi"* marital, existait-il au Moyen Age ? » in Leah Otis-Cour (éd.), *Histoires de famille : à la convergence du droit pénal et des liens de parenté*, Limoges, PULIM, 2012, p. 187-217.

12 Voir Jean-Marie Carbasse, « Consulats méridionaux... », Partie II.

13 Teulet, *Layettes*, II, p. 8-9.

14 Guy Romestan, « Un document inédit sur la justice seigneuriale à Montpellier au début du XIIIe siècle », *Recueil de mémoires et travaux publié par la Société d'histoire du droit et des institutions des anciens pays de droit écrit*, 16 (1994), p. 81-89. Toute référence subséquente est à cette édition. Henri Vidal, « Le baile de Montpellier et le droit de confiscation », in Henri Vidal, *Montpellier et les Guilhem*, Montpellier, Faculté de droit et de science politique de Montpellier, 2012, p. 203-216.

consuls, était de prouver que, même en cas de crimes importants entraînant de graves peines corporelles, la sanction de la confiscation des biens ne s'ajoutait pas traditionnellement à ces peines. C'est le sujet de la confiscation des biens, et les preuves de l'influence du droit romain sur le raisonnement du bayle qui a intéressé principalement Henri Vidal, mais le document constitue aussi une fenêtre sur le fonctionnement de cette cour seigneuriale à une période-clé, qui marque l'émergence d'un pouvoir consulaire, et le changement dynastique à Montpellier.

Le premier constat est que l'implication consulaire forte dans le fonctionnement de la cour passe bien par l'infiltration du personnel de la cour. On pouvait effectivement être à tour de rôle consul, bayle, sous-bayle, *probus homo* ; plusieurs de ces témoins ont été à un moment donné juge à la cour, et nous pouvons par ailleurs savoir que certains ont été consuls. La cour reste pourtant une institution distincte, la *curia Montispessulani*. Une seule intervention des consuls en tant que tels est évoquée : selon le témoin Guilhem de Montearbedone, Bernard Petri « *fuit factus exul a consulibus et a curia Montispessulani*[15]. »

On ne peut qu'être frappé, en lisant ce texte, par une certaine désinvolture de la part des participants envers cette justice ; les notables, qui par ailleurs démontrent un respect solennel de l'écrit, se contentent de sentences du bayle restées à l'état oral, prévues dans l'article 76 des coutumes de 1204. C'est donc par manque d'une documentation écrite que, en cas de conflit – la confiscation des biens, constitue-t-elle une peine traditionnelle à Montpellier ? – on est obligé de recourir à une enquête avec témoins, des anciens qui piochent dans leur mémoire les exemples de délinquants condamnés punis corporellement, mais ayant gardé leurs biens. C'est quand même un comble pour une ville réputée bastion du droit écrit !

Mais revenons à ce que l'on peut tirer de ce panorama de la pratique pénale à l'époque. Il y a notamment et d'abord quelques absents remarquables. Le but étant de prouver que, même dans les cas les plus importants – délits extrêmement graves entraînant peines afflictives sévères – on ne pratiquait pas de confiscation des biens, le tableau est en quelque sorte noirci, devenant une chambre des horreurs de la pratique pénale à l'époque. Cette orientation laisse de côté justement ce qui faisait le quotidien de la justice seigneuriale, c'est-à-dire tous les délits mineurs menant à la peine la plus courante à l'époque : l'amende. Le droit de justice constituait une source importante de revenus pour le seigneur, qui ne pouvait pas s'amuser à faire fustiger, mutiler, exécuter à tour de bras, car tout cela implique un coût (essentiellement de main-d'œuvre), tout en s'abstenant de confisquer les biens des condamnés.

Donc manquent ici les délits les plus courants, les coups et blessures et les insultes, qui étaient le pain quotidien de la justice pénale, source pour le seigneur d'amendes profitables[16]. Il n'y a que deux exceptions, deux cas cités dans ce document où le délit banal mérite, pour des raisons ou circonstances qui nous échappent, une peine corporelle. Un témoin, qui a été juge, se souvient que, sous le baillage de Guilhem de Conchis, Henri Barba et d'autres avaient insulté des hommes ayant porté du blé à la ville et avaient été condamnés pour ce fait à l'exil (mais que leurs biens n'avaient pas été confisqués). L'unique affaire d'agression sanctionnée par le bannissement, citée ici, a dû davantage marquer les esprits, car quatre témoins la mentionnent, rappelant, tous les quatre, qu'une réparation prélevée sur le patrimoine du banni, Bernard Serreti, a été accordée à la victime, Bernard de Salarone, mais que le délinquant a pu garder le reste de ces biens.

---

15   Le témoin Jehan de Orillaco, en revanche, tout simplement « *dixit se videsse exulari a curi Bernardum Petri* ».

16   Voir le partage des droits de justice entre le seigneur et le viguier, et un conflit à ce sujet concernant la libération de voleurs en 1113 (*Liber instrumentorum memorialium*, p. 250-252).

Un autre « absent » doit être signalé. Parmi toutes les infractions évoquées, il y a nulle mention de celle figurant dans les coutumes de 1204 – et dans la plupart des coutumes de Midi de la France comprenant des articles portant sur le droit pénal : l'adultère. La peine afflictive sanctionnant ce délit étant particulièrement spectaculaire – la course à travers la ville du couple fautif, en tenue d'Adam et Ève – une affaire de ce genre, si elle avait eu lieu, n'aurait pas manqué, pourrait-on supposer, de rester gravée dans les mémoires. Or, rien de tel ne ressort des témoignages. Soit, les Montpelliérains ont été d'une sagesse conjugale exemplaire ; soit, de telles affaires se sont réglées autrement, en privé[17], ou peut-être, dans un souci de discrétion, par une simple amende, fut-elle conséquente.

L'homicide n'est mentionné que deux fois dans ce document, par le même témoin, Peire Luciani, *causidicus*, qui a été juge au moment des faits. La mise en accusation pour homicide de frère Bartholomée s'est soldée par un acquittement (*absolutus*)[18]. Dans l'autre affaire d'homicide, il s'agit d'un uxoricide : un savetier (*sabaterius*) ayant tué son épouse à coup de couteau, est banni de la ville, ses biens revenant à la fille de la victime. La peine de bannissement effectuée est plutôt clémente (serait-elle justifiée par la qualification de l'acte en crime de passion ?) ; elle a néanmoins le mérite de montrer que le mari meurtrier de sa femme ne bénéficie pas systématiquement d'un pardon de principe et de l'impunité totale, lieu commun de maintes études évoquant un supposé *ius corrigendi* marital illimité au Moyen Âge[19].

Le délit méritant peine corporelle qui est mentionné le plus souvent dans cette enquête est, sans conteste, le vol (*furt um*), à tel point que, nombreux sont les témoins qui évoquent « beaucoup » de voleurs punis corporellement, il y en a tant qu'ils ne peuvent se souvenir de tous les noms[20]. On évoque souvent simplement une peine corporelle, ou bien, le témoin indique que les voleurs ont été fouettés (*fustigati*) ; un autre précise que les coupables ont été « *fustigati per villam* », ont subi la course à travers la ville. La femme voleuse mentionnée par le juge Raimon de Salzeto est, elle, bannie de la ville (mais ses biens non confisqués)[21].

Mais tous les voleurs ne s'en sortent pas aussi « facilement »[22]. Certains ont été pendus, tel un voleur de blé (dont les frères récupèrent ses biens), et le *juvenis* qui a volé des biens à un *mercator* (ses proches récupèrent ses biens)[23]. Quelques *latroni publici* ont été condamnés au *supplicium ultimum*, sans précision (le geôlier a été indemnisé sur leurs biens). Guilhem de Camino, coupable de plusieurs vols nocturnes, a été, sous commande du seigneur Guilhem, noyé à la mer (ses enfants héritent de ses biens)[24].

---

17 Nous savons que tel était souvent le cas au XVe siècle ; dans les registres de notaires, on trouve de nombreux exemples d'accords passés entre mari et épouse infidèle. Voir Leah Otis-Cour, « *De jure novo* : Dealing with Adultery in the Fifteenth-Century Toulousain », *Speculum*, 84 (2009), p. 347-392.

18 On peut se demander pourquoi un ecclésiastique passe devant une cour laïque.

19 Pour d'autres exemples de maris meurtriers de leurs femmes punis, Leah Otis-Cour, « Un "*ius corrigendi*" marital ? … », art. cit.

20 On évoque un *homo*, un *juvenis*, des *latrones*, *aliqui latroni publici*, une *mulier*, etc.

21 En cas de vol, on fait référence aussi à la restitution des biens dérobés et à une indemnisation du geôlier.

22 Certaines autres personnes sont exilées, sans que le délit ne soit précisé, tel Bernard Petri, mentionné deux fois, exilé « par les consuls », il est précisé, après la mort du seigneur Guilhem, et les frères Lambert et Guirald, exilés eux par Guilhem, et mentionnés cinq fois (leurs biens ont été vendus par la suite).

23 Quatre autres hommes (un certain Roca, Guilhem Pictoris, et Peire Mayre avec un nommé Angel) ont été pendus, sans que le délit ne soit précisé.

24 Une dernière exécution présumée est celle de la mère et la sœur de Peyre Negri, qui ont été *cocte* (cuites) ; s'agirait-il de la fameuse peine pour les faux monnayeurs ?

Le plus frappant dans ce document, pourtant, me semble-t-il, est la banalité, la pratique courante, de terribles mutilations handicapantes. Le voleur qui échappe à la pendaison, mais pour qui la fustigation ne suffit pas, peut se faire amputer du pied ou de la main, selon un témoin, le *causidicus* Jehan Vacca. L'ablation de la langue (*lingua abcisa*) est la peine infligée à Jehan Seraillero pour un faux témoignage, affaire qui a dû frapper les esprits, car elle est mentionnée par quatre témoins (les enfants et l'épouse du condamné ont pu récupérer ses biens, précisent deux des témoins). Quatre autres hommes accusés de faux témoignage s'en sont mieux sortis : Bernard de Jocon a été fustigé, puis exilé (sans confiscation de biens, affaire citée par trois témoins)[25], Pons de Fenoilleda (peine non précisée) et Firmin Fulcrando, exilé (son fils récupère ses biens, une affaire citée quatre fois).

Pour revenir aux mutilations, ce document fait référence à deux cas de crevaison des yeux[26]. C'est suite à de multiples vols nocturnes que Roger Sabaterius, mené au lieu d'exécution, des cornes sur la tête, subit cette mutilation (« *duci cum cornibus in capite ad eruendum occulos* »). Le crime de Stephan de Caturicio n'est pas précisé lorsqu'un témoin cite la peine qu'il a subie (*occuli abstracti*) à l'époque du seigneur Guilhem (biens non confisqués).

Une dernière forme de mutilation a été subie par plusieurs personnes. L'exécuteur de justice a châtré (« *virilia amputa* ») un ceinturier (« *corrigerius* ») dont le crime n'est pas précisé[27]. Dans une affaire citée par un seul témoin (un ancien juge de la cour), plusieurs juifs ont été punis de la même façon. Baptisés, ils se seraient replongés dans le judaïsme (« *ad judaicam superstitionem rediisse* ») et ont commis beaucoup d'autres crimes (« *multa alia illicita* »)[28].

Bien que la fin du Moyen Âge et l'Ancien Régime aient une réputation de sévérité pour la répression pénale – réputation due en grande mesure aux essais de Michel Foucault et de ceux qui se sont inspirés de lui – peu de documents de ces époques-là montrent un recours aussi fréquent aux terribles mutilations que l'on voit dans cette enquête concernant la justice seigneuriale de la ville de Montpellier. En matière de mutilation, un registre de justice provenant de la ville de Pamiers et datant de la fin du XVe et début du XVIe siècle, par exemple, ne recèle que des essorillements, mutilation non-handicapante qui s'apparente plus à une marque qu'à une mutilation[29]. D'autres villes encore montrent une réticence similaire à recourir aux mutilations handicapantes[30]. Nous ne trouvons à Montpellier, en revanche, aucun exemple d'essorillement ; les voleurs sont tous, soit fustigés, soit exécutés, soit (sans cas précis cité) amputés du pied ou de la main. Les mutilations pratiquées à Montpellier sont toutes des atteintes volontaires à une partie fonctionnelle du corps.

Il est intéressant de remarquer que les peines les plus cruelles et les plus sévères sont souvent attribuées à la période où Guilhem VIII était encore seigneur de Montpellier, et

---

25 Un deuxième homme, Pons Dauraga, est cité avec Bernard de Jocon par deux des témoins.

26 L'article 15 du texte complémentaire aux coutumes de Montpellier, daté de 1205, interdit aux mutilés de membre ou d'yeux de rester à Montpellier ; « *Ullus truncatus a curia in Montepessulano aliquo membre, vel orbatus occulis, de cetero non stet vel maneat in Montepessulano.* » TEULET, *Layettes*, I, p. 290.

27 S'agirait-il d'un viol ?

28 S'agirait-il peut-être de relations charnelles avec des Chrétiennes ? Un tel délit pour expliquer le choix de la cible de l'exécuteur de justice.

29 Leah OTIS-COUR, « "Terreur et exemple, compassion et miséricorde" : La répression pénale à Pamiers à la fin du Moyen Âge, » *Recueil de mémoires et travaux publié par la Société d'histoire du droit et des institutions des anciens pays de droit écrit*, 16 (1994), p. 139-164.

30 Patrick GYGER, *L'épée et la corde. Criminalité et justice à Fribourg (1475-1505)*, Lausanne, Université de Lausanne, 1998.

figure dominante de la cour seigneuriale. Aucune date précise n'est citée dans ce document, mais nous pouvons savoir que certaines peines effectuées remontent à la période antérieure aux coutumes de 1204, par deux moyens. Certains témoins précisent depuis combien d'années ils peuvent se souvenir de la pratique pénale ; un témoin évoque 25 ans, deux témoins parlent de 30 ans, et un autre prétend remonter 40 ans en arrière. D'autres témoins précisent, en citant telle affaire, que la peine a été effectuée « *vivente Guillermo domino Montispessulani*[31] ». De nombreuses exécutions, au moins un des cas de crevaison des yeux, les deux castrations, l'unique cas d'ablation de langue pour faux témoignage[32], les femmes « *fustigate et cocte* » et une pratique évoquée d'émanotation ou d'amputation du pied des voleurs, tous remontent à l'époque de Guilhem. Le rôle très personnel du seigneur dans la détermination de la peine est, d'ailleurs, parfois souligné. Concernant le jeune voleur, il est précisé que « *dominus Guillermus Montispessulani fecit ipsum suspendi* » ; la même précision est donnée dans l'affaire d'un voleur nocturne : « *Guillermus dominus Montispessulani fecit ipsum submergi in mare*[33] ».

Il ressort donc de ce document un autre aspect du personnage-clé qu'est Guilhem VIII seigneur de Montpellier : outre l'individu ambitieux imposant une politique dynastique via des mariages prestigieux et la primogéniture, l'esprit éclairé favorisant l'enseignement du droit et de la médecine, le mécène généreux entretenant une cour où se croisent troubadours et théologiens, c'est un justicier actif, soucieux de l'ordre public et du bien commun, imposant une répression sévère mais désintéressée, car renonçant à dépouiller les criminels punis de leurs biens. La justice sous le régime consulaire donne l'impression d'être globalement moins sévère, fait qui fournit un bâton pour se faire battre lorsque les consuls se font reprocher, par le roi d'Aragon dans les années 1250 un certain laxisme : « *mostz crims remanion impunistz*[34] ». Ce laxisme justifie la reprise en main à l'époque de la direction de la justice à Montpellier par le roi d'Aragon, à travers sa mainmise sur la nomination du personnage-clé, le bayle.

***

En plus des textes normatifs, et des documents « occasionnels » retrouvés aux archives de la ville, il existe d'autres sources potentielles de renseignements sur la pratique du droit pénal, sources qui pourraient pallier le manque de séries spécifiquement judiciaires. Nous savons que maintes affaires à cette période pouvaient finir par se régler devant notaire plutôt que devant un juge, par transaction ou « accommodement ». Concernant ces accords, on pense plus volontiers aux villes du Nord qu'aux villes méditerranéennes, ces dernières étant empreintes de la tradition du droit romain. Le droit romain, pourtant, reconnaît la transaction, comme il est clairement exprimé dans le Code de Justinien (« *...transigere...non*

---

31   Il s'agit de Guilhem VIII seigneur de Montpellier, mort en 1202.

32   Pendant la période consulaire, aucun accusé de faux témoignage n'a eu la langue arrachée. Deux hommes ont été fouettés et bannis en 1217 (Guilhem de Azillan baile) ; un autre a été puni de façon non précisée en 1219 (Guilhem de Conches baile), et un dernier exilé en 1220 (Bernard de Grès baile). Des deux derniers, il est précisé que *mulctari in certa pecune quantite*, mais que le « reste » est allé au prévenu en 1220, et au fils du coupable en 1219.

33   Il se peut que le témoin ajoute cette précision car il estime la peine particulièrement sévère ; il se peut que la noyade effrayait plus que la pendaison, qui devait provoquer une mort plus rapide (par nuque brisée), et que la jeunesse du voleur aurait dû constituer des circonstances atténuantes.

34   Cité par André GOURON, « *Potestas statuendi...* », p. 110. Il s'agit de la critique classique pour justifier de reprendre en main une justice consulaire ; voir, à titre de comparaison, les accusations portées par le sénéchal de Carcassonne en 1331 contre les consuls de Pamiers, accusés d'accepter les « compositions » de meurtriers (Leah OTIS-COUR, « Les enjeux de la torture : une affaire d'homicide à Pamiers aux années 1330, » in Bernard DURAND, Jean POIRIER et Jean-Pierre ROYER, *La Douleur et le droit*, Paris, Presses universitaires de France, 1997, p. 217).

prohibitum est », C 2.4.18), ainsi que Jean-Marie Carbasse nous le rappelle[35]. Mais le parti pris des historiens est très fort, à tel point que, l'éditeur du *Petit Thalamus*, dans la publication de 1836, dans une des rares erreurs commises dans la transcription d'un texte autrement bien lu – un statut consulaire portant sur ceux qui profitent du droit d'asile – préfère le mot taxation à l'original *transactions* (« *...o del jutge las transactions fachas e daital sententia a negun non sia lezer appellar...* »)[36]. Le texte du *Petit Thalamus* est en fait une copie sur cartulaire, la traduction occitane d'un original sûrement en latin ; et l'édition du texte latin dans les *Layettes* comporte bien le mot *taxation*[37]. Soit le texte des *Layettes* comporte une faute (car il s'agit, non pas d'un original, mais d'une « copie ancienne » d'un original), et le mot d'origine est transaction ; soit le mot d'origine est bien taxation, mais le scribe du *Petit Thalamus* a trouvé logique de mettre le mot *transactions* dans un tel contexte du droit pénal.

Il ne serait donc pas surprenant de trouver, dans les registres de notaires remontant au Moyen Âge – nettement plus nombreux, il faut le constater, pour les xIVᵉ et xVᵉ siècles, que pour la période précédente – dont sont dotées les Archives départementales de l'Hérault, quelques transactions pénales, tout comme celles concernant des Marseillais au xIVᵉ siècle, retrouvées par Daniel Lord Smail dans les Archives départementales des Bouches-du-Rhône[38]. Au-delà de quelques transactions de particuliers, il se peut qu'il existe également des registres ou des feuillets consacrés aux affaires judiciaires à proprement parler, ainsi que nous l'a montré Gero Dolezalek[39].

De ma trop rapide incursion dans les registres de notaires déposés dans les Archives départementales de l'Hérault, il n'est sorti, hélas, ni transaction, ni registre de justice. Mais je n'en suis pas sortie tout à fait bredouille, car j'ai trouvé un document illuminant un aspect plus terre-à-terre de la justice pénale du xIVᵉ siècle, un « *Instrumentum vendicionis reparacionis faciendarum in domibus carceris regis* », daté du 13 novembre 1369, retrouvé – et ce n'est pas tout à fait un hasard – dans un registre tenu par un notaire royal. Le texte traite de la réfection des prisons royales, devenues inutilisables, car « *ruineuses et nonhabitables*[40] ». Je laisse à la jeune génération, qui assure avec brio la relève des études médiévales à Montpellier, le soin de replonger dans ces très riches et abondantes sources notariales afin de débusquer d'autres trésors pouvant enrichir notre compréhension de la pratique de la justice criminelle à Montpellier, trésors qui, je l'espère, les attendent patiemment depuis des siècles[41].

---

35 Jean-Marie Carbasse, « Note sur les fondements civilistes du "pactum pacis" médiéval », in Giles Constable et Michel Rouche, Auctoritas : *Mélanges offerts au professeur Olivier Guillot*, Paris, Publications de l'université Paris-Sorbonne, 2006, p. 385-396. Notons aussi l'évocation de *transactiones* dans l'article 112 des coutumes de 1204, même s'il s'agit des arbitres plutôt que des notaires : « *Confessiones, testificationes, transactiones et omnia coram arbitris agitata, proinde valeant ac si in curia essent acta.* » Teulet, *Layettes*, p. 264.

36 *Thalamus Parvus : le Petit Thalamus de Montpellier*, éd. Ferdinand Pégat et Eugène Thomas, Montpellier, J. Martel aîné, 1836, p. 78-79. Archives municipales de Montpellier, AA9, fᵒ 53rᵒ. Le AA9 fait l'objet d'une nouvelle édition, assurée par une équipe dirigée par Vincent Challet, accessible en ligne : http://thalamus.huma-num.fr/. Néanmoins la charte et les établissements ne sont pas encore disponibles.

37 Teulet, *Layettes*, II, p. 519-520.

38 L'auteur a trouvé des transactions réglant des affaires de blessures et d'homicide. Daniel Lord Smail, « Common Violence : Vengeance and Inquisition in Fourteenth-Century Marseille », *Past and Present*, 151 (1996), p. 28-59 ; *id.*, « Hatred as a Social Institution in Late-Medieval Society », *Speculum*, 76 :1 (2001), p. 90-126.

39 Gero Dolezalek, « Une nouvelle source pour l'étude de la pratique judiciaire au xIIIᵉ siècle : les livres d'imbréviature des notaires de cour », in *Confluence des droits savants et des pratiques juridiques : Actes du Colloque de Montpellier 12-14 décembre 1977*, Milan, A. Giuffrè, 1979, p. 223-241.

40 Archives départementales de l'Hérault 2ᴱ95/386, 1369-71, Raymond Moruti.

41 Je viens de prendre connaissance des articles suivants : Jean-Marie Carbasse, « Le droit pénal à Montpellier au xIIIᵉ siècle, » in *Droits et justices du Moyen Âge. Recueil d'articles d'histoire du droit*, Paris, Panthéon Assas, 2016, p. 411-424 ; et Jean-Marie Carbasse, « Des délits et des peines à Montpellier au xIIIᵉ siècle, » in Vincent Challet (dir.) *Aysso es lo comessamen : écritures et mémoires du Montpellier médiéval*, Montpellier, Presses universitaires de la Méditerranée, 2017, p. 127-142.

Le gouvernement urbain, la parole et l'écrit

Autour de quatre criées urbaines montpelliéraines des années 1330

Pierre Chastang
Université de Versailles-Saint-Quentin-en-Yvelines

Cet article n'est qu'une étape d'un travail en cours consacré aux formes de mise par écrit des criées « gouvernementales » dans les villes du Midi. Il doit déboucher sur une comparaison des corpus documentaires conservés dans les archives urbaines. Par conséquent, je ne tenterai ici aucune synthèse, et me garderai d'appliquer, aux quelques exemples analysés, une logique inductive qui conduirait à extrapoler des résultats partiels. Il s'agira plutôt de mettre à l'épreuve certaines perspectives interprétatives courantes formulées au sujet des criées médiévales et de forger de nouvelles hypothèses qui intègrent davantage la criée en tant qu'artéfact documentaire. Pour cela, j'utiliserai quatre chartes qui contiennent le texte de trois criées, respectivement datées de 1334 pour la première et de 1336 pour les trois suivantes.

L'écriture du cri : rituel, espace public et gouvernement urbain

Les criées médiévales apparaissent comme une pratique sociale largement surdéterminée. Il est par conséquent nécessaire d'en distinguer les usages et de reconstituer avec rigueur les contextes dans lesquels les crieurs, dans leur grande diversité de statuts et de fonctions, sont appelés à exercer leur office. La construction d'une typologie des cris, pour utile qu'elle puisse être, ne suffit pas à saisir la grande variété des situations locales. Elle distingue généralement les cris assurant une communication générale des informations dans la ville – catégorie à laquelle appartiennent les menus cris –, ceux diffusant les normes et décisions gouvernementales et enfin, ceux procédant à la publicisation d'avis nécessaires au bon déroulement des procédures judiciaires en cours[1] – adjudications, convocations,

---

[1] Elles accompagnent parfois l'exécution de peines infamantes comme le souligne Jean-Marie Carbasse dans son étude consacrée au rituel de punition de l'adultère qui consiste à faire courir les coupables nus dans la ville, précédés par un crieur public (*preco*) « qui tantôt sonne la trompette pour inviter la population au spectacle, tantôt proclame la mise en garde rituelle : "aital fara, aital pendra" ». Jean-Marie Carbasse, « "*Currant nudi*". La répression de l'adultère dans le Midi médiéval (xiie-xve siècle) », in Jacques Poumarède et Jean-Pierre Royer (dir.) *Droit, histoire et sexualité*, Lille, Publications de l'Espace juridique, 1987, p. 83-102.

Montpellier au Moyen Âge. Bilan et approches nouvelles, éd. Lucie Galano et Lucie Laumonier, Turnhout, 2017
(*Studies in European Urban History*, 40), p. 59-76

BREPOLS ☙ PUBLISHERS   DOI: 10.1484/M.SEUH-EB.5.113302

PIERRE CHASTANG

publications de condamnations... –[2]. Mais le statut du crieur – attaché à une cour, dépendant de la commune, du seigneur, ou simple encanteur...– ne se superpose que de manière imparfaite aux distinctions typologiques, le degré et le périmètre du contrôle communal du cri[3] variant selon la situation politique et juridictionnelle de la ville, tout en connaissant, pour le Midi à tout le moins, un renforcement à partir de 1250[4]. Francis Garrisson a montré que se produit, à partir de cette date, une « concentration fonctionnelle des ventes publiques », qui entraîne une distinction de fait et de droit entre cris publics d'un côté, et encans volontaires ou adjudications judiciaires de l'autre[5]. Le mouvement semble déboucher sur la mise en place d'un monopole croissant des mandataires en charge des encans, même s'il convient de demeurer prudent car nous ne percevons que le domaine réglementé par les textes. La grande richesse des termes latins et occitans désignant les hommes en charge des cris dans la ville, *nuncius, preco, tubicinator, incantator, trompador, crida, ucador, uca...* reflète la pluralité des statuts et des fonctions, mais elle témoigne également du rôle spécifique assumé par les individus dans le rituel ordinaire du cri. Le crieur, à proprement parler, se charge de la préconisation du texte qui lui est remis sur un bout de papier (*cartellus* à Toulouse[6], *cedula papiri* à Montpellier et à Nîmes[7]), des *socii*, le cas échéant illettrés, se chargeant parfois de l'accompagner dans sa mission[8] et de faire sonner les trompettes. Le vocabulaire des acteurs eux-mêmes, en procédant à la distinction avec ce qui relève de la *publicatio* de l'acte, dont l'histoire s'arrime à celle de la lecture *viva voce* de la prose au

---

2   Cette typologie est formalisée par Thierry DUTOUR, « L'élaboration, la publication et la diffusion de l'information à la fin du Moyen Âge (Bourgogne ducale, France royale) », in Didier LETT et Nicolas OFFENSTADT (dir.), *Haro ! Noël ! Oyé ! Pratiques du cri au Moyen Âge*, Paris, Publications de la Sorbonne, 2003, p. 141-156.

3   Lorsque l'on considère le monde des courtiers qui parcourent la ville pour vendre des objets à la criée, certains règlements municipaux, et ce dès la fin du XIIIe siècle, attestent d'une grande pluralité de métiers qui font l'objet d'un statut consulaire spécifique. Tel est le cas à Narbonne, dans le statut promulgué en avril 1278. Il encadre l'activité des « portairizes de draps e de lanas », des « encantadors d'aur e d'argent », des « encantadors de las raubas », des « corratiers de las bestias », des « corratiers de possessios », des « corratiers que vendon blat » et exige d'eux un serment (Arch. com. de Narbonne, AA, 110, édité par G. Mouynès, dans *Inventaire des archives communales antérieures à 1790, Annexes de la série AA*, Narbonne, 1871, n° 86, p. 145-146).

4   Serments et statuts se combinent pour assurer ce contrôle ; apparaît à la mi-XIIIe siècle dans le corpus de livres du gouvernement urbain de Montpellier (*thalami*), un serment de l'encanteur (Arch. mun. de Montpellier, AA 9, f° 399v° (ap. 1315), Bibl. interuniv. de Montpellier, section médecine, f° 80vA (ap. 1295), Bibl. nat. de France, ms fr. 11795, f° 123 (ap. 1270), Bibl. nat. de France, ms fr. 14507, f° 61vB (ap. 1270) dont la teneur est la suivante : « Ieu, hom, jur a vos, senhors cossols de Montpeylier, recebens per tota la cominaleza de Montpeylier, que ben e fizelsmens e lial encantaray la rauba e las cauzas que per encantar me seran bayladas, a profieg dels comprans e dels vendens ; e non encantarai telas novas ni nul aver de draparia ni penas novas ni nulha rauba nova, si non era talhada o cozida ad alcuns ops. E non encantaray mays tres dias de la setmana : lo dilhuns e×l dimecres e×l divenres, ni encantarai en anant per vila, si non ho fazia esclaus o esclavas o garnimens de fer, mays tan solamens en .VI. luocs de Montpeslier ad aisso establitz, so es a saber : denant Ma Dona Sancta Maria, sotz lo Sen Gros, et en l'Erbaria, et en la Saunaria, et en la Correiaria et en la Blanquaria, et al tribi d'en Camburac ».

5   Francis GARRISSON, « Sur les ventes publiques dans le droit méridional des XIIIe et XIVe siècles », *Mélanges Pierre Tisset, Recueil de mémoires et travaux publié par la société d'histoire du droit et des institutions des anciens pays de droit écrit*, 7 (1970), p. 207-246, ici p. 220.

6   Voir Xavier NADRIGNY, *Information et opinion publique à Toulouse à la fin du Moyen Âge*, Paris, École des Chartes, 2013, p. 239-268.

7   Voir par exemple Louis MÉNARD, *Histoire civile, ecclésiastique et littéraire de la ville de Nîmes*, t. II, Nîmes, 1751, preuves, p. 16-17 (1314) : « quandam papiri cedulam scriptam (...) publice et layca lingua recitata fuit ».

8   C'était probablement la fonction qu'assumait Jean de Gascogne à Laon. Nicolas Offenstadt souligne qu'il ne sait pas écrire et que son habileté à lire demeure hypothétique. Son successeur dans la fonction, François Foulcart, est d'ailleurs « dit [d'après les sources comptables] avoir servi la ville par son office de valet », alors que Bertin Noël, avec qui Jean travaillait au cours de sa longue carrière, est dit « faire les cris publics » ; voir Nicolas OFFENSTADT, *En place publique. Jean de Gascogne, crieur du XVe siècle*, Paris, Stock, 2013, note 2, p. 133. Le *socius* du crieur est à Marseille soumis au serment : « et quod ipse [il s'agit du "preco publicus civitatis Massilie"] habeat secum unum bonum socium et ydoneum in dicto officio, qui eum adjuvet, et qui idem sacramentum faciat » (Régine Pernoud, *Les statuts municipaux de Marseille*, Paris-Monaco, Picard/Archives du Palais, 1949, § 39 [« *De publico precone* »], p. 52-53).

Moyen Âge[9] et aux dispositions anciennes du droit en la matière, de ce qui relève de la *preconizatio / proclamatio*, fournit des éléments de réflexion féconds sur les procédures et le degré de publicisation des décisions et des informations, la lecture d'un texte devant la *curia* de la ville ou du sénéchal n'impliquant par le recours au rituel du cri public[10].

L'approche anthropologique dont relèvent bien souvent le cri et l'activité du crieur, s'enracine dans une tradition ancienne qui remonte au premier XIXᵉ siècle et qui a été revivifiée à partir des années 1970 par le développement d'études portant sur la culture populaire[11]. L'intérêt des historiens s'est porté sur une réalité alors évanescente. Après 1969, le paysage sonore traditionnel de Paris qui était encore présent dans le récit qu'E. Hemingway faisait de sa vie de bohème dans la ville des années 1920, se trouve radicalement modifié par le déménagement, aux marges de l'agglomération, des activités d'approvisionnement de la cité[12]. L'intérêt conjoint porté au paysage sonore urbain et à la culture professionnelle des métiers des rues sous l'Ancien Régime a suscité un renouveau des études[13]. Cette perspective large, qui se fonde sur une faible historicisation des documents textuels et iconographiques utilisés, semble influencer encore certaines publications consacrées au corpus littéraire des « crieries » de Paris du XIIIᵉ au XVIᵉ siècle. Il est ainsi vu comme l'expression littéraire d'une confrontation entre une culture populaire, principalement incarnée par les hommes et les femmes des métiers ambulants, et une culture savante, incarnée dans le point de vue des clercs qui, forts de leur culture lettrée, seraient portés à la dérision et à la caricature. Il reviendrait donc à l'historien, arbitre des élégances, de restituer les faits réels sur lesquels repose inévitablement toute caricature qui s'emploie à faire mouche[14], en croisant sources textuelles et iconographiques[15]. Les travaux récents de Madeleine Jeay et de Karin Becker consacrés à la poésie pragmatique du Moyen Âge ouvrent pourtant d'autres voies prometteuses[16]. Il convient sans doute de resituer plus fermement ces textes dans le contexte du

---

9 Voir Heinrich FICHTENAU, « Bemerkungen zur rezitativischen Prosa des Hochmittelalters », in Anton HAIDACHER et Hans Eberhard MAYER (éd.), *Festschrift Karl Pivec*, Innsbruck, Sprachwissenschaftliches Institut der Leopold-Franzens-Universität, 1966, p. 21-32.

10 Voir par ex. pour Toulouse, Isabelle DELABRUYÈRE-NEUSCHWANDER, « L'activité réglementaire d'un sénéchal de Toulouse à la fin du XIVᵉ siècle », *Bibliothèque de l'École des chartes*, 143 :1 (1985), p. 53-89.

11 C'est l'approche « folkloriste » du XIXᵉ siècle que l'on doit les premiers rassemblements livresques du corpus des textes qui comprend une dizaine de poèmes et une pièce de théâtre (Alfred FRANKLIN, *Les rues et les cris de Paris au XIIIᵉ siècle*, Paris, 1874 et Claude LE PETIT *et al.*, *Paris ridicule et burlesque au dix-septième* siècle, Paris, 1859). Il faut y adjoindre un corpus iconographique, formé de deux séries d'estampes conservées à Bibliothèque de l'Arsenal et à la Bibliothèque nationale de France qui sont reproduites par Adam PILINSKI, *Cris de Paris au seizième siècle. Dix-huit planches gravées et coloriées du temps, reproduites en fac-simile d'après l'exemplaire unique de la Bibliothèque de l'Arsenal*, Paris, 1885 et par MASSIN, *Les Cris de la ville : commerces ambulants et petits métiers de la rue*, Paris, Gallimard, 1978. Sur le corpus iconographique, la bibliographie antérieure aux années 1970 est disponible dans Wolfang STEINITZ, « *Les cris de Paris* » *und die Kaufrufdarstellung in der Druckgraphik bis 1800*, Salzbourg, Galerie Welz, 1971 et Karen F. BEALL, *Kaufrufe und Straßenhändler : eine Bibliographie*, Hambourg, E. Hauswedell, 1975.

12 Ernest HEMINGWAY, *Paris est une fête*, Paris, Gallimard, 2011 [1964].

13 Voir par exemple Raymond Murray SCHAFER, *Le paysage sonore*, Paris, J.-C. Lattès, 1979.

14 C'est la ligne d'interprétation du corpus iconographique des cris suivie par Philippe MÉNARD, « Les estampes des *Cris de Paris* au XVIᵉ siècle » in Jean LECOINTE, Catherine MAGNIEN-SIMONIN, Isabelle PANTIN et Marie-Claire THOMINE (éd.), « *Devis d'amitié* ». *Mélanges en l'honneur de Nicole Cazauran*, Paris, Champion, 2002, p. 125-138.

15 Voir par exemple le travail de rapprochement du corpus des gravures du XVIIᵉ siècle et des textes réalisé par Philippe MÉNARD, « Réflexion sur les cris des petits métiers de Paris à travers les siècles », in Anne AMEND-SÖCHTING et Bernard RIBÉMONT (éd.), *Das Schöne im Wirklichen, das Wirkliche im Schönen*, Heidelberg, Winter, 2002, p. 463-470. Sur le corpus moderne des cris de Paris, voir Vincent MILLIOT, *Les cris de Paris ou le peuple travesti : les représentations des petits métiers parisiens, XVIᵉ-XVIIIᵉ siècles*, Paris, Publications de la Sorbonne, 1995.

16 Madeleine JEAY, *Le Commerce des mots. L'usage des listes dans la littérature médiévale*, Genève, Droz, 2006 et « Le projet Hyperlistes : les listes et leur vocabulaire dans la poésie médiévale numérative sur le web » in Pierre KUNSTMANN, France MARTINEAU et Danielle FORGET (éd.), *Ancien et moyen français sur le web. Enjeux méthodologiques et analyse du discours*, Ottawa, Éditions David, 2003, p. 181-201. Karin BECKER, *Le lyrisme d'Eustache Deschamps. Entre poésie et pragmatisme*, Paris, Garnier, 2012, en particulier le premier chapitre intitulé « Entre discours poétique et écriture pragmatique. La littérarisation du quotidien », p. 21-36.

tournant pragmatique que connaît l'écrit en Occident au cours du Moyen Âge central[17] et qui s'accompagne d'une « littérarisation du quotidien » dans laquelle des formes d'écrits et procédés d'écriture[18] circulent entre le monde « administratif » et celui de la création littéraire, transgressant de la sorte les catégories du pragmatique, du didactique et du poétique. Laurent Vissière, dans l'étude récente qu'il a consacrée aux cris de Paris, formulait deux remarques importantes : la première concerne le choix du thème par les lettrés et les motifs de l'intérêt soutenu qu'ils portent aux formes de l'expression orale et écrite dans la ville[19]. La seconde regarde le rôle que jouent ces types de textes, qui reposent sur l'Art du *dictier*[20], dans la formation, à partir du XVe siècle, en confluence avec le discours savant des portraits urbains, d'une littérature de nature didactique, dominée par la forme de la liste, qui propose aux lecteurs de véritables guides de la ville dont la large diffusion est assurée, à l'époque moderne, par leur impression dans la Bibliothèque bleue[21].

En France comme en Allemagne, le rôle que tiennent les crieurs dans la ville a également été débattu dans la perspective habermassienne de la formation de l'espace public en Occident[22]. De ce point de vue, le crieur et sa pratique du cri constituent un point d'observation particulièrement fécond des rituels liturgiques de la puissance politique, dans la mesure où ils forment l'un des dispositifs de représentation par lesquels le pouvoir sature l'espace public de son aura souveraine. Mais à rebours de la vision du Moyen Âge défendue dans les premières pages de *L'espace public*[23] par J. Habermas, lecteur d'Otto Brunner[24], le travail du crieur témoigne, pour une part, de la capacité délibérative de la communauté politique urbaine, et de la structuration d'une sphère publique dans laquelle l'action se trouve polarisée par la notion de Bien commun[25], mais s'agence, au sein de l'*universitas*, suivant un *continuum* contractuel[26] formé par la superposition souvent très complexe de groupes spécifiques – factions, partis, confréries, métiers[27]... –.

---

17   Position du problème dans Hagen KELLER, « Pragmatische Schriftlichkeit im Mittelalter », in Hagen KELLER, Klaus GRUBMÜLLER et Nikolaus STAUBACH (éd.), *Pragmatische Schriftlichkeit im Mittelalter*, Munich, Fink, 1992, p. 1-7.
18   Voir l'étude désormais classique d'Armando PETRUCCI, « Minuta, autografo, libro d'autore », in Cesare QUESTA et Renato RAFFAELI (éd.), *Il libro e il testo*, Urbino, Università degli studi di Urbino, 1984, p. 399-414.
19   Laurent VISSIÈRE, « Des cris pour rire ? Dérision et autodérision dans les cris de Paris (XIIIe-XVIe siècles) », in Élisabeth CROUZET-PAVAN et Jacques VERGER (dir.), *La dérision au Moyen Âge. de la pratique sociale au rituel*, Paris, PUPS, 2007, p. 85-106.
20   Voir Jacqueline CERQUIGLINI, « Le Dit », *Grundriß der romanischen Literaturen des Mittelalters*, 8 :1 (1988) (*La littérature française aux XIVe et XVe siècles*), p. 86-94.
21   La Bibliothèque bleue, qui apparaît au XVIIe siècle avec les frères Oudot, éditait de petits livres de qualité matérielle médiocre qui étaient vendus par colportage. Voir Lise ANDRIES, *La Bibliothèque bleue au dix-huitième siècle : une tradition éditoriale*, Oxford, Voltaire foundation, 1989.
22   Voir Patrick BOUCHERON et Nicolas OFFENSTADT, « Introduction générale : une histoire de l'échange politique au Moyen Âge », in Patrick BOUCHERON et Nicolas OFFENSTADT (dir.), *L'espace public au Moyen Âge. Débats autour de Jürgen Habermas*, Paris, PUF, 2011, p. 1-24.
23   Jürgen HABERMAS, *L'espace public. Archéologie de la publicité comme dimension constitutive de la société bourgeoise*, Paris, Payot, 1962, p. 17-25 (« Modèle d'une sphère publique structurée par le modèle de la représentation »).
24   En particulier Otto BRUNNER, *Neue Wege der Sozialgeschichte. Vorträge und Aufsätze*, Göttingen, Vandenhoeck & Ruprecht, 1956.
25   Voir en dernier lieu Élodie LECUPPRE-DESJARDIN et Anne-Laure VAN BRUAENE (éd.), De Bono Communi. *The Discourse and Practice of the Common Good in the European City (13th-16th c.)*, Turnhout, Brepols, 2010 et *Pouvoir d'un seul et bien commun (VIe-XVIe siècles)*, Revue française d'histoire des idées politiques, 32 :2 (2010).
26   Ce que Paolo PRODI désigne par la notion de « società giurata » dans *Il sacramento del potere. Il giuramento politico nella storia costituzionale dell'Occidente*, Bologna, Il Mulino, 1992, p. 161-225.
27   Il s'agit-là d'une question très largement abordée par les fondateurs de la sociologie française ; voir Émile DURKHEIM, *De la division du travail social : étude sur l'organisation des sociétés supérieures*, Paris, 1911 [Alcan, 1893], p. I-XXXVI et dont l'écho est très présent dans certains articles de Pierre BOURDIEU (« Le mystère du ministère », *Actes de la recherche en sciences sociales*, 140 (2001), p. 7-11).

Le gouvernement urbain, la parole et l'écrit

S'il est légitime de chercher à porter un « regard ethnographique[28] » sur le rituel de la préconisation afin d'y repérer les traces de la formation et de l'expression d'une opinion publique émanée de la communauté urbaine, l'historien est le plus souvent confronté à une pénurie documentaire. En effet, l'enregistrement des réactions ordinaires des citoyens face au crieur et à la criée n'est l'objet d'aucune procédure systématique, de telle sorte que l'on peut parfois avoir l'illusion que le silence des sujets et leur passivité face aux décisions publiques ne sont rompus que par le tumulte de la révolte qui n'échappe pas, quant à lui, à l'archivage[29].

Le moment de la criée peut aussi être considéré comme la préconisation orale d'un texte informatif ou normatif qui se trouve lui-même enserré dans une chaîne d'écriture formée par la transformation de documents circulant entre les différentes institutions gouvernementales de la ville[30]. La plupart des historiens du XIXe siècle, qui ont porté un grand intérêt au corpus écrit des criées, y voyaient l'expression normative et linguistique du dynamisme du mouvement communal et ils reliaient par conséquent très étroitement le cri à un ensemble de prérogatives dérivant de l'acquisition par les communautés du droit de délibération. En 1864, O. Teissier commence son essai consacré aux criées toulonnaises par l'allégation de deux textes. Le premier, qui concerne la ville d'Apt, a été édité par C. Giraud dans son *Essai sur le droit français*. Daté de 1252, il montre le lien étroit qui unit droit de préconisation et pouvoir de délibération des communautés, qu'O. Teissier assimile même, dans la perspective de l'historiographie bourgeoise qui est la sienne, à l'expression « du suffrage universel » : « Les dits seigneurs ont déclaré publiquement avoir le droit de rassembler le *populus* en parlement en un lieu commun et public, de procéder à des convocations au son des trompettes ou sans trompette ; ainsi que de faire des criées[31] ».

Le deuxième texte n'est autre que l'accord de paix conclu en juin 1257 entre Charles d'Anjou, comte de Provence, et la commune marseillaise. Il montre la concomitance de la fin de l'autonomie de la « république » marseillaise avec l'interdiction faite au gouvernement émané de l'*universitas* de faire procéder à des criées dans la ville. Sans s'attarder sur les enseignements de ces deux documents, O. Teissier fait de la criée à la fois

---

28 Nicolas Offenstadt distingue dans *En place publique...*, trois axes principaux de la recherche récente concernant les criées : la perspective législative et normative, la sociohistoire des administrations subalternes et le regard ethnographique porté sur la situation de la criée.

29 C'est la position que défend par exemple Xavier Nadrigny, *Information et opinion publique à Toulouse...*, p. 268 : « Les rumeurs et les révoltes ne semblent pas avoir trouvé dans le cri un lieu et un moment d'expression privilégiés ». Sur l'usage péjoratif, apparu dès 1325 dans les sources flamandes, du terme de « shouters » et « criers » pour désigner la frange radicale des révoltés s'opposant au pouvoir en place, voir Jan Dumolyn, « "Criers and Shouters". The Discourse on Radical Urban Rebels in Late Medieval Flanders », *Journal of Social History*, 42 (2008), p. 111-135. Voir aussi Nicolas Offenstadt, « Les crieurs publics à la fin du Moyen Âge. Enjeux d'une recherche », in Claire Boudreau, Claude Gauvard, Michel Hébert et Kouky Fianu (éd.) *Information et société en Occident à la fin du Moyen Âge*, Paris, Publications de la Sorbonne, 2004, p. 203-217.

30 C'est la perspective que j'ai adoptée dans Pierre Chastang, *La ville, le gouvernement et l'écrit à Montpellier. Essai d'histoire* sociale, Paris, Publications de la Sorbonne, 2013, p. 391-402.

31 « Pronunciaverunt dictos dominos habere ius conveniendi populum ad parlamentum in loco communi et publico et faciendi convocaciones cum tubis aut sine tubis et preconisationem facere », Charles Giraud, *Essai sur l'histoire du droit français au Moyen Âge*, Paris/Leipzig, Videcoq/Michelsen 1846, t. 2, p. 140. Le choix de la citation peut porter à discussion dans la mesure où il s'agit de droits reconnus aux seigneurs de Simiane qui détiennent le *merum imperium* sur la ville. Il aurait donc été plus judicieux de citer à l'appui de son analyse l'article sur les criées concernant les consuls : « Item adjudicaverunt eisdem jus convocandi populum et faciendi parlamentum et destinandi preconem per civitatem, intus et extra » (*ibid.*, p. 136). Il est par ailleurs fort intéressant de remarquer que la pratique est d'emblée liée à la garantie de déplacement accordée aux marchands se rendant dans la ville : « Item, adjucaverunt eisdem consulibus potestatem mittendi preconem per civitatem et forum ut quilibet possit venire secure ad forum aut nundinas, nisi debitor aut fidejussor, aut nisi delinquerit contra dominos aut civitatenses ; et omnes sic venientes, eundo et redeundo domini teneantur deffendere » (*ibid.*, p. 137).

63

PIERRE CHASTANG

un symbole de l'autonomie politique urbaine et un outil nécessaire à son exercice, dans la mesure où la capacité délibérative de la *communitas* cristallise en un *ius proprium* urbain dont la teneur est préconisée, à échéances régulières, par les criées coutumières. À partir du XIVe siècle, ces criées réalisées en des lieux fixes de l'espace urbain qui ne sont pas toujours nommés, sont occasionnellement regroupées dans des actes récapitulatifs et des parties de registres, afin de les constituer en véritables corpus[32]. À Toulon, en 1394, Jacques Brun, bayle et capitaine de la cour royale de la ville ordonne ainsi à Pierre de Bourbon, « *nuncius et preco publicus dicte curie* », de procéder, aux lieux ordinaires et coutumiers (« *per loca solita et consueta* »), aux quatre-vingt quatorze criées dont la teneur figure au-dessous dans le document. Le préambule qui coiffe les articles justifie la décision du bayle par la nécessité de défendre l'utilité de ses administrés et la promotion de la paix civique[33].

Le moment de la préconisation doit être envisagé comme étroitement lié à l'émergence d'une sphère publique urbaine (*Öffentlichkeit*) médiévale qui trouve dans l'élection des officiers[34], comme dans la délibération des conseils[35], des mécanismes continus de transposition des intérêts des groupes sociaux urbains et d'ajustement à un point de vue visant l'utilité commune, que garantit l'existence même de l'*universitas* comme horizon du gouvernement. Matthew Kempshall a d'ailleurs montré l'influence qu'a exercée la pensée de Denys l'Aréopagite sur l'élaboration scolastique de la doctrine du Bien commun. Les deux théories reposent sur une conception de la multitude comme émanation de l'unité, le mouvement descendant étant complété par une réversion de la multitude vers l'un[36]. La relation que l'*universitas* comme corps entretient avec ses parties constitutives se caractérise donc par sa nature bijective, et la situation de la criée est un moment où s'incarne, dans le rituel, la nature même de ce rapport gouvernemental qui met en relation, par la voix et le corps du crieur, le pouvoir avec la communauté des gouvernés. La criée constitue ainsi un rituel de représentation de l'autorité mais elle témoigne, de manière indissociable, des

---

32 Voir par exemple pour Montpellier, Bibl. nat. de France, ms fr. 14507, f° 78-80. Sur ce texte, voir Maïté LESNÉ-FERRET, « Arbitraire des peines et droit coutumier dans la Midi de la France : le cas de Montpellier », *Studi di storia del diritto*, Milan, A. Giuffrè, 1996, t. I, p. 27-45 (édition du texte p. 40-45).

33 « summissorum suorum prospiciens comodum et inter eos pacem tranquilam immittere », Octave TEISSIER, « Essai historique sur les criées publiques du Moyen Âge », *Bulletin de la société d'études scientifiques et archéologiques de la ville de Draguignan*, 4/5 (1863-1864), p. 320-366, 414-429 et 11-35, ici p. 336-337. Le document est copié dans le *Livre majeur* de la ville (Arch. mun. de Toulon, AA 98).

34 Voir Patrick GILLI, « The Sources of Political Space : Electoral Techniques and Deliberative Practices in Italian Cities (12th to 14th centuries) », *Varia Historia. Revista do Departamento de História*, 43 (2010), p. 91-106, repris en français, sous le titre « Aux sources de l'espace politique : techniques électorales et pratiques délibératives dans les cités italiennes (XIIe-XIVe siècles) », in *L'espace public au Moyen Âge...*, p. 229-250.

35 Citons deux publications récentes qui ont en commun d'envisager la tenue des registres de délibération du conseil dans leur dimension performative, tant du point de vue politique que culturel : Caroline FARGEIX, *Les élites lyonnaises du XVe siècle au miroir de leur langage. Pratiques et représentations culturelles des conseillers de Lyon, d'après les registres de délibérations consulaires*, Paris, De Boccard, 2007 et Lynn GAUDREAULT, « Le registre de délibérations. Outil de représentation de l'identité consulaire et lieu de dialogue entre autorité communale et pouvoir royal (Brignoles, 1387-1391) », *Histoire urbaine*, 35 (2012), p. 51-66.

36 Voir Matthew. S. KEMPSHALL, *The Common Good in Late Medieval Political Thought*, Oxford, Clarendon Press, 1999, p. 1-25.

formes complexes de délégation par lesquelles le pouvoir s'exerce et des procédures écrites de contrôle des acteurs qu'elle nécessite[37].

Représentation, délégation et marquages de l'espace urbain

La réduction habermassienne de l'espace public médiéval à un domaine d'exercice de la représentation, a été l'objet d'un travail de révision qui a proposé, selon des modalités multiples, d'envisager la cour et la ville comme des lieux de développement d'une discussion critique des affaires publiques. Ce qui se présente ordinairement sous la forme d'une dualité opposant terme à terme souveraineté / délégation / représentation / consentement et secret / publicisation paraît devoir être reposé à partir d'une description serrée des pratiques gouvernementales, incarnées dans des formes orales et écrites spécifiques. Considérons, dans cette perspective, un premier document montpelliérain daté de l'année 1336[38]. Il permet de suivre la circulation et les métamorphoses d'une série de textes et de documents couramment désignés, par les contemporains eux-mêmes, par les termes de « *preconizatio* » et de « *crida*[39] ». Comme nous le verrons, la forme diplomatique de l'acte, ainsi que les processus de conservation archivistique de ces documents, dépendent étroitement de l'organisation institutionnelle des pouvoirs juridictionnels et gouvernementaux urbains. La richesse des fonds de la Commune clôture montpelliéraine[40], comme de ceux du Consulat de mer, témoignent, en l'absence de conservation des archives des cours de la ville, de l'existence d'enregistrements, sous forme d'*instrumenta publica* des préconisations demandées par les institutions commanditaires de criées coutumières, qu'il s'agisse de criées des murs ou des étangs.

Une charte datée du 24 décembre 1336, aujourd'hui conservée dans le fonds de la Commune clôture, offre de ce point de vue un exemple intéressant[41]. Sur un parchemin de grand format est écrit un long texte dont le cœur est constitué par une criée des murs qui rappelle, dans un occitan compréhensible par tous, les nombreuses normes qui régissent l'usage des murailles de la ville :

> Baros manda la cort de la part nostre senhor lo rey de Fransa a requesta dels senhors obriers de la comuna clausura de Monpeslier que neguna persona estranha ni privada, de qualque condition que sia, no sia tan auzarda que auze desus los murs e·ls valastz, ni de las escamas e·ls valastz, ni en las portas dels distz valastz, dins ni deforas, ni en los dotze palms que son deforas las escamas dels distz valastz auze gitar ni far gitar terra, ni argila, ni caca de ferre, ni fems, ni escobilhas, ni sal, ni neguna causa salada, ni rauza, ni neguna caronhada, ni peys pudent, ni ovi, ni neguna emondieia, ni far neguna manieyra de laysana, en pena de sinc sous.

---

37 Voir les remarques stimulantes de Pierre Bourdieu dans « De la maison du roi à la raison d'État. Un modèle de la genèse du champ bureaucratique », *Actes de la recherche en sciences sociales*, 118 (1997), p. 55-68, dont les principaux éléments d'analyse apparaissent dans les cours sur l'État professés en 1989-1992 au collège de France : Pierre Bourdieu, *Sur l'État. Cours au collège de France 1989-1992*, Paris, Seuil, 2012, en particulier p. 461-479 (cours du 14 novembre 1991).

38 Il s'agit d'un document que j'ai déjà commenté dans Pierre Chastang, *La ville, le gouvernement...*, p. 391-402.

39 C'est le terme occitan qui est utilisé dans la rédaction des mentions dorsales des actes conservés.

40 Arch. mun. de Montpellier, EE ; sur l'institution, voir Jean Nougaret et Marie-Sylvie Grandjouan, *Montpellier monumental*, t. I, Paris, Éditions du Patrimoine, 2005, p. 73-82.

41 Arch. mun. de Montpellier, EE 25, désignée au verso comme « Carta de las cridas acostumadas en la part del rey de Fransa ».

Il s'agit de la transcription du texte figurant sur une *cedula papiri* transmise au crieur afin qu'il accomplisse son office. Indispensable dans l'exécution du rituel de préconisation, elle constitue cependant une forme documentaire secondaire. À ma connaissance, nous ne conservons aucun exemplaire de cédules de criées dans les archives de la ville. Leur disparition est imputable à la destruction des archives des cours de la ville, mais il semble que dans d'autres villes du Midi, à l'image de Toulouse, la valeur avant tout fonctionnelle et informative du document ait également conduit à une piètre conservation[42]. La teneur de la criée des murs est conforme aux dispositifs de contrôle des fortifications réglés par les statuts de la Commune clôture d'octobre 1284[43]. Certains éléments précis, qui concernent l'interdiction d'entreposer du fumier dans les fossés, semblent l'application directe d'une *reformatio* du conseil datée de 1311, transposée en ordonnance des ouvriers et jointe au texte des statuts de la fin du XIIIe siècle dans le *Thalamus de la Commune clôture*[44].

On constate d'emblée, dans le texte même, que la criée est réalisée au nom de la cour de *pars antiqua* de la ville, dont les pouvoirs juridictionnels sont placés, depuis 1293[45], sous l'autorité du roi de France et délégués à un recteur, en la personne d'Hugues de *Carsano*. La majeure partie de la ville est cependant placée sous la juridiction du roi de Majorque et dépend de ce fait de la cour d'un bayle dont la nomination est en dernier ressort entre les mains du roi ou de son lieutenant[46]. Conformément à l'observation formulée par Michel Hébert, « le crieur est la *vox* de l'autorité possédant la juridiction sur un lieu donné[47] ». Il est de ce fait nécessaire, pour les organes du gouvernement de la ville de Montpellier, de demander aux deux cours l'autorisation de faire procéder aux criées publiques. La première partie de l'acte n'est autre que l'autorisation de la criée faite par le recteur Hugues de *Carsano* en réponse à la sollicitation des ouvriers de la commune clôture (« *ad instantiam et postulationem operariorum communis clausure* »). La criée, confiée à Pierre de *Valriatore*, crieur public, sera faite « *per loca consueta partis regie Montispessulani* » et le texte nous apprend que le messager de la Commune clôture, Jean de *Sirazac*, a demandé l'établissement de l'instrument public qui figure en haut du parchemin. Puis fait suite, sur le même support, un second instrument, visuellement distinct, qui contient l'acte de réalisation de la criée – il intègre la *cedula papiri* – suivi de la transcription des sept procès-verbaux de la criée correspondant aux sept lieux dans lesquels le crieur est passé. Pour chacun, le messager a formulé une requête identique de rédaction d'un instrument public et le notaire fait le choix bien compréhensible de les regrouper. Voici donc expliquée l'origine du document.

---

42 Xavier NADRIGNY signale pour Toulouse la conservation dans les liasses de pièces à l'appui des comptes, d'un billet daté de 1425 (302 mm x 120 mm), Arch. mun. de Toulouse, CC 2328, n° 72. Dans d'autres villes, quelques rares cédules ont été préservées. Le *Livre des ordonnances de Castres* (Arch. dép. du Tarn, 2 J 15) contient ainsi, insérée dans les pages du registre, une cédule de criée. Ce registre a été l'objet d'un travail de Master réalisé par A. RENAUDET sous la direction de Judicaël PETROWISTE (UNIVERSITÉ PARIS 7).

43 *Thalamus des ouvriers de la commune clôture*, Arch. mun. Montpellier, Joffre 375 EE non coté, f° 15-18 (texte en latin) et f° 37-41 v (traduction occitane).

44 *Ibid.*, f° 43v°-44.

45 Arch. nat. de France, J 339, n° 12, édité dans Alexandre GERMAIN, *Histoire de la commune de Montpellier depuis ses origines jusqu'à son incorporation définitive à la monarchie française*, Montpellier, Jean Martel l'Aîné, 1851, t. II, p. 354-361.

46 Arch. mun. de Montpellier, Grand chartrier, Arm. A, cassette 4, Louvet n° 117, acte édité dans Alexandre Germain, *Histoire de la commune de Montpellier...*, t. II, p. 331-341.

47 Michel HÉBERT « *Voce preconia*. Note sur les criées publiques en Provence à la fin du Moyen Âge », in Élisabeth MORNET et Franco MORENZONI (dir.), *Milieux naturels, espaces sociaux, Études offertes à Robert Delort*, Paris, Publications de la Sorbonne, 1997, p. 689-701.

LE GOUVERNEMENT URBAIN, LA PAROLE ET L'ÉCRIT

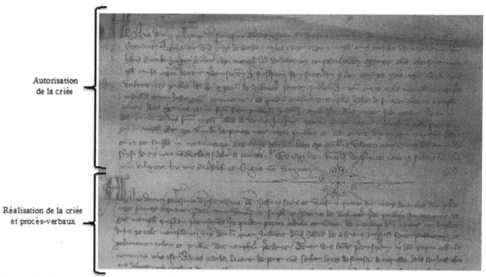

Figure 4. Archives municipales de Montpellier, EE 25 (1336)

Mais les modalités de l'écriture des instruments publics placés sur un unique support à des fins d'archivage dans le fonds de la Commune clôture sont très instructives. L'autorisation a été grossoyée par Guilhem *Vilareti*, notaire juré de la cour, à partir des minutes de Bernard de *Pineto*, notaire royal de la cour qui, après avoir collationné l'acte, a apposé son seing. Quant à la suite de l'instrument, composée de l'acte de réalisation de la criée et des procès-verbaux, elle a été grossoyée par le même Guilhem *Vilareti* à partir de ses propres minutes. Il existait donc un premier enregistrement documentaire dans deux minutiers de la cour du roi de France sous la forme de neuf minutes successives, la première dans le registre de Bernard, les suivantes dans celui de Guilhem qui a suivi le crieur dans son travail.

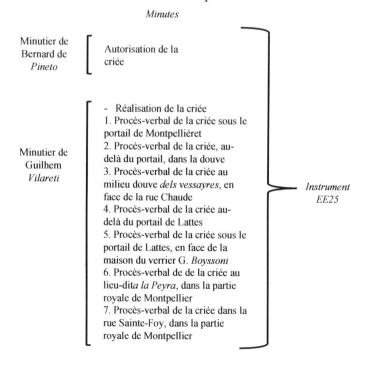

Comme le souligne à juste titre J. Rollo-Koster, le cri apparaît comme étant « in the hands of a competing multitude of authorities[48] ». Plutôt que de considérer la circulation documentaire des textes de criées comme une simple duplication de versions interchangeables d'une norme ou d'une information d'emblée constituée[49], il paraît utile d'introduire une lecture des documents qui reconstitue les procédures de délégation et de concurrence par lesquelles la pluralité des institutions urbaines affirme leur autorité et gouverne par la parole et par la loi[50]. Au continuum contractuel de l'*universitas* correspond une multiplicité d'instances de gouvernement liées par une nécessaire collaboration et un inéluctable antagonisme.

Les sept lieux de la criée produisent un marquage éphémère de l'espace urbain montpelliérain qui contribue à la production durable des territoires de la ville[51]. Le parcours du crieur peut être vu à la fois comme une unification spatiale de la cité dans l'espace de ses murs, qui est le lieu de la vie des citoyens et le domaine de compétence du consulat majeur et de la Commune clôture. Mais par le choix des derniers lieux de sa réalisation, situés sur la frontière entre les deux parties de la ville – celle sous domination du roi de France et celle sous l'autorité du roi de Majorque –, la criée révèle, au même titre que les processions qui arpentent ces mêmes délimitations, les « coutures » juridictionnelles de l'espace urbain[52]. La capacité d'informer l'*universitas*, dont la visée est essentielle pour la Commune clôture, se réalise dans les cadres spatiaux contraignants de la division juridictionnelle de la ville. Les témoins de la criée possèdent d'ailleurs ce statut ambigu d'être Montpelliérains de la *pars antiqua*. Nous savons qu'une criée « complémentaire » était systématiquement faite dans l'autre partie de la ville.

Le rituel dédoublé de représentation de l'autorité – qui concerne inséparablement la cour du recteur et la Commune clôture – se prolonge dans la production et la conservation de l'écrit, qui viennent contraindre, par le poids du précédent, les possibilités d'innover et de modifier les rapports de pouvoir entre les institutions du gouvernement urbain. En témoigne par exemple un conflit survenu en 1339[53].

Les ouvriers de la Commune clôture ont demandé au bayle de la cour du roi de Majorque, Guilhem de *Puteo*, de bien vouloir autoriser la publication des criées selon l'usage et ils ont prié le notaire Jean *Gasc* de leur transmettre une copie du texte. Mais le bayle refuse l'autorisation en arguant que la préconisation serait préjudiciable au droit de justice du roi de Majorque, et il propose aux ouvriers de consulter le procureur du roi. Ces derniers refusent, cette consultation leur apparaissant comme contraire à leurs droits.

---

48   Joëlle ROLLO-KOSTER « Medieval Trades in Provencal Cities : the *criées publiques* of Avignon and Toulon », *Proceedings of the Annual Meeting of the Western Society for French History*, 24 (1997), p. 52-60.

49   Cette perspective suppose en définitive une autonomie de la sphère du droit qui demeure toujours relative.

50   C'est aussi ce que constate Joëlle ROLLO-KOSTER, « Medieval Trades in Provencal Cities... », p. 53 : « the dialectic between both parties (councils and higher authorities) usually left the paperwork spelling out the content of various measures taken and enacted upon ».

51   J'utilise ici la notion dans son acception wébérienne d'espace de projection légale d'une institution. Max WEBER, *Économie et société*, t. I : *Les catégories de la sociologie*, Paris, Pocket, 1995 [1922], p. 291.

52   On peut renvoyer aux analyses récentes concernant Toulouse ; elles montrent l'importance processionnelle et symbolique de l'axe nord-sud qui relie les deux pôles urbains majeurs (Saint-Sernin et le château narbonnais) ; voir en dernier lieu Quitterie CAZES, « Toulouse au Moyen Âge : les pouvoirs dans la ville », in Patrick BOUCHERON et Jean-Philippe GENET (dir.), *Marquer la ville. Signes, traces et empreintes (XIIIᵉ-XVIᵉ siècle)*, Paris-Rome, Publications de la Sorbonne – École française de Rome, 2013, p. 341-366.

53   Arch. mun. de Montpellier, EE 57 (3 avril 1339).

Quelques jours plus tard, quatre ouvriers portent l'affaire devant le lieutenant du roi de Majorque et demandent de pouvoir faire procéder à des criées qui, conformément aux pratiques ordinaires en la matière, formellement attestées par les instruments publics conservés dans les archives de la Commune clôture, ne tendent qu'à la conservation des murs et de leurs abords et ont de ce fait été autorisées par le recteur de la *pars antiqua* de la ville. L'enregistrement écrit peut par conséquent se révéler un argument décisif en cas de conflit entre deux institutions.

La juridiction, la ville et l'*universitas*

À qui les criées publiques s'adressent-elles ? La question peut paraître tranchée par avance et elle l'est d'une certaine manière. Les criées s'adressent à l'*universitas*, c'est-à-dire à l'ensemble des gouvernés. Mais elles constituent un dispositif qui, par la force des choses, transmet l'information à des fractions de la communauté des citoyens. S'agit-il d'un indice de la visée du pouvoir ordonnateur qui entend d'abord et avant tout saturer l'espace public de sa présence souveraine dans un système de communication politique où la virtualité du public et son assujettissement iraient de pair ?

Dans la criée des murs de 1336, figure pour chaque procès-verbal le nom de trois témoins enregistrés par le notaire itinérant. Il semble qu'en Provence, à la même période, le crieur se contentait bien souvent de se rendre à la cour, à l'issue de son office, pour faire enregistrer la criée[54]. Sans doute faut-il voir dans la minutie et la lourdeur de la procédure montpelliéraine une conséquence de la complexité juridictionnelle de la ville. Il est ainsi toujours précisé que l'instrument public a été dressé à partir des minutes de la cour pour laquelle le crieur officie à la demande de l'institution commanditaire de la criée. Qui sont ces personnes qui apparaissent comme témoins ? Sont-elles là comme sujets de droit, afin de garantir la validité juridique de l'acte, ou comme microcosme politique de l'*universitas* toute entière à qui le droit s'applique ? Deux éléments apparaissent remarquables : le nombre fixe des témoins, toujours deux ou trois, et le soin avec lequel le notaire a systématiquement noté la profession des personnes, voire dans certain cas leur origine[55]. On peut ainsi en dresser le tableau suivant :

L'absence de femmes, pourtant présentes dans les espaces visités par le crieur, est sans doute une conséquence des dispositions normatives en matière de témoignage[56]. La variété des professions représentées, qui appartiennent aux différentes échelles de la ville[57], indique que les témoins ont été sollicités sur le vif, au moment même de la criée et leur répartition dans les diverses échelles apparaît comme le fruit du brassage des métiers au sein de l'espace urbain[58]. Mais le notaire a également sélectionné deux témoins qui sont marchands à Narbonne et à Montpellier. Il est vrai que les coutumes et statuts de la ville,

---

54   Michel HÉBERT, « *Voce preconia...* » et Octave Teissier, « Essai historique sur les criées publiques... », p. 11.
55   Ces indications sont également notées pour les témoins des actes « privés » rédigés par les notaires de la ville.
56   Voir Louis de CHARRIN, *Les testaments dans la région de Montpellier au Moyen Âge*, Ambilly, 1961, p. 48-53.
57   Sur le système électif montpelliérain, voir Justin GUILLAUMOT, « Les élections municipales dans le Midi de la France : le cas de Montpellier (XIIIe-XIVe siècles) », *Circé*, 4 (2014) (http://www.revue-circe.uvsq.fr/spip.php ?article54).
58   Même si l'apparition dès la fin du XIIe siècle de regroupements des métiers par quartier a des effets importants. On note ainsi, dans cette zone des fortifications, la présence de plusieurs maraîchers. Sur cette question, voir André GOURON, *La réglementation des métiers en Languedoc au Moyen Âge*, Genève, Droz, 1958.

	Les témoins
Premier lieu	1. Jean *Vauri*, maraîcher 2. Jean *Blanquerie*, charpentier 3. Robin *Lo Clers*, tailleur ; habitants de Montpellier
Deuxième lieu	1. André de *Canis*, clerc 2. Arnaud Mil, maraîcher
Troisième lieu	1. Raimond *Sycard*, tisserand 2. Pierre *Fanabregal*, mercier 3. Pierre *Abole*, brassier
Quatrième lieu	1. Guiraud *Folci*, marchand de Narbonne 2. Raimond *Fusterii*, marchand de Barcelone
Cinquième lieu	1. Jean *Rogerii*, marchand 2. Jean *Sycardi*, cordier ; habitants de Montpellier
Sixième lieu	1. Raimond *Pelegrini*, charpentier 2. Étienne *Nigri*, chaudronnier ; habitants de Montpellier
Septième lieu	1. Jean *Mathei*, prêtre 2. Geoffroy *Morgut*, damoiseau

Figure 5. Témoins de la criée de 1336

comme d'ailleurs certains traités fiscaux méridionaux de cette période – à l'image du *De muneribus* de Pierre Antiboul[59] distinguent plusieurs catégories d'habitants : les *cives*, les *incolae* – simples résidents – et les *extranei*, les deux premières étant ordinairement regroupées par les notaires sous le vocable de *privati*. Le *ius proprium* et la fiscalité, quoique de manière différenciée, s'appliquent à tous.

Les consuls de mer de Montpellier, dont l'office dépend étroitement des consuls majeurs de la ville[60], ont également l'habitude de faire procéder à des criées coutumières sur les étangs situés au sud de la ville, afin de préserver cette zone, indispensable au dynamisme économique de la ville, de la dégradation et de l'accaparement. Leur réalisation nécessite, pour des raisons de compétences juridictionnelles, la présence finale et l'assentiment du bayle de Lattes[61]. Les documents conservés dans le fonds du consulat de mer s'organisent ainsi en deux criées successives dont le contenu varie. La première a lieu en quelques lieux terrestres coutumiers qui bordent les étangs[62] et insiste principalement sur la nécessité de ne rien jeter dans les canaux et de ne pas empêcher la circulation des bateaux dans cet espace de trafic commercial[63]. La seconde, qui se tient sur la place ou sur le pont du *castrum* de Lattes, défend de détourner les marchandises qui y circulent et fait du grand chemin public de

---

59 Pierre ANTIBOUL, *De muneribus*, édité dans *Tractatus universi iuris*, vol. XXII, Venise, 1584, f° 19-51v. Sur la datation du texte et pour une présentation rapide de son auteur comme de la composition générale du texte, voir André GOURON, « Doctrine médiévale et justice fiscale. Pierre Antiboul et son *Tractatus de muneribus* », *Analecta Cracoviensia*, 7 (1975), p. 309-321 [repris dans *id.*, *La science du droit dans le Midi de la France au Moyen Âge*, 1984, n° X]. Pierre, qui est provençal, est probablement arrivé à Montpellier vers 1290 où il a suivi l'enseignement de plusieurs maîtres dont Bremond de Montferrier.

60 Arch. dép. de l'Hérault, fonds 8 B. Sur l'histoire de cette institution, voir Albert BERNE, *Consuls sur mer et d'outremer de Montpellier au Moyen Âge (XIIIᵉ-XIVᵉ siècles)*, thèse de droit, Université de Montpellier, 1904. Si dans les coutumes 1204 (*Layettes du Trésor des chartes*, A. TEULET [éd.], t. 1 : *755-1223*, Paris, 1863, n° 721, § 110-111), des dispositions sont prises pour protéger le commerce et la richesse des habitants de la ville, le développement du consulat de mer durant la période consulaire favorise en pratique l'essor commercial montpelliérain. Le mode d'élection des quatre consuls est précisé en 1258 (Arch. mun. de Montpellier, AA 4, f° 49v°) et ce mode d'élection, dans lequel la désignation des électeurs incombe aux consuls majeurs, perdure jusqu'en 1383, date à laquelle le choix devient direct. En tant qu'officiers, ils sont astreints à un serment (Arch. mun. de Montpellier, AA 9, f° 374v°-375v°), comme d'ailleurs les marchands navigants embarqués sur les bateaux (*ibid.*, f° 386v°-387v°). Ils perçoivent des taxes sur le commerce, entretiennent la voie Montpellier-Lattes et garantissent la sécurité de la navigation.

61 Ce que le texte de ces criées du début du XIVᵉ siècle rappelle explicitement : « quant se estent o dura la jurisdiccio de Montpeylier et deldig castell de Latas ». Voir Christian LANDES, « Topographie médiévale de Lattes », in Ghislaine FABRE, Daniel LE BLÉVEC et Denis MENJOT (dir.), *Les ports et la navigation en Méditerranée au Moyen Âge*, Paris, Le Manuscrit, 2009, p. 103-116 et Ghislaine FABRE et Jean-Louis VAYSSETTES, « Montpellier : topographie d'une ville marchande », *ibid.*, p. 87-102.

62 Principalement le pas d'« Astelle », le lieu-dit « Sinquanten », le grau de « Porquerie », le pas de « Carnone » et le lieu-dit « Morre de Jonc ».

63 Par ex. Arch. dép. de l'Hérault, 8 B 29 (10 novembre 1334) : « ni neguna autra manieyra d'empachier el viatge en res de la canal dels senhors cossols de mar de Monpeylier ».

Lattes (« *gran cami public* ») la voie unique de circulation des marchandises. C'est sur cet axe que la ville de Montpellier procédait à la perception des oboles dites de Lattes. Il est par conséquent obligatoire pour les riverains d'entretenir l'édifice et de le protéger des dégradations que pourrait entraîner l'accaparement de la voie publique par des particuliers[64].

La réalisation de ces criées lacustres ne manque pas d'attirer l'attention. Elles nécessitent tout d'abord l'usage de plusieurs barques pour acheminer la petite troupe en charge du rituel : le crieur[65], les deux consuls de mer, plusieurs musiciens qui doivent sonner leurs instruments pour annoncer la criée, et enfin au moins un témoin montpelliérain supplémentaire embarqué, dont le nom est consigné dans les minutes des procès-verbaux[66]. Compte tenu de l'environnement naturel dans lequel la criée est réalisée, les signes visuels et sonores qui l'accompagnent sont décuplés. Les bateaux sont surmontés de l'étendard du Consulat de mer (« *vexille consulum maris Montispessulani extenso in altum in navigio* ») et la cohorte des musiciens semble plus fournie qu'à l'accoutumée. On compte ainsi, en novembre 1334, pas moins de quatre musiciens. Raimond *Arnaudi* et Jean *Hospitalis* sonnent la trompette (« *tuba* »), Bernard *Floreti* tape sur un tambourin (« *nacara* ») et Sanche de *Fanacio* sonne une cornemuse (« *cornemusa* »)[67]. L'éclat de l'ensemble, précise le texte, est audible sur une grande étendue (« *per magnum spacium* »), il est vrai, faiblement habitée. L'organisation pratique de la préconisation vise donc à s'assurer, par la puissance des signes déployés, que les rares habitants de la zone puissent ouïr les textes.

Mais la présence de témoins sur les navires effectuant la tournée témoigne de la nécessité de faire monter un fragment de l'*universitas* dans les barques, la faible densité du peuplement ne permettant pas de garantir que le notaire puisse trouver, à proximité immédiate des étangs, les hommes dont les noms seront enregistrés dans les minutiers afin de garantir la réalisation du rituel. La communauté d'habitants est moins présente comme destinataire du message que comme instance de légitimation du caractère public et communautaire de la norme préconisée. L'environnement naturel singulier dans lequel se déroulent les criées permet de saisir à la fois le rôle prépondérant des compétences juridictionnelles dans la construction territoriale de l'arrière-pays et les enjeux politiques liés à la préconisation de prescriptions constitutives du *ius proprium*. La criée publique, par sa forme rituelle, permet de réitérer le même message en des lieux successifs. Par sa disposition à marquer les confins d'un territoire, elle constitue un cérémonial dans lequel s'articulent deux systèmes de pouvoir de nature différente : un pouvoir de nature juridictionnelle, pour lequel les lieux où le crieur s'arrête sont autant de points servant à marquer un territoire qui est avant tout un espace de projection de prérogatives juridiques ; et un pouvoir de nature politique, pour lequel l'espace parcouru est le lieu de la vie civique, où se déploie l'activité ordinaire des habitants, et qui demeure soumis, par le biais d'instances particulières, au pouvoir de délibération de la communauté.

---

64   Par ex. Arch. dép. de l'Hérault, 8 B 29 (9 décembre 1336), édité dans Alexandre GERMAIN, *Histoire du commerce de Montpellier antérieurement à l'ouverture du Port de Cette*, Montpellier, Imprimerie Jean Martel Aîné, 1861, vol. I, p. 513-517 : « manda la davant dicha cort que qualque persona que cure vallatz alcus o fossatz al dich gran cami toquantz [...] manda la davant dicha cort que neguna persona, estranhia ni privada, de qualque condicio que sia, non sia auzarda que auze en lo gran cami dessugdig negunas peyras arrabar ».

65   Il s'agit d'un crieur de Montpellier.

66   Pour l'acte de 1334, il s'agit du marchand de poivre Bernard Felguieyras.

67   Arch. dép. de l'Hérault, 8 B 29 (10 novembre 1334).

Pierre Chastang

La voix, l'écrit et le signe

Un dernier point mérite l'attention. Parce qu'elle est assimilée à une performance orale, la criée est rarement mise en relation avec la pratique d'apposition de panonceaux sur les murs de la ville, qui est pourtant bien documentée dans les textes du début du XIVᵉ siècle. Nous développerons un exemple dont les voies de conservation documentaire méritent d'être rapidement précisées. Un vidimus des privilèges de l'Université de Montpellier, daté du 31 mai 1410, contient la transcription d'une charte de criée datée quant à elle du 8 février 1336 (n. st.)[68]. Elle constitue une péripétie d'un contentieux vieux d'une dizaine d'années, qui oppose le consulat majeur et les étudiants et maîtres de l'université de la ville, à propos des droits pesant sur le vin. Devant l'assemblée générale de la ville réunie le 23 avril 1327, Bernard *Sabors*, conseiller juridique du consulat, prend la parole et rappelle que le dimanche précédent, le roi de France a interdit par lettres patentes à quiconque d'importer du vin, le produit des vendanges ou des raisins dans la ville[69]. Il ajoute aussitôt que

> les étudiants de Montpellier ont obtenu de la part de notre seigneur le roi de France une autre lettre stipulant que lesdits étudiants peuvent importer du vin, le produit des vendanges et des raisins dans la ville de Montpellier, pour leur besoin, celui de leurs familles et des bedeaux[70].

Il est décidé de faire appel de la décision royale, dont la portée fiscale et politique était difficilement acceptable par les consuls. C'est en septembre 1316, qu'un statut consulaire règlementant l'entrée du vin dans la ville, afin de favoriser les producteurs locaux, avait été promulgué, puis rapidement confirmé par le futur Philippe V, alors régent de France[71]. La teneur de la criée qui a résulté de cette décision a d'ailleurs été enregistrée, de manière exceptionnelle, dans le *Petit thalamus* de la ville[72]. Faut-il y voir un écho documentaire de l'enquête lancée en 1328 par Philippe VI[73] et pour laquelle nous conservons un rouleau contenant les articles produits par les consuls de la ville[74] ? Il est intéressant de noter

---

68 Texte édité dans *Cartulaire de l'Université de Montpellier*, t. I : *1181-1400*, Montpellier, 1890, p. 706-712. L'original faisait partie à cette date de la collection Massilian.

69 Arch. mun. de Montpellier, Greffe de la maison consulaire, Arm. A, 7, nᵒ 20, édité dans *Cartulaire de l'Université...*, t. I, p. 258-265 : « dominus noster Francie rex concessit gratiose quandam litteram [...] continentem inter cetera quod nullus [...] auderet inmittere infra Montempessulanum vinum, vindemiam seu racemos ».

70 *Ibid.*, p. 260 : « scolares studentes in villa Montispessulani obtinuerunt a dicto domino nostro, Francie rege, quandam aliam litteram, continentem quod ipsi scolares studentes possent inmittere vinum, vindemiam seu racemos infra villam Montispessulani, ad opus sui, sue familie et suorum bedellorum ».

71 Arch. mun. de Montpellier, Grand chartrier, Arm. C, cassette 21, Louvet nᵒ 1584 (5 septembre 1316). Le texte du régent souligne que cette décision résulte de l'exercice légitime de la *potestas statuendi* des consuls montpelliérains : « dicti consules possint ordinare aut statuere, seu eciam prohibere » (Arch. mun. de Montpellier, Grand chartrier, Arm. C, cassette 21, Louvet nᵒ 1598 [4 novembre 1316]).

72 Il existe une charte de criée datée du mois d'avril 1318 (Arch. mun. de Montpellier, Grand chartrier, Arm. C, cassette 21, Louvet nᵒ 1576). *Petit Thalamus* : Arch. mun. de Montpellier, AA 9, fᵒ 403 : « Baros la cort de la part de nostre senhiors le rey de Malhorguas senhior de Montpeylier [corr. en marge en Fransa] que neguna persona estranhia ni privada, de qualque condicio que sia, non sia tant auzarda que auze metre ni far metre, de nuegz ni de iorns, vin ni razims ni vindemia en la vila de Montpeylier [ajout en marge : ni els barris] ni els sieus pertenementz, si non era de las vinhias proprias dels habitadors de Montpeylier et si non era que la possessios sian al plus luenh de Montpeylier que hom ne puesca far ab .iª. bestia portan vindemia .v. voutas en .i. jorn, ses frauet qui encontra ayso faria perdria lo vi e×ls razims, e la cort hi faria so que far hi deuria ses tota merce ».

73 Arch. mun. de Montpellier, Grand chartrier, Arm. C, cassette 22, Louvet nᵒ 1608 (12 avril 1328).

74 *Ibid.*, Arm. B, cassette 4, Louvet nᵒ 633 (non daté).

LE GOUVERNEMENT URBAIN, LA PAROLE ET L'ÉCRIT

que dans ce document, les criées réalisées les années précédentes sont mentionnées pour rappeler que le consulat est dans son droit lorsqu'il ordonne aux cours de faire crier, dans la ville, les règlements et interdictions qu'il a arrêtés, et que ces dernières ne peuvent s'y soustraire[75]. Il est clair que, dans l'esprit du juriste qui a rédigé le texte, la *potestas statuendi* et la défense de l'*utilitas communis* priment sur le pouvoir juridictionnel des cours.

Le texte de la criée de 1336 met en scène le bayle de la cour royale majorquine de la ville, Jean de *Conchis*. Suite à une requête de Pierre de *Camino*, notaire royal, bedeau et syndic de l'Université de droit de Montpellier, la chancellerie du roi Charles IV a expédié des lettres patentes, dont la teneur est citée *in extenso*. Ces dernières, datées du mois de mars 1327 (n. st.), ordonnent au sénéchal de Beaucaire et au recteur de la ville de placer les maîtres et les étudiants de Montpellier sous la protection et la garde royales, et d'empêcher les violences s'exerçant sur eux[76]. L'emploi de l'expression « *oppressiones seu indebitas novitates* » nous met sans conteste sur la piste d'un désaccord de nature fiscale, sans doute lié pour partie à la question de l'imposition du vin[77]. Pierre de *Camino* demande au sénéchal la mise en œuvre de cette décision et l'apposition sur les maisons des étudiants et des maîtres de panonceaux matérialisant la sauvegarde royale accordée[78]. Le sénéchal ordonne sans plus attendre à Conrad de *Grace* et Jean *Adhemarii* dit *Le Cuoc*, tous deux sergents du roi dans la ville, d'apposer les panonceaux sur les maisons du recteur, des docteurs, des bacheliers et des bedeaux de l'université si la demande leur en est faite[79]. Mais ils doivent également s'adresser au bayle de la cour royale majorquine de la ville pour faire crier dans la ville la teneur de la décision de sauvegarde royale.

Sur le champ, Jean *Adhemarii* dit *Le Cuoc* se rend auprès du bayle et demande, documents à l'appui, que ce dernier ordonne une criée dans la ville. Le bayle charge le crieur et encanteur de la cour, Guilhem *Lauri*, de procéder à la préconisation dans la ville. Le texte du cri est dument enregistré dans le document[80] :

> Baros manda la cort de nostre senhor le rey de Malhorgas, senhor de Monpeylier, a la requesta de mossenhor lo senescalc de Belcaire et de Nemse et fa a saber a tota persona, de qualque condecion que sia, estranha o privada, que neguns no sia si ausartz que ause far ni far far emjuria, violencia, ni oppressins ne neguna novitat, en neguna manieyras,

---

75 *Ibid.* : « quocienscumque requirebant [il s'agit des consuls majeurs] officiales dictarum curiarum ut preconizari et inhiberi facerent [...] ipsi dictas preconizationem et inhibicionem, ad requisitionem ipsorum consulum, facere tenebantur ».

76 *Cartulaire de l'Université de Montpellier*, t. I : *1181-1400*, Montpellier, 1890, p. 257-258 : « magistros et scolares universitatis studii Montispessulani, quos, sub nostra protectione, secura tranquilitate gaudere volumus et quiete, in et sub nostra speciali gardia regia, cum eorum bonis, familia et bedellis, suscipimus [...] ; mandantes et precipientes senescalo Bellicandri et rectori Montispessulani [...] quatinus eosdem et bona ipsorum sub nostra dicta gardia speciali ab omnibus injuriis, violenciis, oppressionibus, vi armorum et potencia laicorum et indebitis novitatibus quibuscumque deffendant et deffendi faciant ».

77 Sur le contexte fiscal de la période, voir Jan ROGOZINSKI, *Power, Caste and Law. Social Conflict in XIVth Century Montpellier*, Cambridge, The Medieval Academy of America, 1982 et Pierre CHASTANG, *La ville, le gouvernement* ..., p. 355-389.

78 *Cartulaire de l'Université de Montpellier*, t. I : *1181-1400*, Montpellier, 1890, p. 707 : « requisivit [il s'agit de Pierre de *Camino*] dictum dominum senescallum quatinus, virtute dicte salvagardie regie, baculos et penuncellos regios in domibus dictorum scolarium ».

79 *Ibid.* : « in mandatis dedit dictus dominus senescallus eisdem servientibus (...) quatinus in domibus dictorum rectoris, doctorum, bacallariorum seu bedellorum dicte universitatis, si requisiti et quando requisiti fuerint, apponant penuncellos regios ».

80 Le texte avait été repéré et succinctement commenté par Daniel GRAND, « Proclamation d'un héraut en dialecte montpelliérain (1336) », *Études romanes dédiées à Gaston Paris*, Paris, Émile Brouillon libraire-éditeur, 1891, p. 137-140.

73

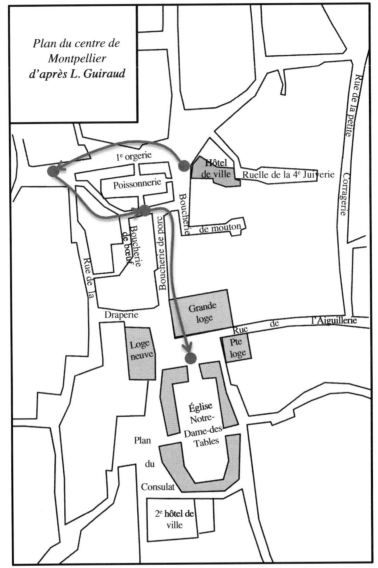

Figure 6. Les quatre premiers lieux de la criée, 1336 (Planche 2)

non degudas, als senhors scolars, studians de la Universitat d'estudi de Montpeylier en dreg, ne a lurs familiars, ne a lurs bedels del dig studi de Montpeylier, quar els et lurs bes e lurs bedels e lurs familiars son en la salvagarda special de nostre senhor lo rey de Franssa. Et qui encontra ayssi far, la cort y faria so que far y deuria, ses tota merce.

LE GOUVERNEMENT URBAIN, LA PAROLE ET L'ÉCRIT

Les quatre premiers lieux de la criée, situés dans le centre de Montpellier, sont nommément cités. Elle se poursuit dans les autres lieux coutumiers de la ville.

Cette publicisation de la décision par la voix se double de l'apposition de signes écrits et figurés sur les murs de la ville qui notifient aux yeux de tous la protection de nature juridictionnelle dont bénéficient les étudiants. Le sergent se rend tout d'abord sur le Puech Arquinel, à l'église Sainte-Eulalie[81], dans le clocher de laquelle est installée la cloche de l'université, et ils installent un panonceau sur la partie haute de l'édifice[82]. Puis il poursuit son œuvre chez deux maîtres de l'Université : Guilhem Aloys de *Crista*, bachelier en droit, demeurant à côté de l'église Sainte-Eulalie, et chez le recteur de l'Université qui habite quand à lui la *Costa frigida*.

La préconisation orale s'accompagne donc, dans cette affaire concernant les étudiants de l'université de Montpellier, d'un marquage de l'espace par des signes et écritures exposées. L'apposition de panonceaux sur le clocher de Sainte-Eulalie et les maisons des membres de l'Université permet au roi de France, au titre de la sauvegarde spéciale accordée, de protéger des personnes et des biens en dehors de son territoire juridictionnel. Dans ce cas précis, la préconisation de la décision initiée par Charles IV dans les lieux les plus densément fréquentés de la ville, par la bouche même du crieur attaché à la cour du roi de Majorque, paraît avant tout chercher à manifester, auprès de l'*universitas* urbaine, la puissance du souverain français et sa capacité à s'immiscer dans les espaces et les corps qui échappent en principe à son pouvoir en tant que coseigneur de la ville. Il s'agit, à partir des années 1320, d'une stratégie politique assumée de la part du pouvoir royal français qui conduit à la diminution progressive de l'autonomie politique urbaine, jusqu'à l'acquisition, en 1349, de la part majorquine de la ville[83].

Ces quatre chartes montpelliéraines, datées de la décennie 1330, offrent un éclairage singulier sur la place que tient le rituel de la criée dans les pratiques gouvernementales de la ville et sur la façon dont elles s'incarnent dans des formes orales et écrites spécifiques. Le moment de la communication orale, assumée par le crieur et ses *socii*, se trouve enserré dans une production écrite dense et protéiforme qui joue un rôle essentiel dans la définition, au sein de la ville, de rapports politiques et juridictionnels. Ils contribuent à la constitution de l'*universitas* comme aux systèmes de pouvoir qui en émanent. La maîtrise du cri représente un enjeu important pour les institutions du gouvernement urbain qui entretiennent entre elles des liens de délégation et de concurrence. Le crieur énonce des informations et des décisions publiques que tous les habitants doivent pouvoir connaître et qui résultent le plus souvent de l'exercice de la *potestas statuendi* par la communauté ou de la défense de ses privilèges. Le rituel qui s'insère dans les cadres spatiaux et territoriaux des institutions produit un marquage de la ville que la réitération régulière et l'usage de

---

81   Cette église dédiée à Sainte-Eulalie de Mérida appartenait aux Mercédaires ; elle a été achevée en 1261. Sur ce quartier, situé au sud du Peyrou, voir Louise GUIRAUD, « Recherches topographiques sur Montpellier au Moyen Âge », *Mémoires de la société archéologique de Montpellier*, 2 :1 (1899), p. 89-336, ici p. 296 et suivantes.

82   *Cartulaire de l'Université de Montpellier*, t. I : *1181-1400*, Montpellier, 1890, p. 710 : « Accedit etiam ad turrim ecclesie Beate Heulalie de Montepessulano, in qua campana dicte universitatis studii predicti est apposita seu appensa, et in capite dicti cloquerii, in altiori loco ubi campana predicta est apposita, in medio dicte crucis seu cloquerii, dictus serviens regius baculum seu penuncellum regium, ad tuhitionem et juris conservationem dicte universitate, posuit et dimisit ».

83   On peut renvoyer à la vieille étude de Auguste MOLINIER, « Étude sur la réunion de Montpellier au domaine royal (1349) », *Revue historique*, vol. 24 (1884), p. 249-302.

PIERRE CHASTANG

signes visuels tendent à stabiliser. Mais l'étude précise de la circulation des documents permet d'accéder aux transactions continuelles qui sous-tendent cette apparente permanence propre aux régularités institutionnelles. L'autorité à laquelle le crieur prête sa voix n'est présente qu'à travers les formes complexes de délégation par lesquelles tout pouvoir s'exerce et ce dernier fait face à la puissance politique de la communauté dont il serait déraisonnable de ne rechercher l'expression que dans le temps même du rituel oral.

Bien public et pratiques de la santé à Montpellier au XVᵉ siècle

Geneviève Dumas
Université de Sherbrooke

Montpellier tient une place enviable dans l'histoire de la médecine grâce à sa célèbre université, laquelle a fait l'objet de recherches abondantes et de qualité[1]. Certaines de ses figures emblématiques comme Arnaud de Villeneuve, Bernard de Gordon et Guy de Chauliac justifient amplement l'intérêt qu'on lui a porté[2]. En revanche, on ne sait presque rien du système d'assistance montpelliérain que personne n'a examiné depuis l'article d'Alexandre Germain sur la charité publique, publié en 1859[3]. Ainsi, le sujet n'a pas bénéficié des approches méthodologiques nouvelles ni des acquis de l'historiographie des dernières décennies[4].

À Montpellier, comme dans d'autres villes de la Méditerranée, le concept de *res publica*, relayé par un renouveau du droit romain, avait fait naître un discours sur le bien commun. Les contributions les plus récentes tendent à voir le concept comme un *topos* de la rhétorique politique[5]. Pour autant, cette notion de « bien commun » prend tout son sens lorsqu'elle est mise de l'avant dans la promotion de politiques sanitaires. Marilyn Nicoud a souligné comment une telle entreprise qui « lie une finalité politique à un

---

[1] Les contributions sont très nombreuses, en priorité, on peut consulter les ouvrages suivants : Daniel Le Blévec, (dir.), *L'Université de médecine de Montpellier et son rayonnement (XIIIᵉ-XVᵉ siècles)*, Turnhout, Brepols, 2004, et les articles du *Septième centenaire des universités de l'académie de Montpellier, Actes du colloque tenu à la Faculté de médecine les 23 et 24 octobre 1989*, Montpellier, 1995.

[2] Sur Arnaud de Villeneuve, voir Juan Paniagua, *Studia Arnaldiana, Trabajos en torno a la obra médica de Arnau de Villanova, c. 1240-1311*, Barcelona, Fundation Uriach, 1994, et Luis García-Ballester and Michael McVaugh, *Arnaldi de Villanova Opera Medica Omnia (AVOMO)*, Barcelone, Edicions Universitat Barcelona, 1999. Sur Bernard de Gordon, Luke Demaitre, *Doctor Bernard de Gordon : Professor and Practitioner*, Toronto, Pontifical Institute of Mediaeval Studies, 1980 et sur Guy de Chauliac, Chauliac Guy de, (Guigonis de Caulhiaco), *Inventarium sive chirurgia magna*, Michael McVaugh, (éd.), vol. I et Michael McVaugh and Margaret S. Ogden (éds.), vol. II, Leyde, Brill, 1997.

[3] Alexandre Germain, « De la charité publique et hospitalière à Montpellier au Moyen Âge », *Mémoires de la société archéologique de Montpellier*, 4 :27 (1859), p. 482-552. J'en analyse quelques éléments dans mon livre mais une étude systématique est encore nécessaire. Geneviève Dumas, *Santé et société à Montpellier à la fin du Moyen Âge*, Leyde, Brill 2014, p. 252-259.

[4] On verra Peregrine Horden, « A Discipline of Relevance : The Historiography of the Later Medieval Hospital », *Social History of Medicine*, 1 (1988), p. 359-374. John Henderson, « The Black Death in Florence : Medical and Communal Responses », in Steven Basset (ed.), *Death in Towns, Urban Responses to the Dying and the Dead, 1000-1600*, Leicester, 1992, p. 136-150, Jole Agrimi et Chiara Crisciani, « Charité et assistance dans la civilisation chrétienne médiévale », in Mirko Grmek (dir.), *Histoire de la pensée médicale en Occident*, tome I, *Antiquité et Moyen Âge*, Paris, Seuil, 1995, p. 151-174, Marilyn Nicoud, « Médecine, prévention et santé publique en Italie à la fin du Moyen Âge », in Jean-Louis Biget, Patrick Boucheron, Jacques Chiffoleau (dir.), *Religion et société urbaine au Moyen âge : études offertes à Jean-Louis Biget par ses anciens élèves*, Paris, Publications de la Sorbonne, 2000, p. 483-98 et enfin Carole Rawcliffe, *Urban Bodies : Communal Health in Late Medieval English Towns and Cities*, Londres, Boydell & Brewer Ltd, 2013 pour ne citer que quelques unes des études les plus marquantes.

[5] Sur cette redécouverte, il y a eu beaucoup de controverses. Voir d'abord, André Gouron, « Les étapes de la pénétration du *droit romain* au XIIᵉ siècle dans l'ancienne *Septimanie* », *Annales du Midi*, 69 (1957), p. 103-120 et Jean-Pierre Poly, « Les *légistes provençaux* et la *diffusion* du *droit romain* dans le *Midi* », in *Mélanges Roger Aubenas*, Montpellier, *1974*, p. *613-635*.

programme sanitaire suppose l'existence d'un concept de *sanitas publica...* »[6]. Mais, dans les villes italiennes, espagnoles et bien d'autres villes du Sud de la France comme Narbonne ou Toulouse, cette mise en place d'une « cité-providence » implique généralement une collaboration étroite des médecins avec les conseils municipaux unis dans la recherche du bien-être de la population[7].

À Montpellier, deux instances sont en droit de se préoccuper de la santé des habitants de la ville : le consulat qui s'implique de plus en plus dans les questions sanitaires et l'Université des médecins, autorité légitimée par une licence de produire un diagnostic et prescrire un traitement. Si les mesures municipales édictées en matière de santé à partir de la fin du XIVe siècle sont tout à fait en accord avec les prescriptions des traités de médecine, une action concertée impliquant les maîtres de l'Université et les structures urbaines n'apparaît réellement qu'au milieu du XVe siècle. On cherchera ici à comprendre comment s'articule cette collaboration entre les médecins et la ville dans la recherche de la santé publique.

Le consulat

Au XVe siècle, l'intervention du consulat à Montpellier était multiforme et toujours ancrée dans la notion de bien public, de « commun proufit » comme le disaient les consuls. Pour en évaluer la portée, on peut prendre à témoin une plainte faite au roi contre les empiètements des officiers royaux datant de 1442, dans laquelle les consuls exposent ce qu'ils estiment être en droit de faire dans la ville pour ce bien public. On y trouve le contrôle des marchandises et surtout de leur prix ainsi que différentes mesures, comme l'inspection des boutiques et particulièrement celle des drogues et des épices[8]. S'y ajoute l'entretien des structures urbaines, des rues, des ruelles[9]. Même si les hôpitaux n'y sont pas expressément mentionnés, ils représentaient une des préoccupations majeures des consuls, lesquels étaient appelés *jus patrones* de la majorité des hôpitaux de la ville. L'ensemble hospitalier urbain sis entièrement hors les murs de la ville constituait la première ligne du système d'assistance.

---

6   Marilyn Nicoud, « Médecine, prévention et santé publique en Italie à la fin du Moyen Âge », in Jean-Louis Biget, Patrick Boucheron, Jacques Chiffoleau (dir.), *Religion et société urbaine* ..., p. 483.

7   Pour l'Italie, il y a pléthore, on verra en priorité, Marylin Nicoud, « *Attendere con altro studio et diligentia a la conservatione et salute de la cita* : médecine et prévention de la santé à Milan à la fin du Moyen Âge », *Assainissement et salubrité publique en Europe méridionale (fin du Moyen Âge, époque moderne)*, *Siècles*, 14 (2001), p. 23-37, John Henderson, « The Black Death in Florence... » art. cit. Pour Toulouse, Philippe Wolff, « Recherches sur les médecins de Toulouse aux XIVe et XVe siècles », in *Assistance et assistés jusqu'à 1610, Actes du 97e congrès des sociétés savantes*, Paris, Bibliothèque Nationale, 1979, p. 531-549. Pour Narbonne, Jacqueline Caille, « Hôpitaux, assistance et vie urbaine au Moyen Âge : le cas de Narbonne "revisité" », in Catherine Laurent, Bernard Merdrignac et Daniel Pichot (éd.), *Mondes de l'ouest et villes du monde : Regards sur les sociétés médiévales, Mélanges André Chédeville*, Rennes, Presses Universitaires de Rennes, 1998, p. 585-592. Voir aussi Roger Nougaret, *Hôpitaux, léproseries et bodomies de Rodez : de la grande peste à l'hôpital général (vers 1340-1676)*, Rodez, Subervie, 1986.

8   [...] *necnon cognoscendi super mensuris bladorum et aliorum quorumcumque granorum, pannorum, laneorum et lineorum et etiam ponderum quorumcumque ad pondus minutum vendencium visitandi que quascumque species, drogiis, pulmenta seu confecturas, candelasque faces et cereos tam cere quam cepi et omnes alias res minutas si valeant et sufficiant seu debeant valere et sufficere [...]*, Archives municipales de Montpellier (AMM), Louvet 940, 1442.

9   *Et insuper cognoscendi super omnibus et singulis aurifabris, sartoribus, pellipariis, sutoribus, peilleriis seu freperiis, hosteleriis de reparacionibus carrieriarum et vicorum prohibendique ne ullus ausus sit construere seu edificare aut edificari facere portas domos seu aditus vel quecumque alia edificia prope muros dicte ville nostre Montispessulani nisi ad distanciam duodecim palmorum in possessione quoque et saisina quod si aliquis edifficando hoc usurpaverit vel incontrarium presumpserit usurpare vel aliqua edifficia construi facere dictas portas faciendi ne alique res venales quascumque init [...]*, *Ibid.*

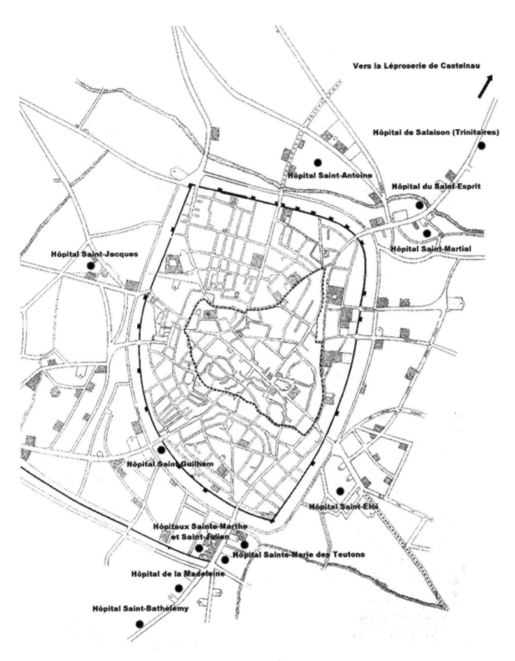

Figure 7. Carte des hôpitaux de la ville de Montpellier au Moyen Âge[10]

Montpellier comptait une douzaine d'hôpitaux. À la fin du XVe siècle, la ville avait entrepris des rénovations majeures de l'hôpital Saint-Jacques en vue d'en faire un hôpital général et en 1506, avait bâti une nouvelle structure d'accueil réservée aux pestiférés sous

---

10   Tirée de Geneviève Dumas, *Santé et société à Montpellier*, p. 255.

le patronage de Saint-Roch[11]. A la fin du Moyen Âge, les consuls étaient « patrons » des hôpitaux de Saint-Éloi, Saint-Jacques, Sainte-Marie et Saint-Lazare et ils intervenaient parfois ponctuellement pour d'autres institutions[12]. C'est donc à ce titre que le consulat avait autorité pour embaucher des hospitaliers[13], directeurs d'hôpitaux ; recteurs, commandeurs, dont beaucoup étaient des femmes[14].

La ville se préoccupait de pourvoir les quêteurs des divers hôpitaux en salaires, en vêtements, en nourriture ainsi que de faire respecter les cens, redevances, legs et provisions dans lesquels les institutions puisaient leur subsistance[15]. Surtout, la ville fournissait les vivres et les médicaments aux malades des différents hôpitaux. Les délibérations du conseil de ville de 1495 consacrent un montant de 1 252 livres « à cause des hospitalx et des enfants que ladite ville fait norrir toutz les ans[16] ».

L'université des médecins

Toutefois, même si la ville se targuait d'incarner le commun profit, elle n'avait pas l'exclusivité du concept. La notion de bien public était aussi invoquée par les maîtres de l'Université des médecins. Plusieurs facteurs, tels que la professionnalisation de la médecine, la naissance d'un marché de la santé, le monopole sur le diagnostic et sur le traitement des malades avaient permis aux médecins de s'imposer comme autorité scientifique et morale sur les questions de santé[17].

C'est ainsi que les nombreux traités de peste produits à Montpellier par les maîtres-régents exposaient en prologue qu'ils avaient été écrits pour le bien public. Par exemple, Jean Jacme traduit en français dans son *Regimen contra pestilenciam* :

---

11   AMM, Joffre 584, f° 5, 19 : « À Antoine Blaquière pour « 8 candaliech de camp » fait par lui pour l'hôpital neuf de Saint-Jacques », *Inventaires des archives de la ville de Montpellier. Inventaires de Joffre*. Tome VIII, *Armoire D, Archives du greffe de la maison consulaire*, Montpellier, Imprimerie l'Abeille, 1943, p. 140, Joffre 589, f° 4.

12   Déjà en 1363, dans un acte pour la reconduction des usages, les consuls sont qualifiés de « patrons » de l'hôpital Sainte-Marie : *nos Bernardus Pellicieri et Imbertus Roque* **consules ville Montispessulani et patroni hospitalis beate marie**. AMM, BB 193, liasse 1363, pièces extraites no. 1. Un autre exemple voit Guillaume de Neufville qui devient recteur de l'hôpital Saint-Éloi spécifier que : *Item plus demande à mes senhors les dits consolz que cil leur plaise que se devoir en leur hospital de Sanct Eloy que ie y soye comme de la meyne fondation comme recteur et commandeur dudit hospital et que yen aye a responde cy non aux senhors les* **dits consolz comme patrons dudit hospital**. AMM, BB 191, liasse 1497, pièces extraites no. 13.

13   AMM, BB sans cote (localisation 4/3/6/5), *Livre de memoyres, 1491-1519*, une reproduction quasi intégrale est disponible dans *Inventaire*, tome XI, p. 72-83, f° 6, « Pourvoir S.Éloi d'un hospitalier ». Elle paye aussi certains gages aux serviteurs : « *Fransesco Mulleti, servitoro de Sancti Eligi 30 s. pro vadiis* ». AMM, Joffre 583, f° 24 et f° 56, 45s.

14   AMM, BB sans cote, *Livre de memoyres 1505*, f° 37. « Pourvoir les hôpitaux d'une ou deux hospitalières ».

15   Encore à titre d'exemple : « À Andrinet de Albapetra, sartre, 25 s. de façon de robe pour les menestrels du consulat et le quêteur de St-Lazare », « [...] *Audineto de Albapetra, sartori presenti summam XXX solidorum per factura rauparum menestrii consulatus et questore hospitalis Sancti Lazari* [...] » AMM, Joffre 577, 1495-96, f° 39 ; « À Jaco Gras, 6 ll. 8 s. 5 d. pour avoir fait les inventaires des hôpitaux Saint-Éloi et Saint-Jaume [...] », Joffre 556, 1476-77, f° 68 ; « Recouvrer les cens et usages des hôpitaux Saint-Jaume et Saint-Éloi et les faire reconnaître à nouveau », *Livre de memoyres 1505*, f° 36v°.

16   AMM, BB, *Délibérations du conseil de ville*, sans foliotation. Voir *Inventaire de la maison consulaire de Joffre*, p. 65. Il est important de pourvoir au « régime » du malade qui, sans l'assistance publique, ne peut suivre la diète nécessaire à son rétablissement. Jole Agrimi et Chiara Crisciani y voient une ouverture vers la médecine et une « condition préalable à la médicalisation des hôpitaux » où le pauvre malade accède à quelques unes des prérogatives du malade privé. Jole AGRIMI et Chiara CRISCIANI, « L'assistance... », p. 170.

17   Sur la notion de marché thérapeutique ou marché de la santé, traduction du concept *medical marketplace*, voir David GENTILCORE, *Healers and Healing in Early Modern Italy*, Manchester, Manchester University Press, 1998, p. 3, Laurence BROCKLISS et Colin JONES, *The Medical World of Early Modern France*, Oxford, Clarendon Press, 1997, p. 1-33 et Margaret PELLING, *The Common Lot. Sickness, Medical Occupations and the Urban Poor in Early Modern England*, Londres, Longman, 1998, p. 9 notamment sur son utilisation parfois abusive.

> Pour la conservation de ceulx qui ont sancté et reformacion des malades, ie veul soubz la correction de mes anciens maistres et docteurs aucunes choses traicter et desclairer a la chose publique profitable[18].

D'ailleurs l'implication des maîtres de l'école de médecine dans le maintien de la santé urbaine antidate de loin l'intervention consulaire : avant la mise en place de mesures sanitaires généralisées, aidés par les chirurgiens, les barbiers et même les apothicaires ils se chargeaient des malades de la ville[19]. Le même Jean Jacme révèle dans son traité sur la peste que durant un épisode d'épidémie à Montpellier, sans doute celle qui sévit autour de 1360, il était resté pour soigner les malades :

> [...] il eut jadis une pestilence à Montpellier et je n'ai pu éviter la communauté parce que j'allais de maison en maison pour soigner les malades à cause de la pauvreté, j'ai porté un pain, un linge ou une éponge humectée de vinaigre dans ma main et je l'ai tenu proche de ma bouche et de mes narines et ainsi j'ai survécu à une telle pestilence. Mes collègues étaient incrédules que j'aie gardé la vie [...][20].

Pourtant, la première demande d'expertise des consuls aux médecins n'apparaît qu'en 1397 dans les sources, tandis que plusieurs épisodes de peste ou d'épidémies ont déjà frappé la ville[21]. Pourquoi seulement en 1397 alors que la peste avait constitué un intérêt théorique très prolifique de la part des maîtres montpelliérains ? Pas moins de 25 traités de peste leur sont attribués et, on l'a vu, ils ont été souvent conçus dans une optique de bien public[22]. Une première ébauche de réponse se trouve dans le fait qu'entre le consulat de Montpellier et l'Université des médecins, il y avait peu d'atomes crochus. Encore une fois, contrairement aux villes italiennes ou encore d'autres villes méridionales, aucun universitaire n'était autorisé à participer au gouvernement de la ville[23]. De fait, les conflits abondaient entre les élus municipaux et les maîtres régents concernant les exemptions de taxes attendues par les clercs en vertu de leurs statuts et des ordonnances les concernant[24].

D'autre part, les chirurgiens et les barbiers étaient nombreux dans la ville. Ils constituaient une main d'œuvre abondante, moins chère et socialement plus près des élus consulaires. Par conséquent, c'étaient surtout les barbiers-chirurgiens qui étaient sollicités

---

18   JEAN JACME, *Remède très utile contre fièvre pestilencieuse et autres manière de épidimie approuvé par plusieurs docteurs en médecine*, Bibliothèque Sainte-Geneviève, ms OEXV 353, f° 1.

19   Les témoignages de cette activité sont connus. Le praticien Guy de Chauliac nous en donne une bonne idée en relatant son expérience de la peste à Avignon d'où il n'osait s'absenter pour éviter l'infamie. « *Et ego propter diffugere diffamiam non fui ausus recedere ; cum timoribus preservari me cum predictis quantum potui.* » GUIDONIS DE CHAULIACO, *Inventarium sive chirurgia magna*, p. 119.

20   « *Ergo dicit magister Jacobus, quod quondam fuit pestilencia in montispessulano et ego non potui vitare communitatem, quia transivi de domo in domum ad curandum infirmos causa paupertatis <mee> attamen portavi panem vel spongiam vel pannum intinctum in aceto in manu mea et tenui prope os et nasum et sic evasi talem pestilenciam.* » JEAN JACME, *Sudhoffs*, 17 (1925), p. 31. Les documents urbains de 1348 et de 1360 mentionnent bien la mortalité mais pas les mesures sanitaires qui auraient pu être entreprises. Voir Lucie LAUMONIER, « Peste, ville et société : Montpellier à la fin du Moyen Âge », *Revue d'histoire de l'Université de Sherbooke*, 2-2 (2008), en ligne et Geneviève DUMAS, *Santé et société à Montpellier à la fin du Moyen Âge*, Leyde, Brill, 2014.

21   « *Item de medicis qui apparant pro inspicienda pestilencia.* » AMM, BB 120, 30 août 1397, f° 2v°, f° 4.

22   La plupart ont été publiés par Karl Sudhoff dans ses *Archivs*.

23   Surtout aucun légiste mais la méfiance s'étend à l'ensemble des clercs universitaires de la ville. André GOURON, « Le rôle social des juristes dans les villes méridionales au Moyen Âge », *Annales de la Faculté des lettres et sciences humaines de Nice*, 9/10 (1969), p. 55-67.

24   On trouve un épisode de ce long conflit à la Bibliothèque de la Faculté de Médecine de Montpellier, ms E-1-5.

pour les soins aux pestiférés à Montpellier. Bien sûr, on voit bien quelques médecins rédiger des prescriptions et des ordonnances dans les hôpitaux, mais la plupart des interventions inscrites aux comptes de dépenses de la ville sont au profit de barbiers et de chirurgiens. Un de ceux-ci semble même en avoir fait une carrière. En effet, Jean Lamors alias de Saint-Firmin traite les pestiférés de 1493 à 1507 et tout d'abord les malades recueillis dans les hôpitaux. Il reçoit alors un salaire de 3 livres par mois[25]. Ensuite, en 1498, il est à demeure aux étuves Malpel, toujours pour soigner les pestiférés. Son salaire a alors augmenté d'une livre par mois. En 1505, il est chirurgien pensionné annuellement à l'hôpital Saint-Roch dédié aux pestiférés, il reçoit alors 49 livres par an[26].

On vient de mentionner les étuves Malpel. En 1498, les consuls les avaient réquisitionnées pour y loger les pestiférés qui devenaient trop nombreux dans la ville et que les hôpitaux ne pouvaient recueillir. On les avait même cantonnés dans certaines rues, une forme rudimentaire de quarantaine. Guilhem le Roy était chargé d'administrer les dépenses des pauvres venus d'ailleurs et installés dans la rue de Corral à cause de la peste en 1483[27]. La ville n'avait pas de bureau de santé ni de capitaine de santé avant le xviie siècle mais ceci ne l'empêche pas, à l'extrême fin du xve, d'engager des inspecteurs chargés de patrouiller les rues pour faire une évaluation de l'ampleur de l'épidémie ainsi que pour jauger les besoins des personnes atteintes et des hôpitaux qui les hébergent. Charles Maurand reçoit entre 2 et 15 livres pour faire les visites et estimer l'étendue de l'épidémie[28]. Paulet Cabride reçoit 4 livres pour 4 ou 5 mois pour visiter les pestiférés et pourvoir à leurs nécessités[29].

Concernant la disposition des dépouilles, les consuls faisaient creuser des fosses en dehors de la ville pour enterrer les personnes mortes de la peste. Les malades des étuves étaient enterrés au charnier Saint-Barthélemy[30] mais les fouilles du cimetière de Saint-Côme ont mis au jour au moins une sépulture de catastrophe datant du xive siècle et trois sujets dont les tests bactériologiques réalisés à partir de restes d'ADN contenus dans les pulpes dentaires ont révélé la présence de *Yersinia Pestis*[31]. Le médecin Michel Boet, dont le traité de peste était destiné aux consuls autour de 1421, précise les endroits à éviter pour ensevelir les corps des pestiférés :

---

25   « À Jean Lamors, alias de Saint-Firmin, barbier, 3 ll., soins aux pauvres des hôpitaux et autres pauvres atteints de la peste », « [...] *magistro Johannis Lamoris barberio summam tres librarum t. pro vadiis sibi promisse pro laboribus et penis suis ...pauperes hospitalium dicte ville et alios pauperes ville morbe seu peste* [...] *pro unius mensis,* » AMM, Joffre 575, 1493-94, f° 75 et 84. « *Dicti domini consules convenerunt dare et solvere dicto magistro Johanno Lamors tres libras turonensis pro quibus mense Januarari die prima a mensis presentis februari pro penis et laboribus suis proviso quod ipse servat bene et diligenter tam pauperibus hospitalium quam aliis habitatoribus peste factis quia ad ipsum remunere voluerunt ad jussionem et mandatum discretorum duorum consulum.* » AMM, BB 111, f° 110.

26   Deux Gages de Jean Lamors, chirurgien de l'hôpital Saint-Roch, 49 ll. pour l'année, « [...] *magistro Johanni Lamors, cirurgico hospitalium Sancti-Rochi summam quadraginta librarum t. hac por vadiis suis*[...] *pro anni completi per ispum deservit in servicio dicti hospitali ad aucsam peste.* » AMM, Joffre 589, 1506-07, f° 36v°.

27   « [...] *Guilhemo Le Roy* [...] *summam videlicet duodecim librarum unius solidus t. in ministrando expensas peuperibus* [...] *extraneis venerant ad ipsam villam et propinque pestem ab eadem expulsi et positi in carré del Corral* [...] ». AMM, Joffre 565, 1483-84, f° 20.

28   « [...] *Carolo Maurandi summam duarum librarum t. pro laboribus et penis per ipsum visitando hospitalia et pauperes* [...] *ac alios infirmis* [...] », AMM, Joffre 582, 1499-1500, f° 3.

29   « [...] *Pauleto Cabride summam quatuor librarum t.* [...] *in visitando hospitalia et infirmos factos peste ab eo ut providerentur ad necessariis*[...] », AMM, Joffre 581, 1498-99, f° 61v°.

30   AMM, *Livre de memoyre*, 1493, f° 6. « Moss. Antony Caratya, coma capelan, aver per las fossas que a feyt far a Sant Bertomyu per entera los pores de las estubas 5 ll. ». Le cimetière de Saint-Barthélemy était situé en dehors des murs au Sud de la porte de la Saunerie. La chapelle qui y fut construite en 1481 avait été baptisée bien à propos « Notre Dame du Charnier ». Alexandre GERMAIN, « De la charité publique et hospitalière... », p. 513.

31   Éric CRUBEZY, Sylvie DUCHESNE et Catherine ARLAUD, *La mort, les morts et la ville (Montpellier x-e-xvi-e siècle)*, Paris, Errance, 2006, p. 254.

Qu'on choisisse de l'air pur et un lieu qui n'est ni trop élevé ni trop bas, ni dans une vallée, ni près de plans d'eau putréfiée, ni près d'un étang, ni près d'un lieu infecté et des latrines, ni en des endroits où il y a des litières ou des matières fécales, ni en des endroits où il y a beaucoup de corps morts humains ou animaux qui sont mal enterrés ou couverts, même les corps qui ont été brûlés depuis longtemps[32].

Il n'y avait donc pas de monopole sépulcral et on ensevelissait les pestiférés là où ils avaient le moins de chance d'entrer en contact avec les biens portants, en accord avec les prescriptions des médecins de l'Université.

En 1495, on avait tenté de confirmer que la peste sévissait toujours dans la ville. Le médecin Léonard de Serre avait effectué une autopsie dans des circonstances un peu particulières. Elles sont relatées par un notaire appelé à l'église Saint-Firmin à la suite d'une altercation :

Révérend maître Léonard de Serre, professeur en médecine, ayant appris que le serviteur Guilhem Albareti, de Montpellier, est mort aujourd'hui de mort subite, selon la volonté de Dieu, est venu avec des médecins et des chirurgiens de la ville, pour extraire le corps de l'Église, en vue de faire une *nautomia sive experimentum*. Il veut savoir de quelle mort et après quelle maladie le jeune homme est décédé. La chose est urgente pour l'utilité de la chose publique[33].

Les serviteurs de l'Église avaient refusé de céder le corps, malgré la permission de l'official de Maguelone, que Léonard avait soumise aux clercs. Finalement, un notaire avait été appelé pour sceller un accord, sous serment : Léonard de Serre pouvait prendre le corps mais ne le garderait qu'un seul jour pour faire son autopsie, il devrait le retourner le lendemain pour les obsèques. Une autre autopsie avait été demandée par les consuls au chirurgien Jean de la Saunaie pour faire la « *notomia* » d'un patient défunt à l'hôpital Saint-Esprit[34]. Ces deux autopsies datent de la même année 1495, à un moment où les consuls tentent d'évaluer si une mortalité sévit toujours dans la ville. C'est le phénomène de la « mort subite » qui interpelle les autorités comme les médecins et qui les pousse à tenter de déterminer des cas de peste comme ils se sont déjà engagés dans la détermination des cas de lèpre[35].

---

32   « [...] *quod eligatur aer purus vel locus qui non multum est altus vel bassus non vallosus nec juxta aquas putrefactas, nec juxta stanna nec juxta loca infectionum et latrinas, nev ubi stramina nec fecalia sint, nec ubi multa corpora humana nec animalia sint mortua et male sepulta vel cooperta, ideo antiquitus comburebantur corpora mortua.* » MICHEL BOET, *Sudhoffs*, 17 (1925), p. 47.

33   Le document se trouve aux archives départementales sous la cote G 1262 et malheureusement introuvé. Je reproduis ici la traduction de Marcel Gouron : « Documents inédits sur l'Université de médecine de Montpellier (1495-1559) », *Montpellier médical*, 3 :50 (1956), p. 373.

34   « *Licentia data per duos consules Johanno du Saulz abbati barberiorum : Item anno et die quibus supra proxime dicti domini consules visa licencia docta abbati barberiorum sive "des compaignons barbiers" per dominum officiale recipiendo quedam personam sive hominem defunctum in hospitale Sancti Spiritus pro faciendo de neothoniam pariter eidem abbati potentiam licentiam recipiendum dictum mortum. Et nothomia faciendum dederunt et concesserunt cum hoc que ipsi eorum debitum erga anathomiam eisdem defuncti faciat.* » AMM, BB 112, f° 4v°. et f° 5.

35   On verra à cet égard les exemples de morts subites citées par le médecin parisien Jacques Despars dont plusieurs sont assimilés à des cas de peste, Danielle JACQUART, *La médecine médiévale dans le cadre parisien*, Paris, Fayard, 1998, p. 261 et Ann G. CARMICHAEL sur les autopsies effectuées à Milan à la fin du XVᵉ siècle, « Universal and Particular : The Language of Plague, 1348-1500 », *Medical History Supplement*, 27 (2008), p. 17-52, ici p. 20 *passim* et p. 24 : « In the late fifteenth century both medical and civic leaders began to confront how epidemics of plague could be recognized. ».

GENEVIÈVE DUMAS

La lèpre à Montpellier

L'histoire de la lèpre médiévale a heureusement fait l'objet d'un nombre substantiel d'études depuis une vingtaine d'années. Les ouvrages de François-Olivier Touati, Luke Demaitre et Carole Rawcliffe, entre autres, se sont préoccupés de revisiter la question et défier les mythes véhiculés par l'historiographie traditionnelle[36].

Les médecins de Montpellier ont été très tôt préoccupés par la lèpre[37]. Tout comme la peste, cette maladie était vue comme une maladie totale du corps. Des maîtres en médecine de Montpellier comme Bernard de Gordon, Arnaud de Villeneuve, Jean de Tournemire, Jourdan de la Tour, Jean Jacme et Guy de Chauliac avaient grandement contribué à élaborer des paramètres de diagnostic pour distinguer la lèpre des autres affections de la peau[38].

C'est sans doute en raison de leur expérience et de leurs écrits que les médecins de Montpellier étaient sollicités pour faire des expertises de lèpre dans la région. Une telle expertise est mentionnée dès 1327 à Nîmes et Daniel le Blévec en a traité dans son ouvrage sur l'assistance dans le Bas-Rhône[39]. En 1454, c'est dans un cas d'Avignon qu'on leur demande d'intervenir[40]. Il est à signaler que ces expertises de lèpre sont des occasions de collaboration entre les médecins et les chirurgiens de la ville, ces derniers sont requis pour tirer le sang des patients afin qu'il soit ensuite examiné. La plus ancienne mention d'une expertise effectuée à Montpellier même date de 1436. C'est le chancelier Jacques Angeli qui, à la demande des consuls, avaient été engagé pour examiner certaines personnes suspectées d'être lépreuses[41].

François-Olivier Touati et Luke Demaitre ont bien montré le processus qui apparaît graduellement au cours du xvᵉ siècle et qui entraîne une perception de la lèpre comme une maladie de plus en plus à craindre[42]. Peu à peu, dans les traités médicaux comme dans

---

36 François-Olivier TOUATI, *Maladie et société au Moyen Âge : la lèpre, les lépreux et les léproseries dans la province ecclésiastique de Sens jusqu'au milieu du xivᵉ siècle*, Bruxelles, De Boeck Université, 1998, Carole RAWCLIFFE, *Leprosy in Medieval England*, The Boydell Press, Woodbridge, 2006 et Luke DEMAITRE, *Leprosy in Premodern Medicine A Malady of the Whole Body*, Baltimore, Johns Hopkins University Press, 2009. Voir aussi Johan PICOT, *Malades ou criminels ? Les lépreux devant le tribunal de la Purge de Montferrand à la fin du Moyen-Âge*, thèse de doctorat en Histoire, Lyon 3, 2012 et « La "Purge" : une expertise juridico-médicale de la lèpre en Auvergne au Moyen Âge », *Revue historique*, 662 :2 (2012), p. 292-321 ; Elma BRENNER, *Leprosy and Charity in Medieval Rouen*, Londres, Boydell & Brewer, 2015.

37 On verra l'analyse de certains d'entre eux dans François-Olivier TOUATI, « Les traités de lèpre des médecins montpellierains : Bernard de Gordon, Henri de Mondeville, Arnaud de Villeneuve, Jourdain de Turre et Guy de Chauliac », in Daniel LE BLÉVEC (dir.), *L'Université de médecine de Montpellier...*, p. 205-223.

38 Voir Luke DEMAITRE, « The Description and Diagnosis of Leprosy by Fourteenth Century Physicians », *Bulletin of the History of Medicine*, 59 (1985), p. 327-344 ainsi que Stephen ELL, « Blood and Sexuality in Medieval Leprosy », *Janus*, 71 (1984), p. 153-164.

39 Daniel LE BLÉVEC, *La part du pauvre : l'assistance dans les pays du Bas-Rhône du xiiᵉ siècle au milieu du xvᵉ siècle*, Rome, École française de Rome, 2000, p. 838-89.

40 « [...] *vidimus, provabimus et cum diligentia decenti examinavimus, quem sic visum, provatum et excaminatum reperimus pro presenti a predicta egritudine lepre absolutum, nec loco leprosis communiter deputato commemorari, nec a sanis separari debere, quamquam in predicto johanni aliqua appareant signa equivoca et leprosorum signis quasi simila, que tamen aliam denotant egritudinem.* » Archives du Vaucluse, BB 6, f⁰ 237.

41 « *Relatio facta per duos medicos montispessulani de certis personnis suspectis de lepra habitantibus in Montispessulano : [...] fuit facta dominis consulibus montispessulani relatio per medicos montispessulani in infrascriptis relationis vocantos relatio de personnis infrascriptis suspectis de lepra medicos contrasignata huius tenoris. Notum sit cunctis presentibus cedulam videntibus quo ego Jacobus Angely, cancellarius studii medicine montispessulani* [...] », AMM, BB 50, f⁰ 23.

42 François-Olivier TOUATI, « Historiciser la notion de contagion : l'exemple de la lèpre dans les sociétés médiévales », in Sylvie BAZIN-TACCHELLA, Danielle QUÉRUEL et Évelyne SAMAMA (éd.) *Air, miasmes et contagion : les épidémies dans l'Antiquité et au Moyen Âge*, Langres, Dominique Guéniot, 2001, p. 157-187 et Luke DEMAITRE, *Leprosy in Premodern Medicine...*, chapitre 5.

les sources urbaines, la représentation de la maladie devient davantage associée à la contagion. Le médecin de Montpellier Valescus de Tarente n'était pas étranger à ce durcissement. Dans son traité de pratique *Philonium* écrit en 1418, il stipulait que : « La lèpre est une maladie très contagieuse due à la corruption totale du corps[43]. »

Conséquemment, en 1493, face à la peur que suscitait la contagion de la maladie, le consulat avait tenté de recenser les suspects de lèpre de la ville pour les faire examiner : « *Envoyer chercher ceux que on ten suspectz per estre ladre, que on les fasses exprovar aux medecins* [...][44]. » Entre 1493 et 1497, huit expertises de lèpre ont été effectuées à Montpellier par un comité d'experts composé de deux médecins et d'un chirurgien, dont voici les détails.

Comment les consuls en arrivaient-ils à suspecter des individus d'être lépreux ? Comme en Allemagne et en Angleterre, par le biais d'une requête, les habitants d'un quartier, inquiets d'une possible contagion, pouvaient demander à la ville de faire examiner un ou plusieurs individus[45]. La première mention de telles dénonciations date de 1452 : les habitants d'une rue avaient exhorté les consuls à faire une expertise pour savoir si la maladie était présente et contagieuse[46].

Dans une requête datant de 1499, on voit que les consuls s'engageaient à faire l'expertise rapidement pour satisfaire à la pression des citoyens.

> Sont venuz et comparus en personne Johan Furan, Andrée Villart, Guillaumes Andrieu, fermier, Johan Ylari, Guillaumes Sobianreti et Bernard Loste par le bouche et organe de messire Jehan Boyer licencié en loys ont dit que auprès de leurs maysons es la relicte de feu Dede Canalur en son vivant orgier de la présente ville laquele eulx et les autres voysins l'ont grandement en suspecte qu'elle ne soit malade de la maladie de léprosie. Et pour ce ont requistz lesdits senhors consulz que leur plaise faire veoir et visiter la dite relicte par gens expertz ey en faire ainsi que sera de raison. Lesquelz senhors consulz oye la dite requeste ont dit et respondu qu'ilz feroint visiter et veoir la dite femme par experts le plus toust que faire se pourra[47].

À la suite d'un verdict de lèpre, les affligés faisaient leur « entrée » en la léproserie. L'hôpital Saint-Lazare, l'un des premiers hôpitaux fondés à Montpellier, pouvait accueillir près de 20 lépreux et les comptes du XIVe siècle montrent davantage de personnel que de malades dans l'asile. Dans tous les cas, ces comptes montrent aussi qu'en 1333-1334, les lépreux étaient saignés quatre fois par an par un chirurgien recruté et rémunéré par le conseil de ville.

---

43   Interprétant les propos d'Avicenne de façon un peu trop exclusive : « *Ista deffinitionem provenit Avicenni implicite in 3° 4° 3°. Vel dico quod est morbis turpis contagionis ex multa corrupta sparsa per totum corporum.* » VALESCUS DE TARENTE, *Philonium*, livre VII, *capitulum* 39, f° 345, Lyon, M. Huss, 1490.
44   AMM, *Livre de memoyre*, Joffre 5, 1493, f° 12v°.
45   En Allemagne, LUKE DEMAITRE, *Leprosy in Premodern Medicine...*, p. 150-51, et en Angleterre, Carole RAWCLIFFE, *Leprosy in Medieval England...*, chapitre 4, p. 155 et Bruno TABUTEAU, « La lèpre dans l'Angleterre médiévale... », p. 30-32.
46   « *Videlicet Marguareta relicta Johannes de Cugno, Johannetta uxor Guichardi Saline et quedam eius filiae, Andrineta uxor Guilhemi Molini habitator eiusdem carreriae qu(a)e persone ut relatu plurimorum habitantorum eiusdem ville prae maxime vicinorum coram circa domos eorum habitantorum sunt facte morbo lepre et cum ipsis dictis consulibus pro bono rei publicae et habitantes iisdem statuerunt certum locum ubi residentes inspectavi commorentur et commorari debeatur et quondam statutum usquam pro hunc fuit observatum pro bono rei publicae et inde singulis advisis fit. Hac ex re requisiverunt de dictis consulibus quod de promissione se habeant informare et informationes fieri facere utilitatem re vera si tali morbo contagioso detentum aut ne* [...] *Responderunt quod (déchiré : informari) seu dari facient talem provisionem, quem (déchiré) non nocebit inspectere primo de predicere informationes et aliter prout ratio continetur et nolunt quod propterea eorum deffectuum dampnum aliquod veniat constati.* » AMM, BB 187, liasse 1452, pièce extraite n° 10.
47   AMM, BB 119, f° 122.

Date	Médecins	Chirurgiens	Suspects	Diagnostic
26 juillet 1436	Jacques Angeli	n.d	n.d.	n.d.
20 mai 1493	Honorat Piquet et Jean Garsin	Guillaume Jouvencel	Mathieu Vallé et un portefaix	Confirmé
26 septembre 1493	Jean Guillhem	Pierre Alzine	Catherine Flandrini	Ne doit pas avoir de contacts
20 avril 1496	Gilbert Griffi et Léonard de Serre	Simon Contastin et Pierre Alzine	Antoine Alary	Diagnostic incertain
13 juillet 1496	Jean Coraud et Jean Garsin	Jean Moudron	Antoine Alary	Confirmé
9 décembre 1496	Gilbert Griffiet Léonard de Serre	Guillaume Jouvencel et Pierre Alzine	Pierre Benevent	En attente
18 juin 1496	Gilbert Griffi et Léonard de Serre	Simon Contastin, Guillaume Sardain et Pierre Alzine	Pierre Benevent	Non confirmé
13 novembre 1497	Gilbert Griffi et	Pierre Alzine	Johanne Robin	Confirmé
2 mai 1497	Honorat Piquet et Gilbert Griffi	Pierre Alzine	Sauveur Pezal	Confirmé

Figure 8. Détail des expertises de lèpres effectuées à Montpellier

Le consulat, les médecins de l'Université et les chirurgiens étaient tous investis dans la détermination des cas de lèpre. Il s'agit là de la consécration d'un système sanitaire coordonné à travers lequel s'expriment les trois versants de la santé publique : l'intervention d'un pouvoir public, son arrimage à un système scientifique et son exécution par des praticiens de la santé. Il s'avère donc que l'impulsion la plus tangible de collaboration entre les structures urbaines et les maîtres régents n'est pas à chercher dans la réponse collective aux épisodes de peste. C'est bien davantage le problème de la lèpre qui avait favorisé une meilleure implication des médecins dans le système sanitaire urbain, et ce, pour une raison évidente : un diagnostic était requis pour procéder à la prise en charge des atteints. Or, les médecins de l'Université avaient le monopole du diagnostic selon leurs statuts et les documents légaux qui encadraient leur pratique[48].

On vient de voir l'élaboration graduelle d'une politique concertée de santé publique à Montpellier, motivée et centrée sur les phénomènes de la lèpre et de la peste, deux maladies dont la prévention nécessitait des mesures collectives. Mais la ville avait très tôt pris en charge un certain nombre de dossiers d'assistance pour lesquels elle s'était distinguée.

Assistance et services sociaux

On examinera ici, deux dispositions de la ville qui relèvent davantage d'un service social d'assistance que de prescriptions de santé mais qui montrent aussi des aspects de la pratique et de la prise en charge sanitaire. La première de ces préoccupations concerne les

---

[48] Voir entre autres, l'ordonnance générale sur la pratique de la médecine de 1399 par Charles VI, Eusèbe LAURIÈRE et Denis-François SECOUSSE, *Ordonnances des roys de France de la troisième race*, Paris, Imprimerie Nationale, 1679-1718, vol. VII, p. 354.

orphelins et les enfants abandonnés. Le cas des « enfants du consulat » a été bien étudié par Leah Otis-Cour[49]. Ces dispositions de la ville sur le fait des enfants trouvés démontrent une perspective sociale remarquable. C'est par le biais de cette politique qu'il nous est donné d'entrevoir quelques aspects des pratiques de santé publique.

En effet, le consulat pourvoit à tous les besoins des enfants trouvés, y compris leurs soins médicaux. Il est difficile de savoir si les enfants pour lesquels la ville paie les traitements sont tous des enfants trouvés, mais les soins qui leur sont prodigués relevaient d'une politique de l'enfance qui s'insérait plus globalement dans la politique communale envers la pauvreté. Dans tous les cas de blessures externes ou même pour d'autres affections, l'on faisait toujours appel à des chirurgiens. Quelques exemples suffiront pour étayer cette affirmation : en 1404, Jean Peyssonel était sollicité par le consulat pour soins de chirurgie auprès d'une fillette qui avait un charbon sous l'œil ; il avait été payé une livre pour son travail[50]. En 1479, Jean Delom recevait 1 livre pour ses services, même si l'enfant était morte peu après avoir reçu ces soins[51]. Simon Contastin avait été appelé pour soigner deux « bâtards », l'un atteint de la peste, l'autre d'une grande plaie en 1483[52]. Pour ces deux cas de soins médicaux prodigués aux enfants de la ville, le consulat privilégie l'intervention des chirurgiens. En effet, aucun médecin n'est appelé au chevet des enfants trouvés.

D'ailleurs, les chirurgiens étaient généralement plus sollicités par le consulat et ce bien avant le xve siècle. Ils trouvaient dans le marché de la santé publique, c'est-à-dire, dans les mandats consulaires, le travail dans les hôpitaux et plus généralement le traitement des malades les plus pauvres, une niche leur permettant de contrer l'omniprésence des médecins dans la ville. En 1494, ils adressaient une supplique aux médecins qui avaient l'habitude de leur donner un cours à Pâques. Les médecins refusant de s'exécuter, les chirurgiens en avaient appelé à leur tour à l'intérêt de la chose publique : « *Onc est très grand grief, préjudice et dommaige, prouffit et utilité desdits pouvres suppliants et de la chouse publique* »[53]. On constate ainsi qu'ils ont, eux aussi, bien intériorisé leur rôle dans le domaine de l'assistance publique.

En dernier lieu, il convient de voir qu'en matière d'assistance aux pauvres et aux malades, la ville compte sur le travail inlassable d'une œuvre de bienfaisance importante et richement dotée. Il existait une *aumône* des Dames du mercredi qui visitait les malades une fois par semaine et s'occupait de lever des fonds pour l'assistance aux pauvres[54]. Composée entièrement de femmes, l'œuvre existait en 1297 et poursuivait ses efforts bien au-delà du xve siècle. Malheureusement les mentions sont rares dans les sources, on doit donc s'appuyer sur quelques notices pour tenter de comprendre le fonctionnement de cette institution. En

---

49   Leah L. Otis-Cour, « Municipal Wet Nurses in Fifteenth-Century Montpellier », in Barbara Hanawalt (éd.), *Women and Work in Preindustrial Europe*, Bloomington, Indiana University Press, 1986, p. 83-93 et « Les « pauvres enfants exposés » à Montpellier aux xive et xve siècles », *Annales du Midi*, 105 (1993), p. 309-327.

50   « *Ego Johannis Peyssonelh barbitonsor et sizurgicus (sic) Montispessulani, confiteor faciens me habuisse a vobis dicto clavario una libra t. pro labore meo sizurgi (sic) et cura quam feci in facie Guilette pueri femelli [...] qui habebat unam carbunculam in facie subtus occulum.* » Il s'agit de Gillette, enfant trouvée à la porte de l'Hôpital St-Jacques. AMM, Joffre 529, 1404-05, f° 27.

51   « *Magistro Johanni Delom sirurgico Montispessulani summam viginti solidos t. in recompenstionem cure quam habuit circa quandam infantem bastardam nuper vita functam quam infirmam nutriebat Petrus Le [...], scutifer dictorum consulium [...]* », AMM, Joffre 559, 1478-79, f° 108.

52   « *A Simoni Contestini cirurgico Montispessulani presenti duas libras quinque solidoa pro laboribus per eum [...] tenendo in curam suam duos pauperos bastardos consules infirmos, uni pesta alii quad plagua magna [...]* », AMM, Joffre 565, 1483-84, f° 46.

53   AMM, BB 190, liasse 1494, pièce extraite n° 13, l'acte est dressé par l'apprenti du notaire Antoine Salomon, François Auriac.

54   Voir Daniel Le Blévec, « Le rôle des femmes dans l'assistance et la charité », in *La Femme dans la vie religieuse du Languedoc (xiiie-xive s.)*, Cahiers de Fanjeaux 23, Toulouse, Privat, 1988, p. 171-190.

GENEVIÈVE DUMAS

1495, une série de comptes donnent plus de détails. On les voit octroyer des sommes pour payer du bois[55], du blé[56], des viandes[57], du vin[58] et financer les lessives des pauvres malades[59]. Elles semblent aussi avoir versé des montants aux hospitalières des hôpitaux, généralement situés entre deux et cinq sous. Il ne s'agit pas de salaires mais plus probablement de sommes permettant de payer certaines dépenses comme en témoigne cette entrée : « *Plus lodit jorn a lospitaliera de Sant Jaume per car et polegno* (viande et poulet) »[60]. Dans un document de 1492, on stipule que les Dames seront consultées parce qu'elles connaissent les besoins des pauvres :

> Item a esté avisé que la distribution dudit blé ne se poura feir sans le mandement mesenhors les conseulx de la ville, sans l'accord de 4 députés et sans les délibérations des Dames du Dimecre. Les quelles seront la nescecité des pouvres mieulx que nuilz autres [...][61].

Elles semblent donc assumer le rôle d'expertes en matière de besoins sociaux et constituaient ainsi un rouage important du système d'assistance à Montpellier.

Conclusion

À la fin du xve siècle, la ville a achevé l'élaboration de son système de santé et d'assistance. On voit les efforts des consuls coordonnés avec ceux des médecins et des barbiers-chirurgiens de la ville. Suivant une lente progression dont les jalons nous échappent parfois – aléas des sources –, Montpellier avait su édicter des politiques de santé publique pour pallier les problèmes aigus causés par la lèpre et la peste. Pour justifier ses interventions, le consulat s'était appuyé solidement sur la notion de bien public.

Si le consulat assumait de plus en plus la charge de veiller à la santé des habitants de la ville, il partageait cette préoccupation avec les médecins de l'Université. Frappés durement par les nombreux épisodes de pestilence, les consuls comme les médecins œuvraient pour la santé des habitants mais presque toujours en vase clos. Une réelle alliance entre ces deux instances ne survient qu'à la fin du xve siècle et se révèle dans le cas des expertises de lèpre. Un diagnostic étant requis pour interner les malades en léproserie, c'étaient les médecins, accompagnés de quelques chirurgiens, qui délivraient les certificats de « léprosité ». Pour les besoins urbains en matière de santé et d'assistance, la ville privilégiait l'emploi des barbiers-chirurgiens, lesquels étaient présents dans tous les secteurs d'intervention sanitaire urbaine. Ils avaient trouvé dans les mandats urbains une niche importante, qu'ils revendiquaient, eux aussi, au nom de la chose publique.

---

55   Par exemple : « *Plus a XXVIII del dit mes per tres saumada lenha Nadal a lospital de Sant Aloy, 7s. 6d.* », AMM, GG, Dames du dimecre, comptes de 1495, f° 48. Les Dames ont donné des fonds pour le bois sept fois dans la même année. À quoi servait ce bois ? Certainement, avant tout, au chauffage. Si c'était pour quelque autre usage, les comptes ne le spécifient pas sauf dans le cas précité où le bois servira à Noël (*Nadal*).

56   « *Plus a Dona Audana a XXIX de mars 1495 per comprar de blat per lospital de Sant Aloy, 1 ll.* », *Ibid.*

57   « *Plus a IX deldich mes per lenha et carni bailat a Dona Audana per lospital de Sant Aloy, 6s. 8d.* », *Ibid.*

58   « *Plus a XXIX deldit per comprar de vin per lospital Sant Jaume, 2s.* », *Ibid.*

59   « *Plus que ay bailat a Dona Audana per la bugada dels paures de Sant Aloy a XIII de marci, 7s. 6d.* », *Ibid.*

60   « *Plus a VI de may ay bailat a lospitalierea de Sant Jaume, 5s.* », « *Plus a XII d'octobre a lospitaliera de Sant Jacme, 2s.* »., *Ibid.*

61   AMM, GG Dames du Dimecre, sans foliotation.

En parallèle, le consulat urbain se préoccupait d'un certain nombre de dossiers sociaux. Sans être unique à Montpellier, la prise en charge des enfants trouvés dont l'allaitement ou l'accueil était confié à des nourrices et dont les soins étaient dispensés par des barbiers-chirurgiens, était néanmoins caractéristique d'une vision globale des problèmes d'assistance. L'œuvre des Dames du mercredi est attestée à partir de la fin du XIIIe siècle jusqu'au-delà du XVIe siècle et montre la pérennité de cette aumône qui a su assurer la transition vers un système de soins plus spécifiquement urbain. Comme ailleurs en Occident, c'est autour du concept de « commun profit » que s'élaborent les politiques qui servent à la mise en place d'un système de santé publique.

Partie 2

Une ville habitée :
urbanisme et occupation de l'espace

Cette deuxième partie envisage Montpellier comme un cadre de vie et d'activités, modelé par les usages qu'en font les personnes, parfois en contradiction avec les politiques seigneuriales et consulaires. La place de l'Herberie, espace d'échanges économiques que se disputent les consuls et les personnes privées, constitue le cadre spatial de l'article de Kathryn Reyerson, portant sur une communauté de revendeuses et sur les propriétaires des étals et maisons qui bordent la place au début du XIVe siècle. Les femmes, très actives à Montpellier, marquent de leur présence l'espace public du quotidien, revendeuses certes, mais aussi investisseures et gestionnaires de biens immobiliers. Les contributions de Bernard Sournia et Jean-Louis Vayssettes font le point sur des années de recherches archéologiques et livrent leurs découvertes récentes sur l'habitat des humbles montpelliérains et des riches marchands, ainsi que sur des formes particulières de bâti répondant aux besoins des voyageurs et des grandes familles négociantes qui font la réputation de la ville aux XIIIe et XIVe siècles. Ces demeures sont le cadre de l'étude de Lucie Laumonier qui s'interroge sur les « manières » d'habiter, étudiant la relation entre *familia* et parenté dans les *ostals* de Montpellier à la fin du Moyen Âge. Malgré leur allure nucléaire, les ménages montpelliérains sont particulièrement mouvants, soumis à des contraintes économiques, à celles de l'habitat et des formes particulières du travail artisanal, qui influencent la façon dont sont occupées les demeures riches et pauvres de la ville.

Cette section permet ainsi de dresser un tableau du paysage urbain qu'offrait Montpellier à la fin du Moyen Âge, tant du point de vue de l'urbanisme que de ses habitants qui y menaient leurs activités journalières, objets d'enquête de l'histoire sociale. Cette partie montre que le croisement des approches et des perspectives offre une image vivante et sensible de la ville médiévale, invitant à une immersion dans la vie quotidienne des Montpelliérains et Montpelliéraines et du cadre architectural dans lequel ils évoluaient.

Les réseaux économiques entre femmes à Montpellier fin XIIIe -mi- XIVe

Kathryn Reyerson
University of Minnesota – Twin Cities

Les voix des revendeuses et colporteuses sonnaient dans l'air de la ville médiévale. Les cris des rues faisaient la publicité des produits des tavernes et des marchands. Ce n'est pas pour rien que nous associons une voix haute et rauque à la femme du poissonnier. Les bruits du marché central d'une ville résonnaient sur les murs. À Londres, à cause du chaos, les étals dans les rues devaient être enlevés à Vêpres[1]. Juan Ruiz, l'archiprêtre de Hita en Espagne, a décrit vers 1330-1343 la colporteuse qui partait avec son panier, faisant tinter ses cloches, balançant ses bijoux, ses anneaux et ses épingles, en criant la vente de nappes et le troc de serviettes[2].

Le fait de revendre (en anglais « *huckstering* »), qui réfère ici à la vente ambulante dans la rue et la vente au marché à partir de tables ou de petites échoppes ou d'étals, était une occupation courante pour les femmes au Moyen Âge. Selon Marjorie McIntosh, le terme « *hucksters* » à Londres désignait « *women who rented a stall in one of the formal markets as well as mobile vendors* »[3]. Il n'y avait que peu de femmes colporteuses à cause des dangers de la route pour un marchand itinérant bien que les femmes puissent accompagner leurs maris. McIntosh a noté la présence dans les villes d'Angleterre de revendeuses et colporteuses avec des charrettes à bras ou bien portant leurs produits dans des paniers ou sur leurs dos[4].

Les revendeuses offraient des boissons, des herbes, des oeufs, des légumes, de la volaille, du poisson, de la viande et d'autres produits[5]. Les lieux du marché pouvaient être un simple élargissement sur une rue ou une place à laquelle plusieurs rues menaient. Les activités du marché pouvaient avoir lieu à partir des tables ou des étals que l'on assemblait avant l'ouverture de la vente et démontait à la fin. Les petites villes avaient des marchés un ou deux jours par semaine tandis que les grandes villes pouvaient avoir des marchés quotidiens, au moins à la fin du Moyen Âge. Il y avait certainement une distinction à faire entre les revendeuses ayant suffisament de fortune pour louer des étals et les colporteuses qui étaient itinérantes, portant avec elles leurs marchandises. Mais toutes les deux faisaient partie d'une même économie urbaine modeste.

---

1 Maryanne Kowaleski (éd.), *Medieval Towns. A Reader*, Toronto, University of Toronto Press, 2008, p. 351.
2 Chiara Frugoni, *A Day in a Medieval City*, tr. William McCuaig, Chicago, University of Chicago Press, 2005), p. 48, et Juan Ruiz, *The Book of Good Love*, tr. Elizabeth Drayson Macdonald, London, J. M. Dent, 1999, à la ligne 723 a-c.
3 Marjorie Keniston McIntosh, *Working Women in English Society, 1300-1620*, Cambridge, Cambridge University Press, p. 131.
4 *Ibid.*, p. 128-132.
5 Kathryn Reyerson, *The Art of the Deal : Intermediaries of Trade in Medieval Montpellier*, Leyde, Brill, 2002, chapitre 2, pour une discussion des marchés locaux à Montpellier.

Montpellier au Moyen Âge. Bilan et approches nouvelles, éd. Lucie Galano et Lucie Laumonier, Turnhout, 2017
(*Studies in European Urban History*, 40), p. 93–104

KATHRYN REYERSON

Les autorités urbaines réglementaient les opérations du marché. Les pratiques de vendre au-delà des heures du marché ainsi que le fait d'augmenter les prix donnaient lieu à des accusations fréquentes. Barbara Hanawalt a trouvé la trace des revendeuses dans des litiges à Londres où elles étaient accusées d'acheter tôt le matin et de revendre tard l'après-midi quand les produits étaient devenus rares ou d'installer des étals sur le pont de Londres[6]. À Bruges on poursuivait des femmes pour le fait de devancer l'ouverture du marché de la laiterie. Elles payaient des amendes pour avoir installé des étals sur les ponts[7]. Le poète anglais du XIVe siècle William Langland a dit de *Rose the Regrater* dans *Piers Plowman*, « Quelle ruse elle avait[8] ».

La situation se présente de la même façon ailleurs. Maryanne Kowaleski a dépeint la scène à Exeter, en voyant la revente de la nourriture comme une occupation féminine[9]. Janice Archer a trouvé que les femmes de Paris au bas Moyen Âge représentaient plus d'un quart de tous les colporteurs/revendeurs, c'est-à-dire 228, dans *Le Livre des métiers*[10]. Il s'agit du métier de « *regratiere* » dans les documents. Des exemples de l'Allemagne et des Pays Bas ne font que renforcer ceux d'Angleterre et de Paris. James Murray a noté des femmes partout sur les marchés de Bruges. Une liste d'étals urbains de 1304 indique que 50 des 55 étals étaient loués par des femmes[11]. En 1305-1306, 83 des 93 étals de fruits à Bruges pendant le Carême étaient entre les mains de femmes[12].

Bien qu'il se trouve plus de sources concernant le rôle des femmes dans le commerce de redistribution en Europe du Nord, il existe des données pour l'Europe du Sud. Les compoix fiscaux du bas Moyen Âge contiennent des informations laconiques. David Herlihy a trouvé des revendeuses de denrées dans une enquête de 1384 sur les ménages à Seville[13]. Parmi leurs marchandises on trouve de l'orge, du miel, du lait, des poissons, des fruits, du pain ainsi que des épices. Des colporteuses ont laissé des traces à Bologne dans une enquête de 1395 sur les ménages. Herlihy a noté une femme d'une soixantaine d'années, décrite comme « revendeuse de chiffons et de frippes », c'est à dire une pelhière ou fripière[14]. Herlihy a cité le poète Francesco de Barberino, de la région de Florence, qui évoquait les métiers de femmes, des vendeuses de fruits et de légumes, des oeux, des poules, du fromage, aussi bien qu'une démarcheuse d'amulettes[15]. Florence et Toulouse comptaient la friperie parmi les occupations féminines[16].

---

6 Barbara A. HANAWALT, *The Wealth of Wives. Women, Law, and Economy in Late Medieval London*, Oxford, Oxford University Press, 2007, p. 200-201.

7 James M. MURRAY, *Bruges, Cradle of Capitalism, 1280-1390*, Cambridge, Cambridge University Press, 2005, p. 307.

8 William LANGLAND, *Piers Plowman*, éd. Elizabeth ROBERTSON et Stephen H. A. SHEPHERD, The Norton Critical Edition, New York, Norton, 2006, p. 75.

9 Maryanne KOWALESKI, « Women's Work in a Market Town : Exeter in the Late Fourteenth Century », in Barbara A. HANAWALT, *Women and Work in Preindustrial Europe*, Bloomington, Indiana University Press, 1986, p. 148-149.

10 Janice Marie ARCHER, *Working Women in Thirteenth-Century Paris*, Ph.D. dissertation, University of Arizona, 1995, p. 119-120 : « *the woman who hawked fruits, vegetables, and dozens of other small items through the streets, bequeathing us the English term "fish-wife"[poissarde] for a woman with a loud and annoying voice* ». Mes remerciements à Kate Kelsey Staples pour cette référence.

11 James MURRAY, *Bruges, Cradle of Capitalism*, p. 307.

12 *Ibid.*, p. 307. Voir aussi Merry Wiesner WOOD [HANKS], « Paltry Peddlers or Essential Merchants ? Women in the Distributive Trades in Early Modern Nuremberg », *The Sixteenth-Century Journal*, 12 (1981), p. 3-13.

13 David HERLIHY, *Opera Muliebria. Women and Work in Medieval Europe*, New York, McGraw-Hill, 1990, p. 70.

14 *Ibid.*, p. 155.

15 *Ibid.*

16 *Ibid.*, p. 95.

Pour Barbara Hanawalt, les revendeuses faisaient partie d'une économie transitoire, même expédiente[17]. Le métier de la revente, soit au marché, soit dans la rue, posait certains défis pour une mère de famille ou une femme seule. Cependant, à Londres au XVe siècle, selon Marjorie McIntosh, la moitié des *femmes soles*, c'est-à-dire, celles qui avaient un statut qui leur permettait de faire des affaires sans l'accord de leurs maris et d'entamer des litiges devant la cour, étaient des « colporteuses »[18]. McIntosh en a déduit que les difficultés économiques entraînaient la multiplication de colporteuses à la fin du Moyen Âge et au début de l'âge moderne. Le colportage, dans un sens large, était parfois le seul travail que des femmes pouvaient obtenir dans une économie qui leur refusait l'accès aux métiers, limitant ainsi leurs possibilités de participer pleinement à l'industrie artisanale[19].

À part les dossiers juridiques et les litiges qui donnent parfois des renseignements, il est difficile de bien connaître des colporteuses et des revendeuses. Une communauté informelle de femmes à Montpellier – des revendeuses du marché – avait servi de témoins dans un litige des années 1330 où les consuls municipaux disputaient le statut de l'Herberie, une place (*platea*) centrale devant l'hôtel de ville. Une famille marchande, les Boni Amici, la voyait comme privée et les consuls la voulaient publique[20]. Les témoignages de 1336, dans le latin notarial classique des procédures d'enquête, ne cachent pas les voix des revendeuses. Ces témoignages révèlent des femmes de multiples générations, d'une longévité impressionnante, d'une stabilité et d'une solidarité importantes. Plus que cela, cependant, il y avait aussi dans le milieu du marché un réseau économique vertical de plusieurs niveaux dans lequel des femmes jouaient un rôle considérable. La raison pour laquelle nous avons une communauté de revendeuses stable pourrait être le résultat de l'engagement des femmes de l'élite urbaine et des classes moyennes de Montpellier dans les marchés de la ville, comme propriétaires des étals et de l'espace marchand. Des rapports de clientèle liaient les femmes de l'élite et les revendeuses. Ces réseaux de liens, en plus d'une situation économique relativement propice, auraient pu dompter les dimensions transitoires et expédientes des activités du colportage et de la revente ailleurs en Europe.

La Place de l'Herberie à Montpellier rassemblait des femmes et des hommes de plusieurs milieux sociaux. Montpellier était une ville ouverte au commerce, une ville où la mobilité sociale des immigrés était possible. En dépit des monopoles, les colporteurs

---

17   Barbara Hanawalt, *The Wealth of Wives…*, p. 203.

18   Marjorie McIntosh, *Working Women…*, p. 131-132.

19   Francine Michaud, « Famille, femmes et travail : patronnes et salariées à Marseille aux XIIIe et XIVe siècles, » in Jean-François Cottier, Martin Gravel et Sébastien Rossignol (dir.), *Ad libros ! Mélanges d'études médiévales offerts à Denise Angers et Joseph-Claude Poulin*, Montréal, Presses de l'Université de Montréal, 2010, p. 244, pour des données sur la participation limitée des femmes à l'apprentissage à Marseille. Pour la même situation à Montpellier voir Kathryn Reyerson, « The Adolescent Apprentice/Worker in Medieval Montpellier », *The Journal of Family History*, 17 (1992), p. 353-370.

20   Voir Kathryn Reyerson, « Public and Private Space in Medieval Montpellier : The Bon Amic Square », *Journal of Urban History*, 24 (1997), p. 3-27, et « Le témoignage des femmes (à partir de quelques enquêtes montpelliéraines du XIVe siècle) », in Claude Gauvard (dir.), *L'Enquête au Moyen Âge*, Rome, École française de Rome, 2008, p. 153-168. Ce litige a laissé des traces aux Archives municipales de Montpellier, Grand Chartrier, Louvet no 234 (l'enquête), 236 et 243. Le document, Louvet 234, est un dossier de 274 folios ; le document 243 préserve les brouillons concernant le litige, et le document 236 fournit le compromis qui a résulté de la résolution du conflit. J'ai retenu la forme latine des noms dans ces documents. Voir aussi Kathryn Reyerson, *Women's Networks in Medieval France. Gender and Community in Montpellier, 1300-1350*, New York, Palgrave Macmillan, 2016, chapitre 7, où les thèmes de cet article sont traités dans le contexte plus large de l'histoire des réseaux entre femmes à Montpellier et dans le cas spécifique d'Agnes de Bossones.

KATHRYN REYERSON

pouvaient participer à la vente de draps selon les plus anciennes sources[21]. Il y avait dans cette ville de 35 000 à 40 000 habitants avant la Peste Noire, et donc beaucoup de consommateurs liés à l'économie de colportage, une condition nécessaire pour la stabilité et la prospérité de ce secteur économique.

La procédure de l'enquête indique la participation de quinze femmes, témoins pour la famille marchande des Boni Amici qui revendiquait la possession de la place marchande contre les consuls de la ville[22]. L'interrogatoire posait les mêmes questions aux femmes qu'aux hommes. La franchise des réponses aussi bien que les détails de leurs témoignages renforçaient la crédibilité des femmes. La plupart d'entre elles louaient des étals au marché. Quelques-unes louaient leurs étals des locataires des maisons de la place, qui appartenaient aux Boni Amici. Ces locataires de maisons étaient des hommes et des femmes.

Quant aux témoins, cinq femmes portaient la désignation notariale de *revenditrix* (revendeuse). Il s'agissait de Maria Maras, veuve du feu cultivateur Petrus Maras ; deux épouses, Maria Pictamine, dont le mari était Guillelmus Pictamini, Symona, épouse de Petrus Meleti, et deux célibataires, Johanna Poitala et Maria Temaza[23]. La plupart des autres témoins étaient designées en fonction de leur mari. On comptait deux épouses de poulaillers, Berengaria, femme de Johannes Martini, et Sanxia alias Cacina, femme de Symon Cassi, Alaytheta, l'épouse d'un cultivateur, Petrus de Amiliano, Pauleta, la femme d'un pêcheur, Raymundus Pauli, et Alaxacia, femme du mercier Johannes Michaelis. Guillelmus Pictamini, mari de Maria Pictamina, n'avait pas de métier signalé. Les métiers des maris des veuves étaient parfois donnés. Parmi ces veuves se trouvaient Johanna Symone, veuve de Guillelmus Symonis, revendeur (*revenditor*), et Guillelma Fabressa, veuve de Nicholaus Fabre, cultivateur. Guillelma louait une boutique dans le voisinage de la Place de l'Herberie. Mais le métier du défunt mari de Johanna, Petrus de Valmala, n'était pas indiqué. Enfin, Guillelma Sarlherie, femme de Stephanus Sarlherii, était elle-même identifiée comme poulaillère. Les témoins étaient des épouses dont les maris exerçaient des métiers modestes, aussi bien que des veuves et des célibataires[24]. Quatorze des femmes appartenaient au milieu de la revente : la femme d'un mercier étant la seule appartenant à un milieu social plus élevé. Alasacia (Alaxacia), épouse du mercier Johannes Michaelis, avait quarante ans et citait un

---

21   Voir la discussion de ces prohibitions dans Kathryn REYERSON, « Patterns of Population Attraction and Mobility : the Case of Montpellier 1293-1348 », *Viator*, 10 (1979), p. 257-281, ici p. 265. Dès 1226, des statuts avaient modifié le monopole pour permettre aux étrangers de participer au marché après une residence de cinq ans, ou après deux ans, s'ils étaient mariés à des femmes de Montpellier et ont prêté un serment de fidélité au roi d'Aragon et aux consuls et à la Commune Clôture. Dès 1251 le métier de teinture s'ouvrait aux étrangers avec deux ans de résidence et une fortune de 300 *l. melg.* s'ils étaient d'accord pour résider dix ans dans la ville. Ils avaient également besoin de l'autorisation des consuls et du métier de la teinture. Le métier des teinturiers et la revente de draps étaient les seules occupations à ne pas offrir un accès facile aux immigrés, selon les Coutumes de 1204. Voir Kathryn REYERSON, « Le rôle de Montpellier dans le commerce des draps de laine avant 1350 », *Annales du Midi*, 94 (1983), p. 17-40. Voir aussi A. TEULET, *Layettes du Trésor des Chartes*, Paris, Plon, 1863, I, p. 48, art. 110.
22   Voir la liste de témoins dans Kathryn REYERSON, « Public and Private Space... », p. 21-23. Les témoins sont plus divers que dans d'autres enquêtes de la même période à Montpellier. À comparer Kathryn REYERSON, « Le témoignage des femmes... » ; « Commercial Fraud in the Middle Ages : The Case of the Dissembling Pepperer », *Journal of Medieval History*, 8 (1982), p. 63-73 et « Flight from Prosecution : The Search for Religious Asylum in Medieval Montpellier », *French Historical Studies*, 17 (1992), p. 603-626. Du côté des consuls dans le litige de 1336, il n'y avait qu'une femme, Gausenta, épouse de Bernardus Conul, jardinier.
23   A. M. Montpellier, Grand Chartrier, Louvet n° 234, f° 53r° pour le témoin Maria Maras comme exemple.
24   Comparer le commentaire de Barbara HANAWALT, *The Wealth of Wives...*, p. 11. Sur les veuves au Moyen Âge, voir Louise MIRRER (éd.), *Upon My Husband's Death : Widows in the Literature and Histories of Medieval Europe*, Ann Arbor, University of Michigan Press, 1992.

souvenir de trente ans ; elle témoignait avoir observé les revendeuses et la possession de la place par la famille marchande depuis trente ans.

Ces témoins citaient d'autres femmes dans leurs témoignages, permettant l'expansion de cette communauté à travers plusieurs générations comprenant une douzaine d'autres femmes : Na Bastida, Na Peola, Na Sicola, Na Vulhana, Na Philippa, Fiza, la sœur de Johanna Symone, Na Raynauda, Na Sorleyi, Na Cambrega, Berengaria, Martina, Na Simone, Na Peycamina[25]. La désignation « Na » par le notaire était la forme raccourcie de « Ena » le titre Occitan de « Madame ». Plusieurs variations dans les noms de Na Mara, Na Peycamina/Petamina, Na Puiola, Alasacia/Alaxacia représentaient peut-être des versions alternatives d'un même nom. Les membres de cette communauté active d'environ trente femmes – célibataires, mariées, veuves – décrivaient leurs activités pendant des décennies. Elles louaient un espace commercial et y installaient des étals temporaires à l'aube, après la clôture d'un marché de travail qui avait lieu au milieu de la nuit. Elles vendaient leurs marchandises, des fruits, du poisson, des légumes, de la volaille, etc., sur la Place de l'Herberie.

Les témoignages nous informent que la communauté de revendeuses rassemblait des femmes de tous les âges, allant de vingt-cinq à soixante-dix ans, dont onze revendeuses de plus de quarante ans et huit plus de cinquante ans. Deux femmes avaient plus de soixante ans d'âge. Elles rapportaient d'anciens souvenirs, du temps où, vers l'âge de dix ans, elles accompagnaient leurs mères à la place pour travailler[26]. De multiples générations de femmes louaient de l'espace pour leurs étals démontables des propriétaires de maisons autour de la place et parfois des locataires de ces mêmes propriétaires. Elles précisaient les prix des locations ; elles se plaignaient des destructions causées par les officiers du roi de Majorque, qui venaient détruire leurs étals sous prétexte qu'elles encombraient le passage à travers la place[27]. L'hôtel de ville donnait sur un côté de la place et les consuls devaient la traverser pour y accéder. De temps en temps les officiers essayaient d'y installer des forains, au détriment de la communauté de revendeuses. Les témoins évoquaient l'atmosphère animée quand à l'aube le marché du travail s'évaporait et le milieu de la revente s'installait. Il régnait une certaine solidarité chez les revendeuses.

La femme la plus âgée qui sert de témoin se nommait Johanna Poitala, une revendeuse (*revenditrix*) de l'âge de soixante-dix ans[28]. Elle se prévalait une mémoire de soixante ans depuis l'époque où elle était âgée de dix ans et commençait à accompagner sa mère à la place pour vendre leurs marchandises. Johanna louait un étal depuis quarante ans, d'abord d'Agnes de Bossones, grand-mère du marchand Johannes Boni Amici contre qui les consuls ont lancé leur procès. À une date indéterminée Agnes avait acheté des maisons sur la Place de l'Herberie ; ensuite elle les avait données en dot à sa fille aînée, la mère de Johannes. La revendeuse Johanna Poitala, aussi bien que les autres témoins, connaissait Agnes. Dans le temps, certaines d'entre elles louaient leurs étals d'Agnes. Plus tard, Johanna louait son étal du beau-fils d'Agnes, Petrus Boni Amici, décédé dès 1336, et puis de Johannes Boni Amici,

---

25 Par exemple, A. M. Montpellier, *G*rand Chartrier, Louvet n° 234, f° 75v°, le témoignage de Johanna Symone.
26 Pour un exemple, A. M. Montpellier, Grand Chartrier, Louvet n° 234, f° 49v° dans le témoignage d'Alaytheta, femme de Petrus de Amiliano, laboureur.
27 Pour un exemple, voir A. M. Montpellier, Grand Chartrier, Louvet n° 234, f° 67v°. Le témoin Maria Pictamina, *revenditrix*, a raconté que Petrus Boni Amici employait un homme qui défendait les locateurs des étals.
28 A. M. Montpellier, Grand Chartrier, Louvet n° 234, f° 98v°-101v°.

fils de Petrus. Johanna Poitala travaillait avec sa sœur et elles payaient parfois la location ensemble[29].

Quelques citations du témoignage de Johanna pourront révéler l'importance de ses souvenirs pour la connaissance historique. D'abord elle prêta serment puis dit au notaire « que dans le temps de Na Bossoneza [*sic*] elle la susdite témoin louait là [sur la place] un étal pour le prix de 50 *s.* et que sur la place devant son étal elle présentait sa marchandise; à cette époque des étrangers causaient des problèmes car la curia du roi de Majorque était intervenue envers eux et avait restreint l'activité des revendeuses pour faire de la place aux étrangers ». Johanna continuait en disant « qu'elle louait le dit étal du dit Petrus Boni Amici pour le prix cité ci-dessus et que la dite place était déployée comme elle avait décrite ci-dessus. » Elle dit aussi que « Petrus Boni Amici est venu et a chassé les étrangers qui avaient occupé la place et causé des problèmes pour ceux qui louaient des étals, et il permettait aux hommes ou aux femmes qui avaient loué des étals d'utiliser la place jusqu'à la borne (*gaulhanum*) près de laquelle était affichés de petits panneaux avec la sauvegarde du roi [de France][30] ». Le témoignage de Johanna continue sur plusieurs folios. Ses réponses aux interrogatoires sont nourries par son observation et son expérience personnelle.

Johanna, comme plusieurs témoins, évoquait souvent une tradition familiale où plus d'une génération vendait des fruits, des légumes et d'autres produits sur la place marchande[31]. Elle pouvait citer les noms de revendeuses qui avaient travaillé sur la Place de l'Herberie depuis des décennies. Elle connaissait les puissants qui contrôlaient cette place. Les revendeuses possédaient des connaissances approfondies des activités de cette place du marché à travers quarante à cinquante ans[32].

Les témoignages des revendeuses de l'Herberie répétaient le nom d'Agnes de Bossones qui avait donné en location des maisons, des étals, et la *platea* avec l'aide de son facteur, Guillelmus Dalmas, qui recevait les loyers et défendait les droits des revendeuses à installer leurs étals à l'aube, après que les activités de la nuit aient été terminées. De temps en temps, les officiers du roi de Majorque s'opposaient à ces activités. Agnes avait des réseaux de locataires de maisons et locataires d'étals aussi bien qu'un personnel pour le fonctionnement de cette entreprise[33]. Elle était rentière, certes, au lieu d'être femme d'affaires active dans le commerce et la finance, mais tout semble indiquer qu'elle prenait un rôle actif dans la gestion de l'immobilier. Même parmi les rentiers il existait des façons de faire différentes, ce qui nous invite à nuancer toujours notre interprétation. Le rôle de la personalité a joué dans les approches des femmes de l'élite urbaine de la gestion de leurs fortunes, bien que les détails échappent au regard de l'historien dans la plupart des cas.

---

29   Johanna Symona, veuve de Guillelmus Symonis, *revenditor*, A. M. Montpellier, Grand Chartrier, Louvet n° 234, f° 75v°, a travaillé aussi avec sa sœur.

30   Ibid, f° 99r°-99v° : « *quod temporis de Na Bossoneza ipsa testis conducebat ibi quandam caxiam precio quinquaginta solidorum et quod in platea ante caxiam pariebant [sic] merces suas et interdum idem faciebat extranei quia interdum veniebat curia et faciebat eos restringere ut possent ibi recepi extranei. Item dixit quod dictam caxiam conduxit ipsa que loquitur a dicto Petro Boni Amici pretio supradicto et utebatur platea predicta ut supra dixit. Dixit etiam quod quando curia removerat banchos seu stanna a dicta platea veniebat dictus Petrus Boni Amici et removebat illos extraneos qui occupabant dictam plateam et impediebant illos qui conduxerant caxias et plateam et dictos homines seu mulieres qui conduxerant caxias faciebat uti dicta platea usque ad gaulhanum iuxta quod sunt affixi pannucelli regii ...* ». A. M. Montpellier, Grand Chartrier, Louvet n° 234, f° 49v° et f° 102r° pour d'autres exemples.

31   A. M. Montpellier, Grand Chartrier, Louvet n° 234, f° 49v° et f° 102r° pour d'autres exemples.

32   Alatheta, femme d'un cultivateur, et sa mère avaient loué des étals du feu Petrus Boni Amici et de son fils Johannes. Voir A. M. Montpellier, Grand Chartrier, Louvet n° 234, f° 49v° (59v°).

33   Voir Kathryn REYERSON, « Public and Private Space... » pour les détails.

En mariant sa fille à Petrus Boni Amici, Agnes lui donnait des maisons sur la place dont les *juvenes*, les assistants, ou facteurs, allaient désormais gérer la location et la réception des loyers. Selon le témoin Johanna Poitala, les mêmes pratiques continuaient car elle payait avec sa soeur 27 *s.* 6 *d.* au *juvenis* du fils de Petrus, le petit-fils d'Agnes, Johannes Boni Amici. En dépit de l'emploi de leur personnel comme intermédiaires, les propriétaires de l'élite étaient bien connus des revendeuses.

Celles-ci payaient de 45 *s.* à 55 *s.* pour la location annuelle d'un étal. En 1333 on pouvait acheter un sétier de blé local pour 7 *s.* 6 *d. t.*, le sétier représentant environ 49 litres[34]. Par ailleurs, les revendeuses payaient aux locataires des maisons sur la place 1 denier chaque vendredi. Les veilles de fêtes, quand elles vendaient du poisson, elles leur payaient 1 obole, c'est-à-dire la moitié d'un denier. Les profits que les femmes du marché gagnaient de la vente de leurs produits suffisaient pour payer ces locations très chères. La vente au marché était rentable.

Des hommes et femmes louaient des maisons autour de la place des Boni Amici. Ces mêmes locataires sous-louaient parfois aux revendeuses. Par exemple, la famille Boni Amici louait des maisons sur la place au fabricant de chandelles, Guillelmus Costa, qui payait en loyer pour une des maisons 32 *l. t.* (à l'année probablement), selon le témoignage de son apprenti/employé Johannes Oliverii, un jeune de vingt ans qui évoquait un souvenir de dix ans et citait Costa comme son maître[35]. La location était beaucoup plus chère que les loyers payés par les revendeuses pour leurs étals. Oliverii a déclaré que Costa recevait des loyers pour des maisons, des étals, et la place. Guillelmus Costa, locataire lui-même des Boni Amici, pouvait sous-louer ces espaces à son tour. Une femme dite Na Grana était aussi locataire d'une maison sur la place[36]. Des femmes participaient à ce niveau moyen d'engagement immobilier comme locataires des maisons sur la place. Au-dessus se trouvaient l'élite marchande, en-dessous les revendeuses. Des femmes comme Guillelma Fabressa, veuve d'un cultivateur et témoin dans le procès, louaient aussi des boutiques dans le voisinage de la place. Na Bastida a succédé à la location de la boutique de Guillelma après elle.

Une des revendeuses, Berengaria, femme du poulailler Johannes Martini, a dit qu'elle louait son étal de Na Bastida qui louait une maison sur la place de Johannes Boni Amici[37]. Il n'est pas certain qu'il s'agisse de la même Na Bastida, locataire de la boutique ci-dessus – les homonymes étaient très courants – mais celle-ci aurait pu être une sorte d'entrepreneur, grimpant l'échelle économique et gagnant assez pour les locations d'une boutique et d'une maison. La revendeuse Berengaria explique qu'elle avait payé 45 *s.* en location l'année passée. Elle a dit qu'elle connaissait Petrus Boni Amici, Berengarius Ruffi, un des anciens propriétaires des maisons sur la place, Na Bossonesa [*sic*] et Johannes, le fils de Petrus. Berengaria ne savait pas si la place était publique, mais elle savait que Johannes Boni Amici et ses prédécesseurs la possédaient.

Berengaria s'est décrite dans son témoignage de 1336 comme une femme de plus de cinquante ans. Son testament d'avril 1347 a été dicté dix ans après son témoignage, lui donnant plus de soixante ans au moment de ses préparations pour la mort[38]. En 1347

---

34   A. D. Montpellier, II D 95/369, J. Holanie, fᵒ 47rᵒ. Il y avait 48,92 litres dans un sétier.
35   A. M. Montpellier, Grand Chartrier, Louvet nᵒ 234, fᵒ 40rᵒ.
36   Pour d'autres mentions de Costa et de Na Grana, voir A. M. Montpellier, Grand Chartrier, Louvet nᵒ 234, fᵒ 40rᵒ, 54vᵒ, 57rᵒ.
37   A. M. Montpellier, Grand Chartrier, Louvet nᵒ 234, fᵒ 56vᵒ-59rᵒ.
38   A. D. Hérault, II E 95/377, fᵒ 43rᵒ, Bernardus Egidii.

Berengaria était veuve. Son mari, marchand de volaille, était décédé entre temps. Comme lieu d'enterrement, Berengaria avait choisi le cimetière du charnier Saint-Barthélemy à Montpellier, dans le tombeau de son feu mari. Les origines du cimetière remontent au XIᵉ siècle[39]. Saint-Barthélemy était une annexe de Saint-Firmin, l'église paroissiale de Montpellier. L'hôpital ou l'asile de Saint-Barthélemy, situé hors les murs au delà du faubourg de Villeneuve dans la zone sud-ouest de l'agglomération urbaine, a reçu vingt-neuf demandes de sépulture (vingt hommes et neuf femmes) dans les testaments datés d'avant 1350[40]. La clientèle était diverse, allant de l'élite marchande et de l'artisanat important, tels un drapier, mercier, poivrier, orfèvre, aussi bien que des marchands et des notaires, un monnayeur, un canabassier, un poivrier, la fille d'un drapier, la veuve d'un parchementier à une clientèle plus modeste, la femme d'un poulailler, notre Berengaria, un ceinturier, un floquier, un forgeron et des cultivateurs. Seize des vingt-sept demandes de l'ensevelissement à Saint Barthélemy avant 1350 s'inscrivent dans une tradition familiale, avec le choix de tombeaux des parents, des époux, et des enfants.

Dans son testament Berengaria mentionnait quatre femmes auxquelles elle faisait de modestes donations à partir des 10 *l.*, réservées pour des dons pieux. Elle avait donné 50 *s.* à sa soeur Fabrice, 5 *s.* à Johaneta, la fille du feu Raymundus Bandas d'Albi, 2 *s.* à Jacobeta, la fille de Bernardus Condamine, poulailler, et 2 *s.* à Alazassia, veuve du feu Guillelmus Bertrandi, cordonnier. Parmi la communauté de revendeuses, le nom Alasacia/Alaxacia était cité plus d'une fois : peut-être était-elle la bénéficiaire du testament de Berengaria. Pour ce qui restait des 10 *l.*, Bernarda demandait à ses exécuteurs de commander des messes à leur gré. À son neveu, Johannes Amelii, peut-être le fils de sa soeur Fabrice, elle avait donné une pépinière près d'un bois dans une paroisse voisine. Aussi à son neveu Johannes, elle faisait don d'une vigne à Soriech au sud-est de Montpellier, un site connu pour son bon vin, et six bocaux pour le vin. Elle lui léguait aussi de la literie. Berengaria le choisit comme héritier testamentaire. Si Johannes lui-même mourrait sans héritier légitime, les terres devraient être vendues et les profits utilisés pour des prières.

Berengaria réglait ses dettes dans son testament. Elle transmettait une vigne au floquier Johannes Veziani. Elle lui devait 6 *l.* 5 *s.* dont elle ordonnait le remboursement. Johannes Veziani figurait parmi les exécuteurs testamentaires, avec un autre floquier. Tous les deux devaient recevoir 20 *s.* pour leur service. Sept hommes avaient servi de témoins pour le testament de Berengaria, remplissant les réglements d'un testament nuncupatif (*testamentum nuncupatum*) du droit romain[41]. Parmi les témoins étaient les deux floquiers exécuteurs, un peintre et quatre boutonniers.

Il y a de multiples détails intéressants dans ce testament. D'abord, Berengaria, revendeuse et veuve d'un poulailler, avait une fortune suffisante pour faire un testament. Elle possédait des terres, elle avait obtenu du crédit, et elle disposait d'un numéraire qu'elle pouvait distribuer dans des legs. Il n'est pas fait mention d'enfant. Elle a fait des legs à quatre femmes, dont deux étaient des célibataires, signalées par le notaire uniquement

---

39 Martine SAINTE-MARIE, « Fonds de la Confrérie des penitents bleus de Montpellier (1404-1972) », *Répertoire numérique détaillé de la sous-série 115 J*, Montpellier, Archives départementales de l'Hérault, 2000, p. 1.

40 Voir Kathryn REYERSON, « Changes in Testamentary Practice at Montpellier on the Eve of the Black Death », *Church History*, 47 (1978), p. 253-269. Sur les hôpitaux du sud de la France, voir Jacqueline CAILLE, *Hôpitaux et charité publique à Narbonne au moyen âge*, Toulouse, Privat, 1977.

41 Louis DE CHARRIN, *Les testaments dans la région de Montpellier au moyen âge*, Ambilly, Coopérative Les Presses de Savoie, 1961.

comme des filles de quelqu'un. Berengaria avait connu du succès ; elle avait soutenu une position économique pendant plusieurs décennies jusqu'au moment de dicter son testament pour définir la répartition de ses biens. Elle dictait son testament de chez elle, dans sa maison, comme a indiqué le notaire, et a rémunéré ses exécuteurs. Elle avait réuni sept témoins pour son testament. Le niveau social des gens mentionnés dans son testament renforce l'idée qu'elle faisait partie d'un milieu social modeste. Elle appartenait à une communauté de revendeuses à Montpellier ; elle était entourée dans ses préparations à la mort par des femmes de ce milieu.

L'engagement des femmes dans les activités du marché à multiples niveaux de la société urbaine de Montpellier pourrait fournir une explication pour la stabilité pendant des décennies de la communauté de revendeuses de la Place de l'Herberie et le succès de leur entreprise. Ceci était tout sauf une économie transitoire et expédiente. En bas de l'échelle économique et sociale, des revendeuses comme Berengaria ont connu un certain succès. Na Bastida, locataire d'une maison et locataire d'une boutique, appartenait à un niveau intermédiaire, et des femmes de l'élite comme Agnes de Bossones à l'échelon le plus haut. Des femmes de l'élite participaient à cette économie marchande par les ventes et les échanges, par les locations de boutiques et de tables[42]. Elles étaient propriétaires de maisons bien situées en ville. Des témoins comme Johanna louaient des étals d'Agnes, qui, veuve d'un changeur également bourgeois, ainsi membre de l'élite urbaine, était une propriétaire importante. Elle était mentionnée fréquemment dans les témoignages des revendeuses – elle en sort comme une maîtresse femme. Elle avait une fortune immobilière à Montpellier, détaillée dans son grand testament de 1342, dont deux maisons de trois étages près d'une des portes de la ville[43]. Une des deux, près de la Porte de Montpelliéret, avait un nom – La Mangol – sans doute d'après la rue de ce nom. C'était peut-être une auberge[44]. Les autres maisons – même les hôtels que possédait Agnes – ne portaient pas de nom. Dans son testament, Agnes mentionnait des locations, des droits, des usages, des commodités et des pensions, en citant des techniques utilisées pour la gestion de son immobilier[45].

Les femmes de l'élite marchande à Montpellier nous ont laissé des traces de leurs engagements économiques sur les places marchandes de la ville. Martha de Cabanis, veuve d'un mercier, échangeait des propriétés rurales contre des tables commerciales ; elle possédait des tables dans la Boucherie et dans la Poissonnerie ainsi qu'une boutique et des biens immobiliers dans le quartier des poivriers[46]. Dans les transactions concernant ses propriétés, Martha était en train de rassembler de l'immobilier commercial au centre ville et de se destituer de ses biens à la campagne qui auraient pu être plus éparpillés et ainsi plus difficiles à gérer, et qui rapportaient peut-être moins ou étaient moins susceptibles de fournir un profit. Il faut dire qu'elle gardait ses vignes, qu'elle gérait soigneusement. Au-delà de la gestion

---

42   Kathryn REYERSON, « Lands, Houses and Real Estate Investment in Montpellier : A Study of the Notarial Property Transactions, 1293-1348 », *Studies in Medieval and Renaissance History*, n.s. 6 :16 (1983), p. 37-112.

43   A. M. Montpellier, II 3, J. Laurentii, fⁿ 13rᵒ, 5 avril 1342.

44   Sur les auberges et les aubergistes, Kathryn REYERSON, *The Art of the Deal...*, chapitre 3 et Kathryn REYERSON, « Medieval Hospitality : Innkeepers and the Infrastructure of Trade in Montpellier during the Middle Ages », *Proceedings of the Western Society for French History*, 4 (1997), p. 38-51. Agnes possédait un ensemble de propriétés près de la Porte de Montpelliéret et d'autres immeubles dont un hôtel près de Notre-Dame-des-Tables. Elle avait également des possessions hors les murs.

45   Kathryn REYERSON, « Land, Houses and Real Estate Investment... », pour les techniques de gestion.

46   A. D. Hérault, II E 95/374, G. Nogareti, fⁿ 51rᵒ and G. Nogareti, fⁿ 4rᵒ.

immobilière, Martha était une femme d'affaires, dans son rôle de tutrice et curatrice de ses enfants et à son propre compte[47].

Les femmes qui investissaient dans des tables ou des étals pouvaient répondre assez rapidement à l'évolution du marché ainsi qu'à l'inflation et à la fluctuation de la monnaie grâce à des locations à court terme. La gestion était peut-être plus pratique qu'avec des propriétés rurales. Les tables sur les marchés de la Boucherie et de la Poissonnerie, les ateliers dans l'Argenterie, dans la Draperie, et les tables de changeurs près de Notre-Dame des Tables étaient, en fait, des investissements qui rapportaient bien. En 1333, la veuve d'un argentier louait la maison et « le fondaco de Pise » dans l'Argenterie à un immigré de Novara dans le Piedmont. La location était pour quatre ans de 40 *l.* petits tournois par an. Une table dans la Poissonnerie valait 5 *l.* 5 *s.* petits tournois pour une location annuelle en 1333. Une table dans la Boucherie Vieille était louée à 7 *l.* p. t. par an pour deux ans en 1333. En 1339, un atelier dans la Draperie rapportait 6 *l.* p. t. par an pour deux ans. La location d'une table de change coûtait 3,4 *l.* par an pour trois ans en 1342[48].

Dans les locations de tables de marché – une trentaine en tout dans les registres de notaires avant 1350 – un tiers avait des femmes comme propriétaires. Ces tables étaient certes des investissements plus importants que des étals démontables des revendeuses de la Place de l'Herberie, mais elles faiaient partie de la même économie du marché. L'engagement des femmes de l'élite dans l'immobilier commercial aurait pu créer un contexte dans lequel des femmes d'un milieu modeste pouvaient survivre comme revendeuses et colporteuses et dans lequel des femmes d'un milieu intermédiaire telle Na Bastida, locataire d'une maison sur la Place de l'Herberie et locataire d'une boutique dans le voisinage, pouvaient réussir. Dans le même esprit, Agnes de Bossones et les Boni Amici agissaient comme patrons des revendeuses, les défendant contre les actes des officiers du roi de Majorque. Ils gagnaient ainsi en prestige, en capital symbolique et économique, dans le cadre urbain.

Les témoignages du procès de 1336 révèlent une communauté de revendeuses de la première moitié du XIVᵉ siècle qui se connaissaient bien entre elles. Elles étaient au courant de la gestion immoblière des membres de l'élite urbaine sur la Place de l'Herberie. Elles y louaient des étals à côté des hommes. Des femmes étaient également parmi les locataires de maisons de la place et les revendeuses louaient d'elles des emplacements. Il y avait des femmes parmi les locataires de boutiques dans le voisinage du marché. Des femmes de l'élite urbaine investissaient dans des maisons, des boutiques, et des tables bien placées sur et autour des marchés de la ville. Il y avait des réseaux horizontaux et verticaux étroitement liés. Des femmes étaient présentes sur les marchés et dans l'immobilier commercial du Montpellier médiéval, ce qui créait un environnement dans lequel une économie modeste de revendeuses pouvait survivre et fleurir sans conflits internes et avec longévité, stabilité, solidarité, et un succès relatif. Celle-ci était loin d'une économie transitoire, expédiente et de fortune. Même la situation qui est dépeinte dans *Piers Plowman* par William Langland suggère une vie assez stable pour *Rose the Regrater* : « Elle a vécu la vie d'une colporteuse pendant onze ans[49] ».

---

47 Kathryn Reyerson, « La participation des femmes de l'élite marchande à l'économie : trois exemples montpelliérains de la première moitié du XIVᵉ s. » *Études Roussillonnaises*, 25 (2013), p. 129-135.

48 Kathryn Reyerson, « Land, Houses and Real Estate Investment... », p. 79-81.

49 William Langland, *Piers Plowman...*, p. 74-75, où il est question de *Rose the regratere* : « *Rose the retailer was her right name : She's lived the life of a huckster eleven years,* » ce qui suggère une certaine stabilité. Mes remerciements au feu Eric Monkkonen pour son inspiration.

La petite Place de l'Herberie à Montpellier était un endroit central étroit, un vortex dans lequel se versaient plusieurs sortes de gens : ceux dont la survie et le profit dépendaient d'un accès facile et d'une sécurité certaine ; les officiers publics qui traversaient la place et qui voulaient qu'elle soit contrôlée par la ville ; les familles propriétaires de maisons sur la place et de la place elle-même et qui en tiraient des rentes et des locations ; et enfin, les piétons qui ne faisaient que passer et qui devaient naviguer entre les obstacles à la circulation d'un petit espace bien rempli.

Le genre d'activité commerciale qui avait lieu sur la Place de l'Herberie est incarné aujourd'hui par les étals d'enfants qui vendent des boissons, par les travailleurs à la journée qui se rassemblent pour attendre du travail dans les grandes villes, et par les vendeurs dans les rues des villes de Los Angeles, de New York et de Paris, ou de l'Amérique du Sud. Typiquement, dans les villes américaines, ces gens sont soit acceptés et taxés, soit interdits. Si interdits, le contrôle de l'espace passe souvent dans les mains privées – des gangs ou des entrepreneurs illégaux qui ramassent de l'argent en échange d'une protection ou bien qui font des locations des meilleurs endroits pour faire des affaires. Sur l'Herberie au Moyen Âge, on voit quelque chose d'un peu différent. Les revendeuses, bien présentes, avaient la tradition et le temps de leur côté ; leurs paiements sous forme de loyers – une sorte de versement pour la protection – allaient à une famille marchande, les Boni Amici. Les officiers publics du roi de Majorque étaient les intrus, tâchant de prendre en main ce qu'ils considéraient comme un espace public. Le roi avait le monopole légitime sur la violence dans ce cas, pas les gangs.

Les revendeuses ainsi que d'autres femmes actives dans l'économie marchande n'étaient pas les agents commerciaux les plus importants de l'économie urbaine. Le marché n'était pas le site le plus important pour des transactions commerciales. La plupart des transactions importantes avaient lieu dans des endroits privés. Mais l'espace public, constitué des rues et des boutiques des marchands, était aussi occupé par des réseaux de femmes qui conféraient au paysage urbain sa tonalité particulière. Et grâce à ces réseaux, la tradition de la revente féminine se perpétuait et fleurissait sur plusieurs générations dans le contexte économique mâture de la première moitié du XIVᵉ siècle.

Le Patriciat montpelliérain et son habitat vers 1300

Bernard Sournia
DRAC Languedoc-Roussillon

Dans le cadre de ce colloque, où l'on a surtout abordé la ville à partir de l'écrit et des textes, nous nous proposons d'introduire une autre dimension en portant notre regard sur les choses elles-mêmes, sur la réalité physique de la ville, son patrimoine architectural. J'évoquerai en premier lieu le travail que nous avons mené de concert, Jean-Louis Vayssettes et moi-même à la fin des années 1980 et publié en 1991 aux Éditions du Patrimoine sous le titre : *Montpellier, la demeure médiévale*[1]. Jean-Louis Vayssettes évoquera les découvertes survenues après cette publication et qui l'approfondissent, la précisent voire, ponctuellement, en corrigent les conclusions.

Les valeurs esthétiques et les modes de vie de la *société de cour* ont gommé partout en France, à l'âge classique, les structures de l'habitat préexistant : à la différence d'autres villes de l'aire méditerranéenne, Catalogne ou Aragon, Sicile ou Toscane, pas un des grands centres du sud, ni Toulouse, ni Aix, ni Marseille, n'a gardé de témoignages complets de l'habitat des couches aisées à l'âge dit *gothique*. L'idée de symétrie, la subdivision de l'immeuble en appartements, la séparation de l'appartement de Monsieur et de celui de Madame, le souci d'avoir des organes de distribution intériorisés, ont partout pulvérisé les structures antérieures. Telle fut sur les esprits l'emprise d'une idéologie centraliste étendue à tous les domaines de l'art de vivre, parler, s'habiller, construire, dont ont été indemnes nos voisins du sud !

Cependant, l'histoire retient la mémoire, au XIIIe siècle à Montpellier, d'une phase de prospérité commerciale de grande ampleur, poivriers et drapiers exerçant leur négoce à l'échelle de l'Europe et du bassin méditerranéen, à égalité de puissance ou presque avec quelques républiques marchandes de l'Italie à la même époque : or, nulle trace de l'habitat de cette classe sinon quelques fragments épars reparaissant sur les murs des maisons au hasard des ravalements. Seulement des morceaux : matière tout au plus à dresser un catalogue de fragments lapidaires : fenêtres géminées, encadrement de portes en tiers-point, voûtes d'ogives en rez-de-chaussée, etc. Pas la moindre maison entière ! Travail stérile et peu stimulant pour un historien du patrimoine que de dresser la nomenclature de ces *membra disjecta* !

Tel était notre état d'esprit en répondant à la commande d'un travail sur l'habitat montpelliérain et la morphologie urbaine. Persuadés qu'il n'y aurait rien à dire sur les temps *gothiques* nous avions, sans états d'âme, concentré notre effort d'étude sur l'âge classique particulièrement riche en architecture dans cette ville, recherchant l'identité des

---

[1] Bernard Sournia et Jean-Louis Vayssettes, *Montpellier, la demeure médiévale*, Paris, Imprimerie nationale, 1991.

Montpellier au Moyen Âge. Bilan et approches nouvelles, éd. Lucie Galano et Lucie Laumonier, Turnhout, 2017 (*Studies in European Urban History*, 40), p. 105–118

BREPOLS ❦ PUBLISHERS

DOI: 10.1484/M.SEUH-EB.5.113305

Figure 9. L'hôtel de Gayon, 3 rue de la Vieille, entièrement remodelé à l'âge classique (1) (Planche 3)

architectes et maîtres maçons, reconstituant l'œuvre de chacun, la chronologie de leurs réalisations, dressant la description des formes caractéristiques de ce milieu comme le botaniste décrit l'herbier de son biotope d'étude, etc. Notre synthèse était achevée, prête à partir chez l'éditeur. Mais une inconnue centrale persistait dans notre travail : nous avions, avec ces maisons et hôtels particuliers montpelliérains, la description d'une architecture d'essence indéniablement française : l'ornement, les distributions, tout renvoyait indubitablement aux standards classiques français. Pas la moindre trace d'italianisme, par exemple, à la différence de ce qui se passe à Marseille, Avignon ou Aix dans le même temps. Mais non les plans : dans aucun des théoriciens français de l'époque, nous ne trouvions de modèle à comparer aux plans usuels à Montpellier.

C'est à ce point que nous avons été tentés de regarder de plus près certains documents d'archives, dans les séries notariales, si rébarbatifs de lecture et apparemment si peu substantiels, que nous en avions résolument écarté l'étude. Ces documents s'appellent des *expertises*. Aucune transaction immobilière ne s'effectuait au XVIIᵉ siècle dans cette ville (nous n'avons pas eu le loisir de vérifier si cela se passait ailleurs) sans la visite préalable de deux experts, un charpentier et un maçon en présence d'un notaire, visite à l'occasion de laquelle la maison était décrite par le menu : tant de poutres et de solives dans telle salle et en tel état de conservation, porte d'entrée en tel bois, fort endommagée et vermoulue, à réparer, serrure de tel type, à changer, une grand salle de telles et telles dimensions, deux fenêtres *à l'antique* à la chambre avec vitres à plombs, cassées, et trois à *la moderne* à la salle, etc. Ces documents peuvent couvrir, dans l'exécrable écriture des tabellions de notaires, jusqu'à 40 pages : une lecture exténuante !

La difficulté d'interprétation de ces documents s'accroissait surtout de l'absence totale de repères topographiques et donc de l'impossibilité de localiser les maisons correspondantes dans le tissu urbain d'aujourd'hui : sans doute y avait-il des repères mais ils étaient empruntés au nom des habitants *en confront* de l'époque (la veuve un tel, le conseiller X ou Y), parfois à des noms de rue (noms le plus souvent disparus depuis). Enfin les experts n'indiquaient jamais dans quel sens (de droite à gauche ou inversement ?) ils effectuaient leur parcours. Nous nous sommes cependant essayés, par le dessin, à construire des hypothèses avec le pressentiment que ces documents recelaient des clefs précieuses pour la connaissance du passé médiéval.

Jusqu'au jour où notre chance fut de tomber, dans une maison précisément située dans la topographie actuelle, au n° 3 rue de la Vieille (1) près des halles Castellane, sur un devis de rénovation daté de 1661, précédé peu auparavant dans le même registre notarial, par l'expertise de la maison au moment de son acquisition[2]. Une autre chance, grâce à l'obligeance des propriétaires de cette maison, fut de pouvoir l'explorer et examiner à loisir de fond en combles. Oui, nous étions tombés sur l'opportunité idéale de confronter un état moderne de la maison avec la description de son état antérieur et en regard du bâtiment réel : une vraie pierre de Rosette !

---

2   Il s'agit de la demeure de Pierre de Gayon, conseiller à la cour des comptes, aides et finances, que des investigations plus récentes, postérieures à notre publication de 1991, nous ont permis d'identifier comme la demeure d'une éminente famille de drapiers montpelliérains du XIIIᵉ siècle : les Carcassonne. Jean-Louis Vayssettes évoquera les importantes découvertes archéologiques faites dans cette demeure après notre publication.

Figure 10. L'hôtel de Gayon, 3 rue de la Vieille, entièrement remodelé à l'âge classique (2) (Planche 4)

Cependant, nulle facilité ! À chaque ligne des textes l'on butait sur d'impénétrables difficultés de vocabulaire : qu'était-ce qu'un *saumier* ? Qu'en était-il d'un *doublis* ? D'un *porche découvert* ? Que signifiait l'expression *à l'antique* ou *à la moderne* s'agissant d'une fenêtre, par exemple ? Il fallait généraliser l'expérience à plusieurs maisons de façon à pouvoir, par analogie, décrypter le sens de chacun de ces mots[3].

Connaissant, grâce à notre travail préalable sur l'âge classique, les propriétaires des meilleures maisons montpelliéraines du XVIIe siècle et connaissant à peu près la date d'acquisition et de rénovation des dites maisons, notre démarche a consisté à rechercher les expertises correspondantes et, plus précisément, dans les maisons où quelques vestiges médiévaux apparents laissaient présager la présence cachée de grandes demeures patriciennes antérieures. L'évidence nous est alors apparue que l'habitat gothique, loin d'avoir disparu comme nous l'avions naïvement imaginé, était simplement dissimulé sous une gangue moderne : le squelette médiéval, certes brisé et lacunaire, a partout subsisté et imposé ses structures aux aménagements ultérieurs. Voilà pourquoi la typologie des maisons montpelliéraines du XVIIe siècle n'obéissait pas aux standards usuels décrits par les théoriciens classiques. Ce qui peut apparaître aujourd'hui comme évidence, était loin de l'être au moment de ce travail, qui était pionnier en la matière. Aucune analyse urbaine, en France au moins, n'avait jusque-là encore fait apparaître ce « B-A BA » de la morphologie urbaine.

L'exploration de la ville ainsi menée nous a conduits à reconnaître la récurrence de certains enchaînements, le lien systématique de certains membres ou motifs. Par exemple, quand on trouvait en façade un bandeau d'étage à cinq mètres au-dessus de la chaussée cela se conjuguait nécessairement avec la présence de voûtes au rez-de-chaussée et d'une baie à claire-voie à l'étage noble ; quand on avait un passage d'entrée voûté en plein cintre, immanquablement l'on trouvait aussi dans la cour une loggia, etc. Quand ils bâtissaient une maison, les hommes du Moyen Âge obéissaient à des schémas conventionnels, comme nous lorsque nous bâtissons un pavillon dans un lotissement avec piscine, garage, véranda vitrée, etc. Il était donc possible, à partir d'éléments épars, même fragmentaires, disséminés dans toute la ville, de construire, en une sorte de portrait-robot, le type idéal de la résidence urbaine de ces patriciens, de restituer l'image mentale que se faisaient de la maison ces consuls, drapiers, banquiers ou poivriers de Montpellier sous la seigneurie aragono-majorquine, société dont nous parlent à l'envi les historiens de cette ville, mais dont on n'avait jamais encore pu restituer le cadre matériel de leur vie quotidienne.

Je vous invite, rapidement à la visite de l'un de ces *ostals*, puisque tel est le nom médiéval que l'on donne, localement, à ces demeures.

D'abord, il faut savoir que l'espace majeur de la demeure est l'*aula*, la *grand-salle*, l'espace d'apparat, de séjour, qui est nécessairement au premier étage et qui regarde nécessairement vers la rue et si possible sur l'endroit le plus dégagé de la rue[4]. Si possible en direction d'une placette (ou, comme on dit à Montpellier, d'un *plan*) ou le plus près

---

3   Un *saumier* (latin : *saumenum*) est une poutre. Un *doublis* est une solive. Une fenêtre *à l'antique* est une fenêtre dont l'encadrement obéit à l'esthétique gothique rayonnante. Une fenêtre *à la moderne* a un encadrement de style flamboyant. Nous donnons plus loin dan le texte le sens du mot *porche découvert*.

4   Il existe des exceptions à cette règle et l'on trouve quelques salles d'apparat en rez-de-chaussée. Mais l'impossibilité de restituer le fonctionnement global de la demeure dans ces quelques cas ne nous permet pas de caractériser ces salles ni de leur attribuer une dénomination précise.

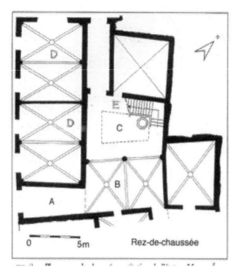 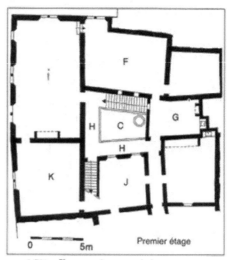

Figure 11. Restitution de l'ostal des Carcassonne, rez-de-chaussée et premier étage

possible d'un carrefour, c'est-à-dire de l'endroit où l'on a le plus de lumière. Elle commande toute la composition de la demeure : une fois cette pièce localisée, tout le reste s'enchaîne mécaniquement. On y accède par le *grand degré* : c'est un escalier extérieur qui prend place dans la cour et qui ne distribue que le premier étage. Le degré est un indice de prestige : la première chose que doit voir l'arrivant c'est donc le degré dont les premières marches s'offrent à lui dans sa ligne de foulée : il faut donc que l'escalier se retourne pour ramener le visiteur vers la salle et le corps de façade. Le puits est au pied de l'escalier, dans son retour.

À la cour, l'on accède par le passage d'entrée, nécessairement voûté *en tonne* (comme disent les textes, ce qui veut dire en plein cintre). Sur l'un des côtés de la cour est un vaste espace voûté largement ouvert sur la cour : nous l'appellerions aujourd'hui une loge ou loggia : on l'appelait le *porche couvert* par opposition à la cour proprement dite que les textes appellent le *porche découvert*. Nous nous sommes cassé les dents pendant des huit, dix et même douze mois pour interpréter ce mot sibyllin de *porche découvert* : ce n'est qu'avec le temps, à force de lire et de relire, que finissent par s'imposer le sens de certains mots. Quand il y a fête à la maison avec nombreux invités, on peut installer une partie des convives dans le *porche couvert*. En règle générale, c'est le seul espace d'apparat du rez-de-chaussée : les nervures des voûtes ont des profils recherchés. Les autres salles du rez-de-chaussée, qui sont toutes des ateliers, entrepôts, magasins, écuries ont les nervures des voûtes chanfreinées, de formes brutales et sans recherche.

La salle est la pièce la plus ajourée de la maison : elle s'éclaire par de vastes claires-voies. Elle mesure systématiquement entre onze mètres de long et cinq-six mètres de large. La grand-chambre, où dorment l'époux et l'épouse, est aussi un espace d'ostentation, noblement décoré de fresques et au plafond luxueusement peint : elle était immédiatement liée à la grand-salle[5]. Sans nul doute la chambre servait-elle de cadre à divers rituels sociaux liés à la naissance, au deuil ou aux festivités de noces. Peut-être aussi était-elle le lieu de séjour

---

5   Bernard SOURNIA et Jean-Louis VAYSSETTES, « Trois plafonds montpelliérains du Moyen Âge », in *Plafonds peints médiévaux en Languedoc*, Actes du colloque de Capestang, Perpignan, Presses universitaires de Perpignan, 2009, p. 149-171.

Figure 12. Restitution de l'ostal des Carcassonne, vue sur la tour et l'angle sud-ouest (Planche 5)

de l'épouse comme la grand-salle devait l'être du maître de céans. La cuisine est à l'étage, non loin de l'espace des maîtres, usage qui disparaîtra à l'âge classique, époque à laquelle, noblesse oblige, les fonctions ancillaires sont reportées au rez-de-chaussée. Il est probable qu'une lecture fine des documents notariés médiévaux, permettrait de mieux nous représenter le jeu des acteurs dans ces décors.

Quand on parvient à l'étage, des *courroirs*, c'est-à-dire des galeries ou coursières extérieures, distribuent les quatre côtés de la cour. Pour gagner les autres étages, il faut emprunter des escaliers secondaires, *visettes* ou étroits escaliers droits. En dehors de la salle et de la grand' chambre, tous les autres espaces sont désignés par nos documents comme *chambres*. Souvent une tour signale au loin la présence d'une maison considérable.

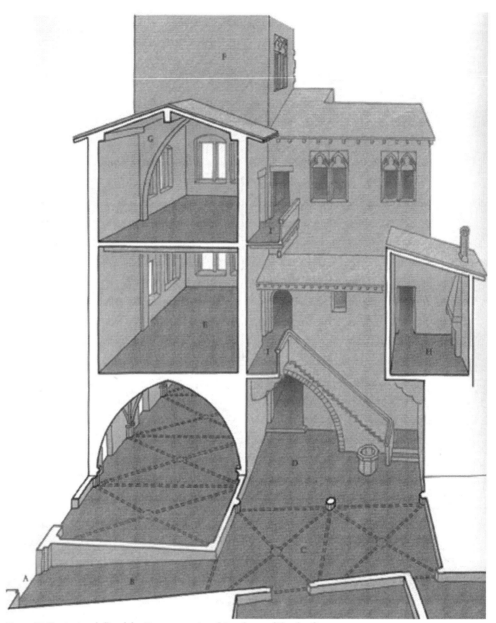

Figure 13. Restitution de l'ostal des Carcassonne, écorché sur la cour (Planche 6)

Le repérage sur le plan urbain fait à son tour apparaître la concentration de cet habitat que nous évaluons à environ quarante demeures correspondant aux quarante familles « capitalistes » qui détenaient les commandes du négoce local : il était massé autour du sanctuaire de Notre-Dame des Tables, l'actuelle place Jean-Jaurès et contenu dans l'espace de la toute première enceinte féodale, mettant d'ailleurs à profit les espaces vacants de cette enceinte déclassée (par suite du report des défenses urbaines sur la *Commune Clôture*). Au-delà de l'enclos féodal, sur les parties déclives de la colline, le parcellaire est celui des petites gens, artisans, laboureurs, etc. Les maisons sont d'emprise étroite et n'ont pas de

Figure 14. Pointage des éléments d'architecture médiévale sur le fond du cadastre contemporain (Planche 7)

cour. J'attire l'attention sur le fait que les quarante grandes demeures dont je viens de parler, constituent un gisement archéologique exceptionnel, inaccessible puisque occupé par des propriétaires privés. Nous pouvons pointer sur le cadastre les maisons dans lesquelles des sondages ciblés feraient reparaître à coup sûr fresques murales ou plafonds peints.

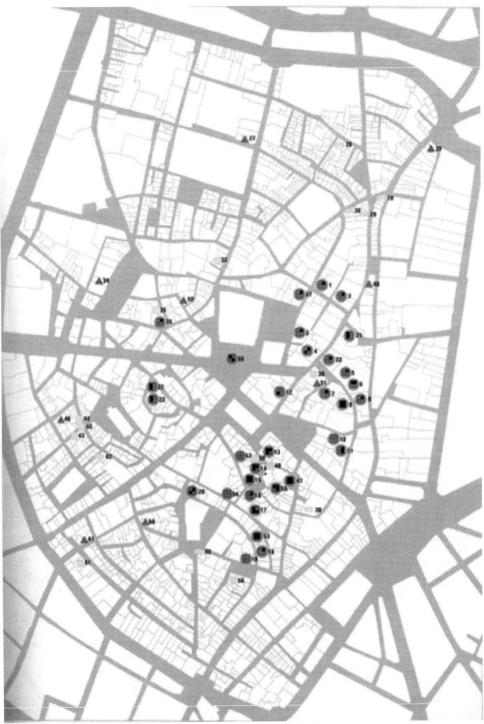

Figure 15. Autres traits caractéristiques du grand parcellaire médiéval (Planche 8)

Ce résultat prend tout son intérêt confronté à l'architecture de la maison patricienne de tout l'arc nord-occidental de la Méditerranée : Montpellier participe à l'évidence

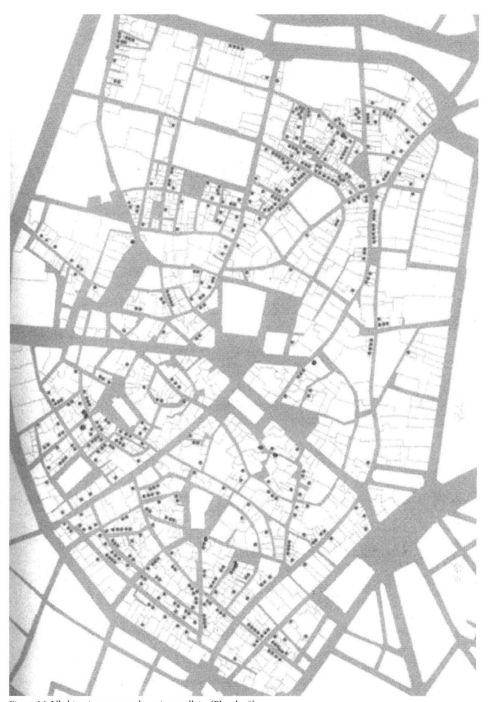

Figure 16. L'habitat intra muros de petit parcellaire (Planche 9)

d'une communauté méditerranéenne, vivant suivant des modes de vie fort identiques, cette société des républiques marchandes dont les novellistes du *trecento* nous décrivent les mœurs, Boccaccio, Giovanni Fiorentino ou Franco Sacchetti. À la réserve de variantes induites par les matériaux en usage dans chaque région (brique ici, calcaire ou grès ailleurs) ;

Figure 17. Détail du retable d'Ambrogio Lorenzetti : Scènes de la vie de Saint Nicolas. Vers 1332, Musée des Offices, Florence (Planche 10)

des particularismes locaux pouvant exister dans les techniques constructives ou dans certains motifs à caractère décoratif, soit encore du fait des particularités climatiques (sec, venté ou humide), etc., ce sont les mêmes schémas d'ensemble qui commandent la construction de toute grande maison de Barcelone à Syracuse, de Lucques à Venise...

Le parti pris de notre étude a surtout été de dégager les grandes règles, comme le grammairien tâche de déduire des énoncés d'un dialecte donné les règles syntaxiques propres à ce dialecte : resterait maintenant à réaliser la monographie de cet ensemble urbain maison par maison, à dater précisément chacune, à identifier leurs occupants et, autant que possible, à procéder à des sondages archéologiques méthodiques (à l'occasion, par exemple, des chantiers de rénovation). Jean-Louis Vayssettes va donner tout de suite quelques exemples de cet affinement monographique de notre enquête.

De ce travail ressort un constat paradoxal : voilà une expérience de découverte d'une ville médiévale menée d'un point de vue moderniste et à partir de documents modernes ! Les sources médiévales montpelliéraines concernant directement l'habitat sont rarissimes, difficiles à repérer : du moins l'ont-ils été pour nous. Il n'est pas certain que nous aurions atteint le même résultat si nous avions travaillé en médiévistes purs !

Cette page et page précédente. L'enveloppe moderne que font voir les photos englobe le corps d'une maison du dernier quart du XIIIᵉ siècle, l'ostal des Carcassonne. Seule la tour et quelques traces de baies murées décèlent du dehors la présence de structures médiévales. La porte en travée dorique appartient aux réfections de 1661 et les fenêtres résultent d'un remaniement de la seconde moitié du XVIIIᵉ siècle.

Détails de la Figure 11. A) passage d'entrée. B) loge ou porche couvert. C) cour ou porche découvert. D) échoppes ou ateliers. E) grand degré. F) grand chambre. G) cuisine. H) courroirs ou coursières. I) grand salle. JK) chambres

Détails de la figure 12. A) entrée. B) plan ou placette. C) entrées d'échoppes ou d'ateliers. D) entrée secondaire. Les tracés de couleur rouge expriment les parties reconstituées. Ces dernières reposent à parts égales sur les indications des expertises et sur l'observation des traces archéologiques subsistantes.

Détails de la figure 13. A) entrée. B) allée d'entrée. C) loge ou porche couvert. D) cour ou porche découvert. E) salle. F) tour. G) arc diaphragme. H) cuisine. I) coursière. Les tracés de couleur rouge expriment les parties reconstituées. Ces dernières reposent à parts égales sur les indications des expertises et sur l'observation des traces archéologiques subsistantes.

Les points bleus localisent les maisons comportant des voûtes d'ogives ; les triangles jaunes localisent les passages d'entrée voûtés ; les carrés jaunes situent les plafonds peints. Tous ces traits morphologiques, liés aux maisons de grand parcellaire, sont massés dans la partie haute de la colline montpelliéraine aux alentours de l'église Notre-Dame-des-Tables et définissent l'emprise du quartier patricien aux XIIIᵉ et XIVᵉ siècles. Cette carte et les deux suivantes sont tirées de Montpellier, la demeure médiévale, où figure leur légende complète.

Cette carte localise d'autres traits caractéristiques du grand parcellaire médiéval : présence d'une cour et d'un degré dans la cour ; d'une loge sur cour ; d'une coursière sur cour. On retrouve la même concentration que dans la précédente carte, soit sur le plateau culminant de la colline montpelliéraine, autour de Notre-Dame des Tables et dans l'espace de l'enceinte féodale.

Cette carte, véritable négatif des deux précédentes, représente l'habitat intra muros de petit parcellaire, toutes époques confondues signalé par les points bleus. Dans l'ensemble cet habitat reprend et fixe un découpage parcellaire des XIIIᵉ et XIVᵉ siècles. Les maisons médiévales subsistantes en élévation sont représentées par la couleur brique. La concentration de cet habitat se trouve sur les pentes de la colline montpelliéraine formant couronne autour du quartier patricien.

L'un des panneaux du polyptique d'Ambrogio Lorenzetti réalisé pour San-Procolo de Florence vers 1332 (tempera sur bois) : le peintre situe le miracle du saint Nicolas de Bari dans le cadre d'une demeure toscane en tous points comparable quant à l'organisation générale des espaces aux ostals de la bourgeoisie montpelliéraine contemporaine. Le panneau complet mesure 92 x 52,4 cm car deux scènes figurent sur celui-ci.

Quoi de neuf à Montpellier depuis 1991, à propos de ses maisons des XIIIe et XIVe siècles ?

Jean-Louis Vayssettes
DRAC Languedoc-Roussillon, Service régional de l'archéologie

Des découvertes et des confirmations

Depuis la publication en 1991 sur les maisons médiévales montpelliéraines[1], de nombreuses opérations archéologiques préventives ont été réalisées dans la ville et ses faubourgs lors des chantiers de construction du Tram, du Musée Fabre, de la Faculté de Droit, etc. Toutes ont apporté leur lot de découvertes et d'informations, notamment sur les emprises foncières de l'habitat urbain au Moyen Âge. Cette archéologie sédimentaire a été complétée par une surveillance régulière des rénovations d'immeubles (tels que les ravalements de façade, réhabilitations d'appartements ou restructurations de bâtiments) et par les observations réalisées lors de la révision du secteur sauvegardé. Comme lors du travail sur la demeure médiévale, les archives ont été régulièrement sollicitées pour documenter ces découvertes. Les nouvelles données concernent tous les domaines de l'architecture mais de manière inégale, puisqu'elles résultent de l'opportunité des chantiers. Elles n'ont pas toujours porté sur l'architecture domestique. Ainsi, en plusieurs points de la ville, des observations ont été réalisées sur les fortifications médiévales, les édifices religieux, les installations artisanales, les espaces funéraires.

Les fortifications, les ouvertures ponctuelles du sous-sol au centre Saint-Guilhem, au 12 rue Salle-l'Évêque, au Musée Fabre, à l'opéra Comédie et, enfin, sur la place Molière, confirment ou ajustent le tracé de la Commune Clôture et permettent d'en identifier les éléments constitutifs qui étaient seulement connus par des documents graphiques parfois discutables. D'autres opérations ont permis d'aborder les édifices religieux ou charitables : Notre-Dame-des-Tables, Saint-Côme-et-Saint-Damien, l'hôpital du Saint-Esprit. L'église des Carmes a, quant à elle, été récemment repérée sur la place Albert 1er et a été fouillée au cours de l'été 2014. Les recherches effectuées sur les installations artisanales du Pila-Saint-Gély et de la porte de la Blanquerie ont été publiées en 2012 dans le catalogue de l'exposition *Montpellier, terre de faïence*[2].

Intra-muros, l'essentiel des découvertes a concerné l'architecture domestique. Toutefois la synthèse générale mise en place il y a plus de vingt ans, sur la morphologie, typologie et chronologie des demeures montpelliéraines, n'a pas été bouleversée. Deux grands types dominent toujours : les demeures à corps unique qualifiées de « maisons

---

1   Bernard Sournia, Jean-Louis Vayssettes, *Montpellier : la demeure médiévale*, Paris, Imprimerie Nationale Éditions – Inventaire Général, 1991.
2   Jean-Louis Vayssettes, Lucy Vallauri, *Montpellier Terre de faïences. Potiers et faïenciers entre Moyen Âge et XVIIIe siècle*, Milan, Silvana Editoriale, avril 2012.

Montpellier au Moyen Âge. Bilan et approches nouvelles, éd. Lucie Galano et Lucie Laumonier, Turnhout, 2017
(*Studies in European Urban History*, 40), p. 119–136

Figure 18. 1, rue Sainte-Ursule (Planche 11)
Linteau trilobé de fenêtre. Le « *poudet* », c'est-à-dire la serpette, symbolise probablement la profession du propriétaire qui devait être un vigneron.

élémentaires » et celles à plusieurs corps organisées autour d'une cour dites « demeures patriciennes ». Cependant, les observations récentes offrent l'occasion de compléter et de retoucher plusieurs des aspects de la maison médiévale publiés en 1991. Ce sont ces nouveautés, concernant le seul domaine de l'architecture domestique, qui sont abordées ici.

Les découvertes et les observations, tributaires de mises au jour aléatoires, sont inégales. Les vestiges apparus ces dernières années, jusqu'à maintenant dissimulés par les enduits ou cachés dans les recoins des appartements, se comptent par dizaines. Leur importance est variable allant de la trace presque insignifiante à la maison complète. Cette multitude d'éléments épars densifie les cartes établies en 1991 et resserre encore plus le maillage des structures médiévales conservées dans le noyau urbain : fenêtres plein cintre (6, rue Bocaud), à linteau trilobé (1, rue Sainte-Ursule) (figure 18), voûte d'ogive au 13, rue Eugène Lisbonne, baies couvertes de linteaux simples (12, rue du Palais, façade sur la rue du Pistolet), baies de boutique avec linteaux moulurés (12, rue Saint-Firmin), etc.

Parfois les ravalements dégagent des vestiges remarquables, déjà repérés mais en grande partie masqués par les vieux enduits, comme les baies de la maison sise à l'angle des rues de la Carbonnerie et Delpech datant du début du XIIIe siècle (figure 19)[3]. Il en est de même pour les baies de la maison à l'angle de l'impasse Montferrier et de la rue Rosset, construction presque contemporaine de la précédente, qui montrent de jolis chapiteaux

---

3   Isabelle REMY, avec la collaboration d'Éric Henry, *Montpellier (Hérault), 2, rue de la Carbonnerie, angle rue Delpech*, Rapport final d'opération, Diagnostic archéologique, Service régional de l'Archéologie, DRAC Languedoc-Roussillon, INRAP, 2005.

Figure 19. 2, rue de la Carbonnerie. Façade sur la rue Delpech après dégagement des baies du début du XIIIe siècle (Planche 12)

à feuillage et qui ont conservé les gonds des volets d'origine. Ces deux exemples révèlent une riche ornementation sculptée, d'une remarquable qualité pour l'architecture civile, inconnue à Montpellier jusqu'à ces derniers temps. Il arrive que des façades complètes appartenant à des « maisons élémentaires » apparaissent derrière les enduits : 4, rue Sainte-Anne ; 19, rue de l'Amandier ; 30, rue Saint-Sépulcre, à l'angle de la rue de la Rochelle (figure 20). Exceptionnellement, le ravalement d'une façade dégage un nouveau type d'aménagement des baies de rez-de-chaussée pour une maison patricienne avec l'apparition de grands arcs brisés ouverts sur la rue (4, rue du Trésorier de la Bourse).

La visite des appartements favorise généralement la découverte d'éléments isolés, surtout des organes de distribution intérieure, comme une porte à linteau surmontée d'un motif polylobé au 15, rue du Trésorier de la Bourse ou une porte en arc brisé au 21, Grand'Rue-Jean-Moulin. Cependant, l'exploration des parties privées révèle aussi des façades médiévales complètes, observables sur plusieurs niveaux, comme celle qui était ouverte sur une venelle aujourd'hui obturée au fond de l'impasse Perrier. Dans ce dernier cas, le bâtiment, créé ultérieurement à l'emplacement d'une voie publique délaissée, est venu masquer la façade médiévale initialement ouverte sur celle-ci.

Les apports nouveaux

Si les éléments qui viennent d'être évoqués ne bouleversent en rien la connaissance de la demeure médiévale montpelliéraine, ils densifient néanmoins la carte des éléments médiévaux conservés dans une ville déjà riche en vestiges archéologiques de ce temps. En

Figure 20. 30, rue Saint-Sépulcre. Maison à l'angle de la rue de la Rochelle, fin XIIIe début XIVe siècle (Planche 13)

contrepartie la multiplication des découvertes enrichit nettement la connaissance des techniques, des formes, de la typologie, du goût des Montpelliérains et, enfin, de la chronologie de l'architecture domestique.

De la cabane aux maisons de terre

Bien que modestes, quelques éléments complètent les informations sur les techniques de construction en usage et donnent une image renouvelée du paysage urbain de Montpellier au Moyen Âge. Les fouilles du faubourg du Pila-Saint-Gély, par exemple, ont révélé les traces de quelques fonds d'habitations légèrement excavés dans les sables et grès formant le sous-sol de la ville. Ces excavations sont bien datées du XIVe siècle par le matériel céramique qu'elles contenaient : de nombreuses cruches grises accompagnées de vaisselle plus luxueuse, importée de Valencia. Il s'agissait apparemment de constructions assez sommaires sans étage, plus proches de la cabane que de la maison. Dans l'enceinte construite au tout début du XIIIe siècle, en périphérie du noyau initial, certains quartiers dont la population modeste était surtout constituée d'artisans, comme le Légassieu ou la Blanquerie, ne semblent pas avoir bénéficié d'un bâti de meilleure qualité.

La construction en terre crue, si couramment employée aux XIIIe et XIVe siècles dans d'autres localités du Bas-Languedoc (comme Agde, Lunel, Montagnac, Lézignan-Corbières, Limoux, etc.) et jusqu'à présent presque toujours passée inaperçue à Montpellier, a été identifiée lors de la fouille qui s'est déroulée rue de la Providence[4]. D'après les textes, cette technique a aussi été mise en œuvre dans le quartier de la Valfère où un maçon s'engage en 1366 à réparer une maison avec de la terre[5] et dans celui de Saint-Paul (Saint-Roch) où des experts constatent, en 1603 la présence de murs bâtis « *avec tappie* », c'est-à-dire en terre crue[6]. Le terme *tappie* correspond au mot *tapia* en usage aux confins de l'Aude[7]. Les constructions de pierre de taille côtoyaient donc celles de terre crue qui ont totalement disparu au cours de l'âge classique, lors des transformations du bâti intra-muros. Ainsi, il est possible d'imaginer des constructions beaucoup plus rudimentaires que la maison élémentaire que nous décrivions en 1991.

Les caves et sous-sols

Les sous-sols figurent parmi les nouveaux espaces observés. Lors de l'étude de 1991, aucune cave assurément médiévale n'avait été identifiée[8]. Leur existence est maintenant attestée par deux exemples restés inaccessibles lors des premières investigations. Elles sont voûtées, l'une d'ogives et l'autre d'arêtes. Il s'agit toutefois d'édifices exceptionnels. Le premier est vraisemblablement une dépendance de la commanderie du Petit-Saint-Jean (2, rue des Teissiers) et l'autre se trouve dans la demeure d'un riche propriétaire du temps de Jacques d'Aragon, connue de nos jours sous le nom d'hôtel de Mirman (7, place du Marché-aux-Fleurs).

Ailleurs, il a été observé, au bas des maisons, une occupation de l'espace en contrebas du niveau des rues. Un projet de rénovation a permis de réaliser un sondage et d'appréhender les aménagements en partie excavés au rez-de-chaussée de quelques grandes demeures médiévales. Ces observations ont été faites dans des espaces identifiés comme des magasins ou entrepôts dont le sol se trouve à plus d'un mètre sous le niveau de la rue. Les chapiteaux recevant les retombées des voûtes d'ogives qui couvrent ces espaces sont en partie enterrés. Un sondage réalisé au 5, rue de la Croix-d'Or a permis le dégagement des colonnettes supportant le chapiteau sur plusieurs dizaines de centimètres de profondeur.

De l'autre côté de la même rue, au n° 10, les voûtes du rez-de-chaussée présentent la même configuration avec leurs chapiteaux en partie noyés dans le sol, révélant ainsi l'existence d'un niveau de circulation situé en contrebas. Or il est impossible d'avancer l'idée d'un exhaussement du sol de la rue car le niveau de celle-ci est resté quasi inchangé comme le montrent les portes d'une maison de XIIIe siècle située au 8, rue de la Croix-d'Or. De semblables aménagements existent ailleurs dans la ville. Un autre exemple

---

4   Yann HENRY, *Dominium-Providence, Montpellier (Hérault) : origine et évolution d'une parcelle bâtie dans le quartier médiéval du Légassieu*, Rapport final d'opération de fouille archéologique, Service régional de l'Archéologie, DRAC Languedoc-Roussillon, HADES, 2007, p. 184 sq.

5   Maurice [OUDOT DE] DAINVILLE, Marcel GOURON, Liberto VALLS, *Archives de la ville de Montpellier. Inventaire analytique, série BB (notaires et greffiers du consulat 1293-1387)*, t. XIII, Montpellier, Tour des Pins, 1984, p. 107, BB 7, f° 23, n° 1022, le 12 janvier 1366.

6   A. D. 34, 2 E 60/6 f.° 146, le 05/08/1603 expertise après vente d'une étable dans le sixain de Saint-Paul.

7   Dominique BAUDREU, « Observations sur les constructions en terre crue dans l'Aude (Moyen Âge et Époque Moderne) », *Bulletin de la Société d'Étude Scientifique de l'Aude*, 102 (2002), p. 57-64.

8   Presque toutes les caves de la ville ont été creusées en sous-œuvre à l'époque moderne.

remarquable de ce type d'aménagement se trouve dans l'impasse Broussonnet[9]. Enfin, les textes témoignent eux aussi de tels dispositifs, comme celui qui est évoqué dans l'expertise du 3, rue de la Vieille[10].

Loger les voyageurs

La multiplication des découvertes a aussi enrichi le corpus d'un type de distribution bien particulier : celui des maisons à façade en retrait d'alignement. Nous en avions déjà repéré quelques spécimens comme le 20, rue du Pila-Saint-Gély ou le 9, rue Poitevine[11]. Depuis de nombreux exemples nouveaux ont été découverts aux 10, rue de l'Université, 30, rue des Étuves, 6, rue Bocaud ; 31, rue Saint-Guilhem ; 16, rue des Écoles-Laïques. Ce type de demeure existe dès le début du XIIIe siècle (6, rue Bocaud) et est encore construit au début du XIVe siècle. Très rapidement, certainement sous la pression démographique et en raison du manque de place intra-muros, des constructions nouvelles comblent des espaces libres des avant-cours et masquent les façades en retrait d'alignement.

Parmi la quinzaine d'édifices de ce type repérés, l'un d'eux, situé au 9, rue de la Petite-Loge[12], a fait l'objet d'une étude archéologique approfondie permettant une description plus détaillée (figure 21). On y observe la présence d'une loge en rez-de-chaussée qui prolonge l'avant-cour fermée du côté de la rue par un mur clôture. À chacun des deux étages, une galerie en bois dessert deux petites pièces avec porte et fenêtre double trilobée. La datation par dendrochronologie réalisée par Frédéric Guibal, Institut Méditerranéen d'Écologie et de Paléoécologie U.M.R. 7263 (Aix-Marseille Université C.N.R.S.), place l'abattage des arbres ayant servi à la confection des planchers séparant le premier étage du deuxième, vers 1220-1230. Ce calage chronologique concorde parfaitement avec le style des modénatures ornant les baies de la façade, conforme au goût du second quart du XIIIe siècle.

Toutes ces constructions en retrait d'alignement présentent une façade à composition symétrique développée sur plusieurs niveaux avec, à chaque étage, deux modules identiques séparés par une cloison, ayant chacun une porte d'entrée et une fenêtre et possédant un système d'accès extérieur qui rend indépendante chacune des pièces du bâtiment. Ces dispositions en petits logements indépendants, incompréhensibles pour un habitat familial, suggèrent plutôt une forme d'accueil collectif. L'exiguïté de chaque cellule, une seule pièce, sans commodité, laisse supposer un séjour bref dans ces locaux, une ou deux nuits. Leur morphologie évoque un logis dans le sens où on l'entendait à cette époque. Ces édifices, un peu particuliers, hors des schémas habituels, seraient un des indices matériels de la fonction de ville-étape pour les pèlerins et les marchands venus d'horizons lointains[13].

---

9 À l'arrière de l'immeuble du 1, rue de la Carbonnerie.

10 Bernard SOURNIA, Jean-Louis VAYSSETTES, *Montpellier...*, p. 226, note 8.

11 *Ibid.*, p. 114-115 et p. 128-129.

12 Patrice ALESSANDRI, Astrid HUSER avec la collaboration de Frédéric Guibal et Jean-Louis Vayssettes, *Hôtel de Chirac – Hôtel de Vaissière, à Montpellier (Hérault). Document final de synthèse, étude de bâti*, Document final de synthèse, Service régional de l'Archéologie, DRAC Languedoc-Roussillon, Afan, 2000.

13 Ghislaine FABRE, Jean-Louis VAYSSETTES, « Montpellier : topographie d'une ville marchande », in Ghislaine FABRE, Daniel LE BLÉVEC et Denis MENJOT (dir.), *Les ports et la navigation en Méditerranée au Moyen Âge*, Paris, éditions du Manuscrit, 2009, p. 95-96.

Figure 21. 9, rue de la Petite-Loge (Planche 14)
Hypothèse de restitution de la façade, deuxième quart du XIIIe siècle (croquis de J.-L. Vayssettes, SRA, Drac Languedoc-Roussillon).

Entreposer les marchandises

Jean Combes, qui a souligné l'importance du rôle des hôtelleries et hôteliers dans une ville s'étant développée grâce au commerce international, relève également l'activité bien particulière des *fondeguiers*. Il observe notamment que les *alberguiers* et *fondiguiers* sont regroupés sous la même rubrique dans le tarif des impôts indirects de 1376. D'après lui, c'étaient des « magasiniers qui conservaient dans des entrepôts les marchandises qu'on leur confiait[14] ». Au XVIIe siècle, l'historien Pierre Gariel évoque les « *beaux magasins à Montpelier, que l'on appelloit des Fondaques, ou des Fondiques[15]* ». Il reprend simplement un terme utilisé dans les textes du XIIIe siècle ayant pour équivalent arabe le mot *fondouk*[16]. Montpellier participe à l'effervescence commerciale de la Méditerranée du XIIe au XIVe siècle et ses archives livrent un terme commun à toutes les grandes villes marchandes de ses rivages[17]. Dès le milieu du XIIe siècle, Guilhem VI, assigne aux Génois une maison pour y établir un « *fondaco* »[18].

Les chartes communales regorgent de mentions de ces établissements et des professionnels qui en avaient la charge. Il est question, par exemple, le 5 février 1292, d'un « *fundicum, in recta carriera* » allant de Notre-Dame-des-Tables vers la tour d'Obilion, acheté par Guilhem Conques[19]. Il ne s'agit plus de locaux ayant une fonction de simple hôtellerie ou de logis mais plutôt de vastes bâtiments permettant de mettre à l'abri les grandes quantités de marchandises qui transitent par la ville et de loger les marchands et les muletiers qui en ont la charge. Les vastes espaces voûtés de nombreuses travées d'ogives, qui occupent les rez-de-chaussée des grandes demeures du XIIIe siècle[20], sont ces entrepôts où étaient déposées ballots, sacs, caisses portés par de nombreuses bêtes de somme, débarqués ou embarqués sur les navires accostant aux ports de Lattes et d'Aigues-Mortes. Les rez-de-chaussée de nombreuses maisons établies en périphérie de Notre-Dame-des-Tables conservent ainsi une empreinte des préoccupations marchandes des Montpelliérains.

Les maisons à *bescalmum* ou avant-solier

Une découverte récente confirme la précision et la fiabilité des dires de l'historien Charles d'Aigrefeuille qui expliquait que

---

14 Jean COMBES, « Hôteliers et hôtelleries de Montpellier à la fin du XIVe siècle et au XVe siècle », in *Hommage à André Dupont, études médiévales languedociennes*, Montpellier, Fédération historique du Languedoc méditerranéen et du Roussillon, 1974, p. 57, note 9.

15 Pierre GARIEL, *Idée de la ville de Montpellier recherchée et présentée aux honestes gens*, Montpellier, Daniel Pech, 1665, p. 80.

16 Le mot vient du grec *pandokeion* qui se traduit par auberge.

17 Olivia Remie CONSTABLE, *Housing the Stranger in the Mediterranean World: Lodging, Trade, and Travel in Late Antiquity and the Middle Ages*, Cambridge, Cambridge University Press, 2003.

18 Alexandre GERMAIN, *Histoire du commerce de Montpellier antérieurement à l'ouverture du port de Cette, rédigée d'après les documents originaux accompagnés de pièces justificatives inédites*, Montpellier, Jean Martel aîné, 1861, t. I, p. 93, note 1. A la page 99 (note 1) du même ouvrage, Germain indique qu'en 1109, Raymond V, comte de Toulouse, accorde aux Génois une maison de Saint-Gilles avec « *fondicum* ».

19 Maurice [OUDOT DE] DAINVILLE, Marcel GOURON, *Archives de la ville de Montpellier. Inventaire publié par les soins de l'administration municipale*, t. XII. *Série EE, fonds de la Communes Clôture et affaires militaires*, Montpellier, Tour des Pins, 1974, p. 40, EE 249.

20 Il ne faut pas confondre le porche couvert, ou loge, voûté d'ogives moulurées qui fait partie de l'espace d'accueil protocolaire de la maison, avec ces magasins ou entrepôts dont les nervures des voûtes n'ont point de modénature et sont simplement chanfreinées.

> *du tems de nos Guillaumes on faisoit des galeries ou avancemens dans les rues, qui com-*
> *mençoient au premier étage des maisons ; en sorte qu'on pouvoit marcher dessous à l'abri*
> *de la pluye & du soleil : à quoi ne servoit pas peu le couvert des maisons, qui avoient alors*
> *beaucoup plus de saillie qu'à présent. Le roi Jacques le Conquérant, défendit ces galeries*
> *par un règlement de police de l'année 1259. De là vient, que sur le devant de nos maisons*
> *les plus-anciènes on voit encore des trous en quarré, d'où sortoient les solives qui portoient*
> *ces galeries*[21].

De leur côté, les archives des XIIIe et XIVe siècles mentionnent souvent le terme *bescalmun* ou *biscalmum*[22]. Ce mot, employé de la Provence à la Catalogne en passant par Tarascon et Millau, désigne assurément, d'après le contexte décrit par les textes, un ouvrage hors œuvre en surplomb sur la rue. Ces ouvrages en surplomb n'existent aussi il était impossible d'interpréter correctement ce terme[23].

Lors du ravalement d'une maison, sise à l'angle des rues de la Valfère et du Saint-Sépulcre (28, rue de la Valfère), les deux façades d'une demeure médiévale ont été dégagées de l'enduit qui les recouvrait. D'après la claire-voie constituée de baies couvertes d'arcs en plein-cintre, il s'agit d'une construction du début du XIIIe siècle. À la fin du même siècle, une porte en tiers-point et des fenêtres couvertes de linteaux polylobés ont été percées du côté de la rue de la Valfère, renvoyant l'entrée de la demeure sur la façade perpendiculaire[24]. Au-dessus des fenêtres du premier étage, un pilier de maçonnerie prolongeant l'angle de la façade au deuxième étage et les abouts de pièces de bois sciées ont été mis au jour. Apparemment, il s'agissait de solives qui soutenaient une construction débordant sur l'espace public et ayant supporté un avant-solier. Pour la première fois à Montpellier, des indices patents d'un plancher encorbellement pouvaient être identifiés avec certitude (figure 22).

Un obstacle technique, que devaient résoudre les bâtisseurs dans le cas des maisons d'angle avec avant-solier courant sur les deux façades, était d'obtenir un même niveau de pose des pièces de bois d'une face à l'autre de la maison. Si l'on s'était contenté d'une simple super-position des solives les unes sur les autres, un dénivelé incompatible avec la pose d'un plancher en serait résulté. La solution adoptée pour surmonter la difficulté fut de recourir à un assemblage des solives à bâtons-rompus. Ce type d'assemblage, observée dans une maison de même morphologie, située au 1, rue du Plan d'Agde, jusqu'à présent resté énigmatique, a dès lors été expliqué (figure 22 bis). L'assemblage complexe du plafond couvrant le premier étage permet de conserver un même niveau de sol pour l'avant-solier, tant du côté de la rue Saint-Côme que du côté de la rue du Plan d'Agde. À la suite de cette découverte et de son interprétation, sept maisons montrant des traces d'avant-solier ont été repérées dans la ville (figure 23).

---

21   Charles d'AIGREFEUILLE, *Histoire de la ville de Montpellier depuis son origine jusqu'à notre tems, avec un abrégé historique*, Montpellier, Jean Martel, 1737, p. 555-556.

22   Archives municipales de Montpellier, EE 245, le 3 Juin 1232 : autorisation de construction donnée par le bayle de Jacques 1er, roi d'Aragon et de Majorque, seigneur de Montpellier, d'un *biscalmum* au-dessus de la rue. Il aura 14 palmes de front et 5 de large ; EE 210, le 25 Juin 1261 : autorisation de construction d'un *biscalmum* et un *tectum* à la rue de la Saunerie, vers les bains ; EE 185, le 19 décembre 1311 : bail d'un patus confrontant une maison touchant la porte Saint-Gély, avec autorisation de construction d'arc ou de deux piliers de pierre sur lesquels on pourra édifier un *biscalmum* de la longueur de la maison soit 6 cannes, au-dessus, il pourra être fait un toit et des fenêtres pourront y être ouvertes ; EE 195, le 13 octobre 1320 ; EE 61, le 10 mai 1397 : suppression d'un *biscalmum*.

23   Bernard SOURNIA, Jean-Louis VAYSSETTES, *Montpellier...*, p. 178.

24   L'évolution de la maison et sa datation sont uniquement fondées sur les caractères stylistiques. Cependant la chronologie pourra être affinée par la dendrochronologie (en cours par Frédéric Guibal). On ignore en particulier si l'encorbellement date du premier état (début XIIIe siècle) ou second état (fin XIIIe– début XIVe siècle) de la maison.

Figure 22. 28, rue de la Valfère
Hypothèse de restitution de l'avant-solier ou *bescalmum* à l'angle de la rue du Saint-Sépulcre, début du XIIIe siècle. Croquis de Jean-Louis Vayssettes (SRA, Drac Languedoc-Roussillon).

Figure 22 bis. 1, rue du Plan d'Agde, maison d'angle du XIIIe-XIVe siècle (Planche 15)

Dans tous les cas identifiés, ces avant-soliers sont construits au deuxième étage et non au premier étage. Le fait de ne trouver ces avancées qu'au deuxième étage des maisons indique que les bâtisseurs montpelliérains se sont conformés à l'interdiction édictée par Jacques Ier d'Aragon en 1263 et retranscrite dans le *Thalamus parvus*. Il y est bien spécifié *« que neguns hom en la dicha vila, o en los suburbis de luy, deia far ni puesca alcun bescalm o bescalms que yescon sobre carrieyra en alcunas maysons, sinon sobre fenestratge*[25] *»*. En effet, en règle générale, dans les maisons médiévales de Montpellier, les fenêtres ne s'ouvrent qu'à partir du premier étage, en conséquence, l'avant-solier n'est établi qu'au second. Il reste à confirmer que de tels aménagements aient existé au-delà du deuxième étage[26]. Ces constructions en surplomb existent ailleurs en Languedoc à Villemagne-l'Argentière, Lodève, Béziers, etc.

Les couleurs du Moyen Âge : murs et plafonds peints

De temps à autre, de nouveaux éléments peints apparaissent tels que des clefs de voûte ou des linteaux. C'est le cas au 10, rue de l'Université, où des blasons peints dans les polylobes des fenêtres figurent des aigles. Ailleurs, ce ne sont que quelques fragments de

---

[25] *Thalamus parvus – le petit thalamus de Montpellier, publié pour la première fois d'après les manuscrits originaux par la Société Archéologique de Montpellier*, Montpellier, Jean Martel aîné, 1841, p. 135-136 : édictée par Jacques d'Aragon le 3 des ides de juillet 1263.
[26] Au 6, rue de la Vieille, des traces d'ouvertures couvertes de pièces de bois apparaissent juste sous le toit. Nous les avions interprétés comme les vestiges d'un comble ouvert mais il est possible que ce soit les restes d'un *biscalmum*.

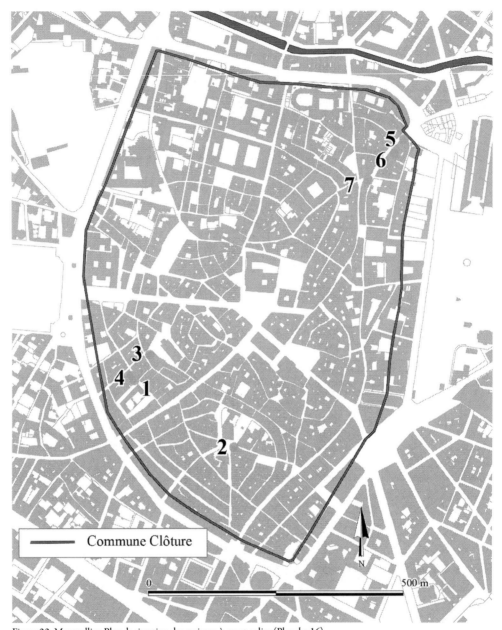

Figure 23. Montpellier. Plan de situation des maisons à avant-solier (Planche 16)
Détails de la figure 23. **1** : 28, rue de la Valfère (début XIIIe) ; **2** : 1, rue du Plan d'Agde (fin XIIIe -début XIVe) ; **3** : 19, rue de l'Amandier (fin XIIIe -début XIVe) ; **4** : 24, rue de la Valfère (fin XIIIe -début XIVe) ; **5** : 22, boulevard Bonne-Nouvelle (fin XIIIe -début XIVe) ; **6** : 14, rue du Pila-Saint-Gély (début XIIIe) ; **7** : 74, rue de l'Aiguillerie (fin XIIIe -début XIVe). Plan de Iouri Bermond (SRA, Drac Languedoc-Roussillon).

couvre-joints de bois peints qui signalent l'existence d'un décor caché ou disparu, comme à la rue des Sœurs-Noires ou au 10, Grand'Rue-Jean-Moulin. À ce jour, les données recueillies permettent d'attester l'existence d'une dizaine de plafonds peints, dans des états de conservation les plus divers (figure 24).

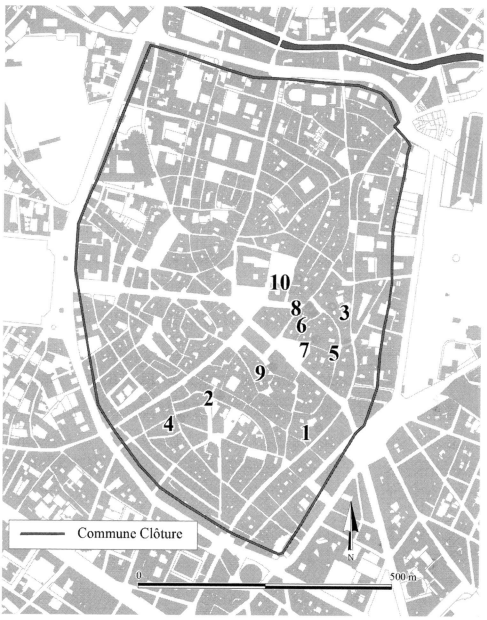

Figure 24. Montpellier. Plan de situation des plafonds peints du XIIIe-XIVe siècle (Planche 17)
Détails de la figure 24. **1** : 10, Grand-Rue-Jean-Moulin ; **2** : 3, rue des Sœurs-Noires ; **3** : 2, place Pétarque ; **4** : 9, rue du Puits-du-Temple ; **5** : maison des Roch ; **6** : 9, rue de la Petite-Loge ; **7** : 1, rue Collot ; **8** : 22, rue de l'Aiguillerie ; **9** : 3, rue de la Vieille ; **10** : 7, place du Marché-aux-Fleurs. Plan de Iouri Bermond (SRA, Drac Languedoc-Roussillon).

Deux importants chantiers de rénovation attestent du luxe ornemental des demeures patriciennes. Ces découvertes ont non seulement mis au jour les décors intérieurs mais ont aussi affermi la chronologie des constructions. Au cours des travaux de réaménagement du 22, rue de l'Aiguillerie, plusieurs maisons médiévales remembrées ont été identifiées. L'une d'elles possédait une pièce ornée d'une peinture dont deux fragments de ce décor, très dégradé et retouché, avaient été jadis déposés et sont conservés dans les collections de la Société archéologique de Montpellier. Au cours du chantier, il a été possible de constater la présence de deux décors superposés : le plus ancien n'était qu'un faux appareillage de pierre dessiné avec des filets rouges sur un fond blanc ; le second est un quadrillage de carrés posés sur la pointe, alternant un fond bleu à un fond rouge au centre desquels se trouvent des blasons. Les carrés sont liés entre eux par un petit motif quadrilobé. Un blason d'or à pals de gueules, fortement dégradé, a été aperçu, ce qui date la peinture au plus tard en 1349. La pièce où ce décor se trouvait est couverte d'un plancher actuellement badigeonné de marron. Seuls quelques couvre-joints, détachés au cours des travaux, signalent l'existence d'un décor peint sur le bois. La datation par dendrochronologie, réalisée par Frédéric Guibal sur les solives de cette construction, place l'abattage des arbres ayant fourni le bois d'œuvre vers 1250-1260.

La découverte majeure concernant l'architecture domestique médiévale de la ville a malheureusement subi un sort désastreux au cours de la « rénovation » du 3, rue de la Vieille. Dans la maison patricienne la plus représentative de la ville, le plancher de la grand-chambre du maître de céans a été abattu à la tronçonneuse et à la barre à mine en avril 1999. La forme du plancher, le montage, les profils des pièces de bois et les traces de décor peint sont fort proches du plancher découvert au 22, rue de l'Aiguillerie. À l'aide des débris recueillis dans les décombres, une restitution de ce plancher a pu être proposée (figure 25). Les remarquables fragments recueillis lors du chantier ont été nettoyés et restaurés par Pascal Maritaux du Laboratoire d'archéologie médiévale et moderne en Méditerranée d'Aix-en-Provence *UMR 7298* (Aix-Marseille Université-C. N. R. S., *MMSH Aix-en-Provence*).

Le plafond couvrait une pièce ornée d'un décor mural composé de trois registres. En bas, un motif de tenture avec une cloche à chaque pli est peint. Au-dessus, une trame d'entrelacs à quadrilobe présente divers motifs alternant avec un blason ayant pour meuble une cloche surmontée d'une fleur de lys. Enfin, le registre supérieur est occupé par une frise représentant l'histoire de saint Eustache, le patron des drapiers (figure 26). La demeure se trouve précisément dans la rue Draperie-Rouge et c'était la demeure d'un de ces négociants en drap qui ont fait la fortune de la ville en commerçant jusque sur les rivages de la Méditerranée orientale.

À la fin du XIVe siècle, le propriétaire de l'immeuble est le changeur Jacques Carcassonne. Les blasons avec cloche pourraient être des armes parlantes de la famille Carcassonne. Cela reviendrait à attribuer la construction de ce plafond à cette même famille puisque des esquisses du blason à cloche se trouvent au verso de planches peintes avant la mise en place théorique du plancher. À la suite de l'analyse de dendrochronologie effectuée sur les pièces de bois, Frédéric Guibal a proposé un abatage des sapins employés pour la confection des solives du plafond au cours de la décennie 1270, ce qui place la construction de la maison dans le dernier quart du XIIIe siècle.

Patiemment, grâce au recoupement des observations archéologiques, typologiques et historiques, la chronologie et, plus généralement, la connaissance du patrimoine architectural de la ville médiévale s'enrichit : la cartographie des vestiges archéologiques se densifie ; des espaces jusque là ignorés comme les caves sont identifiés ; des formes comme les avant-soliers qui n'étaient connus que par les textes sont révélés. Enfin, la chronologie des constructions qui n'étaient jusqu'à présent fondées que sur des caractères stylistiques est affinée grâce aux prélèvements systématiques de bois et la datation par dendrochronologie.

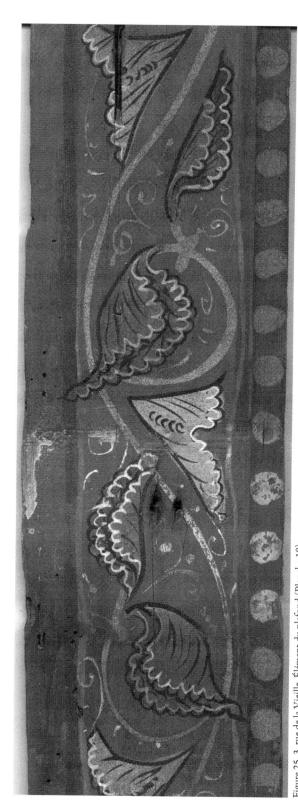

Figure 25. 3, rue de la Vieille. Élément du plafond (Planche 18)
Élément du plafond de la grand chambre de la maison des Carcassonne, état après nettoyage par Pascal Maritaux (C. N. R. S. *LA3M – UMR 7298 MMSH*), dernier quart du XIIIe siècle.

Figure 26. 3, rue de la Vieille. Restitution du plafond (Planche 19)
Restitution du plafond de la grand chambre de la maison des Carcassonne, dernier quart du XIIIe siècle. Croquis aquarellé de Bernard Sournia.

Le constat est révélateur avec des séquences chronologiques en pleine cohérence avec les vestiges découverts : 1220-1230, 1250-1260, 1270. Cette période d'intense construction urbaine est en adéquation avec le pic démographique qu'atteint la ville entre le XIIIe et le XIVe siècle. Les Montpelliérains recherchent alors tous les moyens possibles pour exploiter au maximum le peu d'espace disponible intra-muros : le sol est excavé pour accroître les hauteurs sous voûtes des rez-de-chaussée, les avant-cours des maisons en retrait d'alignement sont progressivement bâties, les avant-soliers empiètent sur l'espace public. Chacune des extensions de la surface utilisable constitue un indice supplémentaire de l'accroissement de la population avant la crise du milieu du XIVe siècle. Les découvertes archéologiques de ces dernières années témoignent aussi et surtout de la fortune des marchands montpelliérains de cette époque-là, confirmant que la période de la seigneurie aragonaise puis majorquine constitue l'âge d'or de la ville médiévale, le temps où les navires montpelliérains traversaient la Méditerranée.

Bibliographie complémentaire

Pour qui s'intéresse aux dernières découvertes, il convient de consulter les nombreux rapports de fouille ou de diagnostic archéologiques conservés au Service régional de l'archéologie (Drac Languedoc-Roussillon).

ALESSANDRI (Patrice), HUSER (Astrid) avec la collaboration de Frédéric Guibal et Jean-Louis Vayssettes, *Hôtel de Chirac – Hôtel de Vaissière, à Montpellier (Hérault). Document final de synthèse, étude de bâti*, Document final de synthèse, Service régional de l'Archéologie, DRAC Languedoc-Roussillon, Afan, 2000.

BAUDREU (Dominique), « Observations sur les constructions en terre crue dans l'Aude (Moyen Âge et Époque Moderne) », *Bulletin de la Société d'Étude Scientifique de l'Aude*, 102 (2002), p. 57-64.

FABRE (Ghislaine) VAYSSETTES (Jean-Louis), « Montpellier : topographie d'une ville marchande », dans *Les ports et la navigation en Méditerranée au Moyen Âge*, actes du colloque de Lattes (Musée archéologique Henri Prades, 12-14 novembre 2004), [s. l.], Éditions du Manuscrit, 2009, p. 87-102.

FABRE (Laurent), FOREST (Viannet), GINOUVEZ (Olivier), « Les fouilles de la Faculté de Droit à Montpellier : urbanisme et artisanat de la peau dans une agglomération languedocienne du bas Moyen Âge », dans *Archéologie du Midi Médiéval*, 22 (2004), p. 45-76.

GINOUVEZ (Olivier), avec la collaboration d'Agnès Bergeret et Anne Speller. – *Musée Fabre, La Cour Bourdon. 1er mars-30 juin 2002. Des abords extérieurs de l'enceinte vicomtale à l'intégration urbaine : 7 siècles d'occupation d'un quartier de ville, XIIIe-XIXe s.*, Document final de synthèse, Service régional de l'Archéologie, DRAC Languedoc-Roussillon, INRAP, Communauté d'agglomération, 2004.

GINOUVEZ (Olivier), GUIONOVA (GUERGANA), HERNANDEZ (Jérôme), VALLAURI (Lucy), VAYSSETTES (Jean-Louis), *Fouille du Collège Clémence-Royer. Occupations néolithique, médiévale et moderne sur les rives du Verdanson*, Rapport final d'opération de fouille archéologique, Service régional de l'Archéologie, DRAC Languedoc-Roussillon, INRAP, 2008.

HENRY (Yann), *Dominium-Providence, Montpellier (Hérault) : origine et évolution d'une parcelle bâtie dans le quartier médiéval du Légassieu*, Rapport final d'opération de fouille archéologique, Service régional de l'Archéologie, DRAC Languedoc-Roussillon, HADES, 2007.

HUSER (Astrid), avec la collaboration de Jean-Louis Vayssettes et de Danièle Iancu-Agou, *Document final de synthèse. Étude de bâti. Mikvé et synagogue : quartier médiéval juif à Montpellier (Hérault)*, Rapport final d'opération de fouille archéologique, Service régional de l'Archéologie, DRAC Languedoc-Roussillon AFAN Méditerranée-Nîmes / Ville de Montpellier, 2000.

PAYA (Didier), *Musée Fabre, à Montpellier (Hérault)*, Document final de synthèse, fouille d'évaluation archéologique, Service régional de l'Archéologie, DRAC Languedoc-Roussillon AFAN Méditerranée-Nîmes, 2001.

REMY (Isabelle), avec la collaboration d'Éric Henry, *Montpellier (Hérault), 2, rue de la Carbonnerie, angle rue Delpech*, Rapport final d'opération, Diagnostic archéologique, Service régional de l'Archéologie, DRAC Languedoc-Roussillon, INRAP, 2005.

Sournia (Bernard), Vayssettes (Jean-Louis), *Montpellier : la demeure médiévale*, Paris, Imprimerie Nationale Éditions – Inventaire Général, 1991.

Sournia (Bernard), Vayssettes (Jean-Louis), « La grande chambre de l'hostal des Carcassonne à Montpellier » *Bulletin monumental*, 160 :1 (2002), p. 121-131,

Vayssettes (Jean-Louis), Vallauri (Lucy), *Montpellier Terre de faïences. Potiers et faïenciers entre Moyen Âge et XVIIIe siècle*. Milan, Silvana Editoriale, avril 2012.

Sournia (Bernard), Vayssettes (Jean-Louis), avec les contributions de Pascal Maritaux et de Frédéric Guibal.- *L'ostal des Carcassonne. La maison d'un drapier montpelliérain du XIIIe siècle*. Collection Duo.- Montpellier, Direction régionale des affaires culturelles, 2014.

Les manières de vivre à Montpellier (mi XIIIe – fin XVe siècle) : ménages et parenté dans l'espace urbain

Lucie Laumonier
University of Calgary

Dans les décennies suivant la deuxième guerre mondiale, l'histoire de la famille se caractérisait par des interrogations autour de la notion de « modernité », des interrogations en lien avec les transformations profondes que connaissaient alors les sociétés occidentales. Pour certains historiens, la famille « moderne », qu'ils décrivaient comme nucléaire, c'est-à-dire rassemblant le couple conjugal et les enfants, symbolisait l'égoïsme et l'individualisme du monde contemporain, bien différent de la vision d'un passé où régnaient les familles élargies, communautaires et solidaires. Cette distinction véhiculait une certaine nostalgie du passé, du « bon vieux temps »[1]. Les débats autour des familles traditionnelles et modernes ont suscité d'abondantes recherches qui ne se limitaient pas à la taille et à la forme des ménages. Le sujet des sentiments (l'enfance, le couple amoureux) a donné lieu à autant de controverses et de travaux, dans lesquels la « modernité » correspondait à l'apparition de sentiments familiaux[2]. L'étude des structures familiales a permis l'établissement de typologies parfois complexes visant à classer les ménages en fonction de leur composition[3]. La présence importante des ménages nucléaires au Moyen Âge, en particulier dans les centres urbains à la fin de la période a été démontrée : en ville, ils pouvaient être considérés comme une « structure dominante[4] ». Il faut cependant garder en mémoire que les groupes domestiques étaient en constante évolution et se reconfiguraient fréquemment. Les typologies établies sont fondées sur des sources qui ne livrent qu'un bref moment du « cycle de développement familial » et ne reflètent que l'une des étapes d'évolution d'un ménage[5].

---

[1]   Pour un bilan historiographique complet, voir David Kertzer et Marzio Barbagli (ed.), *The History of the European Family*, vol. I, New Haven, Yale University Press, 2001.

[2]   Deux ouvrages ont par exemple suscité de vives réactions parmi les médiévistes : Philippe Ariès, *L'enfant et la vie familiale sous l'Ancien Régime*, Paris, Plon, 1960 et Edward Shorter, *The Making of The Modern Family*, New York, Basic Books, 1975.

[3]   De nombreuses typologies existent. Peter Laslett distinguait six catégories principales de ménages : solitaires ; sans structure familiale ; simples (nucléaires) ; élargies (souches) ; multiples (plusieurs noyaux conjugaux) ; à structure indéterminée. Voir, entre autres, Peter Laslett, « La famille et le ménage : approches historiques », *Annales E.S.C.*, vol. 27 :4/5 (1972), p. 847-872. Voir aussi André Burguière, « Pour une typologie des formes d'organisation domestique de l'Europe Moderne (XVIe-XIXe siècles) », *Annales E.S.C.*, vol. 41 :3 (1986), p. 636-655.

[4]   Didier Lett, *Famille et parenté dans l'Occident médiéval, V^e-XVe siècle*, Paris, Hachette, 2000, p. 152. En Gévaudan entre les années 1380 et 1480, en moyenne les deux tiers des ménages formés par des contrats de mariage étaient nucléaires. Néanmoins, le taux était nettement plus élevé en ville. Philippe Maurice, *La famille en Gévaudan au XVe siècle (1380-1483)*, Paris, Publications de la Sorbonne, 1998, p. 158-160.

[5]   « La famille, loin d'être un phénomène statique, tel qu'elle semble l'être [...] est un groupe en perpétuelle évolution [...]. » Philippe Maurice, *La famille en Gévaudan...*, p. 157. Pour un bilan complet sur l'histoire de la famille, Tamara Hareven, « L'histoire de la famille et la complexité du changement social », *Cahiers d'Histoire*, vol. 45 :1 (2000), p. 9-34 et 45 :2 (2000), p. 205-232.

Montpellier au Moyen Âge. Bilan et approches nouvelles, éd. Lucie Galano et Lucie Laumonier, Turnhout, 2017 (*Studies in European Urban History*, 40), p. 137-152

Cet article vise à étudier les rapports entre ménage et parenté à Montpellier à la fin du Moyen Âge pour comprendre comment et avec qui habitaient les occupants des diverses *hostals* de la ville, des hôtels particuliers aux maisons les plus modestes. La question des « manières d'habiter » dépasse le sujet de la structure des groupes domestiques (et l'on se bornera ici à distinguer les ménages nucléaires des ménages étendus) pour interroger la nature des relations qui s'établissaient en leur sein. Dans un premier temps, l'étude des cadres juridiques (charte et établissements consulaires) permettra de mieux définir ce qu'était le ménage du point de vue du législateur et ses rapports avec la parenté[6]. L'analyse de sources testamentaires, ensuite, éclairera les contours de cette parenté, affectivement investie, mais étroite dans le cas des corésidences[7]. On verra qu'une certaine porosité existait entre le ménage nucléaire, le ménage de solitaire et le ménage recomposé et qu'il convient de nuancer la prééminence du nucléaire dans les centres urbains de la fin du Moyen Âge. La dernière partie de cet article, en partie appuyée sur les registres fiscaux de la ville, porte sur les ménages élargis[8]. Il ne s'agit pas d'en établir une typologie, mais plutôt d'analyser les raisons qui justifiaient de faire vie commune : la protection du patrimoine et les intérêts patrimoniaux, l'organisation du travail agricole et artisanal, la prise en charge des plus vulnérables.

Familles et ménages à Montpellier : éléments de définition

Le terme *familia* servait souvent au Moyen Âge à nommer l'unité de résidence, le ménage ou le groupe domestique, au sein duquel les individus n'étaient pas toujours liés par le sang ou l'alliance[9]. À partir de l'étude de la coutume de 1204, de ses additions ultérieures et des établissements consulaires, cette section vise à étudier les cadres légaux qui régulaient – peu, on le verra – les groupes domestiques et les groupes de parenté à Montpellier.

Le ménage et la parenté

Les termes *familia* en latin et *maynada* en langue vernaculaire, qui tous deux désignaient le groupe domestique, se trouvent dans la charte de coutumes de 1204 à l'article 66, dans un texte portant sur les vols et petits délits au sein des *hostals*, où ils étaient mis en relation avec la sphère *domestica* ou *dometges*[10]. Ces conflits devaient être réglés par le chef

---

6   Pour la charte et les établissements en occitan, le manuscrit AA 9 des Archives municipales de Montpellier (désormais AMM) a été consulté : AMM, AA9, *Petit Thalamus.* Pour le texte latin : *Thalamus Parvus. Le Petit Thalamus de Montpellier publié pour la première fois d'après les manuscrits originaux par la Société archéologique de Montpellier*, Montpellier, Jean Martel Aîné, 1840.

7   Les testaments, au nombre de 564 pour la période 1250-1500, sont tirés des fonds AMM Commune clôture (cote EE), du Grand chartier (cote Louvet), ainsi que des archives départementales de l'Hérault (désormais ADH), cote 2 E 95 et fonds G.

8   Les registres fiscaux de Montpellier sont conservés aux archives municipales à partir de la cote Joffre 239. Sur ces registres, appelés « compoix », voir Anne-Catherine MARIN-RAMBIER, « Les premiers compoix montpelliérains (1350-1450), le rôle de la fiscalité municipale », *Bulletin historique de la ville de Montpellier*, 13 (1990-91), p. 5-16.

9   Philip GRACE, « Family and Familiars. The concentric Household in Late Medieval Penitentiary Petitions », *Journal of Medieval History*, 35 :2 (2009), p. 189-203 ; Anita GUERREAU-JALABERT, « Sur les structures de parenté dans l'Europe médiévale », *Annales E.S.C.*, 36 :6 (1981), p. 1028-1049, ici p. 1030.

10   AMM, AA9, *Petit Thalamus*, article 66, f°36. « *Domesges layronias* ». « *Dometges, layronisas o rapinas o torstz dometges gamen sian castiatz per lo senhor o per lur maitres ayssi que non sian tengustz de rendre a la cort ni li castiat del castier non sion auzit en la cort. Dometges etendem : molher, sers, afranquit, mercennaris, filh e nebot, discipols o escolans, auzidors e tostz mascles e femes que son de maynada.* » En latin dans l'édition de la Société archéologique de Montpellier, p. 34 : « *Domestica furta seu rapine vel injurie corrigantur a dominis seu magistris, ita quod non teneantur reddere curie ; nec castigati audiantur in curia. Domesticos autem intellihimus : uxorem, servos, libertos, mercenarios, filios vel nepotes, discipulos, scolares, auditores et omnes mares et feminas qui sunt de familia.* ».

de feu, dont le pouvoir s'étendait sur « l'épouse, les enfants et neveux, serfs, affranchis, apprentis et autres », qui vivaient avec lui[11].

Le vocabulaire évoluait au fil des siècles et, dans une ordonnance consulaire datée de 1365, le terme vernaculaire de *familha* était employé pour définir le groupe domestique[12]. Le terme *maynage* se rencontrait à la fin du XVe siècle dans les sources fiscales[13]. *Familia* et *maynada* étaient rattachées dans les ordonnances consulaires des XIIIe et XIVe siècles à l'*alberc*, la demeure, le lieu de résidence[14]. *Familia* et *maynada* désignaient le ménage en faisant référence aux membres de la parenté et aux tiers qui cohabitaient dans l'*alberc*, sous l'autorité du chef de feu, qui détenait la *patria potestas*[15]. L'on se trouvait à Montpellier en présence de la « *familia-domus* » étudiée pour le Midi par Claude Carozzi[16].

Les termes *parens* et *parentes* étaient employés dans la charte de coutumes et dans les établissements pour renvoyer aux membres de la parenté, en particulier charnelle (« pères, frères et sœurs, neveux, cousins germains, et autres ») qui ne faisaient pas nécessairement vie commune. Eux seuls pouvaient entrer dans l'*alberc* du défunt trois jours après son décès[17]. La notion de parenté était parfois plus restreinte, comme en ce qui touchait aux vêtements de deuil : l'on devait se vêtir de noir pendant un mois après le décès de son père, de sa mère, de son conjoint ou de sa conjointe, de ses frères et de ses sœurs[18]. Les « parents » n'étaient donc pas nécessairement des corésidents, à l'inverse de ceux qui appartenaient à la *familia*, mais ils étaient tous membres de la même lignée.

Droit privé et législation consulaire

La charte de 1204 n'encadrait pas en détail le fonctionnement ou l'organisation des ménages ; en revanche, la parenté intéressait les législateurs lorsqu'il était question de circulation des biens dans le cadre des successions et des alliances matrimoniales.

Les Montpelliérains étaient libres de distribuer leurs biens comme ils l'entendaient dans leur testament : ils n'étaient pas forcés de choisir d'héritier universel, laissaient ce qu'ils souhaitaient à leurs enfants, même une somme modique, qui ne pouvaient se plaindre

---

11   Sur le particularisme de Montpellier en ce domaine, voir Jean-Marie CARBASSE, « La correction domestique, *vis licita*. Du droit romain au droit de la France méridionale, XIIe-XIVe siècles » in Leah OTIS-COUR (dir.), *Histoires de famille. À la convergence du droit pénal et des liens de parenté*, Limoges, PULIM, 2012, p. 17-32.

12   Une ordonnance de 1365 demandait aux hommes de contrôler la vêture de leur épouse et de leur *familha*, rappel du rôle de bon gouvernement dont étaient investis les chefs de feu. « *Ordenansas subre los estatz de las donas et aussi dels hommes* », AMM, AA9, *Petit Thalamus*, année 1365, f°314-316.

13   AMM, Joffre 264, compoix des Faubourgs, 1469, f°49.

14   « *Establimen de las nozes de nadal* », AMM, AA9, *Petit Thalamus*, f°288v.

15   Jean HILAIRE, « *Patria Postestas* et pratique montpelliéraine au Moyen Âge. Symbolisme du droit écrit », *Mémoires de la Société pour l'histoire du droit et des institutions des anciens pays bourguignons, comtois et romands. Études en souvenir de Georges Chevrier*, 29e fascicule, 1 (1968), p. 421-436 ; Lucie LAUMONIER, « Meanings of Fatherhood in Late Medieval Montpellier : Love, Care, and the Exercise of *Patria Potestas* », *Gender & History*, 27 :3 (2015), p. 651-668.

16   Claude CAROZZI, « *Familia-domus* : étude sémantique et historique », in *Famille et parenté dans la vie religieuse du Midi (XIIe-XVe siècle)*, Cahiers de Fanjeaux 43, Toulouse, Privat, 2008, p. 15-30.

17   « *Establimen que neguns non venga a l'alberc del mort* », AMM, AA9, *Petit Thalamus*, f° 296.

18   « *Establimen que hom non a d'efan a bateiar mays ab .I. o ab .II. compahos* ». AMM, AA9, *Petit Thalamus*, f°268-268v ; copié au f°295v-296, sous le nom « *Cans devon esser aquels que van querre compayres a bateiar e que neguns non dona rauba a jotglars per doctor ni per maistre ni cant deu hom portat rauba de dol* ».

même s'ils se sentaient lésés (article 56)[19]. Néanmoins, la coutume veillait aux intérêts des descendants en cas de décès intestat : si le testateur avait des enfants, ce sont eux qui héritaient des biens[20]. Les testaments montrent que la somme minimale laissée aux enfants et permettant que l'acte soit valide était fixée dans les mœurs à 5 sous[21]. La pratique de cette somme, appelée « légitime » dépassait largement les bornes de la filiation : tout parent cité par un testateur était « institué » de la légitime au minimum, alors que les personnes non apparentées recevaient simplement un legs, sans la mention des règles d'institution et de légitime[22]. Les testaments incluaient souvent une formule qui précisait que tout membre de la parenté pouvait prétendre à la légitime : ceux qui se manifesteraient et que le testateur n'aurait cités recevraient alors 5 sous[23]. La liberté testamentaire était aussi accordée aux femmes ayant des enfants, les autres étaient supposées avoir l'autorisation de leurs parents pour tester (article 55)[24]. Dans les faits, cette restriction ne parait pas avoir été bien suivie.

Les articles concernant le droit matrimonial portaient essentiellement sur les modalités entourant le choix du conjoint et sur les droits de chaque partie concernant les biens[25]. Par exemple, nul ne pouvait épouser de mineure ou de mineur de moins de 25 ans sans l'accord de ses parents et gardiens sous peine d'être présenté en cour et que le mariage soit annulé[26]. Plusieurs établissements rappelaient ce principe indiquant que le consentement devait être donné par « la mère du mineur, le père du mineur, ses plus proches parents » ou par « les tuteurs, le curateur ou les gardiens », dans le cas de jeunes sans parenté[27]. L'exclusion des enfants dotés était prévue dans la coutume (article 13), mais fréquemment contournée[28].

La législation de Montpellier, datée du début du XIIIe siècle, cherchait à protéger le patrimoine des groupes de parenté bien établis – ceux de la noblesse mais aussi ceux de l'élite marchande dirigeante – et reflétait les enjeux sous-jacents au rapprochement de deux lignages, témoignage d'une certaine culture aristocratique du mariage[29]. La charte de la ville

---

19 AMM, AA9, *Petit Thalamus*, article 56 intitulé « *Tot gazi per tres guirens ses heres val* ». « *Tot guazi per tres guizens fag ses establimen de heres val. El payre e la mayre pot laycha so ques vol a ses enfans. E si petit lur laycha, non s'en podon rancuzar li enfan, mays en totas cauzas ses question dela part que devon aver en lurs bens, e li enfan devon obezir a la volontat dels payrons e de lur laychas esser avondos [auondos].* » f[o]34v. Charte latine de l'édition *Thalamus Parvus* de la Société archéologique de Montpellier, p. 30 : « *Omne testamentum per tres testes factum sine heredis institutione valet, et parens potest quidquid voluerit linquere liberis ; et si modicum sit relictum non possunt liberi conqueri, sed in omnibus et per omnia sine questione debiti bonorum subsidii vel ejus supplementi, liberi debent parere voluntati parentum, et suis legatis esse contenti* ».
20 AMM, AA9, *Petit Thalamus*, article 59 intitulé *Qui mor ses gazi los bens tornon als enfans* », f[o]35 ; *Thalamus Parvus* de la Société archéologique de Montpellier, p. 30-32.
21 Louis de CHARRIN, *Les testaments dans la région de Montpellier au Moyen Âge*, Ambilly, Les presses de Savoie, 1961, p. 88.
22 « *Item, lego jure institutionis et legitime* » à un tel, une telle somme.
23 Louis de CHARRIN, *Les testaments dans la région de Montpellier...*, p. 88-90.
24 AMM, AA9, *Petit Thalamus*, article 55, f[o]34 et 34v ; *Thalamus Parvus* de la Société archéologique de Montpellier, p. 30. L'article 57 répète le principe de liberté testamentaire et ajoute que les enfants des testateurs ne peuvent se prévaloir du quart des biens de leurs parents (AMM, AA9, f[o]34v et *Thalamus Parvus*, p. 30.
25 Pour une étude détaillée, voir Jean HILAIRE, *Les régimes des biens entre époux dans la région de Montpellier, du XIIIe à la fin du XVIe siècle, Contribution aux études d'histoire de droit écrit*, Thèse de droit, Université de Montpellier, 1956, 3 volumes.
26 AMM, AA9, *Petit Thalamus*, coutumes supplémentaires, f[o]50. Dans les coutumes de 1204 : il est interdit à une *dozela* d'épouser quiconque sans le conseil de ses parents, de ses cognats ou de ses représentants légaux.
27 « *Establimen que dozela menor de .XXV. ans non pot penre marit* », AMM, AA9, *Petit Thalamus*, f[o]283v ; « *Establiment que negus non marida la filha ni autra femena menor de .XXV. ans ses volontat dels plus propdans* », Ibid., f[o]284.
28 AMM, AA9, *Petit Thalamus*, article 13, f[o]26v-27. *Thalamus Parvus* de la Société Archéologique de Montpellier, p. 8-10. Sur le régime dotal et ses contournements, voir Jean HILAIRE, *Le régime des biens...*, *op. cit.*
29 Voir en particulier Martin AURELL (éd.), *Les stratégies matrimoniales (IXe-XIIIe siècles)*, Turnhout, Brepols, 2013.

et les établissements étaient ainsi peu loquaces sur les ménages, encadrant principalement la circulation des biens au sein des groupes de parenté.

Famille nucléaire et proche parenté

L'étude des bornes de la parenté dans la documentation testamentaire met en lumière l'identité de ceux qui comptaient affectivement pour les testateurs ou les testatrices. Les parents étaient le plus souvent nommés, identifiés et recevaient des legs qui n'étaient pas rendus obligatoires par la coutume de la ville quand ils excédaient la légitime. Transparait cependant dans les pratiques testamentaires le poids des liens nés de la cellule nucléaire : parents et enfants, frères et sœurs étaient les personnes les plus fréquemment mentionnées dans les actes. Les ménages nucléaires étaient cependant fragiles, sujets à l'éclatement et à la recomposition, en particulier dans la seconde moitié du XIVe siècle et au début du XVe.

Une parenté restreinte ?

L'analyse des liens de parenté mentionnés dans des testaments de la deuxième moitié du XIIIe siècle, du XIVe et du XVe siècles, montre que les relations les plus éloignées ne se situaient qu'à un faible degré sur l'arbre de parenté[30]. La majorité des liens correspondait aux « *parens* » énumérés dans la charte de 1204 et dans les établissements, allant du père et de la mère, aux maris et femmes, frères et sœurs, neveux, cousins germains des habitants de la ville[31]. Au plus étendu, dans notre corpus, les liens énoncés se situaient au troisième degré (canonique) de parenté, c'est-à-dire jusqu'aux enfants des cousins et cousines ou aux enfants des neveux et nièces. Louis de Charrin a effectué un constat similaire, notant que les bornes de la parenté étaient généralement au troisième ou quatrième degré ; l'auteur n'avait trouvé que de rares testateurs allant jusqu'au septième degré[32].

L'arbre de parenté des Montpelliérains s'ancrait dans un vécu assez restreint des relations familiales. La parenté testamentaire et la parenté juridique, telle que définie par le droit canon, ne correspondaient alors que peu dans les faits, la première étant nettement plus étroite que la seconde[33]. Cela pourrait se justifier par un manque de vocabulaire servant à définir des relations éloignées : les parents éloignés ne seraient pas mentionnés dans les testaments car on ignorait comment nommer le lien. Or, cette explication ne peut être validée par l'étude des sources car tous les liens de parenté n'étaient pas désignés par un terme spécialisé. Par exemple, un petit-neveu était présenté comme le fils du neveu, non par un vocable renvoyant à un rang particulier sur l'arbre de parenté[34]. Le manque de

---

30 564 testaments datés des années 1250 à la fin du XVe siècle. Voir la note 7 pour la provenance des actes. Distribution chronologique des actes : 1250-1299 : 22 actes ; 1300-1348 : 113 actes ; 1351-1399 : 99 actes ; 1400-1449 : 179 actes ; 1450-1499 : 151 actes.

31 « *Establimen que neguns non venga a l'albrec del mort* », AMM, AA9, *Petit Thalamus*, f°296.

32 Louis de Charrin, *Les testaments dans la région...* p. 87 et suivantes.

33 Ce constat vaut aussi pour le haut Moyen Âge. Régine Le Jan, *Famille et pouvoir dans le monde franc (VIIIe-Xe siècle). Essai d'anthropologie sociale*, Paris, Publications de la Sorbonne, 1995, p. 166-167.

34 Pour une réflexion linguistique et anthropologique sur les mots de la parenté, voir Anita Guerreau-Jalabert, « La désignation des relations et des groupes de parenté en latin médiéval », *Archivum latinitatis Medii Aevi*, 46-47 (1986-1987), p. 65-108.

vocabulaire ou le fait que l'on ne ressentait pas le besoin de nommer ce lien n'empêchaient pas d'avoir conscience de son existence et d'en apprécier la présence.

Johanna, veuve sans enfant, distribuait ses biens en 1379, entre son frère, ses deux nièces, ses deux cousines et son cousin[35]. Tout le reste irait à Jacme Mayssendi, fils de Jacme Mayssendi, lui-même fils de feu Peyre Mayssendi, oncle maternel de la testatrice. Autrement dit, au fils de son cousin. Le notaire Georges Thibaud et sa cliente se contentaient, après l'énumération des rapports de filiation, d'accoler à la fin de la phrase « *consanguineum meum* », expression visant à bien établir la parenté entre le donataire et la donatrice. Si les liens de parenté n'étaient pas toujours aisés à définir, ils pouvaient donner lieu à des relations auxquelles était accordée une valeur affective invoquée pour justifier une donation. En 1411, Catherina, veuve de Stéphane L'Olier, transmettait par donation entre vifs à Guilhem Galbert, son neveu issu de germain, une maison qu'elle possédait à Chaudes-Aigues, dans le Cantal actuel, rue du four[36]. Elle expliquait le don « en raison du grand amour qu'elle a pour lui » (« *propter maximum amorem quem habeo erga vos* »).

La parenté ne se limitait pas à la consanguinité et s'enrichissait des liens nés de l'alliance. Les beaux-frères et belles-sœurs, les beaux-parents, les gendres et brus étaient des parents et investis de tâches de confiance par les testateurs (de l'exécution des testaments par exemple) ; certains recevaient des legs très personnels[37]. L'évocation de la famille du conjoint se limitait à des liens de proximité allant jusqu'aux neveux et nièces par alliance. La parenté d'alliance mentionnée dans les testaments était de moindre envergure que la parenté consanguine : des relations immédiates, les plus à même d'être vécues sur une base quotidienne ou régulière. Les parents spirituels quant à eux n'étaient que rarement mentionnés dans les testaments[38].

Malgré son allure à première vue restreinte, la parenté qui comptait suffisamment pour susciter un legs recensait rapidement de nombreux membres. Cette parenté testamentaire dépassait amplement les bornes du groupe domestique.

Le ménage nucléaire : des liens fondamentaux

Un document conservé aux archives municipales de Montpellier et daté de 1374 nous permet de connaître la composition de ménages des officiers du consulat, au nombre de cent onze[39]. Sur ces cent onze ménages, les deux-tiers pouvaient correspondre à des structures nucléaires, le dernier tiers étant de type élargi, incluant d'autres parents et des tiers, en particulier des employés. La majorité des contrats de mariage consultés pour Montpellier entre 1300 et 1499 semblaient aboutir à des ménages nucléaires : seulement 13% prévoyaient la constitution d'un groupe domestique étendu à d'autres personnes (membres de la parenté ou autre)[40]. L'étude des registres fiscaux suggère aussi la prédominance, pour la

---

35   ADH, 2 E 95/394, Georges Thibaud, 9 octobre 1378, fᵒ81v.

36   ADH, 2 E 95/443, Arnaud Vitalis, 10 décembre 1411, fᵒ127v.

37   Lucie Laumonier, *Solitudes et solidarités en ville. Montpellier, mi XIIIᵉ – fin XVᵉ siècles*, Turnhout, Brepols, 2015, p. 96-98.

38   *Ibid.*, tableau E, p. 365-366.

39   AMM, BB 193, Pièces extraites des registres des notaires, liasse/année 1374, pièce 2.

40   Neuf cas sur 70 contrats de mariage. Le taux est d'un tiers pour les espaces ruraux (11 cas pour 36 actes). La minceur du corpus consulté est contrebalancée par les constats similaires de Jean Hilaire, *Les régimes des biens…*, p. 321-329.

período comprise entre 1380 et 1480, des ménages nucléaires[41]. Tout ceci vient consolider un acquis de l'historiographie, les groupes domestiques nucléaires étaient sans doute une structure majoritaire dans les villes tardo médiévales, malgré l'augmentation, dans la région de Montpellier à la fin du XVᵉ siècle, des ménages étendus[42].

Plusieurs facteurs expliqueraient la prédominance des ménages nucléaires dans les centres urbains. L'habitat était plus étroit en ville et de nombreuses familles n'occupaient parfois, J.-L. Vayssettes et B. Sournia l'ont montré, qu'un étage dans un *hostal*, limitant de fait les capacités d'accueil des logements pour les plus modestes[43]. L'artisanat nécessitait moins de bras (ou moins systématiquement) que dans les espaces ruraux. L'immigration et la mobilité géographique justifient aussi la part importante de ménages étroits dans la ville[44]. N'oublions pas enfin le contexte démographique de la fin du XIVᵉ siècle et les ravages causés par les épidémies de peste, qui avaient durement atteint les groupes de parenté, les laissant éclatés et considérablement diminués[45].

Les relations de parenté étroite sont omniprésentes lorsque l'on analyse de manière statistique les liens mentionnés dans les testaments des habitants de Montpellier. Des années 1250 à la fin du XVᵉ siècle, près de 70% des adultes faisaient des legs à leur conjoint ou leur conjointe, les deux-tiers transmettaient des biens à leurs enfants[46]. La fratrie, avec laquelle peu de Montpelliérains résidaient une fois mariés, était tout de même citée par quasiment 40% des testateurs adultes et par 60% des jeunes testateurs[47]. Seuls les pères et mères étaient peu représentés dans les actes, en raison des canaux descendants de circulation des biens et du cycle de la vie – plus un testateur avance en âge, plus ses ascendants risquent d'être décédés[48]. Ces remarques, d'ordre général, doivent être nuancées en tenant compte du contexte chronologique, du sexe et de l'âge des testateurs[49]. Néanmoins, pendant toute la période, les liens fondamentaux caractérisant la cellule nucléaire étaient au centre des attentions testamentaires des Montpelliérains et des Montpelliéraines.

Ménages recomposés, monoparentaux et de solitaires

Si les ménages de type nucléaire et les liens de parenté étroite étaient prédominants dans les archives consultées, il ne s'agissait pas là d'un trait permanent : la structure des

---

41   Les ménages étendus formaient moins de 10% des groupes domestiques dans les compoix entre 1380 et 1480. Lucie LAUMONIER, *Vivre seul à Montpellier à la fin du Moyen Âge*, thèse de doctorat en histoire, Université Paul-Valéry Montpellier 3 et Université de Sherbrooke, 2013, Annexe III « Les ménages étendus dans les compoix ».

42   *Ibid.*, Annexe III. Pour les contrats matrimoniaux et l'augmentation des communautés familiales au cours de la deuxième moitié du XVᵉ siècle, Jean HILAIRE, *Les régimes des biens...*, p. 329.

43   Bernard SOURNIA et Jean-Louis VAYSSETTES, *Montpellier, la demeure médiévale*, Paris, Imprimerie nationale, 1991.

44   Sur l'immigration à Montpellier, Kathryn REYERSON, « Patterns of Population Attraction and Mobility : the Case of Montpellier 1293-1348 », *Viator*, 10 (1979), p. 257-281 ; et Anne-Catherine MARIN-RAMBIER, « L'immigration à Montpellier au XVᵉ siècle d'après les registres d'habitanage (1422-1442) », in *Actes du 110ᵉ Congrès national des Sociétés savantes*, tome 2, *Recherches sur l'histoire de Montpellier et du Languedoc. Section d'histoire médiévale et de philologie*, Paris, CTHS, 1985, p. 99-123.

45   Éric CRUBÉZY, Sylvie DUCHESNE et Catherine ARLAUD, *La mort, les morts et la ville : Saint-Côme et Saint-Damien, Montpellier, Xᵉ-XVIᵉ siècles*, Paris, Errance, 2006. Une étude démographique de la population de Montpellier a été menée par Josiah RUSSELL, « L'évolution démographique de Montpellier au Moyen Âge », *Annales du Midi*, 74 (1962), p. 345-360.

46   564 actes datés des années 1250 à la fin du XVᵉ siècle, 405 ont probablement été dictés par des testateurs adultes (en opposition aux jeunes et aux personnes âgées). Sur ces catégories d'âge dans les testaments, Lucie LAUMONIER, *Solitudes et solidarités...*, p. 150-154 et p. 294-296.

47   153 actes sur 405 (adultes) ; 70 actes sur 115 (jeunes).

48   39 actes sur 405 (adultes) ; 46 actes sur 115 (jeunes).

49   Voir Lucie LAUMONIER, *Solitudes et solidarités...*, *op. cit.*

groupes domestiques évoluait dans le temps. Des années 1250 à la fin du XVᵉ siècle plus de la moitié des testatrices montpelliéraines avaient perdu au moins un mari ; 16,5% des testateurs avaient eu au moins une femme[50]. Le taux de veufs et veuves grimpait entre 1350 et 1450, cent ans qui correspondent au pic de la crise démographique à Montpellier. Sur l'ensemble de la période étudiée, 40% des unions, dans les testaments, étaient sans enfant, jusqu'à 47% dans la première moitié du XVᵉ siècle[51]. Ces données statistiques signifient que de nombreux ménages nucléaires ne le restaient pas longtemps et se rétractaient suite à un veuvage. Ils devenaient pour certains des ménages monoparentaux ou des ménages de « solitaires », composés d'une seule personne. Sans surprise, c'est après la peste que le taux de personnes seules avait grimpé à Montpellier[52]. Dans le cas d'autres veufs et d'autres veuves, le remariage, l'emménagement avec des enfants adultes ou d'autres membres de la parenté – voire des étrangers – pouvait transformer à nouveau la forme de leur ménage.

La fréquence du veuvage suggère enfin que plusieurs groupes domestiques de type nucléaire étaient en fait des ménages recomposés, formés à la suite de deuxièmes ou de troisièmes noces. Ainsi, 7,5% des testateurs et testatrices, entre 1250 et la fin du XVᵉ siècle, avaient contracté plusieurs mariages[53] ; et 13% des contrats de mariage passés aux XIVᵉ et XVᵉ siècles correspondaient à des remariages[54]. Les taux étaient certainement plus élevés en pratique, car les remariages ne sont pas toujours aisés à repérer dans les actes notariés[55]. Par exemple, le veuvage et le remariage de Bernard Barthélémy, mercier de Montpellier, ne sont connus que grâce à un legs bien particulier qu'il effectuait à l'endroit de son épouse[56]. Il laissait à cette dernière, nommée Jacoba, dix livres tournois, ses vêtements et ses bijoux, ainsi qu'un coffre qui appartenait à Firmina, sa première femme. Le remariage d'Arnauda, dont le testament date de 1478, était connu d'une manière différente : par la déclinaison de l'identité de sa fille unique dont le père – premier mari de la testatrice – était décédé[57]. Après la mort de cet époux, Arnauda, chargée de sa fille, s'était remariée à un poissonnier.

La présence de fillâtres, enfants d'un précédent mariage, venaient parfois compliquer les relations au sein des ménages. Des tensions pouvaient poindre dans les foyers de Montpellier, parfois évoquées dans les testaments. Alaysseta par exemple, laissait un montant dérisoire à son fils Francis qui s'était mal comporté envers elle, en particulier lorsqu'elle s'était remariée[58]. D'autres actes montrent au contraire que les liens entre les membres d'une famille recomposée pouvaient se révéler étroits. En 1390, Margarita, veuve de Pierre Enric revendeur de Montpellier, instituait héritière universelle la fille issue du premier mariage de son époux, maintenant décédé[59]. Les deux femmes avaient certainement noué

---

50 Sur 331 testaments d'hommes, 54 ont connu le veuvage ; 129 testatrices sur 233 (Lucie LAUMONIER, *Solitudes et solidarités...*, p. 228). Le cas du veuvage des femmes à Montpellier a par exemple été étudié par Cécile Béghin-Le Gourriérec, dans une perspective économique. Cécile BÉGHIN-LE GOURRIÉREC, « La tentation du veuvage. Patrimoine, gestion et travail des veuves dans les villes du Bas-Languedoc aux XIVᵉ et XVᵉ siècles », in *La famille, les femmes et le quotidien (XIVᵉ-XVIIIᵉ siècle). Textes offerts à Christiane Klapisch-Zuber*, Paris, Publications de la Sorbonne, 2006, p. 163-180.

51 Lucie LAUMONIER, *Solitudes et solidarités...*, p. 273-274.

52 *Ibid.*, p. 41-50.

53 43 sur 564 actes.

54 9 actes sur 70. Nous avons étudié peu de contrats de mariage comparativement à Cécile Béghin-Le Gourriérec. Elle a cependant estimé à 13,5% la part de remariages dans ces mêmes actes pour la Sénéchaussée de Beaucaire (période allant de 1293 à la moitié du XVᵉ siècle). Cécile BÉGHIN-LE GOURRIÉREC, *Le rôle économique des femmes...*, p. 191.

55 Le veuvage masculin est sous-indiqué.

56 ADH 2 E 95/441. Arnaud Vitalis, 17 septembre 1409, f°63v.

57 ADH, 2 E 95/565, Jean Valocière l'Aîné, 20 novembre 1478, f°140.

58 ADH, 2 E 95/390, Pierre Bourdon, 17 mai 1391, f°52v et Lucie LAUMONIER, *Vivre seul...*, p. 281-282.

59 ADH, 2 E 95/390, Pierre Bourdon, 14 août 1390, f°32v.

des liens forts : Margarita n'avait pas d'enfant en vie, sa fillâtre était orpheline, d'abord de mère puis de père[60]. L'allure nucléaire de ces ménages est trompeuse car, en leur sein, les liens de parenté étaient bouleversés. Ainsi, leur structure « traditionnelle » masque les rapports complexes qui s'établissaient dans l'intimité des maisons de la ville.

Bien que le ménage nucléaire ait sans doute correspondu au mode de vie le plus fréquent à Montpellier, sa plasticité faisait en sorte qu'il pouvait aisément se réduire ou s'élargir pour se transformer en groupe domestique plus étendu, qui incluait des tiers, étrangers à la parenté, et des membres divers du groupe familial.

Les ménages élargis

Peu nombreux à première vue – relativement à la fréquence des ménages à l'allure nucléaire – les groupes domestiques étendus n'étaient pas rares à Montpellier, représentés dans 13% des contrats de mariage et de 4,5 à 8% des déclarations fiscales selon la période[61]. Il s'agit certainement de sous-estimations. La liste des ménages des officiers du consulat de 1374 montre plus de 35% de ménages élargis, des ménages qui incluaient des servantes et des employés, des parents proches ou éloignés[62]. L'étude des ménages étendus des compoix m'a permis de montrer la prédominance des ménages souches, qui rassemblaient parents et enfants adultes[63]. Leur importance numérique et statistique ne doit cependant pas masquer la grande diversité des configurations domestiques dans les *hostals* de Montpellier. Plutôt que d'étudier la composition des ménages étendus, notre intérêt se portera sur les besoins auxquels répondait la constitution de ces groupes domestiques.

Une communauté d'intérêts : la protection du patrimoine

Les ménages élargis au sein de la parenté procédaient parfois de logiques de protection du patrimoine ou de consolidation d'intérêts économiques. Ces mécanismes de protection associant vie commune et patrimoine sont bien connus pour le milieu rural. Ils se rencontraient aussi en ville, en particulier au sein des familles fortunées et des agriculteurs urbains, moins souvent dans le cas des artisans[64]. Une recherche menée dans les compoix de Montpellier (vers 1380-1480), a montré que trois facteurs distinguaient nettement les ménages entre frères et sœurs des ménages fondés par des tiers vivant sur un mode de partage des biens (à la manière de frères et sœurs)[65]. Premièrement, seuls les frères qui vivaient ensemble exerçaient dans les domaines lucratifs du grand commerce et du change ; les ménages entre tiers

---

60 Pour autant, la littérature médiévale dépeint souvent un portrait sombre et tyrannique de la marâtre. Didier LETT, *Famille et parenté...*, p. 208-211 ; p. 231-233 ; Jens FAABORG, *Les enfants dans la littérature française du Moyen Âge*, Copenhague, Museum tusculanum press, 1997, p. 50-56.
61 Neuf contrats de mariage sur 70, datés des XIVe et XVe siècles. Pour les compoix, Lucie LAUMONIER, *Vivre seul...*, Annexe III.
62 41 ménages sur 111, soit 37%, incluaient soit des parents soit des tiers soit les deux. AMM, BB 193, Pièces extraites des registres des notaires, liasse/année 1374, pièce 2.
63 Lucie LAUMONIER, *Solitudes et solidarités...*, tableau 11, p. 306.
64 Une observation semblable peut être faite pour le Gévaudan : dans les zones plus urbaines, entre les années 1380 et 1480, les familles artisanales connaissaient un taux très bas de ménages étendus comparativement à d'autres catégories socioprofessionnelles. Philippe MAURICE, *La famille en Gévaudan...*, p. 158-160.
65 Lucie LAUMONIER, « *"Maynage commun en ung hostal"*. Vivre entre frères et sœurs à Montpellier à la fin du Moyen Âge », in Fabrice BOUDJABAA, Christine DOUCET et Sylvie MOUYSSET (éd.), *Frères et sœurs du Moyen Âge à nos jours*, Berne, Peter Lang, 2016, p. 283-301.

n'étaient pas représentés dans ces professions[66]. Deuxièment, les plus importantes fortunes n'étaient possédées que par des groupes domestiques de frères et sœurs ; les ménages entre tiers (fondés sur un mode égalitaire) se situaient dans des catégories sociales plus modestes[67]. En d'autres termes, la cohabitation assortie de la gestion commune d'un patrimoine important ou d'affaires très fructueuses ne rapprochait, dans les compoix, que des contribuables apparentés[68]. La troisième différence entre les ménages de frères et sœurs et les ménages entre tiers était reliée à la pratique commune de l'agriculture, qui était bien davantage le fait de fratries, même désargentées, que de ménages de tiers (là encore fondés sur un mode égalitaire)[69]. La protection d'un patrimoine foncier, aussi maigre soit-il, justifiait de vivre ensemble.

Les ménages étendus étaient de formes très diverses. Dans les compoix de 1480 se trouve par exemple la déclaration fiscale portée par Peire Chalier, alias Bel Cros et son fils adulte Anthony, qui habitaient avec leur *familia* le quartier de Saint-Paul où ils pratiquaient le métier de boucher[70]. En 1380, Daude de Laurys résidait avec son neveu dans le quartier de Sainte-Croix, et était identifié comme laboureur. Les deux hommes possédaient quelques terres et des vignes[71]. Les mariages représentaient aussi de belles opportunités pour protéger et faire fructifier le patrimoine familial, et certains s'assortissaient de clauses menant à la vie commune. Le contrat de mariage de Peyronela, conclu en 1409, précisait qu'elle et son époux, Perrinet Mondi, pâtissier, vivraient avec Johanetta, la mère de la mariée, et son second époux Raoul Rapin, boulanger, parâtre de Peyronela[72]. Le montant de la dot était conditionnel à ce que Perrinet travaille pour ses beaux-parents[73].

Dans ces groupes domestiques élargis, parenté et ménage se confondaient davantage que dans les ménages nucléaires. La maison étant partagée avec les parents ou les beaux-parents, les frères et les sœurs, ou les beaux-frères et belles-sœurs. Les enfants y grandissaient en compagnie de leurs cousins, de leurs oncles et de leurs tantes, de leurs grands-parents. La parenté avec laquelle la plupart des Montpelliérains ne vivait plus à l'âge adulte était, dans ces demeures, une parenté de corésidence. Les ménages élargis entre membres d'une même famille étaient plus courants dans les espaces ruraux qu'en ville mais les mêmes intérêts pouvaient y étaient recherchés : éviter le fractionnement du patrimoine, œuvrer ensemble pour le bien de la famille. Un autre trait commun aux ménages étendus des espaces urbains et ruraux était la présence, dans les ménages, de travailleurs étrangers à la parenté.

Le travail salarié

Dans le milieu de l'agriculture, l'embauche de travailleurs saisonniers, pour les moissons par exemple, induisait une période de cohabitation limitée dans le temps entre la famille exploitante et ces travailleurs, quand des employés réguliers n'occupaient pas déjà la ferme. Un phénomène similaire de cohabitation temporaire était lié à l'apprentissage ou au

---

66   *Ibid.*, Figure 2, p. 292.

67   *Ibid.*, Figure 3, p. 294.

68   Des contrats de société étaient bien sûr conclus par des tiers, mais ils ne paraissaient pas s'accompagner de clauses de vie commune, à l'exception des périodes de voyage (commerce).

69   Lucie LAUMONIER, « *Maynage commun...* », Figure 2, p. 292.

70   AMM, Joffre 271, compoix de Saint-Paul, 1480, f°124.

71   AMM, Joffre 241, compoix de Sainte-Croix, 1380, f°89.

72   ADH, 2 E 95/441, Arnaud Vitalis, 21 septembre 1409, f°67v.

73   *Ibid.*: "...et quod dicti Mondoni tenetur bene et diligenter laborare infra villam Montispessulani quam extra pro dictis Rapini et Johanette conjugibus..."

service domestique, en ville d'abord, mais aussi dans les espaces ruraux[74]. En parallèle, plus les demeures étaient opulentes – et Montpellier ne manquait pas de vastes hôtels particuliers à la fin du Moyen Âge – et plus le besoin en domestiques était pressant. Serviteurs et employés de maison étaient évoqués par 12% des testateurs entre le milieu du XIIIᵉ siècle et la fin du XVᵉ, mais on ne peut évaluer dans quelle proportion les employés résidaient chez leur maître[75]. Les testaments ne semblent pas contenir (ou très rarement) de mention d'apprentis ou de valets ; les registres fiscaux non plus, et ils ne livrent aucune information sur le personnel domestique. Pourtant, le service et l'organisation du travail influaient sur la forme des ménages, faisant entrer dans la maison – dans la *familia* – de manière contractuelle et le plus souvent temporaire, des personnes extérieures à la parenté. De telles cohabitations se dissimulent en fait derrière des groupes domestiques à l'allure nucléaire.

Dans le milieu artisanal, la façon dont était structuré et organisé le travail mettait au premier plan les cohabitations entre apprentis et maîtres, moins souvent entre valets et maîtres, plus rarement entre compagnons, éventuellement entre associés[76]. Certains ménages revêtaient des formes complexes dont témoigne le document de 1374 sur les maisonnées des officiers du consulat. En moyenne 23% d'entre eux déclaraient vivre avec divers types d'employés[77]. La complexité du monde des métiers médiévaux et la difficulté d'établir une terminologie stable pour en désigner les acteurs se révèlent dans un large éventail de situations individuelles[78]. Le puiseur du puits du pont de Calstelnau habitait avec sa femme, son « *companho* » et deux « *vailets* » ; le consul Johan de Grabels vivait avec son épouse, son fils et « *una sirventa* ». Johan Colombier, dont le rôle au sein du consulat n'était pas précisé, occupait son *hostal* avec son épouse, leurs deux fils adultes et leurs deux brus, un « *jone home* » (valet ?), un écuyer, et une « *companhieyra* » (dame de compagnie ? servante ?)[79].

Ces cohabitations se déclinaient principalement sur deux modes, le premier vertical (maître/employé) et le deuxième horizontal, fondé sur une relation d'égalité entre les personnes (entre associés par exemple). Ces deux modes de relations n'étaient pas exclusifs l'un à l'autre, des associés vivant ensemble pouvaient habiter avec, outre leur famille, des employés. Le puiseur du pont de Castelnau et son « compagnon » travaillaient ensemble et avaient embauché deux « valets » qui avaient rejoint leur maison. Ceux qui étaient engagés par un maître et qui vivaient avec lui se trouvaient sous sa responsabilité et soumis à son autorité, comme l'indiquait la charte de 1204 et le rappelaient certains statuts de métier[80]. Ceci était d'autant plus vrai dans le cas des apprentis, placés le plus souvent à l'adolescence auprès d'un maître. Il y avait cependant plus d'employés que d'employeurs et, par le même

---

74 Kathryn Reyerson, « The Adolescent Apprentice/Worker in Medieval Montpellier », *Journal of Family History*, 17 :4 (1992), p. 353-370. Pour le cas des femmes, voir Cécile Béghin-Le Gourriérec, « Donneuses d'ouvrages, apprenties et salariées aux XIVᵉ et XVᵉ siècles dans les sociétés urbaines languedociennes », *Clio*, 3 (1996), p. 31-54.
75 Lucie Laumonier, *Solitudes et solidarités...*, Annexe II, tableau E, p. 365-366. L'étude du document sur les ménages du consulat en 1374 indique qu'entre 9% et 10% incluaient des servantes. AMM, BB 193, Pièces extraites des registres des notaires, liasse/année 1374, pièce 2.
76 Sur l'organisation des métiers en Languedoc, avec de nombreuses analyses de la situation à Montpellier, voir André Gouron, *La règlementation des métiers en Languedoc*, Paris, Minard, 1958.
77 25 cas sur 111. AMM, BB 193, Pièces extraites des registres des notaires, liasse/année 1374, pièce 2.
78 Voir l'introduction dans Francine Michaud, *Earning Dignity. Labour Conditions and Relations during the Century of the Black Death in Marseille*, Turnhout, Brepols, 2016.
79 AMM, BB 193, Pièces extraites des registres des notaires, liasse/année 1374, pièce 2.
80 Par exemple les statuts de la charité des tailleurs datés de 1323, publiés dans Alexandre Germain, *Histoire de la commune de Montpellier*, Montpellier, Jean Martel l'Aîné, 1854, vol. III, p. 475-479.

fait, plus de maisonnées sans apprenti ni servante que l'inverse. La présence de domestiques et de dépendants salariés rendait explicite la position sociale du maître ou de la maîtresse de maison.

L'autorité domestique était partagée dans le cas de cohabitations fondées sur un mode égalitaire. Plusieurs types de contrats pouvaient avoir pour conséquence de mener vie commune et de partager équitablement les gains du travail, à commencer par les contrats d'affrèrement et les contrats de société incluant des clauses réglant la cohabitation[81]. En 1421 par exemple, Peyre de Veyrargues, fustier et Johan Salve, lui aussi fustier, tous deux de Montpellier, passaient un acte de société d'une durée d'un an à partir du premier septembre[82]. Ils investiraient chacun 40 livres tournois dans l'affaire et loueraient en commun une maison. Les frais de nourriture et de boisson seraient partagés à parts égales. La « fusterie » n'était pas un métier très lucratif ; l'artisanat était, au contraire des professions du grand commerce et de l'agriculture, le domaine d'activité pour lequel les cohabitations entre hommes non apparentés étaient les plus fréquentes dans les compoix[83]. Des exemples de « compagnons » qui vivaient et travaillaient ensemble – bouchers, lanterniers, forgerons – parsèment les registres fiscaux de Montpellier[84].

Soulignons enfin que l'élargissement d'un groupe domestique par l'entrée d'un employé signifiait la réduction d'un autre. En confiant leur fils Thomas au tailleur de pierre Siscle Catalan en 1328, comme apprenti pour une durée de quatre ans, Stéphane et Guilhema Olivier voyaient leur maisonnée amputée d'un de ses membres, tandis que la demeure du maître s'agrandissait un peu plus[85]. Les formes prises par l'organisation du travail, artisanal et de l'agriculture, avaient pour conséquence de transformations structurelles des ménages qui échappent souvent aux testaments et partiellement aux compoix. Les *hostals* des maîtres de métier et des membres les plus fortunés de la ville comptaient ainsi des domestiques, des apprentis, des employés. S'ils faisaient partie de la *familia*, ils n'en demeuraient pas moins des étrangers à la parenté et ne recevaient pas le même traitement dans les testaments. La famille était pourvoyeuse de solidarité et apportait un soutien fondamental à ses membres fragilisés. Les questions relatives au secours mutuel et à la prise en charge de personnes dans le besoin expliquent en effet l'existence de certains ménages élargis.

Une question de solidarités

Si les sources ne donnent pas toujours d'indication qui permettrait de comprendre pourquoi les ménages étaient constitués de telle ou telle manière, elles suggèrent qu'à la protection du patrimoine, aux enjeux économiques et à l'organisation du travail s'ajoutait la prise en charge des personnes vulnérables. Cela expliquerait la présence, dans la liste

---

81   Sur l'affrèrement, voir Roger AUBENAS, « Le contrat d'*affrairamentum* dans le droit provençal au Moyen Âge », *Revue historique de droit français et étranger*, 4 :12 (1933), p. 478-524 ; Alain DEGAGE, « L'affrèrement dans le Languedoc médiéval » dans *Estudios de historia del derecho europeo, Homenaje al professor G. Martinez Diez*, Madrid, Editorial Complutense, 1994, vol. I, p. 217-250 et Jean HILAIRE, « Vie en commun, famille et esprit communautaire », *Revue historique de droit français et étranger*, 1973, p. 8-52.

82   ADH, 2 E 95/463, Arnaud Vitalis, 2 août 1421, f°92.

83   Lucie LAUMONIER, « Maynage commun... », *art. cit.*

84   J'ai relevé une trentaine de cas d'hommes non apparentés qui vivaient ensemble et pratiquaient le même métier. L'usage du terme « compagnon » pour désigner ce type de cohabitation est attesté à 19 reprises. Ont été consultées plus de 9 000 déclarations fiscales.

85   ADH, 2 E 95/368, Jean Holanie, 5 février 1327 (a.s.), fol. 124v.

de 1374, énumérant la composition des ménages d'employés du consulat, de certaines cohabitations entre parents issus de générations différentes[86]. Un certain P. Calvel habitait avec sa femme, son fils, sa mère et des dépendants. Quant à Pons Causa, il résidait avec son épouse, sa belle-mère et son frère. En moyenne, 13% des ménages des employés du consulat incluaient des membres de la parenté, outre ceux de la cellule nucléaire, une proportion inférieure à la part de ménages, dans cette liste, qui comptaient des employés et des domestiques[87]. Dans les compoix, la plupart des ménages élargis (40% du total) concernaient des enfants adultes et leurs parents, parfois âgés ou vieillissants[88]. L'expression des solidarités familiales et du devoir filial (spontané ou contraint) rapprochaient les familles. Des habitants prévoyaient de longue date leur future « retraite » et s'assuraient, par des incitations ou du chantage, de retenir auprès d'eux leurs enfants ; d'autres passaient devant notaire quand ils étaient prêts à se retirer de la vie active ou que la vieillesse devenait difficile à assumer en solitaire[89].

La vulnérabilité ne concernait pas que les personnes âgées. Les filles de moins de douze ans et les garçons de moins de quatorze ans bénéficiaient d'une protection légale, la tutelle, qui, lorsqu'elle s'appliquait, signifiait que des reconfigurations familiales avaient eu lieu. Le décès des parents avait pour conséquence l'accueil de l'enfant orphelin par d'autres membres de sa famille ou par des tiers. Un exemple nous en est donné par le cas de la famille de Buxo. Le 11 novembre 1450, Jacme de Buxo, veuf, rédigeait son testament[90]. Jacme et sa défunte épouse avaient eu de nombreux enfants : deux filles adultes et mariées, Anthonia et Margarita, qui vivaient sans doute en dehors de la demeure familiale ; un fils de vingt-quatre ans pas encore pleinement majeur[91] ; et enfin trois filles dites « en pupillarité », donc âgées de moins de douze ans. Le père de famille instituait héritiers universels sa fille Anthonia, épouse d'Anthony Bodon, et son fils Johan, à condition que la sœur et le frère habitent ensemble dans sa maison. Guilhemma, Johanetta et Johanetta [sic], les trois filles mineures, obtenaient 25 livres chacune et la garantie de leur entretien jusqu'à leur mariage, dans la maison de leur père et de ses héritiers, autrement dit, avec leur grande sœur et leur grand frère. Outre l'héritage paternel, Anthonia et Johan recevaient en effet la tutelle de leurs trois jeunes sœurs.

L'éventuel décès du père entrainerait un changement structurel dans le ménage tout en transférant à Anthonia et son frère des responsabilités qu'ils n'avaient pas jusqu'alors. Les testaments n'étaient pas forcément suivis de faits : le prédécès d'un héritier modifiait la distribution de l'héritage ou l'octroi d'une tutelle. Les testaments doivent être considérés pour ce qu'ils sont, des déclarations d'intérêt, sans que l'on sache dans quelle mesure ils aboutissaient au résultat escompté. Or, le notaire Marcel Robaud, qui avait consigné le 11

---

86   AMM, BB 193, Pièces extraites des registres des notaires, liasse/année 1374, pièce 2.
87   *Ibid.* Treize ménages sur 111.
88   Lucie LAUMONIER, *Solitudes et solidarités*..., tableau 11, p. 306.
89   Lucie LAUMONIER, « En prévision des vieux jours. Les personnes âgées à Montpellier à la fin du Moyen Âge », *Médiévales*, 68 (printemps 2015), p. 119-145 et ID., « Grandparents in Urban and Rural Lower Languedoc at the End of the Middle Ages », *Journal of Family History*, 41 :2 (2016), p. 103-117.
90   ADH, 2 E 95/596, Marcel Robaud, 11 novembre 1450, f°27.
91   La majorité était fixée à 25 ans par la coutume de Montpellier. Cependant, à l'âge de 20 ans les jeunes étaient autorisés à conclure certains actes, avec des limitations. Un jeune garçon de plus de 14 ans qui se retrouvait orphelin était considéré majeur (*sui juris*) s'il n'était pas sous tutelle. Une jeune fille de plus de 12 ans qui devenait orpheline était majeure si elle n'avait pas de tuteur. L'âge de 25 ans était donc celui de la majorité pour les jeunes dont les parents étaient en vie ou qui étaient pupilles, si la tutelle ne s'arrêtait pas auparavant.

novembre 1450 les dernières volontés de Jacme de Buxo, était convoqué deux mois et demi plus tard afin d'enregistrer un acte d'*affrayramentum* et d'*assoramentum* entre Anthonia et Johan[92]. En raison du décès de leur père, ils étaient devenus ses héritiers universels, vivaient ensemble avec l'époux d'Anthonia et, en leur qualité de tuteur et tutrice, s'occupaient de leurs trois jeunes sœurs.

C'est en l'absence de famille que les Montpelliérains se tournaient vers des tiers pour recevoir l'aide dont ils avaient besoin. Nombreux étaient les isolés, en particulier au cours des décennies suivant la première épidémie de peste : un peu partout dans la ville des hommes et des femmes emménageaient avec des étrangers à leur parenté pour trouver du soutien. Ainsi, c'est en raison de la « décrépitude » (*decrepitat*) de son état qu'un certain Johan de Meyras, habitant le septain de Saint-Mathieu entre 1404 et 1413, s'était donné, lui et ses biens à Johan Teulier, qui avait accepté, en échange, de s'occuper de lui[93]. Cet exemple montre un homme privé d'appui familial, qui cédait ses biens en échange de soins, et qui, par le même effet, se plaçait à la merci de son donataire. La recherche d'aide pendant des périodes de difficulté, des manifestations spontanées de soutien envers des parents dans le besoin, des principes moraux et religieux, des incitations financières, des obligations légales, des pressions, tous ces facteurs pouvaient aboutir à la constitution de ménages étendus dont l'une des raisons d'être était la prise en charge d'une personne vulnérable ou à risque d'être dépendante. Les exemples ne manquent pas dans les archives de Montpellier qui illustrent la manière dont la mise en gestes du devoir de charité – parfois de manière contrainte et forcée – menait à la vie commune, en un *hostal*.

Conclusion

Il existe une vaste typologie des formes d'organisation domestique, que des générations d'historiens se sont efforcées de définir et d'étudier. Se dégage de ce tour d'horizon des familles montpelliéraines la grande vitalité et la constante évolution des ménages. En entraient et en sortaient les employés au grès de leurs contrats ; les enfants qui naissaient puis quittaient la demeure de leurs parents ; un aïeul que l'on accueillait ; un cousin, fraîchement arrivé d'une autre région. Soumis aux volontés personnelles, aux contraintes économiques, aux naissances et aux décès, les ménages de Montpellier évoluaient. Une constante, quelle que soit la période à l'étude, la catégorie sociale ou le sexe des personnes, était l'importance des liens entretenus avec la parenté étroite, que l'on réside avec elle ou non. Le mode de vie urbain entraînait des manières particulières d'habiter : aux ménages davantage élargis des espaces ruraux, se substituaient des ménages plus étroits.

La prise en compte de la monoparentalité et de la solitude dans l'étude des familles citadines médiévales a permis de souligner que les ménages nucléaires, en raison de leur taille réduite, étaient les plus à même de se transformer en ménages de solitaires et de parents isolés, en particulier en période de crise démographique. Les taux élevés de veufs et veuves sans enfant au début du XVe siècle rappellent l'importance démographique de ces foyers d'isolés. La solitude n'était pas un mode de vie recherché et il n'était pas rare de voir des habitants et des habitantes se remarier. Se formaient alors des familles recomposées qui

---

92 ADH, 2 E 95/596, Marcel Robaud, 28 janvier 1450 (a.s.), f°62.
93 AMM, Joffre 242, compoix de Saint-Mathieu, 1404, f°45v. La notice indiquant la donation est datée du 7 février 1412 (a.s.).

vivaient dans des groupes domestiques à l'allure nucléaire venant enrichir encore grande variété des ménages de Montpellier.

Les ménages étendus n'étaient pas si rares en ville, ne serait-ce que parce que l'élargissement n'était parfois qu'une étape du cycle de développement d'une maisonnée. Que ce soit en raison de contraintes professionnelles ou patrimoniales, pour venir au secours d'un membre de la parenté dans le besoin, les Montpelliérains ouvraient la porte de leur demeure à d'autres. Les raisons pour vivre ensemble et ne plus vivre ensemble étaient nombreuses, comme l'étaient les outils du droit permettant de structurer la vie commune et les séparations. Les ménages qui se formaient à Montpellier répondaient autant que possible aux besoins de leurs occupants et à des contraintes extérieures particulières. Leurs reconfigurations témoignaient d'une redistribution des cartes. La mort, souvent, venait bouleverser la structure d'un ménage et les rôles de chacun s'en trouvaient changés. Les distinctions traditionnellement opérées dans l'historiographie entre les familles souches, les familles communautaires ou les familles nucléaires sont constamment remises en question à Montpellier. Les frontières étaient poreuses entre une situation et l'autre et les ménages ne cessaient de se transformer, rappelant la diversité des manières d'habiter.

Partie 3

Au carrefour des influences,
Montpellier ville marchande et centre intellectuel

Les contributions rassemblées dans cette dernière section mettent l'accent sur la notion d'échange. Maïté Ferret-Lesné analyse avec finesse la manière dont le droit des affaires dans la charte et les établissements consulaires – au XIIIᵉ siècle principalement – a favorisé l'essor commercial de la ville tout en protégeant les intérêts locaux, et a encadré les pratiques marchandes, permettant l'établissement d'une prospérité durable et d'échanges soutenus avec les villes méditerranéennes et l'arrière-pays languedocien. Un siècle plus tard, les effets s'en font toujours sentir : Romain Fauconnier étudie dans son article deux traités de mathématiques marchandes, rédigés par des Florentins établis à Montpellier, posant la question de leur contexte d'élaboration et de leurs destinataires. Les échanges intellectuels dont ces Florentins ont pu bénéficier une fois arrivés à Montpellier sont nombreux et concernent, entre autres, la communauté juive. Ses membres sont l'objet de la contribution de Danièle Iancu-Agou, qui fait le point sur les traducteurs, philosophes, commentateurs, étudiants, nés dans la ville ou dans sa région, venus là ou partis d'ici, du XIIᵉ au XIVᵉ siècle. Parmi les intellectuels de Montpellier la communauté estudiantine et mendiante n'est pas en reste. Au XIVᵉ siècle, plusieurs collèges d'importance sont bâtis par le pape Urbain V et son frère, tandis que les couvents mendiants bénéficient de nombreux privilèges. Les fondations du pape renforcent l'attractivité de Montpellier et sa dimension de pôle intellectuel et religieux, en faisant une véritable « capitale du monde chrétien », comme le démontre Daniel Le Blévec. Ces contributions ancrent Montpellier dans un large réseau de relations, tissées notamment avec le pourtour méditerranéen, et par lequel elle s'est définie. Si la ville a bénéficié de l'installation des communautés italiennes ou juives durant la période médiévale, constituant une escale de premier ordre au sein des réseaux méditerranéens et européens, Montpellier se présente également comme un centre de diffusion des biens et des idées.

LE DROIT DES AFFAIRES DANS LE MONTPELLIER MÉDIÉVAL

Maïté FERRET-LESNÉ
Université de Montpellier 1

Le droit coutumier promulgué pour la ville de Montpellier, notamment dans les dispositions relatives à la pratique des affaires, suscite une nouvelle approche[1]. Il s'agit ici de mettre toutes ces règles en perspective et de les confronter parfois, quand cela est possible, avec la pratique contractuelle contemporaine fournie notamment par le cartulaire de Maguelone[2]. Rapprocher les dispositions et les envisager dans leur globalité permet d'étudier les modalités selon lesquelles les assertions du droit sont fondées et produites. La législation municipale fixe des solutions de droit qui vont s'appliquer sur un milieu en constante évolution. Les autorités seigneuriale et consulaire favorisent et encadrent l'essor de leur ville ; les statuts montpelliérains tendent à trouver un équilibre entre garantir la sécurité des marchés et assurer un cadre qui n'entrave pas le dynamisme des marchands montpelliérains et leurs transactions avec l'extérieur.

L'intérêt ravivé pour l'histoire montpelliéraine du Moyen Âge accompagne une édition électronique et critique de sources médiévales de la ville, notamment des coutumes et de la législation consulaire, en cours de réalisation[3]. La production de normes liées à l'activité commerciale, à la procédure permettant de poursuivre les débiteurs défaillants se situe essentiellement au cours du premier tiers du XIIIe siècle. Au cours des décennies suivantes, le pouvoir consulaire s'attache essentiellement à l'organisation des métiers ; l'autorité municipale produit alors un grand nombre de formules de serments qui attestent la sollicitude des consuls pour le succès de la prospérité économique de la ville. Les édiles montpelliérains s'attachent en effet à entretenir la bonne renommée agricole, manufacturière et marchande de la ville.

Au moment où se développe le pouvoir statutaire des consuls montpelliérains, les règles juridiques se rapportant à la bonne marche des opérations marchandes de Montpellier sont connues. Les coutumes promulguées en 1204 sont réparties, par leur éditeur, en 122 articles parmi lesquels plus du quart constituent une réglementation spécifique destinée aux acteurs économiques de la ville, dans leurs échanges commerciaux et financiers, dans les litiges nés de l'insolvabilité d'un débiteur[4]. Les statuts complémentaires de 1205 comptent dix-sept alinéas dont six s'attachent aussi à poser un cadre sécurisant pour

---

1   Étant donné la richesse de la bibliographie relative au droit coutumier montpelliérain, le choix a été fait de donner en notes les références aux sources et, pour les analyses relatives au sujet, de guider le lecteur vers l'ouvrage de Pierre CHASTANG, *La ville, le gouvernement et l'écrit*, Paris, Publications de la Sorbonne, 2013.
2   Éd. Julien ROUQUETTE et Augustin VILLEMAGNE, Montpellier, Louis Valat, 1912-1913, tomes I et II.
3   Programme auquel nous participons, financé par l'ANR, sous la direction de Vincent Challet. L'interprétation de certaines dispositions de la coutume a bénéficié des conseils du recteur Jean-Marie Carbasse ; qu'il en soit remercié.
4   Le texte utilisé sera encore l'édition d'Alexandre TEULET, *Layettes du Trésor des Chartes*, Paris, H. Plon, 1863, t. I, n° 721, p. 255-266.

Montpellier au Moyen Âge. Bilan et approches nouvelles, éd. Lucie GALANO et Lucie LAUMONIER, Turnhout, 2017 (*Studies in European Urban History*, 40), p. 155-168
BREPOLS ❧ PUBLISHERS   DOI: 10.1484/M.SEUH-EB.5.113308

l'exécution des obligations[5]. Quelques établissements consulaires postérieurs vont encore préciser des règles procédurales destinées à gérer le paiement des dettes.

Dès l'article 5 de la charte de 1204, le bayle et les *curiales*, par un serment prêté au seigneur de Montpellier, s'engagent à traiter avec diligence les plaintes déposées notamment par des créanciers, et à ne pas percevoir de droits de justice avant d'avoir terminé les procédures. Les statuts de la ville fixent des règles juridiques consacrant les solutions créées par la pratique ou importées et adaptées du droit romain ou du droit canonique ; ils sont un bel exemple, parmi d'autres, de la réception sélective des compilations justiniennes.

Plusieurs alinéas se fondent clairement sur des techniques issues du droit de Justinien mais n'utilisent pas expressément l'intitulé désignant les concepts juridiques romains, alors que la dénomination précise de l'institution se trouve couramment dans les actes de la pratique. Il est nécessaire qu'une réglementation définisse les conditions d'application tandis que les contrats se contentent de faire référence à la mesure juridique ciblée.

L'exemple le plus évident touche la protection des femmes contre les abus d'influence, organisée par les règles romaines et largement aménagée dans le droit coutumier et la pratique montpelliérains. Une référence directe, mais sans les termes exacts traditionnellement employés – le sénatus-consulte Velléien[6] qui interdit toute intercession[7] à une femme, même non mariée, pour autrui – peut être identifiée dans l'article 38 des statuts de 1204. Le droit de Justinien avait distingué l'intercession de la femme pour autrui de l'engagement pour le mari, tant dans le Code que dans les Novelles : il avait établi que l'intercession de la femme pour le mari serait toujours nulle de nullité absolue[8]. La disposition du texte montpelliérain est rédigée sur un mode positif : sont énumérés les cas pour lesquels la femme s'engage pour quelqu'un valablement, selon des conditions dont la plupart sont prévues par le droit romain. La coutume montpelliéraine écarte précisément l'incapacité velléienne par l'autorisation expresse du mari. Ainsi l'application des mesures protectrices de la femme est écartée par faveur pour les créanciers mais aussi par reconnaissance du poids économique de l'activité féminine. Il s'agit de ne fragiliser en aucune manière les transactions conclues par des femmes dont le rôle dans les échanges montpelliérains, abordé aussi dans une autre contribution au présent volume, n'est plus à démontrer[9]. Permettre aux femmes d'intercéder pour autrui augmente largement le crédit de leurs maris qui peuvent engager un patrimoine plus important avec l'appui de leurs épouses, quel que soit leur régime matrimonial.

Par comparaison, c'est seulement plusieurs décennies plus tard que les actes conservés dans le cartulaire de Maguelone, contiennent, le cas échéant, une clause de renonciation

---

5   *Ibid.*, n° 760, p. 289-291.

6   D. 16, 1, 2, 1. Le sénatus-consulte, rendu au cours du premier siècle de notre ère, empêche les femmes de promettre de payer la dette d'autrui. Il établit pour les femmes un privilège personnel qui complète le privilège réel instauré par la loi Julia sur l'inaliénabilité de l'immeuble dotal.

7   *Intercessio* : engagement pris pour la dette d'autrui.

8   C. 4, 29, 22-25 et en 556, la novelle 134, 8 renforce le Velléien (pour les juristes médiévaux, l'Authentique *Si qua mulier*). La nullité absolue sanctionne la violation d'une règle d'intérêt général ou l'absence d'un élément essentiel à un acte juridique.

9   Les coutumes de Toulouse ne procèdent pas différemment en 1286, dans leur article 69 selon lequel la femme majeure *sui juris* (qui ne se trouve pas sous la dépendance d'autrui) peut recevoir un prêt, s'obliger, cautionner ou intercéder pour autrui : *Les coutumes de Toulouse (1286) et leur premier commentaire (1296)*, Henri GILLES, Toulouse, Académie de législation, 1969.

au bénéfice du sénatus-consulte en utilisant expressément le vocabulaire romain[10]. Des contrats de vente portent des clauses de renoncement à l'exception velléienne souscrites par une femme partie à l'acte, alors que le sénatus-consulte se limite, en principe, au cas de la sûreté personnelle. Les rédacteurs des actes font évoluer ou détournent une technique connue, transmise par le droit romain afin de répondre aux besoins des justiciables qui s'entourent de toutes les garanties imaginables, à bon ou mauvais escient. La pratique contractuelle illustre une coutume non écrite ; les juristes jonglent entre une capacité juridique reconnue aux femmes dans quelques cas précis ainsi que pour l'exercice d'un métier, et une autorité maritale affirmée qui se généralise dès la fin du XIIᵉ siècle.

Une attitude semblable vis-à-vis du droit romain – une connaissance pointue des techniques qui s'accompagne d'une volonté d'adaptation pouvant aller jusqu'à écarter les règles du droit de Justinien – peut être constatée dans l'article suivant qui s'attache au contrat de vente. Pour les ventes d'immeubles, la lésion énorme, la lésion d'outre-moitié[11] est admise par le droit byzantin afin de protéger le vendeur[12] ; elle ne peut être invoquée qu'en matière de vente d'immeubles si le prix est inférieur à la moitié de la valeur du bien. La morale chrétienne défend l'idée du juste prix[13] ; les canonistes soutiennent que la lésion est à considérer dans tous les types de contrats[14]. Quant aux statuts de 1204, l'article 39 établit que la vente de biens immobiliers ne peut pas être rescindée même si la tromperie excède la moitié du juste prix alors que l'action en rescision est admise pour la vente de meubles. La coutume privilégie la situation de l'acquéreur ou du vendeur de meubles, considérée comme plus fragile que la position du vendeur d'immeubles. La doctrine médiévale protège prioritairement l'acheteur : l'autorité publique tend à préserver les habitants de la ville, en particulier les petites gens dans les ventes sur les marchés. Pour la vente d'immeubles, dès la seconde moitié du XIIᵉ siècle, les notaires insèrent des clauses dans lesquelles le vendeur fait à l'acheteur don express de la plus-value[15] ; il est notable que les contrats de la région

---

10 Par exemple, les actes n° 484, p. 490-499 (arbitrage rendu en 1235 : « ...et in omnibus et singulis supradictis partes renunciaverunt omni juri scripto et non scripto...et dicta Alasacia senatusconsulti velleyani... ») ou n° 529, p. 589-591 (vente d'une terre en 1242) ou n° 558, p. 635-640 (vente d'une part de forêt en 1247).

11 La vente peut être attaquée pour cause de lésion de plus de moitié ou *laesio enormis*. La lésion est un préjudice né du déséquilibre entre la valeur des prestations que reçoit ou doit recevoir un des contractants et la valeur de celles qu'il a fournies ou qu'il doit fournir à son cocontractant. C'est aussi un vice du consentement qui entraîne ce préjudice dans le cas où l'un des contractants a exploité la gêne ou l'inexpérience de l'autre (cf. art. 1674 du Code civil : rescision de la vente pour lésion de plus de sept douzièmes du prix de l'immeuble au détriment du vendeur). Dans un but de clarification, il ne semble pas anachronique de proposer une définition contemporaine dans la mesure où le sens fondamental n'a pas changé même si l'application a évolué dans le temps.

12 C. 4, 44, *De rescindenda venditione*, 2 et 8.

13 Voir Sylvain PIRON, « Marchands et confesseurs – Le Traité des contrats d'Olivi dans son contexte (Narbonne, fin XIIIᵉ-début XIVᵉ siècle) », dans *L'argent au Moyen Âge*, actes du 28ᵉ congrès de la SHMESP, Paris, Publications de la Sorbonne, 1998, p. 288-308.

14 Raoul NAZ, *Dictionnaire de droit canonique*, Paris, Letouzey et Ané, 1935-1965, au mot « lésion ». À la différence du droit civil, le droit canonique sanctionne la lésion quelle que soit la nature du contrat, à condition que la lésion soit grave, dépasse la moitié de la valeur en cause.

15 *Cartulaire de Maguelone*, t. I, l'acte de vente n° 91, p. 179 en 1155 (« ...Et si quid amplius hoc pretio valet...illud tibi donamus et in te jus nostrum totum transferimus. ») ou n° 118, p. 233 en 1164 (« ...si plus hic honor ex hoc supradicto precio valet, illud totum bono animo et mera liberalitate tibi, ..., damus et in te conferimus ») ou n° 123, p. 240 en 1165 ou n° 127, p. 246 en 1166 ou n° 150, p. 275 en 1170 ou n° 168, p. 310 en 1177. Le même constat peut être fait dans les ventes d'immeubles répertoriées dans le cartulaire des seigneurs de Montpellier, *Liber instrumentorum memorialium*, éd. Alexandre GERMAIN, Société archéologique de Montpellier, n° 400 (1884-1886), p. 578 en 1158 : « et quamvis...ultra duplum precii difiniti valeant, hac tamen occasione nos non retracturos nec quod deest justo precio petituros, sive exacturos promittimus ; immo scientes hec plus valere, pro supradicto precio modis omnibus tibi... perpetua stabilitate concedimus. ».

MAÏTÉ FERRET-LESNÉ

montpelliéraine font toujours mention du prix[16]. Là encore reconnaître l'action en rescision dans la vente d'immeubles pourrait conduire à créer une instabilité des transactions, sans que le bénéfice de l'action apporte une protection compensatrice.

Au demeurant, il faut attendre l'article 100 pour que soit posé le cadre général du contrat de vente ou d'achat[17] ; sont retenus les éléments de validité constitués par la paumée, le versement d'une partie du prix ou de sa totalité ou la remise de la chose. La disposition suivante, inspirée encore du droit de Justinien, s'intéresse au fonctionnement des arrhes[18] considérées comme un moyen de dédit, une indemnité forfaitaire, dans les contrats de vente[19] : celui qui se repent les abandonne, tandis que celui qui les a reçues et renonce, les restitue au double. La coutume ne fait pas référence à l'ancien but probatoire des arrhes dont la remise constitue une preuve de l'accord regardé comme définitif alors que leur fonction de peine de dédit est admise par le droit de Justinien.

Les autorités, municipale et seigneuriale, utilisent les ressources offertes par les techniques juridiques romaines afin d'encadrer des pratiques qui contournent des règles canoniques. Il en est ainsi de l'ambiguïté relative à la réglementation du prêt à intérêt ; à aucun moment les statuts montpelliérains n'adoptent une position tranchée quant à une opération interdite par le droit canonique[20]. L'article 68, s'il déclare le principe de la nullité de la demande « de deniers pour deniers », l'admet en cas de bonne foi ou de serment promissoire[21]. Alors que les recueils d'actes de la pratique contiennent une quantité de contrats organisant un prêt à intérêt en le camouflant[22], il est évident que le droit coutumier ne peut admettre officiellement aucune solution permettant de rémunérer les détenteurs de capitaux dans les affaires de prêt. Au demeurant, les rédacteurs de la coutume savent que les praticiens, dans les actes établis à la demande de leurs clients, constituent des opérations semblables ou assimilables à des prêts à intérêt. Le contexte et la possibilité de recourir à la bonne foi ou au serment[23], proposés par l'article 68, font que les statuts vont encadrer les mouvements d'argent effectués à Montpellier et admettre *ipso facto* la pratique du prêt à intérêt. Ainsi l'article 9 s'attache aux effets de la prohibition pour les prêteurs qui

---

16   À la différence de la pratique toulousaine où omettre d'indiquer le prix est un moyen détourné pour éviter tout recours. À Marseille, au XIIIe siècle, la lésion est admise, en faveur du débiteur, pour la vente d'immeubles faite par autorité de justice mais non pour la vente d'immeubles contractuelle.

17   Inst. 3, 23, *De emptione et venditione.*

18   L'article 1590 du Code civil définit aujourd'hui les arrhes, moyen de dédit, comme la somme d'argent remise par une partie contractante à l'autre en garantie de l'exécution d'un marché conclu, et destinée à être perdue par celui qui l'a versée s'il se départit de l'opération ou à lui être restituée en double par l'autre si le dédit vient de son fait. Les arrhes sont remises « secondairement » comme preuve de l'accord : voir *Vocabulaire juridique*, Gérard CORNU, Paris, Presses universitaires de France, 2013 (1ère éd. 1987).

19   C. 4, 21, 17, 2 : si l'acheteur ne donne pas suite au contrat projeté, le vendeur garde les arrhes qu'il rendra au double s'il refuse d'exécuter la vente.

20   Voir Giacomo TODESCHINI, *Richesse franciscaine. De la pauvreté volontaire à la société de marché*, Lagrasse, Verdier, 2008.

21   À comparer avec l'article 15 des coutumes de Saint-Gilles (éd. Édouard BLIGNY-BONDURAND, Paris, A. Picard, 1915) qui interdit l'usure qu'elle soit ou non stipulée sous serment ; la présence d'un seigneur ecclésiastique n'est certes pas étrangère à la prohibition.

22   Ici il est inutile de préciser le fonctionnement des différents mécanismes relatifs à cette opération, déjà analysés, notamment le mort-gage, une forme de *pignus* : sûreté réelle, constituée par le débiteur, avec ou sans dépossession, en garantie d'un prêt, sur un bien dont les revenus seront perçus par le prêteur, considérés comme des intérêts. Le travail ou l'investissement que le créancier fournit pour maintenir la valeur du bien gagé, justifierait la rémunération si ces efforts étaient réels. La technique inverse, autorisée mais peu pratiquée, est le vif-gage dans lequel les revenus du bien gagé sont déduits de la dette.

23   Le serment peut faire obstacle aux règles sur la validité des contrats.

l'enfreignent[24] tandis que l'article 116 limite le montant des intérêts perçus à l'équivalent du capital prêté[25]. Cette disposition tend à fixer un taux d'intérêt maximum et évoque la règlementation issue du droit romain qui pose un intérêt légal.

Un statut urbain promulgué officiellement suppose une publicité telle qu'il est difficile pour l'autorité publique de reconnaître, voire d'organiser, une institution prohibée par les règles canoniques. Néanmoins, le réalisme nécessaire à la gestion des activités économiques conduit à une certaine circonspection, voire une tolérance dans la règlementation conçue avec pragmatisme. La pratique contractuelle jouit de la relative liberté que n'ont pas les initiateurs du texte coutumier mais, en revanche, doit éviter de s'exposer à la sanction des tribunaux : voilà où se situe l'espace créatif pour les juristes, auteurs de doctrine ou praticiens.

Les Montpelliérains se voient reconnaître la liberté de vendre l'ensemble de leurs biens et d'emporter le prix où ils veulent sans empêchement : le seigneur ou son bayle ont l'obligation de l'approuver et de leur accorder un sauf-conduit ainsi qu'à leur famille et à leurs biens, sur tout le territoire qui dépend de leur autorité[26]. La circulation des personnes et des marchandises vers l'extérieur de la cité montpelliéraine n'est pas entravée, encore moins à l'intérieur de la seigneurie où tous peuvent jouir de la protection directe de leur seigneur et de ses agents. Néanmoins, la liberté de vendre est limitée quand il s'agit d'un *honor* laissé par un testateur pour le repos de son âme : la cour exerce un contrôle juridictionnel sur la vente[27]. Le prix du bien vendu est distribué selon les dispositions testamentaires, mais les droits du lignage du *de cujus* sont préservés. En effet, les plus proches parents du défunt doivent être avertis et pourront exercer un droit de préemption sur le bien, s'ils donnent le même prix que la somme proposée par un tiers.

La capacité offerte aux Montpelliérains de quitter la ville comme ils le veulent peut être restreinte par l'ouverture préalable ou concomitante d'une procédure judiciaire à leur encontre. L'individu qui a préparé et entrepris un voyage, alors qu'une plainte a été déposée devant la cour à propos de ce déplacement, donnera un fidéjusseur à la cour et pourra réaliser son projet[28]. Cependant le juge peut être amené à l'entendre au préalable s'il a connaissance de faits suspects ou paraissant malhonnêtes. Une fois de retour, le justiciable est tenu de répondre de cette plainte avant de commencer un autre voyage.

Face aux nombreux déplacements entrepris par les marchands, en cas de plainte pour affaire pécuniaire, soit un Montpelliérain est contraint par le tribunal de donner un fidéjusseur, soit il peut simplement promettre de rester dans la ville[29]. L'article 17 des coutumes de 1204 avait édicté que, dans un procès sur des biens fonds, ne soient exigés du défendeur ou du demandeur aucun frais de justice ni gages[30]. Le *Petit Thalamus* permet d'illustrer en partie la mise en application de cette disposition, un demi-siècle plus tard : en

---

24   Les usuriers ne sont pas reçus en témoignage.
25   Les règles s'appliquent autant aux Chrétiens qu'aux Juifs. Un établissement consulaire, probablement du milieu du XIIIᵉ siècle, complète la réglementation de l'activité des prêteurs juifs.
26   Art. 11 (1204).
27   Art. 59 (1204).
28   Art. 4 (1205).
29   Art. 3 des statuts de 1205 : la règle est la même pour des affaires pénales, dans le cas d'*injuria* ou d'autres crimes, s'il y a une action civile.
30   L'article ajoute une précision fréquente dans les actes contractuels de la même période : la règle n'est plus applicable quand une des parties en présence a le statut de chevalier. Les décisions prises par la cour dépendent du montant de la dette ou de la qualité de la personne dont on exigera le serment.

1253, une dénonciation est faite à la cour de Montpellier contre le fils d'un courtier montpelliérain, Pierre Aymeric et contre ceux qui se sont offerts à sa défense[31]. Le fond de l'affaire n'est pas exposé ; les faits ne sont pas donnés. Le défendeur a été informé par le mode de la criée commandée par la juridiction ; trente jours après, le père intervient et refuse de donner une *fermansa* – exigée par la cour – invoquant qu'il n'est pas tenu de le faire, la cour ayant accepté, « dans les temps passés », sur de semblables affaires, de recevoir les pères aux défenses de leur fils sans garantie et sans obliger leurs biens. La cour recevra l'argumentation fondée sur sa jurisprudence et les archives contenues dans les livres de la cour.

Certes les coutumes favorisent les échanges avec l'extérieur notamment les déplacements des marchands, mais elles veillent aussi à la quiétude de l'environnement intérieur. Il en est de même pour une transaction portant sur un bien ayant été dérobé : l'acheteur de bonne foi d'une chose volée qui lui a été proposée publiquement, restituera le bien à son propriétaire qui lui rendra le prix de son achat[32]. Auparavant, l'acquéreur doit avoir prêté le serment d'ignorer que la chose avait été volée et de ne pouvoir désigner le vendeur ; il échappe ainsi à tout soupçon de recel.

Toujours dans le but de faciliter la circulation des personnes autant que des biens, les statuts montpelliérains de 1204 encouragent, voire stimulent l'activité économique des étrangers dans la ville. Par l'article 30, le seigneur protège l'étranger travaillant à Montpellier ; les redevances ou pénalités dues par un étranger sont allégées par les articles 87[33] et 93[34]. Cependant l'autorité publique prévoit certains aménagements différenciés selon l'origine de l'individu concerné, la règlementation restant plus favorable aux Montpelliérains. Par exemple, le traitement de la victime d'un vol est différent : quand la restitution de la chose volée est opérée par la cour, le seigneur retient le tiers de la valeur du bien rendu à un étranger[35] qui participe ainsi aux frais de justice. Quand il s'agit d'un vol effectué au détriment d'un habitant, celui-ci récupère l'ensemble de son bien. Néanmoins, si la personne étrangère se débrouille seule pour retrouver le bien qui lui a été dérobé, il est précisé que celle-ci garde tout sans aucune retenue de la part des pouvoirs publics.

Un contrat commercial conclu sur la place de Montpellier entre plusieurs étrangers ou entre un étranger et des Montpelliérains doit prévoir une répartition de parts entre les personnes présentes lors de la réalisation du marché tandis que la même opération effectuée par un Montpelliérain et dans des circonstances identiques n'entraîne aucune obligation vis-à-vis de l'étranger présent[36].

Dans un domaine bien connu – le monopole de la teinture des draps réservée aux Montpelliérains – il est interdit à tout étranger de teindre en rouge, spécialité montpelliéraine mais aussi en n'importe quelle couleur[37] ; l'article ajoute qu'un étranger n'a pas le droit de vendre un drap au détail au-delà de la quantité qui peut être transportée par un colporteur. Le pouvoir urbain entend évidemment protéger une industrie lucrative dont les méthodes de fabrication sont réglementées et préservées. Néanmoins sans doute est-il

---

31 Éd. Société archéologique de Montpellier, 1 :1 (1836), p. 124.

32 Art. 20 (1204).

33 On fait payer à un étranger les redevances dues sans pénalité ni confiscation alors qu'un Montpelliérain sera condamné au double.

34 L'étranger qui se marie et habite à Montpellier est exempté pour un an et un jour de l'ost et de la chevauchée.

35 Art. 19 (1204).

36 Art. 6 (1205).

37 Art. 109 (1204). L'article suivant impose pour la teinture écarlate d'utiliser la *teng de la grana*. Il s'agit d'une graine produite par un arbuste présent en grande quantité dans la région montpelliéraine.

devenu difficile voire contreproductif de maintenir le monopole dans les mêmes conditions. La restriction sera précisée par un établissement consulaire de 1226[38] qui rappelle en introduction l'ancienne coutume et les difficultés rencontrées par son application, notamment le fait que certains, après avoir juré, ont quitté la ville. Aussi convient-il de contrecarrer la fraude et de prévoir des mesures destinées à maintenir le nombre d'artisans en exercice et à développer l'activité des teinturiers tout en gardant la qualité du produit.

Les consuls établissent alors qu'après une résidence continue de cinq ans comptés à partir de la prestation de serment de fidélité au seigneur et au consulat ainsi qu'après avoir participé à la garde de la commune clôture, un étranger peut être admis à exercer l'activité de teinturier. Le mariage avec une femme originaire de Montpellier raccourcit le délai à deux ans, après avoir rempli les mêmes obligations. Encore en 1251[39], l'autorisation de pratiquer la teinture de draps est donnée par les consuls et les gardiens du métier après deux ans de résidence, que le candidat soit marié ou non à une femme native de la ville. Sont aussi exigés le versement d'une caution au fisc communal d'un montant de trois cents livres melgoriennes et la promesse solennelle de ne pas quitter la ville pendant dix ans. Il semble important d'attacher à la communauté urbaine les artisans qui connaissent les techniques de teinture. Les modifications du règlement du métier des teinturiers sont adoptées dans la maison du consulat, en présence des prud'hommes du conseil et des consuls du métier. Les établissements consulaires insistent sur l'obligation de prêter serment avant d'exercer cette profession à Montpellier, ce qui permet, comme pour d'autres métiers, de maîtriser efficacement l'activité à l'intérieur de la ville et dans les échanges extérieurs[40].

Pour la protection des créanciers contre le risque d'insolvabilité de leurs débiteurs, la constitution de sûretés réelles et personnelles fait l'objet de nombreux articles. Seul l'article 40 fait référence au recours du prêteur sur le bien donné en *pignus* par son débiteur quand l'emprunteur ne s'acquitte pas de sa dette ; le débiteur n'est pas dans l'obligation de le racheter sauf convention le prévoyant. Dans le cadre d'une procédure introduite devant la cour montpelliéraine, dans le délai de trois ans, le créancier peut vendre le bien immobilier et se satisfaire, sauf convention contraire. La faculté de vendre le gage ne constitue pas un droit intrinsèque, comme cela est prévu dans la législation de Justinien – le *jus distrahendi* – pour le créancier, non payé à l'échéance, qui se paiera sur le prix et remettra le surplus au débiteur[41]. Le droit coutumier montpelliérain exige la rédaction d'une clause conventionnelle ou l'intervention d'une instance judiciaire pour que le prêteur non satisfait puisse procéder à la vente du gage. La possibilité qu'aurait le créancier de devenir propriétaire de la chose gagée à l'échéance pour se payer – le pacte commissoire interdit en droit romain[42] comme en droit canonique[43] – est refusée aussi par la coutume. Selon la même ligne de conduite, les contrats conclus dans la région montpelliéraine préservent le droit de rachat du débiteur contre lequel aucun délai de déchéance n'est prévu dans les clauses : seule une durée minimale de l'engagement est fixée. Les parties déterminent le

---

38 *Thalamus Parvus. Le Petit Thalamus de Montpellier publié pour la première fois d'après les manuscrits originaux*, édité par la Société archéologique de Montpellier, Jean Martel Aîné, Montpellier, 1840. p. 138.
39 *Ibid.*, p. 138-139.
40 *Ibid.*, p. 262-264.
41 Ce droit de vendre est devenu un effet essentiel du gage. Les coutumes de Saint-Gilles (art. 24) déclarent que la vente d'un immeuble gagé s'effectue selon les « formalités du droit écrit, à moins de convention contraire ».
42 C. 8, 34, 3.
43 X. 3, 21, 7.

moment à partir duquel le prêt pourra être remboursé afin de maîtriser le montant des intérêts dus, sans que le débiteur soit contraint de payer. Ainsi la pratique contractuelle de la fin du XIIe siècle et du siècle suivant montre là encore ses capacités d'innovation. Quant au gage mobilier, les conditions sont différentes : le créancier peut le vendre, une fois le délai d'un an expiré, après avoir averti le débiteur.

En concordance avec les règles transmises par le Code de Justinien[44], l'article 41 prévoit que le créancier qui est le premier, chronologiquement, à détenir un gage « est le plus puissant[45] » ; un article précédent nuance le droit de préférence fondé sur l'antériorité et pose que le bénéficiaire d'une obligation spéciale, sur un bien précisément identifié, est privilégié par rapport au titulaire d'une obligation générale, sur l'ensemble du patrimoine de l'emprunteur[46]. Les statuts additifs de 1205 confirment la hiérarchie des obligations, quelle que soit leur chronologie : celui qui a donné une entrée en possession générale sur ses biens et ensuite vend ou oblige à titre spécial un élément de son patrimoine, permet à l'acquéreur du bien précisément défini, ou au bénéficiaire de l'obligation spéciale, de bénéficier d'une garantie plus forte, d'une priorité sur le précédent créancier[47].

Il est encore fait mention du *pignus* dans une disposition qui souligne la force d'une garantie fondée sur une sûreté réelle, quelle que soit la cause de l'obligation principale[48]. La règle énoncée est plutôt liée aux législations romaine et canonique restreignant ou interdisant les jeux : il n'est reconnu au créancier d'un joueur qui aurait emprunté l'argent nécessaire à ses paris, aucune action contre son débiteur principal ni contre une éventuelle caution. Dans ce cas, le prêt est désigné par le mot *mutuum*[49] qui désigne en droit romain le prêt de consommation, en principe à titre gratuit[50]. Le poids du risque engendré par l'absence de protection pèse sur le justiciable prêteur ; les rédacteurs du statut tendent clairement à ne pas favoriser le jeu et ne visent pas la pratique de l'usure. Ils sanctionnent les prêteurs, même si l'opération n'apporte aucun bénéfice à ces derniers. Néanmoins, toujours dans le cadre d'un emprunt destiné à financer un jeu, le créancier, protégé par la constitution d'un gage, peut retenir le bien constitutif de la sûreté réelle pour obtenir son paiement. Dans une ville voisine, des règles identiques sont préconisées à l'encontre du prêteur ou de ses héritiers auxquels aucune action judiciaire n'est donnée quand l'emprunt a pour but le jeu de hasard ; le détenteur d'un gage reste privilégié[51].

Quant aux sûretés personnelles, trois dispositions s'attachent à leur mise en place sous une forme héritée du droit romain, la fidéjussion, mais en écartant les principes de fonctionnement établis par les constitutions impériales[52]. Le texte coutumier, dans son article 13, renforce la protection des familles de fidéjusseurs : à la différence du droit écrit

---

44 C. 8, 17, 2 : *prior tempore potior jure.*

45 La disposition s'applique aussi à l'acheteur et au détenteur d'un *retorn*. Dans la région montpelliéraine, le *retornum* ou le *regressum* est une sûreté réelle, un droit de recours donné sur un bien en cas d'inexécution de l'obligation.

46 Art. 12 (1204).

47 *Ingressum* dans l'article 12 (1205).

48 Art. 67 (1204).

49 Contrat unilatéral dans lequel une personne transfère à une autre la propriété d'une certaine quantité de choses (monnaie, denrées...) en convenant que l'emprunteur lui rende une même quantité de choses de même qualité : D. 12, 1 et D. 44, 7.

50 Il est à noter que la traduction en français de ce passage par Charles d'Aigrefeuille (*Histoire de la ville de Montpellier, depuis son origine jusqu'à notre temps*, Montpellier, Jean Martel, 1737, p. 549-550) ne correspond pas à cette analyse.

51 Voir la coutume de Narbonne promulguée en 1232 : éd. Hélène de Tarde, « La rédaction des coutumes de Narbonne », *Annales du Midi*, 114 (1973), p. 396-402.

52 Engagement contracté pour garantir ce qu'un autre doit.

qui établit que l'engagement du fidéjusseur oblige ses successeurs, les héritiers ou les fils d'une caution montpelliéraine ne sont pas liés par l'obligation du *de cujus* sauf si une action en justice a été intentée du vivant du fidéjusseur. Il est mis l'accent sur le caractère personnel de l'engagement du fidéjusseur dont le serment le lie individuellement au créancier qu'il doit rembourser, le cas échéant. Ensuite, sont balayées les techniques qui protègent les fidéjusseurs dans leurs relations avec le débiteur principal au moment où le créancier exige le remboursement : le droit coutumier montpelliérain minimise les risques menaçant les détenteurs de capitaux.

Le développement économique des XIIe-XIIIe siècles nécessite de lutter contre la pénurie de liquidités monétaires en favorisant les mouvements financiers. Le bénéfice de discussion[53] est d'abord refusé : à défaut de paiement, le créancier peut s'adresser, *pro arbitrio*, soit au débiteur principal soit aux fidéjusseurs, dans l'ordre qu'il choisit[54]. De même, l'*epistole divi Adriani*[55], le bénéfice de division en cas de pluralité de fidéjusseurs, est refusé expressément dans l'article suivant[56]. L'objectif des rédacteurs de la coutume est en conformité avec la réalité économique et sociale : il peut paraître tellement difficile pour l'autorité seigneuriale ou consulaire de garantir aux créanciers le recouvrement de leurs fonds qu'il convient de les rassurer sur les conditions du paiement, à une période où le manque de capitaux constitue un obstacle majeur à l'activité marchande.

Il est intéressant de confronter les règles relatives à la fidéjussion fixées dans les statuts montpelliérains à un acte de la pratique conclu dès la seconde moitié du XIIe siècle. Une prestation d'hommage effectuée, en 1162, par le seigneur de Ganges envers la comtesse de Melgueil[57], et assortie d'une clause pénale dont l'exécution est garantie par une hypothèque, comporte plusieurs clauses constituant des sûretés personnelles, otages[58] et fidéjusseurs. Chaque caution s'engage pour une somme maximale précise et évite de s'obliger au-delà de ce qu'elle prévoit, tandis que chacune écarte le danger de se voir opposer l'ensemble de la dette. Dans cet acte exceptionnel, conçu vraisemblablement par un juriste féru de droit romain, les clauses déterminent précisément le montant pour lequel chaque caution s'engage personnellement : les accords conventionnels tiennent compte du risque de voir les bénéfices de discussion et de division écartés. Cela tend à démontrer que les usages répandus avant la promulgation des statuts allaient dans la même direction mais que les cocontractants restent libres de s'y soustraire par convention.

Les établissements consulaires promulgués en 1223 viendront encore préciser la mise en œuvre de la fidéjussion[59]. Le dernier alinéa de la section consacrée au recouvrement des dettes s'intéresse à la constitution de débiteurs solidaires : chacun est tenu solidairement, selon le choix du créancier, et peut être tenu d'exécuter l'obligation sans générer

---

53   Le créancier doit commencer par s'adresser au débiteur principal et ce n'est qu'à défaut de paiement qu'il se retournera contre la caution.

54   Art. 72 (1204). Au contraire, les statuts d'Arles préconisent l'application du bénéfice de discussion.

55   Par la constitution de l'empereur Hadrien, les cautions peuvent demander que le paiement de la dette soit divisé entre elles, chacune s'acquittant d'une portion de la dette. Voir les notes 1 sous les articles 2298 et 2303 de notre Code civil : « le bénéfice de discussion et le bénéfice de division ne sont pas accordés à la caution réelle en l'absence de stipulations contraires ».

56   Les coutumes de Carcassonne, à l'image des statuts montpelliérains, refusent expressément le bénéfice de division ; il en est de même dans les coutumes de Toulouse qui l'ignorent.

57   *Cartulaire de Maguelone*, n° 114, p. 224.

58   Personnes qui, par convention, se constitueront prisonnières entre les mains du créancier en garantie de l'exécution d'une obligation ; la remise d'otage exerce une pression morale sur le débiteur principal.

59   *Layettes*, t. II, n° 1593, p. 8.

de préjudice. La règle s'applique même s'il n'a pas été renoncé au bénéfice de la constitution d'Hadrien ; le texte ajoute laconiquement que cela s'applique de la même façon aux fidéjusseurs[60].

Face à l'insolvabilité d'un débiteur, des mesures d'exécution sur les personnes et sur les biens garnissent une série d'articles successifs envisageant de nombreux cas de figure et renforçant le rôle de la juridiction montpelliéraine. Quand le débiteur d'un Montpelliérain, qu'il soit chevalier ou clerc ou étranger, ne satisfait pas son créancier, si une plainte est déposée devant la cour, le demandeur peut « de sa propre autorité » prendre en gage la personne ou les biens de son débiteur pour le paiement de la dette[61]. Le créancier n'est pas punissable devant le seigneur ni devant la cour ; le statut autorise la saisie privée, néanmoins la cour exerce un contrôle certain, puisqu'une procédure doit être engagée préalablement par le dépôt d'une plainte. L'article précise que les clercs ne sont pas tenus sur leur personne mais qu'ils le sont sur leurs biens en respect du droit et de la juridiction de l'évêque de Maguelone. L'alinéa suivant organise la répartition réciproque de compétence entre la juridiction montpelliéraine et la cour du comté de Melgueil, selon le lieu où le contrat a été conclu ou l'acte poursuivi commis.

En cas de tentative de fuite hors de Montpellier d'un particulier[62] ou d'un étranger, *captalarius*[63] ou débiteur, le créancier, ou quiconque en son nom, peut le capturer et le retenir enchaîné jusqu'à ce qu'il soit satisfait[64]. La contrainte par corps constitue un moyen comminatoire temporaire ; une pression est exercée sur le débiteur pour le contraindre à s'exécuter. Le seigneur ne doit pas permettre le retour du défaillant sans l'accord des créanciers ni, avec ou sans argent, le protéger tant que ces derniers ne sont pas satisfaits. Tous les biens du débiteur doivent être distribués à tous les créanciers proportionnellement au montant dû à chacun[65] et en tenant compte des actions données par le droit romain. Les créanciers peuvent intervenir directement sur la personne de leur débiteur pour protéger leurs intérêts et sans commandement préalable. La fuite du débiteur créant une présomption de mauvaise foi, entraîne la négation de toute protection en son encontre. Il s'agit de la seule circonstance dans laquelle il n'est fait aucune mention directe d'une procédure judiciaire, tandis que l'autorité seigneuriale ne peut agir qu'en accord avec les créanciers. L'oligarchie marchande s'entoure de protections, y compris contre une éventuelle intervention du seigneur, face aux mauvais payeurs ; les créanciers qui appartiennent aux familles détentrices

---

60 Voir la note 2 sous l'art. 2303 du Code civil : « lorsque plusieurs personnes se sont portées cautions solidaires d'un même débiteur pour une même dette, elles ne peuvent, sans convention contraire, opposer au créancier le bénéfice de division ».

61 Art. 32 (1204).

62 *Privatus*, un Montpelliérain par opposition à un étranger ; voir le *Glossarium ad scriptores mediae et infimae latinitatis*, Du Cange, Paris, typis Gabrielis Martini. Prostat apud L. Billaine, Bibliopolam Parisiensem, 1678.

63 *Captalier* dans la version des coutumes en langue romane : voir au mot *capitalie*, cheptelier, fermier, débiteur dans *Lou tresor dou felibrige*, Frédéric Mistral, Paris, 1932. Dans le *Glossarium, op. cit.*, le *captalerius* est défini comme celui qui *rei alicui praepositus est*, ou celui qui *terram aliudve sub censu seu redditu annuo tenet*. Le mot est utilisé ici dans un sens synonyme de débiteur, de celui qui doit quelque chose à quelqu'un, qu'il s'agisse d'une obligation en nature ou d'une obligation de somme d'argent. Dans le bail à cheptel, le preneur vend, pour une somme d'argent, son troupeau et l'acheteur le lui rend aussitôt comme si le preneur avait emprunté la somme correspondant au prix et en versait les intérêts à titre de loyer ; parfois le troupeau n'a pas de réalité. A mettre en perspective avec l'article 1 800 du Code civil, le bail à cheptel est un contrat par lequel l'une des parties donne à l'autre (cheptelier) un fonds de bétail pour le garder, le nourrir et le soigner, sous les conditions convenues entre elles.

64 Art. 34 (1204).

65 *Per rationem libre*.

164

du pouvoir municipal tendent à éviter de subir le préjudice d'un privilège ou d'une garantie obtenue ou à obtenir qui permettrait d'éviter le règlement d'une dette.

L'article 35 impose, pour que les débiteurs insolvables ne soient pas tentés de quitter la ville, qu'ils soient livrés aux créanciers à condition que ces derniers soient chrétiens. La restriction relative à la religion des justiciables susceptibles de garder prisonniers des êtres humains qui leur sont redevables, est évidente dans une société chrétienne où tous les engagements sont conclus en jurant sur les Évangiles. Les créanciers ne sont pas obligés d'entretenir leurs prisonniers ; pour les débiteurs prisonniers n'ayant pas de quoi subvenir à leurs besoins, de la nourriture leur sera donnée selon l'arbitraire de la cour qui décide du sort du débiteur devenu insolvable. Seulement dans le cas où l'inexécution de l'obligation n'est pas due à un comportement répréhensible, la juridiction garde un pouvoir discrétionnaire : si le débiteur est défaillant fortuitement et sans avoir commis de faute, la cour doit décider s'il sera ou non livré aux créanciers. Ces dispositions rappellent le fonctionnement de la contrainte par corps en droit romain, selon laquelle le créancier peut se saisir de la personne du débiteur lié par des chaînes, qui doit recevoir au moins une livre de farine par jour ou qui peut faire venir de la nourriture de l'extérieur.

Un établissement consulaire[66], promulgué une vingtaine d'années plus tard, reprend les dispositions du statut coutumier de 1204 pour les préciser, les compléter en prévoyant la constitution d'otages et en y adjoignant un délai proposé par le droit romain ; le point central reste le pouvoir reconnu aux créanciers et le contrôle exercé par la juridiction[67]. Néanmoins le rappel, quelques décennies plus tard, des conditions d'une exécution sur les biens et les personnes illustre le souci constant des consuls de protéger l'activité urbaine contre l'insolvabilité de certains débiteurs.

La coutume pose de nombreuses règles de procédure relatives aux instances introduites dans le cadre de la pratique des affaires. Un délai est donné pour l'exécution sur les biens après jugement rendu par la juridiction montpelliéraine[68] : quand un débiteur possède des biens mais ne paie pas dans les deux mois[69], après la chose jugée, de bonne foi et sans fraude, ses biens doivent être saisis par autorité de la cour. L'intégralité du prix retiré de la cession des biens est versée à tous les créanciers au pro rata de leur prêt, tandis que la garantie d'éviction reste à la charge du débiteur et de son héritier.

L'article 16 prévoit le montant des droits de justice dus par le débiteur ayant refusé de rembourser sa dette puis ayant été poursuivi devant la cour qui l'a condamné à payer le demandeur. Néanmoins le débiteur n'est pas redevable de cette somme quand le créancier ne s'est pas d'abord adressé à lui directement avant de porter plainte ou quand celui-ci ne fait rien pour recevoir la somme que le débiteur est disposé à verser. L'amende, à la charge exclusive du débiteur, est fixée au pro rata de la dette ; le défendeur condamné paie la *quasi*

---

[66] Acte, promulgué entre 1221 et 1235, en langue romane, enregistré dans le *Petit Thalamus*, 1840, p. 132. Le registre réunit les coutumes, établissements consulaires, tarifs de leudes, serments des officiers et une chronique dérivée des listes consulaires : voir Vincent CHALLET, « Le *Petit Thalamus* : un monument-document de l'histoire montpelliéraine », *Bulletin historique de la ville de Montpellier*, 34 (décembre 2009), p. 24-37.

[67] Un homme qui n'a pas pu payer ses dettes, après que des otages aient été tenus dans la cour, au pain et à l'eau, pendant deux mois, doit céder ses biens dans ce délai et rembourser ses créanciers. Les créanciers ont le pouvoir de décider qui ils mettront en prison et ne sont pas tenus de donner plus que de l'eau et du pain. Les débiteurs ne peuvent pas être délivrés par une cession de biens. La cour ne peut pas intervenir sans avoir pris l'avis des créanciers.

[68] Art. 36 (1204).

[69] L'article 71 prolonge le délai jusqu'à quatre mois, selon les règles du droit romain mais l'obtention de ce délai est soumise au pouvoir d'appréciation de la cour.

quartam de la créance. Un exemple est donné : si le créancier récupère 60 sous, le débiteur qui a refusé de s'acquitter avant l'action en justice, verse une amende de 20 sous [60+20 = 80 ; 20 est le quart de 80].

Cet article éclaire une partie du dispositif d'une sentence rendue en 1202 et rapportée par le cartulaire de Maguelone[70] : suite à une constitution de gage avec dépossession, faite par le comte de Toulouse au profit de bourgeois de Montpellier en garantie d'un prêt, les revenus des terres engagées sont perçus par les créanciers[71]. Un conflit va naître au moment de la donation de ces biens par le comte de Toulouse à son chancelier qui va en demander la restitution, alors que les créanciers attendent d'être remboursés. L'affaire est portée devant la justice qui voit dans le contrat un vif-gage et va se prononcer en faveur du débiteur, les revenus des gages étant déductibles du capital à rembourser et supérieurs à celui-ci. Le juge, selon une formule laconique, gardera la différence entre le montant de la dette et l'évaluation des revenus des biens gagés[72] : la somme retenue par le magistrat représente environ le quart du total de l'opération. Dans leur argumentation, les parties ont fait de nombreuses références à la coutume de Montpellier bien qu'elle n'ait pas encore été écrite ni promulguée ; aussi est-il cohérent de trouver une explication à cet élément de la décision dans le paiement de droits de justice selon les règles montpelliéraines. Toutefois un calcul semblable, mais selon une modalité différente, peut être effectué si l'on se rapproche des coutumes de Saint-Gilles – ville qui fait partie des possessions orientales du comte de Toulouse – publiées environ une décennie plus tard : l'article 28 établit que les droits de justice dus par le débiteur condamné ne peuvent pas excéder le tiers de la somme litigieuse[73]. Selon le même calcul, la coutume dite « des bourgeois » de Narbonne prévoit dans son article 18 que le débiteur, quand il y a eu condamnation ou composition devant la cour, paie pour droits de justice le tiers de la somme en procès[74].

Des mesures spécifiques d'exécution sur les personnes et sur les biens sont prévues pour les étrangers. Les statuts de 1205 traitent en priorité la saisie foraine, dès le deuxième alinéa, et y consacrent un développement plus long que les prescriptions destinées aux Montpelliérains. Ainsi l'article 2 prévoit une saisie de biens quand un étranger est poursuivi pour dette devant la cour montpelliéraine, qui frappe ses biens d'interdits selon le montant de la dette, objet de la plainte. L'interdit dure jusqu'à ce qu'un fidéjusseur soit donné, à la demande de la cour, sinon les biens restent saisis jusqu'à ce qu'un jugement soit rendu. En l'absence de biens ou de fidéjusseurs, si l'étranger déclare par serment qu'il ne possède rien, il doit jurer de rester à la disposition de la cour.

De l'application de cet article sont exclus non seulement les gens de Melgueil, en application d'une disposition générale antérieure qui leur reconnaît le privilège de ne pas être soumis à la juridiction montpelliéraine, mais aussi les Génois et les Pisans, en respect

---

70   N° 267, p. 513.

71   Il s'agit d'un bref rappel des faits ; l'affaire est étudiée en détail dans « Mort-gage et vif-gage en Languedoc : à propos d'une sentence rendue en 1202 », *Études d'histoire du droit médiéval en souvenir de Josette Metman, Mémoires de la Société pour l'histoire du droit et des institutions des anciens pays bourguignons, comtois et romands*, Dijon, Éditions universitaires de Dijon, 1987, p. 299-305.

72   Le capital à rembourser est de 6 500 sous. Les revenus nets perçus, déduction faite de toutes les dépenses d'entretien, s'élèvent à 9 900 sous. La différence est de 3 400 sous que le juge se réserve. (9 900 sous + 3 400 sous = 13 300 sous ; 3 400 sous équivalent environ au quart des sommes en litige).

73   Dans notre affaire, sur la base des 9 900 sous de revenus perçus par les créanciers, objet du litige, la somme retenue par le juge représente environ le tiers.

74   H. DE TARDE, *op. cit.*

du traité signé entre la ville languedocienne et les cités italiennes. Cela fait partie des nombreux arrangements conclus entre la seigneurie de Montpellier et le comté de Melgueil depuis, par exemple, l'accord entre Bernard de Melgueil et Guillem VI au sujet de la monnaie melgorienne en 1128[75]. La précision relative aux ressortissants transalpins semble le point essentiel de l'alinéa qui diffère peu des dispositions relatives aux autochtones : le droit coutumier tend à privilégier les échanges commerciaux avec les marchands des villes partenaires. L'article 99 des premiers statuts menace le débiteur ou le malfaiteur étranger d'être retenu par son créancier ou par la victime du dommage, quand il est soupçonné de vouloir fuir ou quand il refuse de se présenter devant la cour ; il ne pourra pas se plaindre de son détenteur qui le conduit devant la cour, surtout si ce dernier a prêté le serment purgatoire de calomnie. Ne sont pas touchés par cette disposition les hommes du comté de Melgueil et les clercs, en raison de leur statut personnel[76]. La restriction constitue une décision d'ordre évidemment politique, évitant aux consuls montpelliérains une éventuelle confrontation avec la seigneurie voisine et l'autorité ecclésiastique.

Est évidemment essentiel le contexte politique particulier dans lequel les coutumes ont été promulguées. L'oligarchie montpelliéraine a notamment profité de l'éloignement de l'autorité seigneuriale qui passe entre les mains du roi d'Aragon et des besoins en capitaux manifestés par ce dernier, pour obtenir l'établissement de statuts urbains, la constitution d'un pouvoir consulaire. Aussi le premier objectif du droit coutumier montpelliérain est-il d'encadrer l'activité marchande essentielle à l'économie de la région.

Dès les premiers articles du statut de 1204, le seigneur aragonais proclame le souci qu'il a ou qu'il aura d'assurer la prospérité et le développement de la ville. L'organe chargé de rendre la justice, de veiller à la bonne application des règles admises par l'oligarchie marchande voit son fonctionnement au cœur du droit coutumier, dont les auteurs attachent une attention particulière à l'organisation juridictionnelle, à la procédure, tout au long du texte. Quand les douze consuls montpelliérains exercent le pouvoir de statuer en leur propre nom, « pour le bien commun » et l'« utilité de la communauté de Montpellier », en 1212, ils font état des nombreux conflits et procès soulevés devant la juridiction de la ville et réglementent notamment la prescription des poursuites pour non paiement d'une dette ou d'un loyer[77]. Une dizaine d'années plus tard, les consuls reviennent sur le fonctionnement des tribunaux montpelliérains, organisent la procédure d'appel, la marche à suivre pour le dépôt d'une plainte contre un débiteur pour dettes impayées, en insérant plusieurs règles issues du droit romain[78]. L'autorité municipale ajoute que, dans certaines conditions, la cour pourra notamment condamner le mauvais payeur à être publiquement exposé dans le lieu où se situent les tables des changeurs ; toute la communauté marchande montpelliéraine est ainsi informée des difficultés d'un concitoyen et pourra agir en conséquence.

Puis, en 1223, les consuls imposent encore un véritable traité de procédure relatif à l'insolvabilité du débiteur, dans la quatrième section de l'ordonnance[79]. Sont récapitulées certaines dispositions antérieures et les consuls mettent l'accent sur la bonne réputation que leurs concitoyens chercheront à préserver ; ils impliquent ainsi la famille du débiteur

---

75   *Cartulaire de Maguelone*, t. I, n° 47, p. 94.

76   Art. 33.

77   *Layettes du trésor des chartes*, n° 1015, p. 380.

78   *Ibidem*, n° 1457, p. 519 (1221).

79   *Ibidem*, t. II, n° 1593, p. 4 : texte déjà mentionné à propos des débiteurs et fidéjusseurs solidaires.

insolvable. En effet, les proches seront informés de la situation et tendront à exercer une pression morale sur le contractant indélicat ; toute l'oligarchie marchande a intérêt à assurer un bon climat général en garantissant l'exécution des transactions. Le dernier alinéa du texte s'attache à la dévolution des biens des marchands montpelliérains décédés en voyage.

Le pouvoir municipal veille aussi à préserver la continuité du service public de la justice : le changement de composition de la cour est organisé. Dès la première promulgation statutaire, plusieurs articles[80] font état du pouvoir qu'a la cour montpelliéraine de se prononcer en utilisant le pouvoir d'appréciation des magistrats qui la composent, dans le respect du droit coutumier. La justice est rendue dans le cadre d'un jugement, et aussi d'un arbitrage ou d'une transaction, d'une composition ; tous les modes de règlement des litiges tendent à assurer un contexte favorable à la vie urbaine, quelle que soit l'évolution de la signification donnée aux dispositions coutumières.

---

80   Par exemple, les articles 22, 112, 116 (1204).

L'« ALGORISMO SECONDO LA COSTUMANZA DELLI ARABI » : DES TRADITIONS MATHÉMATIQUES ENSEIGNÉES À DE FUTURS MARCHANDS À MONTPELLIER AUX XIVᵉ ET XVᵉ SIÈCLES

Romain FAUCONNIER
Université Paul-Valéry Montpellier 3 et Université de Sherbrooke

Depuis les années 1960 et 1970, l'histoire des mathématiques a vu se développer les études sur les traités ou manuels à application marchande de la fin du Moyen Âge, dits « traités d'abbaque[1] » ou « mathématiques marchandes », rédigés en latin ou en langue « vulgaire ». Les travaux d'éditions critiques menés par Gino Arrighi ou d'inventaires et de recensions des traités par Warren Van Egmond ont largement contribué à améliorer la connaissance de ces sources. Le modèle retenu depuis Warren Van Egmond[2] sur ces « traités d'abbaque » – tout particulièrement étudiés dans le contexte florentin[3] – les distingue des « algorismes », plus courts, théoriques, en latin et de production universitaire. De plus, le *Liber Abbaci* écrit en 1202 par Leonardo Fibonacci, et à travers lui le travail des mathématiciens de langue arabe al-Khwarizmi[4] ou Abu Kamil[5], sont perçus comme les modèles principaux des maîtres des XIVᵉ et XVᵉ siècles. Or, des études plus récentes ont mis en avant l'existence de traditions mathématiques échappant à cette influence et nuançant la distinction entre « algorismes » et « traités d'abbaque », et de là entre pratiques universitaires et marchandes. Elles portent sur des sources produites hors de l'Italie – plusieurs à Montpellier, et plus généralement dans un cadre géographique allant de la Catalogne à la Provence –, rédigées en toscan ou dans les langues locales des lieux de production. Peuvent être cités par exemple les travaux de Jean Cassinet sur le *Trattato di Tutta l'Arte dell'Abacco* daté des environs de 1334 et dont la rédaction a sans doute été effectuée en Avignon[6] ; de Maryvonne Spiesser sur le *Compendy de la praticque des nombres* du dominicain Barthélémy

---

1 L'orthographe d'« abbaque » est utilisée afin de différencier les mathématiques commerciales de l'instrument qu'est la table antique de calcul, « l'abaque ».
2 Voir surtout : Warren VAN EGMOND, *The Commercial Revolution and the beginnings of western mathematics in Renaissance Florence, 1300-1500*, Thèse de doctorat en histoire des mathématiques (Indiana University, 1976), Ann Arbor, University Microfilms International (UMI) Dissertation services, 1996.
3 J'ai traité de cette tradition florentine dans mon mémoire de Master, intitulé : *Les traités de mathématiques italiennes aux XIVᵉ et XVᵉ siècles*, dirigé par M. Patrick Gilli, Université Montpellier III, 2007.
4 Abu Abdullah Muhammad ibn Mûsâ al-Khuwârizmi, mathématicien d'origine perse du début du IXᵉ siècle (v. 780 – v. 850) ayant travaillé au sein du *Bayt al-hikma*, ou Maison de la Sagesse, de Bagdad.
5 Shujā' ibn Aslam ibn Muhammad Ibn Shujā' dit Abu Kamil (v. 850 – v. 930) est un mathématicien égyptien, dont peu de choses sont connues à l'exception de cinq traités qui nous sont parvenus, et au moins sept perdus.
6 Jean CASSINET, « Une Arithmétique toscane en 1334 en Avignon dans la cité des papes et de leurs banquiers florentins », in Jacques SESIANO, Warren VAN EGMOND, Béatrice BAKHOUCHE (*et al.*), *Commerce et mathématiques du Moyen Âge à la Renaissance, autour de la Méditerranée*, Actes du colloque international d'histoire des sciences occitanes (Beaumont-de-Lomagne, 13-16 mai 1999), Toulouse, Éditions du CIHSO, 2001, p. 105-128. Ce traité est connu à travers neuf copies.

Montpellier au Moyen Âge. Bilan et approches nouvelles, éd. Lucie GALANO et Lucie LAUMONIER, Turnhout, 2017 (*Studies in European Urban History*, 40), p. 169-190

BREPOLS ❧ PUBLISHERS

DOI: 10.1484/M.SEUH-EB.5.113309

de Romans, connu à travers une copie écrite à Lyon en 1476[7] ; et de Jens Høyrup sur le *Tractatus algorismi* rédigé à Montpellier en 1307 par Jacopo da Firenze[8].

Ce dernier traité est connu à travers trois copies : le *codice* 2236 de la *Biblioteca Riccardiana* de Florence daté du xive siècle[9] ; le manuscrit 90 de la *Biblioteca Trivulziana* de Milan, daté des environs de 1400[10] ; le *codex Vaticanus Latinus* 4826 de la bibliothèque apostolique vaticane (BAV), manuscrit daté de la première moitié du xve siècle et considéré par Jens Høyrup comme la version la plus proche du traité original[11]. Ce *Tractatus algorismi* de Montpellier, rédigé par Jacopo da Firenze en 1307, est contemporain d'une autre source toscane également produite à Montpellier, le *Libro di ragioni* de Paolo Gherardi de 1328, connu à travers une seule copie conservée à la Bibliothèque nationale centrale de Florence[12] . Peut s'y ajouter le *Liber habaci*, attribué par Gino Arrighi au même auteur et daté d'environ 1309[13]. Presque rien ne peut être dit sur l'origine sociale de ces deux auteurs, Jacopo da Firenze et Paolo Gherardi, si ce n'est qu'il est tout à fait possible de les assimiler à des *maestri d'abbaco*, appelés aussi « abacistes » ou *abacisti*, statut professionnel reconnu et réglementé à Florence et lié aux milieux marchands.

La rédaction du *Tractatus algorismi* puis du *Libro di ragioni* à Montpellier dans le premier tiers du xive siècle n'est d'ailleurs pas anodine. En effet, la ville est alors un pôle important des réseaux commerciaux de Méditerranée occidentale. La vocation de Montpellier pour le commerce international, qui se développe véritablement à partir du xiie siècle, connaît un essor considérable entre les années 1250 et 1350[14]. À l'époque où ces deux traités sont écrits, Montpellier échange par la mer – via les ports de Lattes et d'Aigues-Mortes – avec l'Empire byzantin et Chypre en Orient ou avec l'Italie méridionale, la Sicile, la Sardaigne et les ports des couronnes d'Aragon et de Majorque[15]. Par la terre, elle est en relation avec l'Italie du Nord, la Catalogne et la France du Nord – les foires de Champagne et Paris essentiellement –, entre autres[16]. Les professions liées à ce grand commerce – les marchands, changeurs, drapiers, poivriers ou épiciers, certains merciers, par

---

7   Maryvonne SPIESSER, *Une Arithmétique commerciale du xve siècle : Le Compendy de la Praticque des Nombres de Barthélémy de Romans*, Turnhout, Brepols, coll. « De Diversis Artibus », 2003.

8   Jens HØYRUP, *Jacopo da Firenze's* Tractatus Algorismi *and Early Italian Abbacus Culture*, Bâle, Birkhäuser, 2007.

9   *Biblioteca Riccardiana*, codice 2236 (par la suite noté Ricc. 2236), 48 folios ; Warren VAN EGMOND, *The Commercial Revolution...*, p. 488-489 ; Id., *Practical Mathematics in the Italian Renaissance : A Catalog of Italian Abbacus Manuscripts and Printed Books to 1600*, Florence, Istituto e Museo di Storia della Scienza, 1980, p. 47-282.

10   *Biblioteca Trivulziana* de Milan (BTM), manuscrit 90 (MS 90), 86 folios, dont fᵒ 1-63 pour le *Tractatus algorismi*, associé à un traité de géographie en latin, l'*Articuli mensure terrarum*, fᵒ 78-86 ; Warren VAN EGMOND, *Practical Mathematics...*, *op. cit.*

11   Bibliothèque apostolique vaticane (BAV), *codex Vaticanus Latinus* 4826 (Vat. Lat. 4826), Vatican, 74 folios dont fᵒ 1-59 pour le *Tractatus algorismi*, des problèmes divers de mains différentes (rajouts postérieurs) aux folios 60r et 73, les autres folios vides ; Warren VAN EGMOND, *The Commercial Revolution...*, p. 517 ; Warren VAN EGMOND, *Practical Mathematics...*, *op. cit.* ; Jens HØYRUP, *Jacopo da Firenze's...*, p. 5 et suiv.

12   Bibliothèque nationale centrale de Florence (BNCF), *codice Magliabechiana* (Cod. Magl.), Classe XI, 87, 70 folios.

13   BNCF, Cod. Magl., Cl. XI, 88, 57 folios, dont les fᵒ 1-40 pour le *Liber habaci*, le reste comportant des notes sur la chronologie et l'arithmétique ; PAULO GHERARDI, *Opera mathematica : Libro di ragioni-Liber habaci. Codici Magliabechiani Classe XI. nn. 87 e 88 (sec. XIV) della Biblioteca Nazionale di Firenze*, édité par Gino Arrighi, Lucques, Pacini-Fazzi, 1987 ; Warren VAN EGMOND, *The Commercial Revolution...*, p. 454-455.

14   « le plus important centre commercial du Bas-Languedoc et, en fait, de la France méridionale », ou « *the most important commercial center of Lower Languedoc and, indeed, of southern France* », dans Kathryn REYERSON, *Commerce and Society in Montpellier : 1250-1350*, vol. I., Ann Arbor, UMI Dissertations Publishing, 1974, p. VII.

15   La seigneurie de Montpellier est elle-même une composante de la couronne d'Aragon de 1204 à 1262, puis une des possessions des rois de Majorque de 1276 à 1349.

16   Sur la présentation des routes commerciales principales empruntées par les marchands montpelliérains entre 1250 et 1350, voir Kathryn REYERSON, *Commerce and Society in Montpellier...*, vol. I., p. 57-152.

exemple – constituent l'élite économique, sociale et politique de la ville de Montpellier à la fin du Moyen Âge. Au point d'affirmer, dans une protestation faite par le procureur des consuls majeurs de Montpellier en 1346 contre une taxe instaurée par le roi de Majorque sur les marchandises, que : « La dite ville a été fondée par les merciers et les marchands[17] ».

Le lien, évident, entre l'essor commercial et le développement des mathématiques en Occident à la fin du Moyen Âge a depuis longtemps été établi[18]. Les traités d'abbaque en général forment un socle documentaire important utilisé de longue date par l'histoire des mathématiques – visant à étudier l'évolution et la diffusion de pratiques et de connaissances scientifiques, ainsi que les parcours de leurs producteurs, les mathématiciens. Leur étude a nécessité des approches souvent spécifiques à cette discipline et a rencontré certaines limites qui demandent aujourd'hui une relecture méthodologique et épistémologique par le prisme de l'histoire intellectuelle et sociale. Parmi les limites principales rencontrées par les historiens des mathématiques, la question du contenu des traités a donné lieu à de nombreux débats historiographiques[19]. Ceux-ci démontrent généralement les difficultés particulières de dater, de localiser ou d'identifier ces sources[20].

Ces limites demandent donc une méthodologie particulière. L'utilisation de ces sources par les historiens des mathématiques a porté essentiellement vers une caractérisation de la production et de la diffusion de ces mathématiques marchandes dans l'Occident médiéval. Les analyses comparatives entre les sources mathématiques tant occidentales qu'arabes, juives ou grecques, permettent de faire ressortir certaines influences et des rapports entre différents milieux, cultures et civilisations. Mais, en France, l'histoire des mathématiques est restée distincte de la discipline historique[21]. Plus spécifiquement, la prise en compte du contexte social, économique et intellectuel montpelliérain reste faible, ou anecdotique, dans les approches des historiens ayant travaillé sur ces deux traités, tandis qu'il existe un certain vide historiographique concernant les pratiques, la transmission et l'enseignement des mathématiques à Montpellier à la fin du Moyen Âge. En effet, l'historiographie des mathématiques reste largement concentrée sur des études internes

---

17   « Dicta villa mercibus et mercatoribus est fundata », cité par Alexandre Germain, *Histoire de la Commune de Montpellier depuis ses origines jusqu'à son incorporation à la Monarchie française*, t. I, Montpellier, Imprimerie de Jean Martel aîné, 1851, p. 172.

18   Voir, par exemple : Warren Van Egmond, *The Commercial Revolution..., op. cit.* ; Frank J. Swetz, *Capitalism and Arithmetic : The New Math of the 15th Century, Including the Full Text of the Treviso Arithmetic of 1478*, La Salle, Illinois, Open Court Publishing Company, 1987.

19   Par exemple, l'identification du chapitre d'algèbre dans le manuscrit du *Tractatus algorismi* conservé à la BAV ne fait pas l'unanimité parmi les spécialistes des mathématiques marchandes médiévales. Jens Høyrup défend son appartenance au *Tractatus algorismi* original, tandis que Warren Van Egmond y voit un rajout issu d'un autre ouvrage. Voir sur le sujet : Jens Høyrup, « The Founding of Italian Vernacular Algebra », in Jacques Sesiano, Warren Van Egmond, Béatrice Bakhouche (*et al.*), *op. cit.*, p. 129-156 ; *Id.*, « Jacopo da Firenze and the Beginning of Italian Vernacular Algebra », *Historia Mathematica*, 33 :1 (2006), p. 4-42 ; *Id., Jacopo da Firenze's...*, p. 5-25 ; Warren Van Egmond, « *Jacopo da Firenze's* Tractatus Algorismi *and Early Italian Abbacus Culture* édité par Jens Høyrup », *Aestimatio*, 6 (2009), p. 37-47. Pour une présentation exhaustive du débat, voir : Eva Caianiello, « Les sources des textes d'abaque italiens du xive siècle : les échos d'un débat en cours », *Reti Medievali Rivista*, 14 :2 (2013), p. 189-210.

20   Warren Van Egmond résume ainsi les aspects de ces limites : « Les livres d'abbaque dans leur ensemble se remarquent par la variabilité de leurs textes. Les auteurs et copistes prennent souvent des problèmes, des passages et des données entières d'autres livres sans même donner de crédit ou même noter ce fait » ; « *The* abbacus *books as a whole are noteworthy for the variability of their texts. Authors and copyists often took problems, passages, and entire sections from other books without ever giving credit or even noting that fact.* » in Warren Van Egmond, « *Jacopo da Firenze's...* », p. 40.

21   Sur cette distinction entre historiens des sciences et historiens, voir tout particulièrement : Guy Beaujouan, « Incompréhension entre historiens des sciences et historiens (le cas du Moyen Âge) », in *L'histoire des sciences et des techniques doit-elle intéresser les historiens ?, I. : L'histoire des sciences comme histoire intellectuelle et des mentalités*, Actes du colloque de la Société française d'histoire des sciences et des techniques (Paris, mai 1981), SFHST, Paris, 1982, p. 16-20.

et comparatives des sources à contenu scientifique, quand l'utilisation d'autres types de documents et d'autres approches permettrait de mieux caractériser les milieux et vecteurs de cette diffusion, et ainsi de dépasser les limites nées de ce relatif isolement et de répondre aux questionnements propres aux historiens des sciences.

Cet article propose ainsi un croisement des perspectives entre histoire des mathématiques et histoire intellectuelle et sociale de Montpellier à la fin du Moyen Âge, avec un double questionnement. Quelles sont les influences scientifiques perceptibles dans le *Tractatus algorismi* et le *Libro di ragioni* et leurs liens avec leur contexte d'élaboration ? À qui sont-ils adressés et comment les connaissances qu'ils contiennent sont-elles transmises ? Il s'agira alors de s'interroger sur le contexte intellectuel de production de traités soumis à des influences multiples pour finalement s'intéresser aux milieux marchands montpelliérains, premiers destinataires de tels enseignements.

Des discours scientifiques aux influences multiples

Des liens avec la tradition des abbaques florentines

Le *Tractatus algorismi* (1307) et le *Libro di ragioni* (1328) présentent de nombreuses spécificités que nous détaillerons par la suite. Pour autant, la forme générale des traités de même que de nombreux problèmes ou règles n'apparaissent pas, de prime abord, différents de la pratique classique de l'enseignement et de la rédaction des traités d'abbaque italiens, tout particulièrement toscans. Ceux-ci mêlent influences arabes, redécouvertes de certains auteurs grecs de l'Antiquité et adaptations aux pratiques marchandes et éducatives italiennes, en mettant en avant la règle de trois ou de méthodes dérivées de celle-ci.

Cela s'explique par l'origine florentine des deux auteurs, Jacopo da Firenze et Paolo Gherardi, et du milieu éducatif dont ils sont issus, les écoles d'abbaque florentines. Il s'agit généralement d'enseignements privés dans des *botteghe d'abbaco* ou « boutiques de calcul », le plus souvent le lieu de résidence des *maestri d'abbaco*, appelés aussi « abacistes » ou *abacisti*, statut professionnel reconnu et réglementé. La plus ancienne mention d'un maître d'abbaque à Florence remonte à 1283, avec un certain Jacopo dell'Abaco[22]. Giovanni Villani affirme dans sa *Cronica* (1333-1348) qu'il y a en 1338 six écoles à Florence, enseignant « *l'abbaco e l'algorismo* » à environ 1 000 ou 1 200 élèves pour une population totale établie entre 90 000 et 120 000 habitants. Une estimation certainement exagérée mais dont il faut noter qu'elle est largement inférieure aux 8 000 à 10 000 élèves qui apprennent à lire selon Villani[23]. Warren Van Egmond décrit les étudiants des écoles d'abbaque comme des garçons se destinant à devenir marchands, apprenant généralement pendant deux ans à partir de l'âge de 10 ou 11 ans[24]. Cette durée d'étude est néanmoins très aléatoire, et Elisabetta Ulivi a ainsi recensé pour 1480, dans les livres du *Catasto*, 253 élèves

---

22 Ce Jacopo dell'Abaco connu en 1283 est une piste possible pour identifier l'auteur du *Tractatus algorismi* : Warren Van Egmond, *The Commercial Revolution...*, p. 383 ; Jens Høyrup, *Jacopo da Firenze's...*, p. 7 ; Elisabetta Ulivi, « Scuole e maestri d'abaco in Italia tra Medioevo e Rinascimento », mis en ligne :
<http://php.math.unifi.it/archimede/archimede/fibonacci/catalogo/ulivi.php>, consulté le 5 juin 2014 ;

23 Elisabetta Ulivi, « Scuole e maestri... », *art. cit.*

24 Warren Van Egmond, *The Commercial Revolution...*, p. 68-139.

pouvant être âgés de 6 à 18 ans dans ces écoles – mais 189 d'entre eux (74,7 %) ayant entre 11 et 14 ans, avant l'entrée en apprentissage[25].

Si ces deux auteurs ont suivi l'enseignement classique des écoles d'abbaque de leur ville d'origine, de nombreuses évidences internes indiquent qu'ils ont subi d'autres influences et côtoyé des milieux intellectuels divers.

Des références à la culture universitaire et mendiante

Il est possible d'apercevoir dans les traités eux-mêmes les représentations des sciences et de la connaissance portées par leurs auteurs. Un lien avec la scolastique et les savoirs universitaires apparaît tout particulièrement évident dans le *Tractatus algorismi*, avec une forte spécificité locale ou régionale.

L'*incipit* et l'introduction du *Tractatus algorismi* sont intéressants en bien des points, en reprenant un certain nombre de codes universitaires. Peut être mentionné à ce titre l'emploi du latin dans l'*incipit*, mais aussi du terme « *algorismus* », généralement utilisé dans le cadre du *quadrivium*. Puis le *Tractatus* énumère neuf chapitres qui forment la structure de deux traités universitaires en latin du XIIIe siècle, le *Carmen de Algorismo* d'Alexandre de Villedieu et l'*Algorismus vulgaris* ou *De Arte Numerandi* de Johannes de Sacrobosco[26]. Ces neufs « *species* », ou « espèces », sont : « Numération, addition, soustraction, calcul de moitié, doublement, multiplication, division, progression et extraction de racines[27] ». Cette liste se retrouve partiellement dans le traité d'Avignon, ouvrage certainement issu de la même tradition : « Multiplier, diviser, ajouter, soustraire, diviser par règle, diviser par exhaustion et toutes les manières sur les fractions[28] ». Le *Tractatus algorismi* emprunte également l'essentiel de son explication du système de numération par position et du rôle du zéro aux deux traités de Villedieu et Sacrobosco[29]. Or, Guy Beaujouan a démontré pour la faculté des arts de Paris que l'algorisme constituait la base pratique des enseignements en arithmétique, par la mémorisation des vers du *Carmen de Algorismo* et les lectures de l'*Algorismus vulgaris*[30].

Ces ouvrages font aussi référence à des autorités, nommées ou non. Le *Libro di ragioni* renvoie de manière plutôt simple « au nom et en l'honneur de tous les bons comptables », au sens ici de spécialistes du calcul[31]. Plus proche du modèle universitaire, le *Trac-*

---

25 Le Catasto est une déclaration annuelle des biens que chaque citoyen florentin doit faire en vue de payer un impôt, instauré en 1427 ; Elisabetta ULIVI, « Scuole e maestri... », *art. cit.*

26 Alexandre de Villedieu (v. 1170/1175 – v. 1240) est un chanoine ou franciscain normand, maître en arts à Paris au début du XIIIe siècle, auteur de plusieurs poèmes pédagogiques dont le *Carmen de Algorismo*, composé vers 1203 et constitué de 284 hexamètres dactyliques. Johannes de Sacrobosco (fin XIIe siècle – 1244 ou 1256) est un moine originaire des îles britanniques, élu professeur pour le *Quadrivium* à l'université de Paris vers 1221, auteur de plusieurs traités dont l'*Algorismus vulgaris* aussi appelé *De Arte Numerandi* dans les années 1220 ou 1230. Voir : Alain SCHÄRLIG, *Du zéro à la virgule : les chiffres arabes à la conquête de l'Europe, 1143-1585*, Lausanne, Presses polytechniques et universitaires romandes (PPUR), 2010, p. 55-58.

27 « *numeratio, additio, subtractio, mediatio, duplatio, multipricatio, divisio, progresio et radicum extracio* », cité dans Jens HØYRUP, *Jacopo da Firenze's...*, p. 382 ; BTM, MS 90, f° 1r.

28 « *multiplicare e partire e agustare e sottrarre et partire per reghola e partire a danda e tucte maniere a rotti* », dans Columbia University, Rare Book and Manuscript Library, Ms. Plimpton 167, f° 1r.

29 Jens HØYRUP, *Jacopo da Firenze's...*, p. 50, p. 183.

30 Guy BEAUJOUAN, « L'enseignement de l'arithmétique élémentaire à l'université de Paris aux XIIIe et XIVe siècles », in *Homenaje a Millas-Vallicrosa*, Barcelone, Consejo Superior de Investigaciones Científicas, 1954, t. I, p. 105.

31 « *al nome e a honore di tucti buoni ragionieri* », cité dans Warren VAN EGMOND, « The Earliest Vernacular Treatment of Algebra : the *Libro di ragioni* of Paolo Gerardi (1328) », *Physis*, 20 (1978), p. 156 ; BNCF, Cod. Magl., Cl. XI, 87, f° 1r.

tatus algorismi en appelle à « l'aide de nos prédécesseurs, et en l'honneur de tous les maîtres et écoliers de cette science[32] » et mentionne plus loin Boèce et les cinq chapitres de son *De institutione arithmetica*, base théorique de la science arithmétique médiévale[33]. De manière plus spécifique, et comme l'*Algorismus vulgaris* de Sacrobosco, il affirme aussi que le système de numération qu'il enseigne est fait « selon la coutume des Arabes[34] ». Il complète cette information par une étymologie – ici erronée – du terme d'« *algorismus* » : « Et l'art est dit en langue arabe *algho* (*sic*), et le nombre est dit *rismus*[35] ». Il s'agit ici d'une extrapolation de ce que dit l'*Algorismus vulgaris*, à savoir : « C'est un philosophe nommé Algus qui a alors donné naissance à cette science avantageuse du dénombrement, c'est pourquoi elle a été appelée algorisme, ou art du dénombrement ou introduction aux nombres[36] ». Cette interprétation étymologique associant « *algo* » à l'« art » et *rismus* au « nombre » ne semble pourtant pas être une invention de Jacopo da Firenze et pourrait avoir été véhiculée dans le cadre des *lectiones* d'arithmétique : elle se retrouve notamment dans un *De Algorismo Tractatus* anonyme du XIIIe siècle ou dans une glose du *Carmen de algorismo* rédigée vers 1410 par Thomas of Newmarket, maître en arts anglais de l'université de Cambridge[37].

Plus encore, l'introduction du *Tractatus algorismi* développe une certaine philosophie du savoir, vu comme un attribut de l'homme. Jacopo da Firenze présente ainsi une arborescence duale des capacités humaines : « *tucto cio che li homini fanno naturalmente et accidentalmente* », ou « tout ce que les hommes font naturellement ou accidentellement ». Il distingue alors d'une part le « *senno* », ou « sagesse », qu'il présente comme « *naturale* » – « naturelle » – et accompagnée de « *la gratia di Dio* » ainsi que de « *la cognoscenza per ragione* », soit respectivement « la grâce de Dieu » et « la connaissance par raison » ; d'autre part la « *scienza* », ou « science », qui pour sa part est décrite comme « *accidentale* » – « accidentelle » – et liée à « *l'amaestramento dele scripture* », ou « l'enseignement des écritures », ainsi qu'à l'« *intendimento con bono ingegnio* », ou « compréhension avec le bon talent[38] ». Jens Høyrup fait un parallèle avec la « distinction aristotélicienne [...] entre ce qui est par nature et ce qui est par art », en notant que : « à l'époque, il n'est pas inhabituel d'amalgamer cette dichotomie avec celle entre le nécessaire et l'accidentel[39] ». La dualité entre « sagesse » et « science » se retrouve chez Thomas d'Aquin qui détaille ainsi cette distinction terminologique :

> On appelle sage dans n'importe quel genre l'homme qui connaît la plus haute cause de ce genre-là, celle qui permet de pouvoir juger de tout. Or, on appelle sage de façon absolue celui qui connaît la cause absolument la plus haute, à savoir Dieu. C'est pourquoi

---

32   « *lo adiuto de nostri predecessori, et a honore di tucti magistri et scolari di questa scienza* », cité dans Jens HØYRUP, *Jacopo da Firenze's...*, p. 194 ; BAV, Vat. Lat. 4826, f° 1v.

33   Jens HØYRUP, *Jacopo da Firenze's...*, p. 195 ; BAV, Vat. Lat. 4826, f° 1v.

34   « *secondo la costumanza delli Arabi* », cité dans Jens HØYRUP, *Jacopo da Firenze's...*, p. 196 ; BAV, Vat. Lat. 4826, f° 1v.

35   « *Et l'arte e dicta in lingua arabia algho, e'l numero e dicto rismus* », cité dans Jens HØYRUP, *Jacopo da Firenze's...*, p. 194 ; BAV, Vat. Lat. 4826, f° 1r.

36   « *Hanc igitur scientiam numerandi compendiosam edidit philosophus nomine Algus, unde algorismus nuncupatur, vel ars numerandi vel introductio in numerum.* », cité dans JOANNIS DE SACRO-BOSCO, *Tractatus de arte numerandi*, édité par James Orchard Halliwell-Phillipps dans *Rara Mathematica, or : A Collection of Treatises on the Mathematics and Subjects Connected with Them, from Ancient Inedited Manuscripts*, Londres, John William Parker, J. & J. J. Deighton & T. Stevenson, 1839, p. 1.

37   James Orchard HALLIWELL-PHILLIPPS (éd.), *Rara Mathematica...*, p. 1 n. 2, p. 73 n. 1.

38   *Ibid.*, p. 194-195 ; BAV, Vat. Lat. 4826, f° 1r-v.

39   Jens HØYRUP, *Jacopo da Firenze's...*, p. 46-47.

L'« algorismo secondo la costumanza delli Arabi » : des traditions mathématiques

la connaissance des choses divines est appelée sagesse. En revanche, la connaissance des réalités humaines est appelée science. [...] C'est pourquoi, en prenant en ce sens le nom de science, on pose un don distinct du don de sagesse[40].

Les références *ad auctoritatem* peuvent être fréquentes dans les abbaques italiennes, mais n'y sont jamais aussi détaillées que dans le *Tractatus algorismi*. D'autre part, l'emploi du latin, présent dans l'*incipit* de notre traité, n'est recensé par Jens Høyrup dans aucun autre manuscrit du début du XIVe siècle[41]. Les ressemblances avec certaines des normes universitaires entretenues par Jacopo da Firenze sont donc originales parmi l'ensemble des arithmétiques marchandes italiennes contemporaines.

Ces références prouvent l'accès de l'auteur à un enseignement de type universitaire ou, du moins, à des sources équivalant au *Carmen algorismo* et au *De Arte Numerandi*. La présence à Montpellier de deux universités d'importance en Europe, de droit mais surtout de médecine, a contribué à faire de la ville un centre de rayonnement intellectuel, de production et de diffusion de savoirs et d'ouvrages scientifiques[42]. Néanmoins, le cadre institutionnel dans lequel sont enseignés les arts libéraux, et plus encore les arts mathématiques, reste mal connu des historiens. Les arts semblent bien être professés à Montpellier, car les maîtres et élèves de grammaire et logique de Montpellier et Montpelliéret ayant reçu leurs statuts de l'évêque de Maguelone Jean de Montlaur II en 1242[43]. Néanmoins un mandement du pape Clément IV au roi Jacques Ier d'Aragon en 1269 affirme que l'arithmétique n'y est pas ou peu enseignée[44]. Jacques Verger ne recense dans la documentation disponible « pour les années 1378-1403 » que 7,5 % d' « artiens » ou « grammairiens » sur l'ensemble des étudiants à Montpellier, dont beaucoup « quittaient l'université sans y avoir étudié autre chose que la grammaire ou la logique[45] ». Et, pour les étudiants des facultés supérieures ayant obtenu un grade universitaire dans ce domaine – ce qui est surtout le cas pour les étudiants en médecine, qui doivent avoir de solides connaissances en astronomie et donc en arithmétique et en géométrie, moins pour ceux en droit –, « c'était à Paris et non à Montpellier qu'ils avaient obtenu leur titre en arts[46] ».

Jacopo da Firenze a donc sans doute reçu des leçons d'arithmétique universitaire, dès lors, non pas à Montpellier mais plus vraisemblablement en Italie, étant donné l'origine géographique de l'auteur et ce que nous savons de la répartition de cet enseignement au tournant du XIVe siècle. Nous avons vu que ce dernier est établi depuis le début du XIIIe siècle à la faculté des arts de Paris, mais il est très probablement devenu plus marginal et assez

---

40 Thomas D'Aquin, *Somme théologique de Saint Thomas d'Aquin – Texte intégral*, vol. 3, édité et traduit du latin par les Éditions de la revue des jeunes, Paris – Tournai – Rome, Éditions de la revue des jeunes, 1947.

41 Jens Høyrup, *Jacopo da Firenze's...*, p. 45-47 ; Warren Van Egmond, *Practical Mathematics...*, *op. cit*, p. 47-282.

42 Sur l'université de médecine de Montpellier à la fin du Moyen Âge, voir : Daniel Le Blévec (dir.), *L'Université de Médecine de Montpellier et son rayonnement (XIIIe-XIVe siècles)*, Turnhout, Brepols, 2004, 358 p. Pour l'université des droits, voir : André Gouron, *Les juristes de l'École de Montpellier*, Milan, Giuffrè, 1970 (*Jus Romanum Medii Ævi* IV-3a) ; Jacques Verger, « L'enseignement du droit canon dans les universités méridionales, XIIIe-XIVe siècles », in *L'Église et le droit dans le Midi (XIIIe-XIVe s.)*, Cahiers de Fanjeaux 29, Toulouse, Privat, 1994, p. 249-265.

43 *Cartulaire de Maguelone*, édité par Julien Rouquette et Augustin Villemagne, t. II, fasc. 8, Montpellier, 1914, notice DXXVI, p. 573-576.

44 Alexandre Germain, *Cartulaire de l'Université de Montpellier, publié sous les auspices du Conseil de l'Université de Montpellier*, t. I, Montpellier, 1890, n° 13, p. 200-202.

45 Jacques Verger, « Pour une histoire de la maîtrise ès-arts au Moyen Age : quelques jalons », *Médiévales*, 13 (1987), p. 121-122.

46 *Ibid.*, p. 122.

irrégulier dans la deuxième moitié du XIIIᵉ siècle et au début du XIVᵉ siècle[47]. En revanche, l'*Algorismus vulgaris* semble être étudié au tournant du XIVᵉ siècle à Bologne, puisqu'un commentaire de l'ouvrage de Sacrobosco y est rédigé en 1291 par l'astronome danois Petrus Philomena de Daciae[48]. De plus, plusieurs lecteurs en arithmétique et géométrie, notés dans les premiers *rotuli* connus de l'université de Bologne après 1384, sont chargés d'enseigner leur art aux milieux marchands[49]. Ainsi, l'enseignement universitaire des mathématiques apparaît lié à celui de l'abbaque à Bologne, créant un environnement favorable à l'interpénétration des deux traditions qui se retrouvent dans le *Tractatus algorismi*.

Toutefois, que Jacopo da Firenze ait ou non suivi une formation universitaire en Italie, le cadre intellectuel montpelliérain lui a certainement permis de compléter son accès à la culture savante de son époque. En effet, Montpellier dispose, rappelons-le, de la présence d'une université de médecine, mais aussi de couvents mendiants, surtout ceux des Dominicains et Franciscains, qui contribuent à une intense circulation en Languedoc de maîtres et d'ouvrages scientifiques et certainement mathématiques[50]. Car l'algorisme, l'arithmétique et la géométrie sont nécessaires pour la maîtrise de l'astronomie et de l'astrologie, et de là sont une base indispensable pour la philosophie rationnelle et naturelle, pour la médecine voire pour la théologie. Le contenu du manuscrit latin 7420 A de la Bibliothèque nationale de France (BNF) témoigne de cette circulation de savoirs mathématiques en Languedoc au début du XIVᵉ siècle. Rédigé certainement à Montpellier ou à Toulouse, très probablement par un frère prêcheur ou mineur, vers 1332 ou 1333 (avec quelques rajouts postérieurs du XVᵉ siècle), il contient près de trente ouvrages en latin ou en occitan, essentiellement d'astronomie, d'astrologie, de comput ou de divination, mais aussi une copie des algorismes de Villedieu et de Sacrobosco[51]. L'existence de ce recueil languedocien atteste de l'intérêt marqué pour les sciences dans les milieux mendiants. De plus, l'influence aristotélicienne et thomiste de l'introduction du *Tractatus algorismi* peut également être mise en relation avec les activités intellectuelles des Dominicains[52]. La dualité du savoir décrite par Jacopo da Firenze se retrouve plus tard, au XVᵉ siècle, dans une autre mathématique marchande produite dans cet environnement méridional, le *Compendy* de Barthélémy de Romans. Ce dernier – lui-même frère prêcheur qui fut lecteur au *Studium generale* de Montpellier après avoir probablement, selon Maryvonne Spiesser, enseigné les mathématiques appliquées à

---

47 Guy Beaujouan, « Le *Quadrivium* et la faculté des arts », in Olga Weijers et Louis Holtz (éd.), *L'enseignement des disciplines à la Faculté des arts (Paris et Oxford, XIIIᵉ-XVᵉ siècles)*, Turnhout, Brepols, 1997, p. 185-194.

48 Petrus Philomena de Dacia ou Peter Nightingale (décédé après 1303), est un chanoine de Roskilde (Danemark), enseignant à l'université de Bologne en 1291 puis à Paris en 1292-1293, il est l'auteur de plusieurs ouvrages en mathématiques et surtout en astronomie. Voir : Olaf Pedersen, *Petrus Philomena de Dacia, a problem of identity : with a survey of the manuscripts*, Copenhague, Université de Copenhague, 1976.

49 Elisabetta Ulivi, « Scuole e maestri... », *art. cit.*

50 Sur l'importance des mathématiques dans l'élaboration de la pensée scolastique au sein de l'ordre franciscain, voir : Barnabas Hughes, « Franciscans and Mathematics », *Archivum franciscanum historicum*, 76 (1983), p. 98-128. Sur les *studia* et enseignements dominicains et franciscains, et la place des couvents languedociens en leur sein, voir : Michèle Mulchahey, « *First the Bow is Bent in Study* » : *Dominican Education Before 1350*, Toronto, Pontifical Institute of Mediaeval Studies, 1998 ; Sylvain Piron, « Les *studia* franciscains de Provence et d'Aquitaine (1275-1335) », in *Theology in the Studia of the Religious Orders and at the Papal and Royal Courts*, Leyde, Brill, 2012, p. 303-358.

51 Pour une description détaillée du manuscrit latin 7420 A de la BNF, voir : Paul Meyer, « Traités en vers provençaux sur l'astrologie et la géomancie », *Romania*, 26 (1897), p. 227-243.

52 Parlant de la condamnation de 1277 par l'évêque de Paris de la doctrine averroïste mais aussi de nombreuses thèses de l'aristotélisme et du thomisme, Jacques Verger note que : « L'averroïsme et le thomisme eux-mêmes lui survécurent. Le premier réapparaîtra à Padoue, le second même, après quelques années d'hésitation, deviendra la doctrine officiellement enseignée dans les couvents dominicains ». Jacques Verger, *Les universités au Moyen Âge*, Paris, Presses universitaires de France, 2013 [1ᵉʳᵉ édition : 1973], p. 97.

des pratiques marchandes à Carcassonne –, affirme : « *Car dit le philosophe que l'omme doit vivre part art et par science qui sont perfection de l'entendement par lequel homme est homme*[53] ».

Ainsi, il semble bien y avoir dans le traité de Jacopo da Firenze un traitement particulier du savoir, de la connaissance, influencé par la culture savante des milieux universitaires et mendiants, que l'auteur a pu côtoyer aussi bien en Italie qu'à Montpellier.

Des aspects d'une tradition spécifique

Au-delà de cette spécificité de l'ouvrage de Jacopo da Firenze, des éléments notamment de formes ou l'utilisation précoces de méthodes de résolution nouvelles appliquées à des situations marchandes dans le *Tractatus algorismi* et le *Libro di ragioni* ont permis aux historiens des mathématiques de souligner une nouvelle fois certaines particularités liées à ces traités montpelliérains. C'est notamment le cas concernant les chapitres d'algèbre. Il est intéressant de noter ici que ces deux ouvrages – en admettant que les règles et problèmes algébriques du manuscrit de la BAV sont bien issus du *Tractatus algorismi* original – sont les plus anciens exemples connus d'algèbres rédigées en langue « vulgaire », bien que Raffaela Franci a pu relativiser cette précocité[54].

Or, comme l'ont démontré Warren Van Egmond, Jens Høyrup ou Raffaela Franci, ces deux sources se ressemblent dans leurs spécificités par rapport aux modèles principaux des abbaques italiennes, à savoir le *Liber abaci* de Fibonacci et à travers lui les ouvrages d'al-Khwarizmi et d'Abu Kamil[55]. Par exemple, Raffaela Franci note que : « non seulement [...] ils omettent tous deux les preuves géométriques des règles et présentent des équations d'un degré supérieur à deux, mais [...] ils appliquent aussi l'algèbre pour résoudre différents types de problème[56] ». C'est le cas surtout pour des problèmes que nous qualifierons de financiers – où apparaît implicitement une recherche de profit, notamment pour des calculs d'intérêt ou d'escompte, des gains ou capitaux engagés dans des compagnies marchandes, des bénéfices de voyages, par exemple. Plus encore, des particularités se retrouvent dans le type de règles algébriques étudiées, les problèmes utilisés pour les illustrer et l'ordre dans lequel elles sont présentées, comme le montre le tableau 1 ci-dessous[57].

---

[53] Maryvonne SPIESSER, « L'Arithmétique pratique en France au seuil de la Renaissance : formes et acteurs d'un enseignement », *LLULL. Revista de la Sociedad Española de Historia de las Ciencias y de las Técnicas*, 31 :67 (2008), p. 225.
[54] Raffaella FRANCI, « The History of Algebra in Italy in the 14th and 15th Centuries. Some Remarks on Recent Historiography », *Actes d'història de la ciència i de la tècnica*, 3 :2 (2010), p. 183.
[55] Warren VAN EGMOND, « *Jacopo da Firenze's*... », p. 40 ; Jens HØYRUP, *Jacopo da Firenze's* ..., p. 147-182 ; Raffaella FRANCI, « The History of Algebra... », p. 178-180.
[56] « *Not only [...] they both omit the geometrical proofs of the rules and present equations of degree higher than two, but also [...] they apply algebra to solve different kinds of problems* », in *Ibid.*, p. 180.
[57] Ce tableau présente les types d'équations présentés dans les grands modèles d'algèbre arabe, dans le *Liber abaci* et dans les deux sources ici étudiées. Les nombres indiquent l'ordre dans lequel ils sont disposés dans ces différents traités. Les données sont issues des documents pour les algèbres du BAV et du *Libro di ragioni* complétés pour les autres sources par les informations apportées dans : Jens HØYRUP, *Jacopo da Firenze's*..., p. 148. Ce dernier offre un tableau similaire et plus complet comparant les règles et leurs problèmes de résolution dans le BAV et sept autres traités italiens du XIVᵉ siècle, dont le *Libro di ragioni* : *Ibid.*, p. 160.

Figure 27. Les règles algébriques et leur ordre de présentation

Traité / Règle	al-Khwarizmi / Abu Kamil	Liber abaci	BAV	Libro di ragioni
$ax = b$	3	3	1	1
$ax^2 = b$	2	2	2	2
$ax^2 = bx$	1	1	3	3
$ax^2 + bx = c$	4	4	4	4
$bx = ax^2 + c$	5	6	5	5
$ax^2 = bx + c$	6	5	6	6
$ax^3 = b$			7	7
$ax = \sqrt{b}$				8
$ax^3 = bx$			8	9
$ax^3 = bx^2$			9	10
$ax^3 = bx^2 + cx$				11
$ax^3 = bx + c$				12
$ax^3 = bx^2 + c$				13
$ax^3 = bx^2 + cx + d$				14
$ax^3 + bx^2 = cx$			10	15
$bx^2 = ax^3 + cx$			11	
$ax^3 = bx^2 + cx$			12	
$ax^4 = b$			13	
$ax^4 = bx$			14	
$ax^4 = bx^2$			15	
$ax^4 = bx^3$			16	
$ax^4 + bx^3 = cx^2$			17	
$bx^3 = ax^4 + cx^2$			18	
$ax^4 = bx^3 + cx^2$			19	
$ax^4 + bx^2 = c$			20	

Il s'agit ainsi d'une tradition particulière échappant à la seule influence de Fibonacci, posant alors la question de déterminer les vecteurs et les contextes particuliers de développement de ces savoirs et pratiques algébriques. Les études menées par les historiens des sciences sur ce sujet n'apportent pas de certitudes mais des hypothèses et des pistes de réflexion. Ainsi, Jens Høyrup note des points communs entre ces algèbres et celles du *Liber mahameleth* et de certains textes arabes, notamment d'al-Karaji, mais observe dans le même temps l'absence d'arabisme dans ces ouvrages, l'amenant à la conclusion que les auteurs n'ont pas eu accès directement aux sources arabes[58]. Il développe alors l'hypothèse de sources en langue romane elles-mêmes influencées par des sources arabes. Et, concernant l'origine de ces sources romanes, il rejette tant l'Italie – étant donné qu'il affirme qu'il s'agit

---

58 Le *Liber mahameleth* est une version latine d'un *Kitab al-mucamalat*, ou « Livre des transactions » arabe, qui aurait été rédigée en Castille entre 1143 et 1153, et connue à travers quatre manuscrits. Voir : *Le Liber mahameleth. Édition critique et commentaires*, éd. Anne-Marie Vlasschaert, Stuttgart, Franz Steiner Verlag, 2010, 613 p. ; Abū Bakr ibn Muhammad ibn al Husayn al-Karajī, mathématicien probablement d'origine perse et actif à Bagdad au tournant du xie siècle (v. 953 – v. 1029).

là du premier travail de ce type en langue italienne, et qu'il réfute, à juste titre, l'influence de Fibonacci – que Montpellier, et pense plutôt à une zone incluant ou limitée à la Catalogne. Il parle de plus d'utilisation de sources différentes pour les deux traités, en raison de l'emploi de règles fausses par Paolo Gherardi, mais pas dans le manuscrit de la BAV[59].

Ces hypothèses, notamment le rejet des influences italiennes ou du milieu montpelliérain, sont néanmoins critiquées par Jeffrey Oaks – qui estime que « si nous nous en tenons au fait qu'à la fois Jacopo et Paolo Gherardi ont écrit à Montpellier, alors Montpellier reste le meilleur candidat pour déterminer l'environnement d'où les premiers abacistes ont retiré leurs matières premières, y compris l'algèbre[60] » – ou Raffaela Franci – qui pour sa part relève que : « dans les premières décennies du XIVe siècle une connaissance de l'algèbre indépendante d'al-Khwarizmi et de Fibonacci était répandue en Toscane[61] ».

Concernant le milieu montpelliérain, dans un contexte marqué par la querelle maïmonidienne, Montpellier connaît une importante activité de traduction d'ouvrages scientifiques, dont mathématiques, de l'arabe, du latin ou du grec à l'hébreu à la fin du XIIIe siècle et au tournant du XIVe siècle : citons par exemple Moshe ibn Tibbon, traducteur en 1270 des *Éléments* d'Euclide et en 1271 du *Traité sur l'arithmétique* d'al-Hassar[62]. Mais, au moins jusqu'aux années 1990, pas ou peu de textes hébreux et précédant la deuxième moitié du XVe siècle parlant de l'algèbre arabe avaient été identifiés. Tony Lévy notamment a mis depuis en lumière plusieurs exemples d'exploitations par des auteurs juifs de sources algébriques arabes dès le XIIe siècle, dont une traduction réalisée à Montpellier en mai 1271 d'un ouvrage de mathématiques d'al-Hassar[63], qui serait intitulé le *Kitab al-Bayan wa al-tadhkar* (*Le livre de l'explication et du rappel*), par Moïse ibn Tibbon. La rédaction postérieure dans la même ville des deux traités étudiés ici pousse Tony Lévy à se poser la question suivante : « Montpellier, relais de textes arabes de *ḥisāb* issus d'Espagne[64] ? » En effet, les savoirs algébriques arabes sont connus des milieux juifs montpelliérains, qui ont donc pu servir de vecteurs aux traditions mathématiques ayant influencé les auteurs du *Tractatus algorismi* et du *Libro di ragioni*.

L'étude interne de ces sources et les analyses comparatives menées par l'historiographie des mathématiques médiévales permet de faire ressortir des influences multiples. Mais l'identification des vecteurs potentiels de ces influences reste largement hypothétique, même si le cadre italien dans lequel les auteurs ont été formés et le contexte montpelliérain où ils ont ensuite évolué au début du XIVe siècle semblent bien être propices à une rencontre et à des échanges entre différentes traditions scientifiques. Cette étude de la diffusion de pratiques de mathématiques marchandes soulève la question des rapports entre les différents acteurs de la production et de la circulation des idées et des connaissances

---

59   Jens Høyrup, *Jacopo da Firenze's...*, p. 153-182.
60   « *If we stick to the fact that Jacopo and Paolo Gherardi wrote in Montpellier, then Montpellier remains the best candidate for the environment from which early abbacists drew their material, including algebra* », dans Jeffrey A. Oaks, « Essay Review : Medieval Italian Practical Mathematics. *Jacopo da Firenze's* Tractatus Algorismi *and Early Italian Abbacus Culture, by Jens Høyrup. (Basel : Birkhäuser, 2007)* », *CHSPM/SCHPM Bulletin*, 45 (novembre 2009), p. 22.
61   « *In the light of what we currently know, I believe that we can only conclude that in the first decades of the 14th century a knowledge of algebra independent from al-Khwarizmi and Fibonacci was widespread in Tuscany* », dans Raffaella Franci, « The History of Algebra... », p. 183.
62   Voir par exemple : Tony Lévy, « The Hebrew Mathematics Culture (Twelfth-Sixteenth Centuries) », in Gad Freudenthal (dir.), *Science in Medieval Jewish Cultures*, New York, Cambridge University Press, 2011, p. 155-171.
63   Abu Bakr Muhammad ibn Abdallah ibn Ayyash al-Hassar, savant d'Afrique du Nord ou d'Espagne actif au XIIe siècle.
64   Tony Lévy, « L'algèbre arabe dans les textes hébraïques (I). Un ouvrage inédit d'Isaac Ben Salomon al-Aḥdab (XIVe siècle) », *Arabic Sciences and Philosophy*, 13 :2 (2003), p. 281-286.

ROMAIN FAUCONNIER

scientifiques à la fin du Moyen Âge : les milieux marchands, les étrangers (ici Toscans), les traducteurs et savants juifs, les milieux universitaires, les *studia* mendiantes, par exemple. Des rapports complexes de diffusion qui aboutissent à l'élaboration d'un discours pédagogique destiné à former de futurs marchands.

Des mathématiques enseignées pour les milieux marchands

À qui s'adressent ces traités ?

Les traités s'adressent tout d'abord à des métiers différents qui ont pour point commun d'être liés à l'argent et à la recherche du profit. Un marchand lyonnais, François Garin l'affirme à son fils, encore enfant, en 1460 : « Mais en premier tu dois apprendre à bien compter, car c'est la voix pour au plus tôt connaître et comprendre le compte d'or et de monnaie[65] ». Ainsi, la finalité d'une formation en mathématiques relève ici de la nécessité d'acquérir une compétence technique vis-à-vis de la monnaie. Ce même rapport entre l'enseignement du calcul et l'économie monétaire est attesté dans les traités. En témoigne la place prise par les opérations sur des valeurs monétaires en livres, sous et deniers. Par exemple, le *Tractatus algorismi* en introduit jusque dans ses tables de multiplication[66]. L'utilisation de données monétaires dans les problèmes est très fréquente : pour illustrer des règles de résolution, surtout la règle de trois – utile pour les conversions monétaires (sept problèmes sur dix dans le *Tractatus* et les trois du *Libro di ragioni*) ; dans les transactions des problèmes marchands ; dans de nombreux problèmes récréatifs. La monnaie est un des outils fondamentaux des pratiques professionnelles ici visées.

Cela peut tendre vers une véritable expertise technique concernant le change et les alliages. Le traité d'Avignon consacre aux techniques d'alliage et aux prix des métaux, d'après sa table des matières, huit de ses 75 chapitres (dont six sont connus)[67]. Les mathématiques marchandes sont devenues récemment, par les travaux de Lucia Travaini notamment, des sources utilisées pour l'histoire des monnaies de la fin du Moyen Âge, étant donné la diversité des valeurs qui peuvent être listées, avec leur degré de pureté métallique[68]. La copie du *Tractatus algorismi* de la BAV comporte ainsi les alois de 72 monnaies dont 28 d'or, 24 de petites monnaies et 22 d'argent[69]. S'y ajoutent deux d'argent et une petite monnaie dans les deux autres copies connues de ce traité et des listes supplémentaires de neuf monnaies d'or non italiennes et de 39 valeurs lombardes dans la version de la BTM[70]. Lucia Travaini recense deux autres mathématiques marchandes du tournant du XIVe siècle à contenir de telles listes, dont le *Liber habaci*, attribué par Gino Arrighi à Paolo Gherardi, auteur du *Libro di ragioni*[71]. Or, il est intéressant de noter la mention dans les archives de « maître

---

65   « combien premier tu dois apprendre/ a bien nombrer, car c'est la voye/ pour plus tost savoir et entendre/ le compte d'or et de monnoye », cité dans FRANÇOIS GARIN, *La Complainte de François Garin, marchand de Lyon, 1460 : édition critique*, éd. Centre d'études et de recherches médiévales, Université Lyon II, Lyon, Presses universitaires de Lyon, 1978, p. 94, v. 1073-1077, p. 94-95, v. 1077-1080.

66   Jens HØYRUP, *Jacopo da Firenze's...*, p. 211-213, BAV, Vat. Lat. 4826, f° 8r-9r.

67   Bibliothèque nationale centrale de Florence, Codice Fondo Principale (BNCF, Cod. Fond. Prin.), *II. IX. 57*, f° 57-64 et f° 89, dans Jean CASSINET, « Une Arithmétique toscane... », p. 116-117.

68   Voir surtout : Lucia TRAVAINI, *Monete, mercanti e matematica : le monete medievali nei trattati di aritmetica e nei libri di mercatura*, Rome, Jouvence, 2003, 316 p.

69   Jens HØYRUP, *Jacopo da Firenze's...*, p. 331-336, BAV, Vat. Lat. 4826, f° 45v-47v.

70   *Ibid.*, p. 122, 448-452, BTM, MS 90, f° 41v-44v.

71   Lucia TRAVAINI, *Monete...*, p. 87-118.

180

Paul Girard de Florence, maître des mines de Navarre » entre 1338 et 1343[72]. Une expertise qui se trouve donc ici reconnue par des institutions publiques, et qui dépasse la seule spécialisation professionnelle du changeur.

Au-delà de ce savoir-faire, trois types de problème semblent indiquer que les auteurs des traités veulent transmettre aux publics auxquels ils s'adressent des méthodes pour attirer du profit : ceux d'intérêt ou d'escompte, ceux de compagnie (qui associent plusieurs investisseurs dans une transaction) et ceux plus généraux de calcul de bénéfices (ou de pertes) sur plusieurs mois, années ou voyages. Il est intéressant de rappeler ici que l'algèbre, méthode apportant une plus grande précision mathématique, est utilisée de manière précoce pour résoudre ces problèmes financiers. Ainsi, dans la copie du Vatican du *Tractatus algorismi*, sur dix exercices illustrant des formules algébriques, la moitié repose sur des situations financières concrètes ou purement monétaires : de compagnie, de calcul d'intérêt, de « deux hommes qui ont des deniers », de bénéfice sur deux voyages et de change[73]. Les deux seuls exercices d'algèbre avec des situations concrètes du *Libro di ragioni* sont des problèmes financiers : de calcul de taux d'intérêt et de bénéfice sur deux voyages[74]. Il y a donc un souci d'optimisation du profit, ou de minimisation des pertes, par des calculs plus efficaces. Ceci afin de former de futurs marchands et changeurs en s'appuyant sur des exemples concrets des pratiques auxquelles ils seront confrontés. Dans la pratique, si le prêt n'est pas une spécialité professionnelle, les marchands et changeurs sont, avec les Juifs, parmi les principaux groupes à exercer cette pratique, comme l'a démontré Kathryn Reyerson pour Montpellier. Ainsi, sur les 257 cas de prêts (n'impliquant pas les Juifs comme prêteurs) recensés entre 1293 et 1348 dans les registres notariés, 47 prêteurs (18,3 %) sont des marchands (au sens strict du *mercator*, la principale catégorie en-dehors des Juifs), à quoi s'ajoutent 19 changeurs (7,4 %) et 34 étrangers (13,2 %, surtout Italiens). Ils prêtent pour de fortes sommes, supérieures généralement à 100 livres tournois[75].

Ces pratiques aux enjeux financiers importants confirment une identité professionnelle construite autour de la notion de profit et d'argent. Mais, face aux interdits qui touchent l'usure, l'aspect individuel du profit est modéré et son aspect collectif est au contraire valorisé. Il est associé à des valeurs considérées comme positives, comme le travail,

---

72   « magistri Pauli Girardi de Florencia, magistri mineriarum Navarre », dans Archivo general de Navarra, Papeles Sueltos, legajo 2, carpeta 5 ; Sección de Comptos, registro 43, f° 356r-v.
73   Jens Høyrup, *Jacopo da Firenze's...*, p. 304-323, BAV, Vat. Lat. 4826, f° 36v-43r.
74   Warren Van Egmond, « The Earliest Vernacular ... », p. 166-174, BNCF, Cod. Magl., Cl. XI, 87, f° 63r-70r.
75   Kathryn Reyerson, *Business, Banking and Finance in Medieval Montpellier*, Toronto, Pontifical Institute for Medieval Studies, 1985, p. 66. 127 prêteurs juifs sont indiqués dans le seul registre de 1293-1294 (Archives municipales de Montpellier, II 1).

en appelant l'intérêt le « *merito* », c'est-à-dire ce qui est dû, ou encore la charité[76]. Donnons l'exemple d'un exercice relativement fréquent : un problème récréatif où un homme fait une série de transactions identiques. À chaque fois, après avoir acheté et revendu une marchandise, il double sa somme de départ, faisant ainsi un bénéfice et donc du profit. Mais il donne aussi à chaque étape une partie « *per l'amore di Dio* » : le profit se transforme en un acte de charité, finissant par laisser l'homme sans rien[77]. Le rapport au profit et à l'argent est donc omniprésent. Mais ce discours cherche à s'adapter aux préceptes moraux et religieux qui touchent ces notions. François Garin résume ainsi ce compromis identitaire du marchand : « *S'il a du bien, c'est par droicture,/ quand loyal se veult ordonner*[78] ».

Les destinataires de ces traités sont donc d'abord définis comme des travailleurs dont le métier implique de manipuler des valeurs monétaires : marchands, terme à élargir à l'ensemble des professions liées au grand commerce (drapiers, certains merciers, épiciers ou poivriers), mais aussi changeurs. L'expression de mathématiques ou arithmétiques marchandes, retenue par l'historiographie pour désigner ces traités, doit donc ici être prise au sens large, ne se limitant pas au seul métier du *mercator*.

Parce qu'ils sont rédigés en toscan, l'on pourrait croire que ces deux traités du début du XIVe siècle ne seraient adressés qu'aux enfants de la communauté italienne installée dans la ville. Celle-ci est importante, même suite à la décision de 1278 du roi de France Philippe III décrétant l'installation obligatoire des marchands italiens à Nîmes liée à un monopole commercial accordé au port voisin d'Aigues-Mortes[79]. En effet, cette tentative d'interventionnisme de la part des rois de France n'a pas fait disparaître la présence italienne à Montpellier[80]. Cependant, les marchands et changeurs montpelliérains pratiquent les activités liées à l'argent et au profit qui nécessitent les connaissances enseignées par ces traités. De plus, les dialectes italiens, ici le toscan, sont certainement largement compréhensibles des milieux marchands montpelliérains, étant donné l'importance des destinations et des marchands italiens dans le commerce extérieur de la ville. Plus encore, Kathryn Reyerson affirme que « l'italien jouait cette fonction » de langue véhiculaire « parmi les

---

76   Giacomo Todeschini a tout particulièrement démontré l'imbrication étroite existant dans la pensée économique médiévale entre principes moraux chrétiens et objectifs pragmatiques liés à la gestion de biens matériels. De plus, il a su faire ressortir l'effort de justification spirituelle des activités marchandes dans les discours des théologiens mendiants de la fin du Moyen Âge. Selon lui, la littérature mendiante qui fleurit à partir de la fin du XIIIe siècle a su élargir la « culture économique ecclésiastique » en y intégrant le vocabulaire et les codes d'une « identité culturelle » marchande alors en construction, comme par exemple « les notions de marché, d'échange, d'utilité civique des marchands, de différence entre l'usure interdite et le paiement légal d'intérêts » (« *the notions of market, exchange, merchants' civic utility, difference between forbidden usury and legal payment of interests* ») : Giacomo Todeschini, « Theological Roots of the Medieval/Modern Merchants' Self-Representation », in Margaret C. Jacob et Catherine Secretan (éd.), *The Self-Perception of Early Modern « Capitalists »*, New York, Palgrave-MacMillan, 2008, p. 19-20. Juliann Vitullo et Diane Wolfthal ont également su démontrer l'importance des concepts d' « utilisation pauvre » de l'argent et du profit pour le « bien commun » par la « charité du marchand » : Juliann Vitullo et Diane Wolfthal, « Trading Values : Negotiating Masculinity in Late Medieval and Early Modern Europe », in Juliann Vitullo et Diane Wolfthal (dir.), *Money, Morality, and Culture in Late Medieval and Early Modern Europe*, Farnham, Ashgate Publishing, 2010, p. 155-156 et p. 167.

77   Par exemple : Jens Høyrup, *Jacopo da Firenze's...*, p. 373-375, BAV, Vat. Lat. 4826, f° 59r-v.

78   « Ordonner » est ici à prendre au sens de « se comporter », dans François Garin, *La Complainte...*, p. 94, v. 1068-1070.

79   *Ordonnances des Roys de France de la troisième race*, vol. 4, Paris, Imprimerie royale, 1734, p. 669-672.

80   « il semblerait qu'une partie de la communauté italienne est restée dans la ville et, de manière plus significative, que les privilèges accordés à Aigues-Mortes avaient une portée irréaliste », ou « *it would seem that part of the Italian community remained in the town and more significantly, that the privileges granted Aigues-Mortes were unrealistic in scope* », dans Kathryn Reyerson, « Montpellier and Genoa : The Dilemma of Dominance », *Journal of Medieval History*, 20 :4 (1994), p. 368.

Européens dans le monde méditerranéen[81] ». De ce fait, il est de l'intérêt, pour de futurs marchands ou changeurs montpelliérains du début du XIVe siècle, de développer des compétences linguistiques en italien, que peuvent leur apporter ces traités et leurs auteurs[82].

Les arithmétiques marchandes tendent à transmettre aux futurs marchands ou changeurs l'essentiel des connaissances spécifiques à l'exercice de leur profession, sous la forme d'un enseignement dispensé par un maître – les auteurs des traités – à des élèves[83].

L'enseignement des mathématiques marchandes : ce que disent les traités

Il est important de préciser qu'aucune institution d'enseignement des mathématiques à de jeunes élèves à Montpellier aux XIVe et XVe siècles n'a été clairement identifiée à ce jour. Comme le rappelle Maryvonne Spiesser, contrairement à la connaissance d'écoles italiennes de mathématiques marchandes à la même période, « pour la France, la quête est beaucoup moins fructueuse car les archives et documents sont loin d'être aussi riches[84] ». Cependant, plusieurs hypothèses et informations peuvent être apportées à ce sujet.

Tout d'abord, ces traités reposent bien sur l'existence d'un enseignement et beaucoup l'affirment, comme par exemple le *Libro di ragioni* dans *son incipit* : « Ce livre sera écrit de problèmes selon les règles et le cours de l'abbaque faits par Paolo Gherardi de Florence », avant de dater et de localiser ce traité : « L'an du seigneur 1327 [1328 nouveau style] au 30 janvier selon le cours de Montpellier[85] ». L'expression « cours de l'abbaque » indique ainsi l'organisation d'une série de leçons, dont le programme est contenu dans le traité sous la forme d'une succession de règles récitées et d'exercices d'application. Concernant le *Tractatus algorismi*, nous l'avons vu, l'auteur dédie son œuvre « en l'honneur de tous les maîtres et écoliers de cette science[86] ». Ce vocabulaire lie ainsi le manuel ainsi rédigé à des pratiques éducatives unissant des professionnels de la discipline, « les maîtres », à des « écoliers ». Ce dernier terme se retrouve utilisé au XVe siècle dans la *Spéculative des nombres*, dont l'auteur – peut-être Barthélémy de Romans d'après Maryvonne Spiesser – est mentionné comme « *estant au lieu de Carcassonne enseignant la science d'algorisme ou arismetique fut par aulcuns des escoliers pryé de leur faire aulcun brief traicté*[87] ». Ici, l'enseignement s'est clairement fait auprès d'« *escoliers* », ce qui désigne des élèves ou étudiants d'une école, indiquant ainsi une instruction plutôt collective[88].

Les traités permettent d'affirmer qu'un enseignement en arithmétique existe, peutêtre adossé à des écoles, et qu'il est intégré à la formation des futurs marchands et changeurs.

---

81   « *Italian filled this function among Europeans in the Mediterranean world* », dans Kathryn Reyerson, *The Art of the Deal : Intermediaries of Trade in Medieval Montpellier*, Leyde, Brill, 2002, p. 22.

82   Sur les compétences linguistiques des marchands, changeurs et hommes d'affaires européens au Moyen Âge, voir par exemple : Jacques Le Goff, *Marchands et banquiers au Moyen Âge*, Paris, Presses universitaires de France, 2001 [1ère édition : 1962], p. 100 ; Kathryn Reyerson, *The Art of the Deal...*, p. 21-23.

83   Jens Høyrup, « History of Mathematics Education in the European Middle Ages », in Gert Schubring et Alexander Karp (éd.), *Handbook on History of Mathematics Education*, New York, Springer Science & Business Media, 2014, p. 119-121.

84   Maryvonne Spiesser, « L'Arithmétique... », p. 84.

85   « *Questo libro sera scripto di ragioni secondo le regole e 'l corso dell'ambaco facte per Paolo Grardi (sic) di Firentie. [...] Anni Domini 1327 a di 30 di gennaio secondo 'l coorso di Mompeslieri* », cité dans BNCF, Cod. Magl., Cl. XI, 87, fº 1r.

86   « *a honore di tucti magistri et scolari di questa scienza* », cité dans Jens Høyrup, *Jacopo da Firenze's...*, p. 194 ; BAV, Vat. Lat. 4826, fº 1v.

87   Maryvonne Spiesser, « L'Arithmétique... », p. 92 ; Biblioteca Malatestiana, Cesena, Cod. XXVI-6, fº 269r.

88   Maryvonne Spiesser, « L'Arithmétique... », p. 92.

La formation des futurs marchands et changeurs à la fin du Moyen Âge

Nous avons vu en première partie l'exemple des écoles d'abbaque florentines, qui font suite à une instruction préalable à la lecture et à l'écriture, et précèdent l'apprentissage. Mais, encore une fois, il est impossible d'établir un portrait similaire pour Montpellier ou plus généralement hors de l'Italie. Or, François Garin nous offre l'exemple d'un marchand non italien, au XVe siècle, qui prône l'intérêt d'une telle éducation, et ce avant que « *avec marchans te vueilles rendre* », donc avant son apprentissage[89]. S'il existe un enseignement similaire à Montpellier, et ce dès le début du XIVe siècle – ce qui est attesté par les traités –, il est fort probable d'y retrouver certains des éléments visibles à Florence et décrits par François Garin dans le contexte lyonnais du XVe siècle : le fait qu'il ait lieu avant le départ en apprentissage, et forcément après une formation préalable à la lecture et à l'écriture. Cependant, contrairement à ce qui existe à Florence, rien ne permet d'attester l'existence à Montpellier d'écoles d'abbaque spécifiquement dédiées aux seules mathématiques marchandes. L'apprentissage de celles-ci vient certainement s'associer à d'autres enseignements.

La maîtrise de la lecture et de l'écriture est devenue un impératif face au développement et à la complexification des techniques marchandes et financières à la fin du Moyen Âge. C'est un des facteurs qui explique la laïcisation progressive de l'enseignement non universitaire qui s'opère en milieu urbain à l'initiative des milieux marchands, l'instruction fournie par les institutions ecclésiastiques – les écoles cathédrales ou les universités – ne répondant pas ou peu à leurs attentes[90]. Apprendre à lire et à écrire est donc la première compétence à acquérir dans la formation du marchand, soit dans le cadre du préceptorat privé, soit d'un enseignement institutionnalisé – celui des écoles communales. Concernant le premier, citons l'exemple d'un contrat de 1333 « *in discipulum seu scolarem* », ou « en apprentissage ou étude », d'un orphelin, Johannet de Foissac, fils du marchand Raymond de Foissac, placé par ses tuteurs auprès d'un clerc pour apprendre pendant un an la grammaire, c'est-à-dire la lecture, et l'écriture[91].

C'est dans ce cadre d'un préceptorat privé que se développent, à partir du XIIIe siècle, les activités de maîtres en écriture ou écrivains qui, entre autres services, enseignent leur art auprès des élites urbaines, en s'appuyant sur des manuels généralement articulés, comme les arithmétiques marchandes, autour d'exemples concrets[92]. Or, plusieurs exemples attestés dans d'autres villes que Montpellier en Languedoc ou en France du Sud démontrent que ces écrivains peuvent également apprendre à « chiffrer », c'est-à-dire à calculer par écrit avec chiffres indo-arabes. Ainsi, un placard du milieu du XVe siècle affirme qu'à Toulouse un « *maistre* [...] *apprent à bien lire, escripre, et de comptes et de chiffres* » à des enfants ou « *gentilz mignons en l'aage tendre*[93] ». À Lyon, Nicolas Chuquet – qui se décrit lui-même comme « Parisien, bachelier en médecine » dans son traité d'arithmétique en français, le *Triparty en la science des nombres*, qu'il rédige en 1484 – est présenté dans les registres de taille de 1480 comme « escripvain », puis comme « algoriste » en 1480, 1487

---

89 François GARIN, *La Complainte...*, p. 94, v. 1073-1077.
90 Jacques LE GOFF, *Marchands et banquiers...*, p. 97-99.
91 Archives départementales de l'Hérault (ADH) II E 95 / 373, f° 23v. (18 juin 1333).
92 Sur la « naissance » de la profession des maîtres écrivains à la fin du Moyen Âge, voir : Jean HÉBRARD, « Des écritures exemplaires : l'art du maître écrivain en France entre le XVIe et le XVIIIe siècle », *Mélanges de l'École française de Rome, Italie et Méditerranée*, 107 :2 (1995), p. 474-479.
93 Cité dans *Ibid.*, p. 476.

et 1488[94]. Les élites marchandes, en France du Sud et en Languedoc, pouvaient donc bénéficier d'une première formation intellectuelle pour leurs enfants ou adolescents en engageant directement, et à titre privé, de tels spécialistes de l'écriture en lettres ou en chiffres, et ce dès le XIIIe siècle[95]. Ceux-ci pouvaient être des étrangers – notamment des Italiens, qui apparaissent comme les plus anciennement actifs et les plus itinérants –, des clercs ou des laïcs, avoir reçu, comme Nicolas Chuquet, une formation universitaire, et être en vérité issus du même milieu que les théologiens mendiants, tels Barthélémy de Romans, ou que les régents et maîtres des écoles communales d'arts ou de grammaire[96]. Il est probable alors que les auteurs du *Tractatus algorismi* et du *Libro di ragioni* soient eux-mêmes assimilables à ces maîtres écrivains, à savoir des précepteurs itinérants engagés pour apprendre aux fils de marchands l'ensemble des connaissances nécessaires à l'exercice de leur future profession.

Concernant l'enseignement institutionnalisé, les écoles communales d'arts ou de grammaire doivent certainement aussi jouer un rôle dans l'éducation des futurs marchands et changeurs. À Montpellier, elles se détachent très rapidement du cadre universitaire que nous avons décrit en première partie, et dans lequel l'enseignement de l'arithmétique apparaît très faible voire inexistant. En effet, Jacques Verger estime que, au-delà d'une faculté des arts dépendant de l'une des deux grandes universités de droit ou de médecine, « le plus sûr », selon lui, est que ces écoles visées par les règlements de 1242 « glissèrent assez vite vers le statut de simples écoles de grammaire de la ville de Montpellier[97] ». En effet, elles semblent être soumises, au moins à partir de la deuxième moitié du XIVe siècle, au contrôle de la ville et être ainsi devenues des écoles communales : les consuls engagent des maîtres, désignés de manière indifférenciée en tant que « recteurs » ou « régents des écoles », « des écoles d'arts » ou « des écoles de grammaire », et fixent les salaires. Par exemple, deux instruments de 1370 et 1371 indiquent le fixement par les consuls des salaires pour les années écoulées de deux maîtres en arts, P. Boerii et Pons de Viviers, à respectivement 25 et 20 florins[98]. La comptabilité des clavaires de Montpellier donne également les noms de plusieurs maîtres au XVe siècle, ainsi que le montant de leurs gages. La plupart d'entre eux disposent de grades universitaires en arts, retenus ainsi par les consuls comme des critères objectifs de compétence, comme indiqué dans la figure 28 ci-dessous[99]. De telles écoles urbaines sont donc contrôlées par le consulat où dominent les représentants des professions marchandes ou financières. Il est permis alors d'envisager l'hypothèse que ces derniers, forts de cette position politique dominante, ont pu orienter l'enseignement des écoles dont ils ont la gestion vers des disciplines utiles aux pratiques comptables, commerciales et financières, et donc aux mathématiques

---

94   Hervé L'HUILLIER, « Éléments nouveaux pour la biographie de Nicolas Chuquet », *Revue d'histoire des sciences*, 19 (1976), p. 347-350.

95   Jean HÉBRARD, « Des écritures exemplaires ... », p. 475.

96   *Ibid.*, p. 474-475.

97   Jacques VERGER, « Remarques sur l'enseignement des arts dans les universités du Midi à la fin du Moyen Âge », *Annales du Midi*, 91 (1979), p. 359.

98   Archives municipales de Montpellier (AMM), BB12, f° 8v. (17 juin 1370) ; BB13, f° 4r (17 mai 1371).

99   Ce tableau s'appuie sur les livres de dépenses de la claverie pour les années 1403-1404, 1432-1433, 1441-1444, 1450-1451, 1460-1466, 1468-1475, 1476-1484, 1485-1487, 1488-1501, dans : AMM, Joffre 529-583.

Figure 28. Liste des recteurs des écoles de grammaire de Montpellier au XVe siècle

Année	Nom 1	Gages 1	Grade 1	Nom 2	Gages 2	Grade 2
1403-1404	Pierre Bessière	16 £	Maître en arts	Arbin de Vendays	16 £	
1432-1433	Pierre Bessière	4 moutons	Maître en arts	Pierre Brocardi	4 moutons	Maître en arts
1432-1433	Pierre Bessière	9 moutons 1 tercès	Maître en arts	Jean de Casseda	9 moutons 1 tercès	Maître en arts
1441-1442	Robert Nolent	5 £ par quartier		Constans Andriou	5 £ par quartier	
1442-1443	Robert Nolent	20 £ par an				
1443-1444	Robert Nolent	5 £ par quartier		Jean Seminatoris	3 £ 19 s. 2 d. + 6 moutons	Bachelier en arts
1450-1451	Robert Nolent	20 £				
1460-1462	Germain Rossent	20 £ + 12 £ 2 s. 5 d.	Maître en arts			
1461-1462	Jean de Rieyra	5 £ par quartier	Maître en arts			
1462-1464	Pierre Reboul	29 £ 15 s. + 9 £ d'acompte	Maître en arts			
1463-1464	Jean Jorniacii	4 £ pour déplacement	Bachelier en arts			
1463-1465	Guillaume Garnier	7 £ 10 s. par quartier + 10 £				
1465-1466	Jean Luce	7 £ 10 s. par quartier	Maître en arts			
1468-1469	Guillaume Estreffaut	30 £	Maître en arts	Antoine Lerevesc	30 £	
1469-1471	Guillaume Estreffaut	30 £ par an	Maître en arts			
1471-1472	Guillaume Estreffaut	15 £	Maître en arts			
1471-1472	Hugues Blanchet	7 £ 10 s. par quartier + 20 s.	Maître en arts			
1472-1475	Maurice Guérin	15 £ + 30 £ par an	Maître en arts			
1476-1477	Vidal Léonart	7 £ 10 s. par quartier	Maître en arts			
1477-1481	Estève Maurin	2 £ d'avance + 30 £ par an	Maître en arts			
1481-1484	Louis Alamand	27 £ 10 s. de complément	Maître en arts			
1485-1486	Étienne Jean	7 £ 10 s. par quartier				
1486-1487	Maurice Guérin	7 £ 10 s. par quartier	Maître en arts	Jean de Beaufort	7 £ 10 s. par quartier	Bachelier en arts

(*Continued*)

1488-1490	Bernard de L'Église	10 £ + 20 £ d'acompte	Maître en arts et théologie
1489-1493	Jean de Beaufort	7 £ 10 s. par quartier	Bachelier en arts
1493-1494	Urbain Enicault	7 £ 10 s. par quartier	
1493-1494	Nicolas Vion	7 £ 10 s. par quartier	
1495-1497	Jean de Beaufort	30 £ par an	Bachelier en arts
1497-1498	Jean de Beaufort	5 £	Bachelier en arts
1497-1500	Jean Denis	5 £ + 30 £ par an	Maître en arts
1500-1501	Jean Boule	7 £ 10 s. par quartier	

Quoiqu'il en soit, qu'il ait été éduqué de manière individuelle ou collective, par des précepteurs, écrivains ou algoristes, privés ou dans les écoles de la ville, le futur marchand ou changeur semble devoir acquérir ces compétences intellectuelles avant, ou éventuellement pendant, son apprentissage. Il s'agit de l'étape finale de sa transition vers l'âge adulte et son futur statut professionnel. Contrairement à l'enseignement non universitaire, de nombreuses études ont été menées sur ce sujet et pour Montpellier, tout particulièrement par Kathryn Reyerson[100]. Les contrats d'apprentissage permettent d'avoir des renseignements sur l'expérience acquise avant l'entrée en apprentissage. Tout d'abord, comme l'enseignement en mathématiques, l'apprentissage professionnel est essentiellement une pratique masculine. Ainsi, pour l'ensemble des métiers, tout domaine confondu, Kathryn Reyerson recense 126 contrats d'apprentissage masculins (84 %) entre 1293 et 1348, contre seulement 24 féminins (16 %)[101]. Et, selon Cécile Béghin Le Gourriérec, l'âge moyen d'entrée en apprentissage pour les garçons à Montpellier et plus généralement dans la sénéchaussée de Beaucaire est de 15 ans environ pour la première moitié du XIVe siècle[102].

Les apprentis sont donc avant tout des garçons considérés généralement comme majeurs sur un plan canonique – un âge fixé à 12 ans pour les filles, 14 ans pour les garçons – mais qui sont rarement pleinement autonomes ou considérés comme des adultes – la majorité pleine et entière, fixée par le droit romain, restant établie à 25 ans, sauf éventuellement en cas de décès des parents[103]. En vérité, cette autonomie plus ou moins grande dépend des situations personnelles mais aussi du degré d'expérience et de connaissances acquises pour exercer son métier. Les informations sur la durée d'apprentissage peuvent être utiles à ce sujet. Entre 1293 et 1348, trois contrats en mercerie sur sept et un sur cinq

---

[100] Sur l'apprentissage à Montpellier, voir surtout : Kathryn Reyerson, « The Adolescent Apprentice/Worker in Medieval Montpellier », *Journal of Family History*, 17 :4 (1992), p. 353-370.

[101] *Ibid*, p. 358-359.

[102] Cécile Béghin-Le Gourriérec, *Le Rôle économique des femmes dans les villes de la sénéchaussée de Beaucaire à la fin du Moyen Âge (XIVe-XVe siècles)*, thèse de doctorat sous la direction de Christiane Klapisch-Zuber, EHESS, 2000, p. 511.

[103] André Gouron, *La réglementation des métiers en Languedoc au Moyen Âge*, Genève, Droz, 1958, p. 268-269.

pour la draperie font état d'apprentissages relativement longs – huit ans. Malgré cela, le temps d'apprentissage pour les métiers ici étudiés reste le plus souvent très court durant la première moitié du XIVe siècle. En effet, pour le change, deux actes sur quinze connus portent sur une seule année, neuf contrats durent deux ans, et deux autres durent trois ans. De même pour les marchands, deux contrats recensés sur cinq durent un an uniquement, un autre trois ans et encore un autre quatre ans. Enfin, aucun des quatre actes pour les poivriers ne va au-delà de cinq ans. Kathryn Reyerson démontre que cette variation de durée peut dénoter une entrée et une sortie plus ou moins précoce de l'apprentissage, mais aussi une différence de niveau d'expérience au moment de la mise en apprentissage[104]. Ainsi, ces périodes généralement brèves pour les métiers du change et du grand commerce se justifieraient par une entrée en apprentissage relativement tardive – vers 15 ans ou plus –, après avoir appris à lire, écrire et finalement calculer avec les chiffres indo-arabes, à l'école ou auprès de maîtres précepteurs. Certainement, plus l'élève aura acquis au préalable des connaissances techniques ou théoriques, plus il pourra bénéficier d'un apprentissage court et commencer à réaliser certaines tâches pour son maître.

Ces différences d'expérience se retrouvent dans la terminologie utilisée : l'expression générique « *in discipulum* » (« en apprentissage ») peut être associée alternativement avec « *in juvenem* » (synonyme de « valet » ou de « compagnon »), « *in scolarem* » (« en étude ») ou « *in obrerium* » (« en ouvrage »). Le même vocabulaire, nous l'avons vu plus haut, est utilisé également dans le cadre des contrats avec les précepteurs privés. Y apparaissent trois rôles distincts pour le maître : celui de guide dans un âge de transition vers l'âge adulte, celui d'enseignant devant transmettre des connaissances et des savoirs-faires et celui d'employeur. Plus encore, Kathryn Reyerson parle de « père de substitution », prenant de manière transitoire le rôle de pourvoyeur pour l'apprenti, y compris chargé, le cas échéant, de compléter sa formation intellectuelle[105].

La diffusion des savoirs, règles et techniques contenus dans le *Tractatus algorismi* et le *Libro di ragioni* s'est donc faite par le biais d'un enseignement destiné à de futurs marchands ou changeurs, italiens mais aussi certainement montpelliérains. Celui-ci a pu se faire dans un cadre privé, auprès d'un maître écrivain ou algoriste, ou communal, peut-être dans les écoles de grammaire de la ville, en complément de l'étude de la lecture et de l'écriture, et avant ou pendant l'apprentissage. Dans l'un et l'autre cas, le fait d'avoir obtenu un grade universitaire semble être un critère de recrutement, ce qui peut justifier que plusieurs auteurs écrivant en Languedoc au XIVe et XVe siècle cherchent à le mettre en avant dans leurs introductions.

Conclusion

Le cas particulier de ces deux traités en langue italienne, produits dans une ville marchande, Montpellier, au début du XIVe siècle, fait ressortir l'existence de multiples traditions et influences et permet d'entrevoir l'importance du contexte local et régional dans la diffusion des connaissances scientifiques. Leurs auteurs florentins ont apporté avec eux à Montpellier les techniques qu'ils ont pu apprendre au cours de leur propre formation

---

104   *Ibid.*, p. 355-356.
105   *Ibid.*, p. 361.

dans les écoles d'abbaque italiennes, dont surtout la règle de trois et ses applications. Mais ils se sont également intégrés dans des contextes intellectuels particuliers, celui d'une ville universitaire ayant une forte implantation des ordres mendiants, importants vecteurs de transmission de discours scientifiques, et celui d'une région où se sont développées des traditions mathématiques spécifiques. Les traducteurs juifs, bien implantés à Montpellier au moins jusqu'à l'expulsion de 1306, pourraient être envisagés comme des intermédiaires entre les connaissances arabes et ces mathématiques marchandes.

De plus, Montpellier, en tant que centre de premier plan dans les réseaux d'échanges et d'affaires en Méditerranée, a fourni un environnement favorable à la diffusion de ces mathématiques appliquées. Les milieux marchands jouent un rôle d'acteur important dans l'organisation de cette transmission. Plus encore, la manière dont les problèmes sont exprimés et appliqués témoignent d'une représentation du savoir tournée vers les pratiques professionnelles spécifiques des marchands et changeurs. Ceux-ci, qui disposent également de la gestion de la ville par le biais du consulat, contribuent au développement de pratiques éducatives fondées sur une pédagogie de l'exemple et tournées vers la formation à la comptabilité, au commerce et aux techniques monétaires. Une véritable culture marchande, au sein de laquelle les mathématiques tiennent une place particulièrement importante, se constitue ainsi dans ce contexte urbain des derniers siècles du Moyen Âge, en étroite relation avec les cultures savantes, universitaires, mendiantes voire juives, contemporaines.

De nombreuses problématiques se croisent ici, ainsi que la persistance de nombreuses inconnues ou d'aspects restant encore au stade d'hypothèses, tendant à démontrer l'intérêt de ne pas limiter l'étude de ces sources à une approche d'histoire des mathématiques.

Les lettrés juifs de (ou à) Montpellier au Moyen Âge : données connues et moins connues

Danièle Iancu-Agou
CNRS, PSL, Research University Paris, LEM (UMR 8584)

Conformément au titre du colloque, je ferai le bilan de ce que l'on possède, de ce qui est assez connu sur les juifs de Montpellier, et pour les approches nouvelles j'essaierai de montrer que nombre de petits indices permettent de nourrir le corpus préexistant[1]. Je précise aussi en préalable, qu'il s'agit de lettrés juifs **de** ou **à** Montpellier au Moyen Âge, parce que le passage de quelques uns dans la « Ville du Mont » telle que les textes hébraïques désignent Montpellier, a pu être déterminant. Ainsi le premier d'entre eux, cher à Jacqueline Caille, est **Benjamin de Tudèle**, ce voyageur itinérant venu de Navarre dans les années 1160, et qui a laissé son *Carnet de Route* où Montpellier figure en bonne place, avec ses « maisons d'études » ou académies rabbiniques[2].

À cette époque-là, était déjà parvenu en Languedoc **Judah ibn Tibbon**, l'aîné du célèbre lignage juif andalou fuyant les persécutions almohades, et qui s'installa tout à côté de Montpellier, à Lunel. En ces lieux, sous l'impulsion de lettrés juifs locaux, les Meshullam, il s'était mis à traduire en hébreu pour ses coreligionnaires un savoir d'expression arabe développé en terre ibérique, introduisant petit à petit sur le terrain occitan la pensée neuve de Maïmonide, pensée explosive pour certains parce que conciliant Foi et Raison, et entraînant à terme deux célèbres controverses et polémiques qui ont marqué au fer rouge l'histoire des juifs de Montpellier. Les deux séquences de ce conflit sont bien documentées.

Les Juifs à Montpellier au XIIe siècle ? Ce n'est un secret pour personne qu'il y avait ceux de la partie royale, près du palais des Guilhem, et ceux du seigneur ecclésiastique vers Montpelliéret. Chacun sait qu'ils bénéficiaient d'une armature communautaire développée autour d'une *synagoga judeorum* (dont on a trace tardive en 1277) et de *balneis judeorum* (1290) selon la récente découverte que Jean-Louis Vayssettes nous a réservée et développée dans les actes, parus en 2012, du colloque sur *Philippe le Bel et les Juifs du royaume de France*

---

[1]   Pour toutes ces données connues et moins connues, je me suis beaucoup inspirée de la synthèse récente et aisément consultable de Michaël Iancu, *Les Juifs de Montpellier et des terres d'Oc. Figures médiévales, modernes et contemporaines*, Paris, Cerf, 2014. Sont donnés en caractères gras les noms des lettrés présentés.

[2]   « La ville du volcan ou du mont, où exercent les plus grands lettrés de notre temps, avec parmi eux des hommes riches et charitables », dans Marcus Nathan Adler (éd.), *The Itinerary of Benjamin of Tudela*, Londres, 1907 ; cf. aussi Juliette Sibon, « Benjamin de Tudèle, géographe ou voyageur ? Pistes de relecture du Sefer Massa'ot », in Henri Bresc et Emmanuelle Tixier Du Mesnil (dir.), *Géographes et voyageurs au Moyen Âge*, Nanterre, P. U. de Paris-Ouest, 2010, p. 207-223.

Montpellier au Moyen Âge. Bilan et approches nouvelles, éd. Lucie Galano et Lucie Laumonier, Turnhout, 2017 (*Studies in European Urban History*, 40), p. 191-204

BREPOLS ✠ PUBLISHERS   DOI : 10.1484/M.SEUH-EB.5.113310

(1306)[3] – ce fameux *mikvé* ou « bain rituel » qui attire des foules pour les Journées du Patrimoine ; en outre une *domus helemosine* est signalée aussi en 1277.

Aux temps de leur âge d'or, fin XIIIe, le croisement de sources internes et externes, c'est-à-dire hébraïques et latines, a autorisé une estimation de la population juive montpelliéraine oscillant entre 600 à 1000 individus. Pour présenter ceux que j'ai appelés les « Lettrés juifs de (ou à) Montpellier au Moyen Âge », j'ai tenté de les situer selon leurs options tant conservatrices, que mystiques, ou rationalistes.

Données connues

Les Conservateurs, chefs spirituels (rabbins) ou juifs orthodoxes

Il subsiste d'eux les *responsa* rabbiniques, ces échanges épistolaires entre chefs spirituels et correspondants, échanges ressortissant plus à des questions de jurisprudence religieuse, de casuistique (licéité d'un divorce, problèmes liés aux lois alimentaires par exemple).

- **Salomon ben Abraham ben Samuel**, engagé dans la Première controverse de 1230. Il est peut-être le petit-fils du Samuel, rabbin de Montpellier, cité par Benjamin de Tudèle[4]. Talmudiste considérable, autorité rabbinique, il avait été effarouché par l'engouement porté par ses ouailles aux textes du médecin de Cordoue (1138-1204)[5] (notamment le *More Nebukhim*, ou « Guide des perplexes », traduit, il faut le souligner, par Samuel ibn Tibbon, le fils de l'émigré andalou), et il avait dirigé Jonas de Gérone (qui séjourna à Montpellier) vers les communautés du Nord de la France où ce dernier avait étudié (ce qui tend à démontrer une certaine porosité entre judaïcités du Nord et celles du Sud), afin de convaincre du danger qu'impliquait, dans l'éducation traditionnelle juive, le rationalisme maïmonidien. Gad Freudenthal a joliment écrit : « La Provence était innocente[6]... », signifiant par là que « la Provence[7] était toute traditionnelle », et non encore pervertie par les idées philosophiques et profanes.

Le « Guide », rédigé en arabe (avec des caractères hébraïques), fut achevé en 1190. Cet ouvrage qu'on qualifierait aujourd'hui de théologico-philosophique, était destiné à une élite. Maïmonide s'y adressait à l'homme parfait dans sa religion, ses mœurs, qui a

---

3   Jean-Louis Vayssettes, « Une mention médiévale des bains juifs de Montpellier et nouvelles interprétations topographiques », in Danièle Iancu-Agou (dir.), avec la collaboration de E. Nicolas, *Philippe le Bel et les Juifs du royaume de France (1306)*, Paris, Les Éditions du Cerf, Collection *Nouvelle Gallia Judaica/NGJ*, n° 7, 2012, p. 31-41.

4   Henri Gross, *Gallia judaica. Dictionnaire géographique de la France d'après les sources rabbiniques*, avec une préface de Danièle Iancu-Agou et de Gérard Nahon et un Supplément de Simon Schwarzfuchs, Réimpression de l'édition parue en 1897, Paris-Louvain-Walpole, MA, Peeters, 2011, p. 326.

5   Né à Cordouc, Maïmonide fuit sa ville natale, sans doute en 1148, lors de l'arrivée des Almohades. Après Fès et Saint-Jean d'Acre, il s'installe au Vieux Caire (Fostat) en 1167, peu avant la chute de la dynastie fatimide et la prise du pouvoir par Saladin (1171). Dirigeant spirituel et politique, médecin, autorité reconnue dans le domaine de la Loi juive, Maïmonide a acquis, par ses écrits, une réputation et une considération, attestées bien au-delà du monde juif. Outre le *Guide*, ses deux œuvres majeures sont : Le *Commentaire de la Mishna* (Mishna : code de loi juive, fondateur du judaïsme rabbinique au IIe siècle de l'ère commune), rédigé en arabe, achevé vers 1168. Et le *Mishneh Torah* ou « Répétition de la Torah », monumental code rabbinique en 14 parties. Rédigé en hébreu, il est achevé vers 1180. L'ouvrage, destiné à un vaste public juif, inclut des développements astronomiques originaux dans la partie consacrée au calendrier liturgique.

6   Gad Freudenthal, « Transfert culturel à Lunel au milieu du XIIe siècle », in Danièle Iancu-Agou et Élie Nicolas (éd.), *Des Tibbonides à Maïmonide. Rayonnement des Juifs andalous en pays d'Oc médiéval*, Paris, Les Éditions du Cerf, Collection *NGJ* n° 4, 2009, p. 95. Isadore Twersky s'était interrogé très justement : « Comment expliquer l'appropriation si rapide des « sciences étrangères » au sein de la culture talmudo-centrique de la Provence ? » in « Aspects of the Social and Cultural History of Provençal Jewry », *Cahiers d'histoire mondiale. Vie et valeurs sociales du peuple juif*, 11 :1-2 (1968), p. 185-207.

7   Il s'agit là, au sens large, de la « *Proventzia* » des textes hébreux, recouvrant toute l'Occitanie.

étudié toutes les sciences, en connaît les détours, et qui, cependant, éprouve trouble et perplexité face au sens littéral des Écritures (le texte révélé). Cette perplexité, Maïmonide voulait contribuer à la réduire en mobilisant les ressources de la science de son temps, fortement marquée par l'aristotélisme lu et commenté par les philosophes arabes. Mais à ontpellier, le clan de Salomon Abraham en appela à l'Église occupée alors à réprimer l'hérésie dualiste cathare. On sait ce qu'il en résulta : la condamnation du rationalisme languedocien et des ouvrages maïmonidiens. Selon le témoignage, à prendre avec précaution, du philosophe Hillel ben Samuel de Vérone du XIIIe qui donne des détails circonstanciés des événements, le « Guide », sinon des passages, aurait été détruit en place publique à Montpellier[8] ! Selon Gross, Hillel aurait été élève à Barcelone de Jonas de Gérone et aurait résidé vers 1248-1254 à Montpellier, où il aurait connu toutes les particularités de cette lutte. Mais comme l'a écrit Gérard Nahon, « nous ne disposons d'aucune source chrétienne confirmant des faits ayant pourtant impliqué expressément les Franciscains et les Dominicains[9]. »

- **Jonas de Gérone**, prêcheur né, formé dans un milieu prônant le mysticisme, avait cependant une formation philosophique. Sa pensée est synthétisée dans son ouvrage « Portes du repentir » (*Chaaré techouvah*) où il oppose les juifs aristocratiques catalans et provençaux aux *tsadiquim*, les « Justes » au cœur pur, « les craignant Dieu », jaloux de la Torah.

Le brûlement du *Guide* l'accabla. La tradition lui attribue un acte de repentance lu publiquement à Barcelone, par lequel il faisait le vœu de se rendre sur la tombe du médecin de Cordoue à Tibériade pour implorer son pardon : « Je m'engage à me prosterner devant la tombe de Rambam (acronyme de rabbi Moshe ben Maïmon), et à confesser que j'ai parlé et péché contre ses œuvres. » Pour accomplir ce vœu, il partit étrangement pour Tolède où il mourut peu après[10]. Il faut dire que la Controverse avait mobilisé bien des communautés juives de par le monde. Un contemporain (Juda al-Harizi) a pu écrire : « Il arriva qu'après la mort de Moïse (Maïmonide), se réunirent tous les violents et les sots, en Espagne, en France, en Terre d'Israël et en Mésopotamie, et ils s'employèrent à répandre des sottises contre son livre[11]. »

L'aiguillon de la deuxième Polémique, **Abba Mari de Lunel** (1300). Abba Mari, natif de Lunel mais vivant à Montpellier, la ville où s'était enflammée la précédente querelle, allait être l'instigateur de la deuxième polémique autour de la licéité de l'enseignement de la philosophie à la jeunesse. Il s'était mis en quête de partisans ; sa campagne antiphilosophique alluma le feu de la discorde dans les communautés de la France méridionale, et particulièrement à Montpellier, qui abritait la collectivité juive la plus importante et la plus riche en hommes de talents. Par ailleurs, il s'en était pris à la science des magies astrologiques : il avait dénoncé à Salomon ben Adret de Barcelone (1235-1310), le médecin montpelliérain **Isaac (ben Juda) de Lattes**, adepte des talismans (avec figure de lion) pour soigner les maux

---

8   Henri Gross, *Gallia Judaica* …, p. 327.

9   Sur l'épître controversée d'Hillel de Vérone, en voir les références dans Gérard Nahon, « Géographie occidentale et orientale des controverses maïmonidienne et post-maïmonidienne », in *Des Tibbonides à Maïmonide*…, p. 24.

10   Alfred Morabia, « Raison et tradition dans le judaïsme médiéval : la querelle maïmonidienne en Espagne et dans le Languedoc aux XIIIe et XIVe siècles », in Carol Iancu (dir.), *Les Juifs à Montpellier et dans le Languedoc du Moyen Âge à nos jours*, Montpellier, CREHJ, UPV, 1988, p. 189 ; Josep Ribera Florit, « La controverse maïmonidienne en Provence et en Catalogne », in *Des Tibbonides à Maïmonide*. …, p. 193-211 ; et Gérard Nahon, « Géographie occidentale et orientale … », in *Ibid.*, p. 19-31.

11   David-Simha Segal, *The Book of Tahkemoni. Jewish Tales from Medieval Spain Judah Alharizi*, Oxford, Littman, 2004, d'après Gérard Nahon, « Géographie occidentale et orientale … », p. 22, note 2.

de rein[12]. Cet Isaac de Lattes avait signé au demeurant une lettre en faveur des orthodoxes[13]. Adret admit avoir recours aux amulettes, à l'instar de Moshe ben Nahman dit Nahmanide [environ 1195-environ 1270], le grand lettré de Gérone.

Il s'agissait dans ces années-là de dénoncer les allégories excessives du contenu biblique, et la magie astrale notamment dont l'attrait résultait peut-être du passage en Languedoc de savants séfarades, pétris de culture andalouse : Abraham bar Hiyya (vers 1065-1145) (dont l'ouvrage *Surat ha-Aretz* ou « La forme de la terre », très prisé, circulait encore dans le Comté de Provence fin xve) ; et Abraham ibn Ezra, (mort en 1167) rationaliste certes, mais fervent adepte de l'astrologie, qui avait quitté l'Espagne en 1140 à près de 50 ans, passant une grande partie de sa vie en voyages à travers l'Europe – du sud au nord : Italie, Provence, Normandie, Angleterre.

Surtout, Abba Mari, rabbin respecté de Montpellier, avait demandé à ben Adret de Barcelone, l'autorité en jurisprudence rabbinique (plus de 3800 *responsa* !)[14], qu'il appuie l'interdiction des études profanes aux jeunes gens de moins de 25 ans[15]. Tirant la sonnette d'alarme, il avait proclamé « hérétiques » l'enseignement et l'exégèse rationalistes, puisqu'ils minaient la croyance et favorisaient le relâchement de la pratique religieuse. On peut imaginer la réaction courroucée d'une partie des élites de la communauté montpelliéraine (Tibbonides et alliés) persuadée que négliger les sciences entraînait le mépris des chrétiens, et que « quiconque était privé de culture philosophique grecque était ... un âne du désert[16] » !

À l'inverse, les griefs articulés s'égrenaient ainsi : les philosophes accordaient une confiance exagérée à Platon et à Aristote dont les livres encombraient leur demeure ; on leur reprochait de ne plus croire aux miracles. L'épilogue est connu : excommunication prononcée à Barcelone le 31 juillet 1305, frappant ceux qui avant l'âge de 25 ans étudieraient les livres « grecs » traitant de sciences naturelles et de métaphysique ; ni la logique, ni les mathématiques, ni l'astronomie, ni la médecine n'étaient visées. Un deuxième texte vouait au feu les ouvrages renfermant allégories et négation des miracles. Ingérence qui souleva la tempête et la contre excommunication d'une partie de la communauté de Montpellier.

De bans et en contre bans, c'est l'édit de Philippe Le Bel, tombé comme un couperet le 22 juillet 1306, qui mit un terme brutal aux préoccupations philosophiques ou antiphilosophiques des juifs rationalistes ou orthodoxes. Tous furent spoliés. Les passions

---

12   Joseph Shatzmiller, « Contacts et échanges entre savants juifs et chrétiens à Montpellier vers 1300 », in Bernhard Blumenkranz et Marie-Humbert Vicaire (éd.), *Juifs et Judaïsme en Languedoc, xiiie-début xive*, Toulouse, Privat, 1977, p. 337-344 et Nicolas Weill-Parot « Astrologie, médecine et art talismanique à Montpellier : les sceaux astrologiques pseudo-arnaldiens », in Daniel Le Blévec (dir.), *L'Université de médecine de Montpellier et son rayonnement (xiiie-xve siècles)*, Turnhout, Brepols, 2004, p. 157-174.

13   À ne pas confondre avec son petit-fils du même nom, auteur du *Kiryat Sefer* (« Ville du Livre ») écrit en 1372. Cf. Cyril Hershon, « Isaac de Lattes et le *Kiryat Sefer*. Étude d'une source occitane », *Revue des langues romanes*, 1 (1999), p. 27-53.

14   Eduard Feliu, « La culture juive en Catalogne », in Danièle Iancu-Agou (dir.) et avec la collaboration d'Élie Nicolas, *Les Juifs méditerranéens au Moyen Âge. Culture et prosopographie*, Paris, Cerf, Collection *NGJ* n° 5, 2010, p. 35-38, et Simon Schwarzfuchs « La communauté juive de Montpellier au xiiie et au début du xive siècles dans les sources hébraïques », in Carol Iancu (dir.), *Les Juifs à Montpellier...*, qui évoque deux *responsa* à propos de vignes à Montpellier : un *responsum* rapporte que les juifs louaient des tonneaux de chrétiens pour la fabrication du « vin de loi ». 3800 *responsa* échangés avec : Couronne d'Aragon, Occitanie, France, Bohême, Allemagne, Italie, Crète, Palestine, Maroc, Algérie, Portugal, Navarre, etc.

15   *Minhat Qenaot* (« Offrande de Zèle »), Presbourg, 1838, n° 93, 172 ; Henri Gross, *Gallia Judaica ...*, p. 463 ; et Alfred Morabia, « Raison et Tradition... », p. 190.

16   Sur la mentalité élitiste réservée aux « hommes d'élite », voir les développements stimulants de Maurice Kriegel, *Les Juifs à la fin du Moyen Âge dans l'Europe méditerranéenne*, Paris, Hachette, 1979, p. 161 et suivantes.

se prolongèrent par delà l'exil, le parti des philosophes tentant d'empêcher ses adversaires de s'établir à Perpignan qui appartenait alors (comme Montpellier) au roi de Majorque.

Abba Mari ne fut pas seul, on peut l'imaginer ; il eut ses partisans[17] : tel son ami **Todros de Beaucaire** (« avec qui il sondait les notables de la communauté »). Todros établi à Montpellier, partisan zélé, séjourna dans cette ville pendant les polémiques religieuses ; il est mort en 1304[18].

Autres figures conservatrices, moins connues :

- **Elia de Montpellier,** rabbin éminent du XIIIᵉ, à l'autorité invoquée fréquemment[19].

- **Jacob Prophègue, de Montpellier**, talmudiste, mentionné dans les *Consultations* de ben Adret (man. De la Bodléïenne)[20].

- Ou les **frères Hallévi,** avec Aron surtout[21]. Aron ben Joseph Hallévi, né vers 1240, adversaire célèbre de ben Adret, habitant Montpellier vers 1300 ; sans doute originaire d'Espagne, assidu de l'école de Gérone et de Nahmanide, composant des grammaires sur plusieurs traités du Talmud.

Les mystiques

Les sources montrent l'existence de « **nazirs** » ou ascètes à Montpellier[22]. Le nazir ou « nazaréen » est ce personnage dont parle la Bible (Nomb. VI, 1-21) ayant fait vœu de chasteté, d'abstinence de vin, de coupe de cheveux. On a cru l'institution éteinte avec la chute du Temple de Jérusalem, dont l'absence rend infaisables certains rites de pureté. Le rabbin catalan précité, ben Adret de Barcelone (acronyme le RaChBa), disciple de Jonas de Gérone et de Nahmanide, dans deux *responsa* distincts adressés à Montpellier, traite de problèmes relatifs au nazir, ce qui ne laisse aucun doute sur la réalité de cette institution[23].

Le premier fut adressé au **rabbin David ben Reuben de Montpellier,** talmudiste considéré (**fils de Ruben ben Isaac**[24], poète liturgique assez fécond, vivant encore vers 1306, ayant habité Montpellier) – lui-même nazir ? – qui l'avait interrogé sur les devoirs et interdits appliqués au nazir. Un deuxième *responsum* traite d'un problème concret : l'interdiction faite au nazir de se couper les cheveux, cette interdiction s'applique-t-elle aussi à la barbe ?

Le fait que ces deux textes – les seuls qui, dans les *responsa* du Rachba traitent du nazir – aient été adressés à Montpellier, interpelle. Faut-il y voir l'expression d'une inquiétude spirituelle qui aurait pu pousser certains juifs de Montpellier vers un érémitisme au sein de leur société ? Ou bien peut-on y voir là l'écho du débat (Simon Schwarzfuchs parle de combat) qui, début XIVᵉ, opposait les tenants de la philosophie grecque à ses détracteurs, les juifs conservateurs ?

Là encore, la contagion fut lunelloise puisque au sein même de la famille des Meshullam, deux fils se comportaient en dévots retirés des affaires du monde pour se consacrer

---

17 Simon SCHWARZFUCHS, « La communauté juive de Montpellier... », p. 107, évoque 25 chefs de feux partisans d'Abba Mari (pour 60 membres dans le clan des philosophes !).
18 Henri GROSS, *Gallia Judaica*, p. 329.
19 *Ibid.*, p. 326.
20 *Ibid.*, p. 329.
21 *Ibid.*, p. 329-330.
22 Cf. Danièle IANCU-AGOU, « L'histoire occitano-catalane de la Kabbale (XIIᵉ-XIIIᵉ siècles) et ses ramifications », in *La parole sacrée. Formes, fonctions, sens (XIᵉ-XVᵉ siècle)*, Cahiers de Fanjeaux 47, Toulouse, Privat, 2013, p. 309-334.
23 Simon SCHWARZFUCHS, « La communauté juive de Montpellier ... », p. 104-105.
24 Henri GROSS, *Gallia judaica ...*, p. 329.

à la Torah et suivre des règles ascétiques comportant, entre autres, l'abstinence de viande. Une influence pouvant aussi venir de Posquières, foyer de la Kabbale naissante.

Les rationalistes, ouverts aux sciences profanes : tout le « clan » des Tibbonides

Il a été beaucoup écrit sur les Tibbonides, depuis David Romano, Isadore Twersky, Alfred Morabia, Joseph Shatzmiller, Tony Lévy, Gad Freudenthal, pour ne citer qu'eux[25].

C'est une donnée connue que le fils de Judah, **Samuel ibn Tibbon (1160-1232)**, a été désigné par le lettré lunellois Jonathan ha-Cohen pour traduire *Le Guide*, dont il s'acquitta avec brio[26]. Cet ouvrage, *opus magnum* de Maïmonide, allait être un best-seller et enflammer les passions juives languedociennes. Se réclamant d'Aristote, d'Averroès, conciliant la Loi de Moïse et la *Sophia* grecque, destiné en fait à des « *happy few* », aux « élites des élites » lettrées, et non pas aux gens du commun, cet ouvrage mit le feu aux poudres, et en 1230, après anathèmes et excommunications parvenues du Nord rigoriste (n'oublions pas que le Languedoc était français), l'ouvrage fut condamné, voué à la destruction. L'événement grave (des ouvrages juifs condamnés ou brûlés sur la dénonciation à l'Église de coreligionnaires !) marqua les esprits ; la querelle s'assoupit pour rebondir, on l'a vu, 70 ans plus tard.

Entre temps, le fils et le gendre de Samuel, Moïse ibn Tibbon, et Jacob Anatoli, avaient poursuivi avec ardeur les travaux de traduction de leurs aînés de l'arabe vers l'hébreu. **Moïse ibn Tibbon (actif à Montpellier, entre 1240 et 1283),** auteur de pas moins de 30 traductions de travaux mathématiques, astronomiques, philosophiques et médicaux ; ce fut un « traducteur professionnel[27] ». On pourrait égrener ses traductions[28]. Pour celles datées de Montpellier, citons le commentaire d'Averroès sur le *De Sensu et Sensato* d'Aristote en 1254, les « Problèmes » attribués à Aristote et traduits par Honein ben Isaac en 1264 (mss Bodl.), les *Eléments* d'Euclide en 1270 ; l'Introduction d'Ibn al-Heitham aux livres V, VI, VII, X et XI d'Euclide en 1270 ; le traité de Théodose de Tripoli sur la Sphère en 1271 (mss. Bodl.) ; le traité d'al-Hassar sur l'arithmétique en 1271 ; et enfin *le Petit Canon* d'Avicenne (mss. Mun.).

Jacob Anatoli (1194-1256) est le gendre de Samuel, avec qui il étudia l'astronomie, les mathématiques et les écrits logiques d'Aristote. Auteur de « l'Aiguillon pour les disciples », *(Malmad ha-talmidim)*, il n'aurait pas été étranger à la traduction du *Guide* en latin en Italie[29], et il allégorisait avec passion le contenu biblique lors de ses sermons shabbatiques à la synagogue de Montpellier (peut-être rue de la Barralerie ?). Il s'exprimait ainsi :

---

25 L'article récent de Gérard NAHON, « Géographie occidentale et orientale... », fait le bilan de toutes ces contributions.
26 Paul B. FENTON, « De Lunel au Caire : une lettre préservée dans la "Guéniza" égyptienne », in *Des Tibbonides à Maïmonide...*, p. 73-81. Samuel se serait même rendu en Egypte pour y trouver un dictionnaire arabe-arabe. Le terme araméen de *gueniza* désigne une salle, jouxtant la synagogue, destinée à recevoir des manuscrits inutilisables, mais tenus pour sacrés car contenant le nom divin. En 1896, à Fostat (vieux Caire), fut découvert ainsi un lot de documents remontant au VIIe siècle, qui a été déposé dans les grands fonds d'archives internationaux (Russie, et surtout Cambridge et Oxford).
27 Henri GROSS, *Gallia Judaica...*, p. 328 et David ROMANO, « La transmission des sciences arabes par les Juifs du Languedoc », in Marie-Humbert VICAIRE et Bernhard BLUMENKRANZ, *Juifs et judaisme de Languedoc...*, p. 363-386.
28 Cf. le Séminaire de Geneviève DUMAS, « Averroès à Montpellier : sa réception dans les milieux chrétiens et juifs », NGJ, Montpellier, salle Don Profiat, Institut Maïmonide, 4 novembre 2013.
29 Gad FREUDENTHAL, « Pour le dossier de la traduction latine médiévale du *Guide des égarés* », *Revue des études juives*, 147 :1-2 (1988), p. 167-172.

« Le Guide guérit les aveugles, lesquels peuvent alors « contempler la splendeur de Dieu et fréquenter son palais » [Ps 24, 7] par la voie de la bonne interprétation [allégorique]. »

Profacius judaeus ou **Jacob ibn Makhir ibn Tibbon** (le dernier des Tibbonides, 1236 ?-1305), médecin et astronome réputé, n'ayant pas fait seulement œuvre de traductions. Auteur de travaux originaux (dont son *Almanach perpetuum Prophatii* ou œuvre tabulaire à la longitude de Montpellier, en 1301), il a collaboré avec son homologue chrétien Armengaud Blaise, avec qui il échangeait à Montpellier des recettes médicales (pour soigner les maux de rein avec apposition de talismans au signe zodiacal du Lion), prouvant là encore des rapports d'estime et de collaboration entre les élites lettrées des deux sociétés, la minoritaire tolérée et la globale dominante. Arnaud de Villeneuve au demeurant, avait soigné ainsi le pape Boniface VIII. Profacius et Armengaud élaborèrent des traductions à quatre mains de l'hébreu vers le latin cette fois-ci. Profacius prit une part active dans les controverses de Montpellier. Aujourd'hui à l'Institut Maïmonide, rue de la Barralerie, une *Salle Don Profiat* pérennise son nom.

Estori Pahri, parent de Profacius (né fin XIIIe en Provence). Né peut-être dans le village Le Thor, près d'Apt, il se rattache à la lignée des lettrés du Languedoc-Provence issus des Carcassonne et des Trinquetaille. Il a étudié à Montpellier, sans doute autour de Profacius, dans le même cercle de savants penchés sur le savoir astronomique et médical. Après 1306, il se dirige vers Perpignan, puis à Barcelone (suivant en cela le chemin logique des exilés, dès lors que le royaume de Majorque, détaché de la Couronne d'Aragon de 1276 à 1343, comprenait outre les Baléares, les comtés de Roussillon -Cerdagne et la seigneurie de Montpellier) où il va traduire Armengaud Blaise. Dans son Prologue à la traduction de l'*Antidotaire* d'Armengaud Blaise, il écrit :

> Un livre écrit dans la langue des chrétiens, plus précieux que l'or fin, la mère des perles, et de l'onyx qui traite de l'art de la médecine [...]. Trésor pour l'humble comme pour le puissant, un trésor dont le sage chrétien Armengaud Blaise de Montpellier est l'auteur. Je l'ai fait à Barcelone, dans l'année de mon esclavage, au début de mon nouvel exil [...]. Je l'ai traduit de sa langue dans la nôtre, selon les facultés que Dieu m'a données [...]. Le contenu de l'ouvrage est clair et n'a pas besoin d'une préface[30].

Homme de langues (latin, arabe), non étranger aux sciences profanes (astronomie, médecine), citant Aristote, Hippocrate, Galien, Ptolémée, Avicenne, il s'inscrit dans le profil des lettrés juifs du Languedoc médiéval, ouverts à la philosophie et à la médecine grecques, au rationalisme, aux sciences. Ne trouvant point de répit en Aragon, il se rend en Terre Sainte où il écrit son livre *Kaftor wa Perah* (« Le bourgeon et la fleur »), traité de géographie et de topographie de la Palestine que Renan a salué, et trouvé même supérieur à celui de Benjamin de Tudèle.

Le lettré venu de Béziers à Montpellier, **Yedahiah ha-Penini,** entré dans la bataille après les agissements de Abba Mari de Lunel. Appartenant à un lignage biterrois de poètes, il allait écrire sa *Lettre Apologétique* en faveur du rationalisme. *Lettre Apologétique* dont

---

30   Danièle Iancu-Agou, « Affinités historiques et interférences culturelles chez les communautés juives de l'espace occitano-catalan », in Joan Boadas I Raset et Silvia Planas I Marcé (éd.), *Mossé Ben Nahman i el seu tempo*, Ajuntament de Girona, 1994, p. 113-140 ; et « Quelques lettrés juifs et chrétiens méridionaux (XIVe-début XVIe siècles) : rapports d'estime et d'échanges intellectuels », in Bruno Bethouart et Pierre-Yves Kirschleger (dir.), *Juifs et chrétiens à travers l'histoire, entre conflits et filiations*, Les cahiers du littoral, Neuilly-Saint-Front, 2011, p. 281-294.

un manuscrit hébraïque subsiste à Nîmes, et qui a fait l'objet d'une thèse à l'Université de Barcelone en 2000, publiée depuis en 2003 par Manuel Forcano[31]. Jeté dans la bataille idéologique au cours de la seconde « guerre » *inter-judeos* lancée contre les études philosophiques, Yedahiah fut un vibrant défenseur du judaïsme méridional et de la philosophie.

Lévi ben Abraham de Villefranche de Conflent (né vers 1240-1250) a séjourné aussi à Montpellier où il composa en 1276 son célèbre poème didactique, « Boites de parfums et d'amulettes ». Son grand ouvrage, le *Livyat Hen* « L'Ornement de grâce », est une encyclopédie, en six livres (les cinq premiers traitant de la science et de la philosophie, le sixième de la foi). De sa pensée subsiste ce qui a trait à la religion : les rapports entre religion et philosophie sont clairement définis.

Fut-il le bouc émissaire de la deuxième controverse contre la philosophie ? Sa pauvreté en aurait fait un adversaire facile. Il est vrai par ailleurs qu'il expliquait la création du monde allégoriquement, Sara et Abraham représentant la forme et la matière, les douze tribus d'Israël désignant les douze signes du Zodiaque, les 4 rois pour les 4 éléments, etc. Ses relations avec des chrétiens entraînaient aussi quelque suspicion à son endroit, et la vindicte des rabbins à son encontre provenait du fait que pour lui, la philosophie maïmonidienne, enrichie d'Averroès, représentait la vérité absolue, sans nuance. D'une certaine façon, Lévi ben Abraham clôt la période des Tibbonides.

L'année 1306, vue par les exilés montpelliérains

Estori Pahri déplora son exode :
> On m'a extrait de l'école, dépouillé de ma tunique, revêtu des insignes de l'exilé, interrompu en pleines études, nu, j'ai quitté la maison de mon père et ma terre natale, dépouillé de tout, je m'en suis allé, j'étais enfant, d'un peuple à l'autre, j'ai été éloigné d'un royaume de France en Provence, en Espagne, en Orient et en Terre Sainte, vers une nation dont j'ignorais la langue, j'ai été déporté[32].

Plus loin, évoquant 1306 : « La date de la destruction du petit temple qui est la destruction des centres d'études et des synagogues de France et d'une partie de la Provence. »

Abba Mari face à l'exil de 1306 :
> En l'année 5066 [1306], année où le péché a provoqué un décret d'en haut sur l'ordre des êtres célestes, l'édit du roi de France s'abattit sur tous les Juifs de son royaume pour les faire déguerpir de leurs demeures, après les avoir dépouillés de leurs biens. Ils furent rassemblés et placés sous garde, jeunes et vieux, femmes et enfants, en un même jour, le seize du mois d'*ab* [28 juillet 1306]. Les Juifs de la ville de Montpellier furent exilés le sept du mois de *hechvan* [16 octobre 1306]. Certains partirent à Perpignan, car ils avaient confiance en la victoire du roi de Majorque qui leur accordera toujours le gîte

---

31 *La Lletra apologética de rabi I'daia ha-Penini. Un episodi de la controversia maimonidiana a Catalunya i Provença*, Barcelone, 2003. Cf. aussi Henri GROSS, *Gallia judaica* ..., p. 333.

32 Gérard NAHON, « Le figuier du Seigneur. Relations hébraïques méridionales des exilés de 1306 », in *Philippe Le Bel et les Juifs*..., p. 234-235.

et la nourriture. Certains partirent en Provence, où, avec l'aide de Dieu, et par son saint Nom, ils trouveront la compassion et le refuge nécessaire[33].

Par delà l'expulsion, les rivalités de clans persistaient : Abba Mari, se réfugiant un temps en Provence, finit par rejoindre Perpignan en dépit des « machinations d'un groupe de ses adversaires » ayant conduit les autorités à lui refuser au départ l'autorisation de séjour. Il s'exprima ainsi : « Quant à moi, après m'être exilé en Provence, dans la ville d'Arles, je repris ma route pour un second exil à Perpignan où j'arrivai le 5 janvier 1307, quatrième mois de notre exil. » Les trois mois de sursis accordés aux Juifs montpelliérains résultaient du statut de Montpellier, ville intégrée pendant plus d'un siècle (1204-1349) dans les « pays de la couronne d'Aragon ». Après la mort de Jacques 1er (1276), son fils Jacques II de Majorque lui succéda[34].

En Duran en novembre 1306 (Siméon ben Joseph) ; allié d'Abba Mari[35], pleurait « sa petite Jérusalem de la Ville du Mont ». Cette lettre de désolation est connue ; Simon Schwarzfuchs en avait cité des passages[36] et Gérard Nahon en a donné l'intégralité dans les Actes du Colloque *Philippe le Bel et les Juifs du royaume de France (1306)* publié en 2012[37]. Dans les vitrines historiées de la rue de la Barralerie, des extraits en sont donnés, offerts aux passants. En Duran se lamente sur le triste sort des communautés anéanties de Lunel, de Béziers, de Narbonne ; il dit qu'il restera pour le moment à Aix, et qu'aucune distance, soit par terre, soit par mer, ne pourra diminuer l'amour porté à ses malheureux frères. Il prie cependant ses parents de lui procurer le permis nécessaire pour fixer lui aussi son domicile à Perpignan, sa ville natale où son père – détail émouvant – a enfin trouvé un pouce de terre pour le lieu de son repos.

Complainte d'un **auteur anonyme**[38]. On a trace d'une élégie anonyme conservée dans la Gueniza du Caire : « ... Nos seuils ne sont que décombres, et pillage sur le Mont au plus haut de notre cité » ! Gérard Nahon a démontré qu'il ne s'agissait pas de déploration de la destruction du Temple de Jérusalem, mais bien de la métropole prestigieuse de Montpellier, « la Ville du Mont » (*'ir ha-Har*), à la splendeur passée, et ... à la richesse pillée. C'est une complainte sur l'expulsion d'Occitanie de 1306 à inclure (comme le poème suivant) dans l'ensemble mémoriel nostalgique sur la patrie languedocienne perdue.

Hymne de Ruben b. Isaac de Montpellier, père de l'ascète entrevu plus haut. Poète liturgique assez fécond, qui vivait encore vers 1306, et qui habitait Montpellier ; à son tour, il revient sur les biens (juifs) saccagés et pillés :

---

33   Voir toute la bibliographie dans *Ibid.*, p. 231 dont Simon Schwarzfuchs, « La communauté juive de Montpellier... », p. 108.

34   En effet, depuis 1204, la seigneurie de la ville – à l'exception du territoire épiscopal de Montpelliéret – appartenait à un seigneur étranger au royaume, comte de Barcelone et roi d'Aragon. En 1276, le partage des États de Jacques Ier le Conquérant devint effectif ; à Pierre l'aîné, la Catalogne et les royaumes d'Aragon et de Valence ; au cadet Jacques II, Majorque, le Roussillon et les possessions languedociennes : Montpellier ; en 1293, l'évêque de Maguelone vendit à Philippe Le Bel la partie de la ville et de la seigneurie de Montpellier qui lui appartenait ainsi que ses droits sur les juifs de Montpellier ; en 1349, Montpellier devenait ville française dans sa totalité.

35   Henri Gross, *Gallia judaica..., op. cit.*, p. 331.

36   Simon Schwarzfuchs, « La communauté juive de Montpellier... », *art. cit.*

37   Gérard Nahon, longue Annexe, extraite de Sources hébraïques, intitulée : « Lettre (vocalisée) de Simon b. Joseph En Duran, de Lunel », p. 234-239, dans l'article « Relations hébraïques... », p. 211-241.

38   Gérard Nahon, « Relations hébraïques ... », *art. cit.*

... *Les pillards sont venus*

Et saccagé les tentes
Ils ont dépouillé des gens épuisés et besogneux
Et se sont répandus alentour
Ta colombe volette de ruine en ruine
La colombe ne trouve nul endroit où se poser.

Parmi les données moins connues

Avant 1306

À la fin du XIXe siècle, Steinschneider s'était penché sur cet « Anonyme », que Gad Freudenthal a traité récemment avec bonheur, nous éclairant sur « **Doeg l'Édomite** » et ses vingt-quatre traductions d'œuvres médicales (1197-1199)[39]. Juif converti, parfaitement hébraïsant, conservant des contacts avec la communauté juive, Doeg aurait contribué à enrichir considérablement le savoir hébraïque médical grâce à ses traductions : pas moins de vingt-quatre ouvrages de l'École de Salerne, traduits du latin en hébreu : ce labeur utile de « passeur » se serait effectué à Montpellier ou autour de Montpellier. Qu'il soit permis de renvoyer à l'étude de Gad Freudenthal.

Paul Chrétien, autre converti, a eu un rôle différent en 1263, lors de la célèbre Controverse de Barcelone, face à Nahmanide, figure paradigmatique du judaïsme catalan, avec au cœur des débats la messianité de Jésus, et l'aveuglement des juifs à la vérité chrétienne. Un écrivain juif anonyme a pu écrire : « Voici que maintenant 29e année du 6e millénaire, un renégat est arrivé de Montpellier [...]. Il a déjà mené une controverse avec le maître, Moshe fils de Nahman, en présence du roi d'Aragon, à Barcelone[40]. »

Sur son passé juif à Montpellier, il subsiste peu d'éléments, sauf ce qu'écrit Isaac de Lattes (le petit fils du médecin du même nom féru d'amulettes) un siècle plus tard, dans *Shaare Zion*, ou « Portails de Sion », 1372). Il y évoque l'histoire d'un « Paul » élève de ses illustres ancêtres (Emmanuel de Tarascon), rabbins de renom, qui s'était converti et qui « aurait beaucoup peiné notre peuple [...]. Il y avait beaucoup de malheurs et de tribulations à cause de ses fantaisies et ses paroles. » Selon cette même source, Paul aurait fini ses jours en Sicile, à Taormina.

Dans sa nouvelle vie chrétienne, il avait combattu ardemment le peuple juif dont il était issu ; il aurait eu « l'oreille » du roi Louis IX, l'influençant pour le port de la rouelle : mesure prise « à la demande de notre cher frère dans le Christ, Paulus Christiani, de l'ordre des Frères Prêcheurs. » Salomon ibn Verga, chroniqueur du XVIe siècle, a pu écrire :

---

39 Cf. Gad FREUDENTHAL, « The father of the Latin-into-Hebrew Translations : "Doeg The Edomite", The Twelfth-Century Repentant Convert » in R. FONTAINE ET Gad FREUDENTHAL (éd.), *Latin-into-Hebrew. Texts and Studies*, vol. I, Leyde, Brill, 2013, p. 105-120. Gad Freudenthal développa ce thème à Montpellier lors du Séminaire de la NGJ en janvier 2012 : « Le rôle des médecins dans le transfert culturel du latin en hébreu au Moyen Âge. Phase 1 : "Doeg l'Edomite" et ses 24 traductions d'œuvres médicales (1197-1199) ».

40 Henri GROSS, *Gallia Judaica*..., p. 4-5. Salomon IBN VERGA, *Shevet Yehuda*, première édition, Andrinople, 1554. ; Joseph SHATZMILLER, « Paulus Christiani : un aspect de son activité antijuive », in Gérard NAHON et Charles TOUATI (éd.), *Hommage à Georges Vaida, études d'histoire de la pensée juive*, Paris-Louvain, Peeters, 1980, p. 203-217.

Un renégat originaire de Montpellier, et qui désirait exterminer tous les Juifs, vint proclamer que toutes les communautés allaient être forcées de changer de religion. Pour assurer sa réussite, il apporta, au nom du pape, des ordres afin que les Juifs fussent obligés de porter de grandes plaques d'étoffe rouge ou cramoisie, quiconque serait trouvé sans ce signe devait être mis à mort » [Le passage sur la condamnation à mort pour infraction à l'obligation du port de l'insigne est une exagération manifeste][41].

À Paris, autour de 1269, eut lieu une seconde controverse[42] au cours de laquelle le protagoniste chrétien, un juif converti du nom de « Paul » – le même selon Joseph Shatzmiller – se proposait de démontrer à ses ex-coreligionnaires, en prenant appui sur leurs propres Livres, la grande vérité chrétienne, c'est-à-dire, que le messie, déjà venu, n'était autre que Jésus Christ.

Il existe en hébreu, la lettre polémique que lui avait adressée un parent à lui, natif aussi de Montpellier, **Jacob ben Élie,** alors habitant Venise[43]. Contemporain de Paul Chrétien, Jacob ben Élie faisait vers 1280 l'éloge de sa ville natale de Montpellier dans la longue préface à sa traduction de La *Grande Introduction à l'Astrologie* d'Abu Ma'aschar :

> Après être parti de mon pays natal, la maison de mon père, de ma famille, ayant quitté mes proches, des oncles, des amis, ainsi que des savants célèbres, je me suis ainsi éloigné de ces gens précieux de Montpellier qui sont aux antres des lions ainsi que des monts que fréquentent les léopards [...] jardin bien arrosé, une source jaillissante [...] endroit de bonne souche, de la foi, du savoir et de la science, tous de braves hommes [...] Pourtant je n'ai jamais vu tant de savants, experts en sciences, plusieurs excellents rabbins [capables de s'exprimer] en langage clair et agréable, ainsi que des disciples autour d'eux comme des plants d'olivier, comme dans cette ville, demeure de justice, montagne sacrée [...] Puis je suis arrivé à Venise [...] J'y ai rencontré des médecins, parfois savants [...]. Aussi ai-je écrit d'après leurs paroles le *Canon*, ce grand livre d'Avicenne...

Jacob ben Élie se distingue par ses traductions du latin, et par sa participation aussi à la traduction de l'arabe en latin du livre médical d'Abenzoar (Ibn Zuhr) comme l'indique un colophon : « traduit à Venise par maître Patavinus, médecin, d'après la vulgarisation de maître Jacob, hébreu, érudit en médecine et en plusieurs autres sciences. » Il fut aussi l'auteur d'une traduction d'Averroès sur le *Traité de la Diarrhée* à la demande du grand Nahmanide qui lui aurait ordonné « quand j'étais devant lui, de traduire ce traité qu'il a beaucoup apprécié de l'arabe à l'hébreu » ; il a donc fait partie de l'entourage du grand maître de Gérone.

De la deuxième moitié du XIIIe siècle, **Aryé Harari,** poète liturgique[44], est l'auteur de *pioutim* (« poèmes liturgiques ») conservés dans le Rituel de Carpentras. Fin XIIIe, le traducteur **Salomon ben Moïse de Mauguio** a transposé en hébreu le *Simplici medicina,* connu aussi sous le nom de *Circa istans* de Mathieu Platearius ; il a traduit aussi l'abrégé, fait par Avicenne, de l'ouvrage d'Aristote *De coelo et mundi,* et le livre *De Somno et vigilia* d'Aristote. Il sera évoqué élogieusement par Abraham Bédersi de Béziers, le père de Yedahia cité plus haut.

---

41 Henri GROSS, *Gallia Judaica...*, p. 266.
42 Joseph SHATZMILLER, *La deuxième controverse de Paris (1269-70),* Paris-Louvain, Peeters, 1994.
43 Robert CHAZAN, « The letter of R. Jacob ben Elijah to Friar Paul », *Jewish History,* 6 :1-2 (1992), p. 51-63 et Joseph SHATZMILLER, « Jacob ben Elie, traducteur multilingue à Venise à la fin du XIIIe siècle », *Micrologus,* 9 (2001), p. 195-202.
44 Henri GROSS, *Gallia Judaica ...*, p. 328.

Joseph (ben Meir) ibn Zabbara. Contemporain de Maïmonide. Né à Barcelone, vers 1140, fils d'un médecin réputé ; s'est formé à Narbonne, ville d'Oc où fleurissait une célèbre école juive, sous la direction sans doute de Joseph Kimhi (1105-1170). Il passa par Montpellier et exerça la médecine, et comme Kalonymos ben Kalonymos d'Arles plus tard, il se révéla caustique envers la gent médicale qu'il raille, et ses sarcasmes trahissent le praticien qui connaît l'art de guérir. Son ouvrage majeur a été traduit récemment : le *Sefer Cha'achouim*, ou « Livre des Délices »[45]. On lui attribue trois satires : sur les médecins (« Discours des médecins »), et deux sur les femmes (*Neder Almanah* ou « Promesse de veuve » ; et *Medeneï Ichah* : « Querelles de femmes ».) Ces thèmes parodiques se retrouvent par endroits dans son « Livre des Délices ».

Juda ibn Zabbara[46] célébra en quelques vers l'ouvrage si important de Menahem Meiri de Perpignan qui voulait préserver les traditions provençales contre les importations et les innovations étrangères. Vivant à la fin du XIIIᵉ et au commencement du XIVᵉ, il écrivit son traité sur la résurrection pour un habitant de Montpellier. Ce qui laisse supposer qu'il résida sans doute lui-même quelque temps dans cette ville et y fut l'élève d'Aron Hallévi, qu'il mentionne fréquemment.

Après 1306 : des copistes.

Abraham b. Salomon Harari recopie en prison en 1389 le *SMaQ* ou « Petit Livre des Préceptes »[47]. Ce scribe qui porte dans son nom la trace de son origine montpelliéraine a recopié dans une prison parisienne, vers 1389, le « Petit Livre des Préceptes » (*Sefer mitsvot qatan*, écrit en 1277 par Isaac ben Joseph de Corbeil). Pourquoi se trouvait-il en prison, à Paris ? Il était parvenu à maintenir le contact avec sa communauté : « Moi, Abraham b. Salomon Harari, surnommé de Bagnols... J'ai copié ce livre... et l'ai terminé dans la prison municipale de Paris... ». L'année n'est pas indiquée dans le colophon, mais dans le modèle d'acte de divorce contenu dans l'ouvrage, il s'agit du « mardi 20 *tevet* 5150, selon le comput de Chartres », c'est-à-dire le 27 mai 1390 (conservé au *Jewish Theological Seminary of America de* New York).

Il copia ce livre pour son compte personnel (pas de nom de destinataire). Plus tard, en 1391, il recopia un compendium de Mordekhai ben Hillel, en écriture provençale, pour le compte d'un certain Élie ben Jacob, ce qui témoigne de sa profession de scribe. Ni prison, ni lieu de copie ne sont mentionnés : il aura été libéré et sera revenu peut-être chez lui dans le Midi (Bibl. palatine de Parme).

Moïse ben Abraham de Montpellier (1391)[48]. Parmi les exilés revenus à Montpellier fin XIVᵉ, un Moise ben Abraham élabore en 1390, « en la cour du Palais », pour son usage personnel, un commentaire de Gersonide sur la *Genèse, l'Exode* « l'année 5151 de la Création » (Bibl. nationale).

---

45   Joseph ibn Zabbara, *Le Livres des délices*, traduit de l'hébreu et présenté par Nathan WEINSTOCK, Paris, Les Belles Lettres, 2011.

46   Henri GROSS, p. 331. Cf. *Revue des langues romanes*, 1 (1999), p. 8.

47   Denis LEVI WILLARD, *La société juive médiévale de la France du Nord*, Paris, Cerf, Coll. NGJ 3, 2008, p. 120-121.

48   Colette SIRAT, *Manuscrits médiévaux en caractères hébraïques portant des indications de date jusqu'en 1540,* tome I, Paris, 1979, p. 59.

La fin du judaïsme médiéval languedocien est proche, les temps glorieux de la science juive n'éclaireront plus « le Mont », et par la suite, c'est Perpignan qui sera sans conteste la métropole des sciences et des lettres.

Les derniers feux intellectuels des juifs à Montpellier à l'extrême fin du XIVe siècle

Des étudiants juifs viennent d'ailleurs, du Comté de Provence ou du Roussillon, rechercher la science médicale à Montpellier, pour la traduire du latin vers l'hébreu.

Sur les **Avigdor d'Arles**, inséparables de **Léon Joseph de Carcassonne** venu de Perpignan, le dossier et la bibliographie sont nourris, certes[49], mais des bribes nouvelles peuvent être apportées sur Salomon Avigdor, parti étudier en Italie, à Florence, en 1412[50]. N'oublions pas que Renan (avec l'aide de Neubauer) avait déploré le manque de renseignements sur la vie de Salomon Avigdor, traducteur du latin vers l'hébreu des traités de Gérard de Solo et de Sacrobosco : « nous ne possédons aucun détail biographique[51] ». Grâce à l'historiographie provençale, on a des documents dont cette mention d'une rare soutenance de thèse devant un jury mixte à Arles en mai 1402, et sur le mouvement de conversion qui survient, en temps calmes, au sein de ce lignage de médecins lettrés. Salomon Avigdor est apparu converti en 1413, un de ses frères dès 1409, finalement bien plus tard que l'expulsion définitive de 1394 ! Qu'il soit permis de renvoyer au dossier prosopographique que j'ai présenté au IIIe Congrès de Perpignan-Barcelone[52].

Pour une conclusion : de cet âge d'or d'avant 1306 des juifs montpelliérains, que subsiste-t-il[53] ? Certes, le *mikvé* du XIIe, et le *mahzor*, ce manuscrit de rituels hébraïque élaboré par les juifs montpelliérains dans leur exil comtadin après 1394, acheté aux enchères à Londres par la municipalité en 2008 et aujourd'hui conservé aux Archives municipales de Montpellier[54]. Lapidaire et livresque, ce sont des vestiges inestimables, dont la ville fait son miel.

---

49   Cf. les travaux de l'école barcelonaise : Luis Garcia-Ballester, Lola Ferre et Eduard Feliu, « Jewish Appreciation of Fourteenth-Century Scholastic Medicine », *Osiris*, 2 :6 (1990), p. 116-117 ; et Luis Garcia Ballester et Eduard Feliu, « La relaciones intelectuales entre medicos judios y cristianos : la traduccion hebrea de las Medicationis Parabole de Arnau de Vilanova, por Abraham Avigdor (ca. 1384) », *ASCLEPIO, Revista de Historia de la Medicina y de la Ciencia*, 45 :1 (1993), p. 55-88 ; Joseph Shatzmiller, « Etudiants juifs à la faculté de médecine de Montpellier : dernier quart de XIVe siècle », *Jewish History*, 6 :1-2 (1992), p. 243-255 ; Anne-Sophie Guenoun, « Les traductions en hébreu de l'œuvre de Gérard de Solo (XIVe siècle) », *Revue des Études juives*, 164 :3-4 (2005), p. 463-488.

50   Elisabeth Borgolotto-Zetland, *Les Juifs à Florence au temps de Cosme l'Ancien. 1437-1464 : Une histoire économique et sociale du judaïsme toscan*, thèse soutenue à Montpellier, Université Paul Valéry, 2009, vol. II, p. 117.

51   Ernest Renan et Adolphe Neuballer, « Les écrivains juifs français du XIVe siècle », *Histoire littéraire de la France*, 31 (1893), p. 721. Il n'est pas inintéressant de souligner que dans sa préface à sa traduction au traité latin *De Judiciis astronomiae* d'Arnaud de Villeneuve, achevée en 1399 avec l'aide paternelle, il évoque l'exil de 1394 en disant que « beaucoup de livres s'étant perdus par suite de la durée de l'exil des Juifs, il a pensé que ce traité serait utile à ceux qui s'occupent de médecine. » *Ibid.*, p. 721.

52   Danièle Iancu-Agou, « Les Juifs d'Arles (1391-1414). Leur aptitude aux sciences (les Avigdor) et à l'accueil des coreligionnaires catalans », *Tamid, Revista Catalana Anual d'Estudis Hebraics*, 10 (2014), p. 53-79. Cf. aussi Danièle Iancu-Agou, « La pratique du latin chez les médecins juifs et néophytes de Provence médiévale (XIVe-XVIe siècles) », in *Latin-into-Hebrew. Texts and Studies...*, p. 85-102.

53   Danièle Iancu-Agou, « Que reste-t-il de l'âge d'or médiéval du judaïsme montpelliérain ? Archives et vestiges », in *Philippe le Bel et les Juifs...*, p. 10-30.

54   Manuscrit hébreu de 253 feuillets en parchemin en dialecte séfarado-provençal de l'hébreu entré en possession de la communauté juive de Modène fin XVIIe, conformément à la destinée des manuscrits qui suivaient leurs propriétaires dans leurs chemins d'exil, acquis par différents exégètes de la Bible. La ville de Montpellier en a fait la providentielle acquisition annoncée ainsi par le *Midi Libre* (24 décembre 2008) : « Patrimoine. Le *Mahzor* est de retour au bercail ! » Ce manuscrit qui contient plus 70 poèmes liturgiques rares (*piyyutim*) chantés dans l'aire culturelle catalano-occitane raconte la liturgie de la communauté de « la ville du Mont » et les derniers moments de son existence. Sur ce trésor patrimonial de la ville de Montpellier, voir le texte et les illustrations dans l'argumentaire développé dans la plaquette de l'institut Maïmonide, année 2011-2012, p. 7.

Les hommes ? Ils sont alors partis en 1306 pour la Catalogne et l'on peut renvoyer aux superbes travaux du regretté Yom Tov Assis qui avançait des chiffres : soixante familles accueillies à Barcelone, dix à Gérone et à Lérida, cinq à Montclus, et aussi bien à Solsona, Besalu, Castellon de Ampurias, Banoles et Valls[55]. Mais en Aragon s'instaura vite une précarité d'installation après les drames de 1391 et la kyrielle d'émeutes sanglantes génératrices de conversions forcées massives. Dans le Roussillon, ils avaient été nombreux en 1306 à vouloir se réfugier à Perpignan, où ils avaient des parents, des affinités culturelles – comme du reste avec les coreligionnaires du Comté de Provence. Une même judaïcité en fait, celle des terres d'Oc, de la fameuse *Proventzia* des textes hébraïques. Et puis l'Italie restait attractive, depuis Jacob Anatoli, Jacob ben Élie vers 1280, ou Salomon Avigdor, partis parfaire leur médecine. Bien plus tard, Bonet de Lattes d'Aix allait lui aussi à Rome écrire et pratiquer son art, au service de deux papes[56].

Enfin ultime et lointain refuge, la Terre Promise de toujours, avec le parent de Profacius, Estori Pahri. Un chemin ouvert très tôt, du temps de la Dispute de Paris sous Louis IX, avec toute l'école rabbinique française transportée à Acre[57], rejointe par le grand Nahmanide de Gérone, après la célèbre Dispute de Barcelone de 1263.

---

55   Yom Tov ASSIS, « Juifs de France réfugiés en Aragon (XIIIᵉ-XIVᵉ siècle) », *Revue des Études Juives*, 142 :3-44 (1983), p. 285-322.

56   Danièle IANCU-AGOU, « Vie privée et réussite sociale dans l'aristocratie juive et néophyte aixoise à la fin du Moyen Âge », in *Famille et parenté dans la vie religieuse du Midi (XIIᵉ-XVᵉ siècle)*, Cahiers de Fanjeaux 43, Toulouse, Privat, 2008, p. 373-395, et, *Régine-Catherine et Bonet de Lattes. Biographie croisée (1460-1530)*. Draguignan-Aix-en-Provence-Rome, Paris, Cerf, 2017, 345 pages.

57   Aryeh GRABOÏS, « Une conséquence du brûlement du Talmud à Paris : le développement de l'école talmudique d'Acre », in Gérard DAHAN (dir.), *Le brûlement du Talmud à Paris. 1242-1244*, Paris, Les Éditions du Cerf, Collection *NGJ* nº 1, Paris, 1999, p. 47-56. Danièle IANCU-AGOU, « Voix d'exilés et chemins d'errances pour les Juifs du Languedoc et de Provence (XVᵉ-XVIᵉ siècles) », in Jean BALSAMO et Chiara LASTRAIOLI (éd.), *Chemins d'exil. Havres de paix*, Paris, Champion, 2010, p. 13-30.

Urbain V et Montpellier

Daniel Le Blévec
Université Paul-Valéry Montpellier 3

Au XIVe siècle, Montpellier entretient avec Avignon des liens privilégiés, dépassant de beaucoup par leur intensité et leur fréquence les relations habituelles existant à cette époque entre les plus importantes villes du Midi. Ces liens, dont la force est due à la présence de la cour pontificale sur les bords du Rhône, sont de divers ordres : économiques, religieux, culturels, et même sanitaires puisque les membres de la curie ont souvent fait appel à des médecins montpelliérains, renommés en raison de leur compétence, pour se faire soigner. Des maîtres éminents de la faculté, Gui de Chauliac, Jean Jaume, Jean de Tournemire, sont venus au chevet des papes malades, au palais d'Avignon[1]. On rappellera que Clément V en 1309 pour la médecine et Benoît XII en 1339 pour le droit se sont directement impliqués dans l'organisation des études universitaires à Montpellier, que Jean XXII a été de son côté très attentif à la situation religieuse montpelliéraine lors de l'affaire Bernard Délicieux[2] ; qu'enfin l'évêque de Maguelone, Arnaud de Verdale, a été un personnage influent de la curie sous Benoît XII et Clément VI et l'un de ses serviteurs zélés.

Toutefois, aucun autre pontife n'a montré autant qu'Urbain V de sollicitude et de bienveillance envers la ville, au point que son souvenir reste encore vivace aujourd'hui dans la mémoire montpelliéraine.

***

La relation qu'Urbain V a entretenue avec la ville de Montpellier, tant pendant sa jeunesse studieuse à l'université qu'après son accession au pontificat en 1362, est un sujet depuis longtemps travaillé et qui a donné matière à de nombreuses publications. À partir des mêmes sources de base, essentiellement les *Vitae Paparum* éditées par Baluze, d'une part[3], le *Petit Thalamus* d'autre part[4], s'est construite une sorte de « vulgate », clairement synthétisée déjà par Dom Vaissète dans l'*Histoire générale de Languedoc*[5] et que ses successeurs ont reprise, chacun à sa façon et bien souvent en se copiant l'un l'autre, depuis Alexandre Germain jusqu'aux biographies récemment parues, la dernière en date étant de

---

1   Daniel Le Blévec, « Les médecins de l'Université de Montpellier et la papauté d'Avignon », in *Une université, ses maîtres et ses étudiants depuis sept siècles, 1289-1989*, Montpellier, Fédération historique du Languedoc méditerranéen et du Roussillon, 1992, p. 39-43.
2   « *Processus Bernardi Delitiosi* » : *the Trial of fr. Bernard Délicieux*, éd. Alan Friedlander, Philadelphie, American Philosophical Society, 1996.
3   Etienne Baluze, *Vitae Paparum Avenionensium*. Nouvelle édition par Guillaume Mollat, Paris, Letouzey, 1916.
4   Arch. mun. Montpellier, AA9, f° 108-127. L'édition publiée en 1840 par la Société archéologique de Montpellier étant obsolète, on se référera ici à l'édition électronique qui, outre la transcription, fournit une traduction, disponible sous le lien : http://thalamus.huma-num.fr/. Sur l'apport du *Petit Thalamus* à la connaissance des relations entre Montpellier et Avignon au XIVe siècle, on consultera : Daniel Le Belvec, « Montpellier et la papauté d'Avignon. L'enseignement du *Petit Thalamus* », in Vincent Challet (dir.), *Aysso es lo comessamen : écritures et mémoires du Montpellier médiéval*, Montpellier, Presses universitaires de la Méditerranée, 2017, p. 79-89.
5   Dom Claude Devic et dom Joseph Vaissète, *Histoire générale de Languedoc*, t. IV, Paris, Jacques Vincent, 1742, p. 333.

Montpellier au Moyen Âge. Bilan et approches nouvelles, éd. Lucie Galano et Lucie Laumonier, Turnhout, 2017 (*Studies in European Urban History*, 40), p. 205-216
BREPOLS 〰 PUBLISHERS   DOI : 10.1484/M.SEUH-EB.5.113311

2010[6]. Il convient cependant de rendre hommage à ces historiens de Montpellier ayant vécu à la fin du XIXe et au début du XXe siècle, qui ont apporté du neuf en dépouillant inlassablement, tels Alexandre Germain et Louise Guiraud, les archives montpelliéraines, ou en s'intéressant aux sources pontificales, comme l'ont fait l'abbé Chaillan et Eugène Müntz, à propos des collèges fondés par le pape à Montpellier[7].

Depuis ces travaux pionniers, l'historiographie du sujet ne s'est guère enrichie, il faut bien le reconnaître. Bernard Guillemain n'en parle guère dans sa thèse consacrée à la cour pontificale d'Avignon[8]. Certes, la question des collèges fondés par Urbain V à Montpellier a été en partie traitée par Jacques Verger dans sa thèse d'État, soutenue en 1994[9]. J'ai moi-même repris plus globalement cette question dans une communication présentée lors d'un colloque sur les collèges réguliers au Moyen Âge[10]. On rappellera également le travail réalisé par la DRAC Languedoc Roussillon sur *Montpellier, la ville médiévale* (1992), instrument de travail très utile, en complément et en correctif des travaux de Louise Guiraud, pour situer avec précision les lieux mentionnés dans la documentation[11]. Il semble toutefois que sur la question des liens entretenus par le pontife avignonnais avec la ville de Montpellier des opportunités documentaires n'ont pas encore été toutes exploitées. Pour rester dans l'optique de cette rencontre consacrée à « Bilan et approches nouvelles », on souhaiterait évoquer les possibilités d'apports et de points de vue nouveaux qui s'offrent encore aux chercheurs. Il ne sera pas question dans les lignes qui suivent d'inventorier de manière exhaustive tout ce qu'un regard attentif sur le sujet pourrait découvrir. La thématique est vaste et une communication n'y suffirait pas. Plus modestement, on a voulu attirer l'attention sur les renouvellements possibles de la question, notamment à partir de sources aujourd'hui plus facilement accessibles et consultables qu'autrefois.

Mais avant de les présenter reprenons brièvement, en les résumant, les éléments principaux de la « vulgate ».

---

6   Alexandre GERMAIN, *Histoire de la commune de Montpellier, depuis ses origines jusqu'à son incorporation définitive à la monarchie française*, t. II, Montpellier, J. Martel aîné,1851, p. 236-283 ; Joseph-Honoré ALBANÈS, *Abrégé de la vie et des miracles du bienheureux Urbain V*, Marseille, 1872 ; *Actes anciens et documents concernant le bienheureux Urbain V, pape...*, tome I, recueillis par feu le chanoine J-H. Albanès et publiés par le chanoine Ulysse Chevalier, Paris, A. Picard – Marseille, P. Ruat, 1897 ; M. CHAILLAN, *Le bienheureux Urbain V (1310-1370)*, Paris, Lecoffre & Gabalda, 1911 ; Paul AMARGIER, *Urbain V, un homme, une vie*, Marseille, Société des médiévistes provençaux, 1987 ; Antoine DE ROSNY, *Urbain V : un pape du Gévaudan, 1310-1370*, Mende, Conseil général de la Lozère, coll. « Patrimoine », 2005 ; Yves CHIRON, *Urbain V le bienheureux*, Versailles, Via Romana, 2010.

7   Louise GUIRAUD, *Les fondations du pape Urbain V à Montpellier. Le collège des Douze médecins ou collège de Mende (1369-1561)*, Montpellier, J. Martel aîné, 1889 ; EAD., *Les fondations du pape Urbain V à Montpellier*, tome II : *Le collège Saint-Benoît. Le collège Saint-Pierre. Le collège du pape*, Montpellier, J. Martel aîné, 1890 ; EAD., *Les fondations du pape Urbain V à Montpellier*, t. III : *Le monastère Saint-Benoît et ses diverses transformations depuis son érection en cathédrale en 1536*, Montpellier, J. Martel aîné, 1891 ; Eugène MÜNTZ, *Les constructions du pape Urbain V à Montpellier (1364-1370), d'après les archives secrètes du Vatican*, Paris, E. Leroux, 1890 ; M. CHAILLAN, *Registre de comptes pour le collège papal Saints Benoît et Germain à Montpellier (1368-1370)*, Paris, Picard, 1916 ; ID., « Comptes journaliers de Guillaume Sicard, administrateur du collège Saints-Benoît-et-Germain à Montpellier, 1368 », *Mémoires de la Société archéologique de Montpellier*, 2 :8 (1920-1922), p. 112-131 ; Marcel FOURNIER, « Une enquête dans un collège de droit de l'université de Montpellier au XIVe siècle », extrait de la *Revue internationale de l'enseignement*, 1889, 24 p.

8   Bernard GUILLEMAIN, *La cour pontificale d'Avignon (1309-1376). Étude d'une société*, Paris, De Boccard, 1962.

9   Jacques VERGER, *Les universités du Midi de la France à la fin du Moyen Âge (v. 1300-v. 1450)*, Paris IV-Sorbonne, 1994, 5 tomes dactyl.

10   Daniel LE BLÉVEC, « Les collèges réguliers à Montpellier au Moyen Âge », in Andreas SOHN et Jacques VERGER (dir.), *Die regulierten Kollegien im Europa des Mittelalters und der Renaissance / Les collèges réguliers en Europe au Moyen Âge et à la Renaissance*, Dr. Dieter Winkler Verlag, Bochum, 2012, p. 161-170.

11   Ghislaine FABRE, Thierry LOCHARD, *Montpellier : la ville médiévale*, Paris, Imprimerie nationale, 1992.

Guillaume Grimoard est né vers 1310 dans le château familial de Grisac en Gévaudan, au sein d'une famille de petits seigneurs cévenols. Encore adolescent, il entre comme novice au prieuré du Monastier, près de Chirac, dépendance de l'abbaye Saint-Victor de Marseille. Il y fait profession sous la règle de saint Benoît, puis va parachever ses études à Montpellier. Peut-être, s'il faut en croire ses biographes, avait-il déjà séjourné dans cette ville, avant même sa profession monastique, pour y étudier les lettres, puis était-il allé quelque temps à Toulouse pour se former au droit civil. Quoi qu'il en soit de ce premier séjour, celui qui le revoit à Montpellier, sans doute à partir de 1332, est quant à lui bien plus long – une dizaine d'années – durée nécessaire pour lui permettre d'accomplir le cursus complet en droit canonique, à l'issue duquel il obtient le 31 octobre 1342 le grade de docteur en décrets. Devenu à son tour professeur de droit canonique, tant à Montpellier qu'au *studium* pontifical à Avignon, Guillaume Grimoard ne cessa tout au long de sa carrière universitaire, puis lorsqu'il occupa des sièges abbatiaux, à Saint-Germain d'Auxerre et ensuite à Saint-Victor de Marseille, de s'intéresser à Montpellier, ville chère à son cœur. Il intervint par exemple comme consultant juridique au service des consuls[12]. Devenu pape, il redoubla de faveurs envers Montpellier, sa population, ses établissements religieux, et surtout son université, qu'il avait fréquentée pendant tant d'années. Son appréciation de la ville de ses études est restée fameuse : pour lui, Montpellier était – ainsi qu'il l'exprime dans une de ses bulles – tel « un riant jardin des sciences où, depuis longtemps, fleurissaient les études et qui produisait des hommes excellents »[13].

Toute une série d'avantages et de privilèges fut donc accordée aux Montpelliérains, dès les premières années du pontificat, notamment en faveur des maîtres et des étudiants du *studium*. Les mesures les plus spectaculaires et les plus connues concernent les collèges, soit que le pape les ait personnellement créés, dotés de bâtiments, de revenus et de statuts, comme le collège monastique Saint-Benoît et Saint-Germain et le collège séculier des Douze-Médecins, soit qu'il en ait confirmé la fondation et le fonctionnement comme le collège de Saint-Ruf dû à l'initiative de son frère, le cardinal Anglic Grimoard, ou encore le collège de Brescia, fondé par Bernard Tricard, évêque de cette ville[14].

L'épisode le plus célèbre dans l'histoire des relations entre Urbain V et Montpellier est le séjour qu'y fit le pontife, avec une partie de la curie, du 9 janvier au 8 mars 1367. Abondamment décrit et commenté, en particulier par Dom Vaissète et Alexandre Germain, qui s'appuient essentiellement sur le *Petit Thalamus*, ce séjour est présenté comme

---

12   Baluze, souvent repris ensuite, résume ainsi la biographie de Guillaume Grimoard avant son accession au pontificat : *Urbanus papa quintus, natione Gaballitanus, de loco de Grisaco, dyocesis Mimatensis, post dictum Innocentium VI Avinione fuit electus in papam die xxviij mensis octobris, anno Domini MCCCLXIJ, et die vj mensis novembris immediate sequentis consecratus et coronatus. Hic prius vocatus est Guillermus Grimoardi, cujus pater fuit Grimoardus miles. Et in adolescentia sua sub habitu monastico Domino voluit famulari, fuitque receptus in monachum in prioratu de Chiraco, dicte dyocesis, a monasterio Sancti Victoris Massiliensis dependente ; ubi, postquam fuit instructus in regularibus observantiis, se transtulit ad studia litterarum, in quibus adeo diligenter institit et insudavit, quod demum fuit effectus solempnis doctor decretorum, legitque ex tunc multis annis tam in Montepessulano quam in Avinione. Tandem vero suis suffragantibus meritis, primo ad monasterium Sancti Germani Autissiodorensis, postea vero ad monasterium predictum Sancti Victoris Massiliensis, sub quo primitus ordinem sancti Benedicti professus extiterat, promotus fuit, et ab inde assumptus in papam* (Baluze, *Vitae paparum*, p. 349).
13   *... in loco Montispessulani Magalonensis diocesis tanquam in ameno scientiarum pomeno per longissima tempora floruit studium générale, viros preducens eximios, imbutos doctrina sapientie salutaris* (*Cartulaire de l'université de Montpellier*, Montpellier, Ricard Frères, 1890, t. I, p. 551 et 558. Désormais : *C.U.M.*).
14   Jacques VERGER, *Les universités du Midi de la France à la fin du Moyen Âge, op. cit..* Voir le chapitre « Le petit monde des collèges », t. I, p. 239-273 ; ID., « Les chanoines de Saint-Ruf et l'université au Moyen Âge », in *Saint-Victor, 1108-2008. Conférences du Jubilé*, Serrières, 2010 [publication hors commerce de l'abbaye Saint-Pierre de Champagne], p. 125-143 ; Daniel LE BLÉVEC, « Le Livre des privilèges du Collège des Douze-Médecins », in Daniel LE BLÉVEC (dir.), *L'Université de médecine de Montpellier et son rayonnement (XIIIᵉ-XVᵉ siècles)*, Turnhout, Brepols, 2004, p. 29-37 ; ID., « Les collèges réguliers... », *op. cit..* Sur le collège de Brescia, voir *infra*.

une manifestation de la volonté du pape, avant de partir pour Rome, de venir voir sur place l'avancée des travaux de construction du monastère-collège Saint-Benoît. La première pierre en avait été posée un peu plus de deux ans auparavant, le 1er octobre 1364, par l'abbé d'Aniane, représentant personnel du pape, dans le quartier de Costefrège, proche du rempart du côté de la colline du Peyrou, où étaient situées les écoles de droit et de grammaire. Depuis quelques mois déjà, une cohorte de jeunes moines du Gévaudan et un autre groupe arrivé de Saint-Victor de Marseille étaient venus renforcer l'effectif d'une petite communauté d'étudiants en médecine, eux aussi originaires du Gévaudan, installés un peu avant eux, dans une maison qui leur avait été affectée par le pape – *hospicium pape* ou *domus pape* – pour y constituer l'embryon des deux futurs collèges pontificaux et leur permettre déjà de travailler, en l'attente de l'achèvement du chantier de construction. Tout ce petit monde, ainsi que les consuls et une bonne partie de la population, attendaient la visite du pape : elle avait été annoncée, et même précédée par l'envoi sur place, depuis Avignon, de quelques fonctionnaires de la curie[15]. L'entrée solennelle d'Urbain V est bien connue[16]. Le *Petit Thalamus* en fournit soigneusement là encore tous les détails : accueil officiel du cortège sur la route à quelques distances de la ville – un cortège imposant : une douzaine de cardinaux accompagnaient le pape – par les autorités municipales, les officiers royaux et les représentants des métiers, puis réception à la porte du Pyla Saint-Gély par le duc d'Anjou[17] et l'archevêque de Narbonne[18] (le siège de Maguelone étant alors vacant), l'accompagnement à l'hôtel de ville, où il devait être hébergé, de cet hôte prestigieux, son passage à Notre-Dame des Tables où il fit ses dévotions et accorda des indulgences, enfin, après avoir dîné, sa visite du chantier de Saint-Benoît où il octroya de nouvelles indulgences[19].

Pendant son séjour Urbain V fit présent de nombreuses reliques et de pièces d'orfèvrerie aux églises de la ville, en premier lieu à celle du monastère-collège en construction, dont il consacra solennellement le maître-autel le 14 février[20]. Quelques jours avant, le 2 février, il avait célébré l'office de la Chandeleur dans l'église des Prêcheurs[21]. À la fin de son séjour Urbain V nomma des évêques, notamment à la tête du diocèse de Maguelone Gaucelm de Déaux, jusqu'alors évêque de Nîmes[22], tandis que l'abbé d'Aniane remplaçait ce dernier sur le siège nîmois[23]. Le pape quitta Montpellier le 8 mars, accompagné loin sur la route par les habitants, les uns à pied, les autres à cheval, tandis que certains des notables de la ville le suivaient jusqu'à Avignon.

---

15   Cf. *infra*.

16   Voir en dernier lieu : Vincent CHALLET, « Les entrées dans la ville : genèse et développement d'un rite urbain (Montpellier, xive-xve siècles) », *Revue historique*, 670 :2 (2014), p. 267-293.

17   Louis, frère de Charles V, duc d'Anjou, est lieutenant du roi en Languedoc depuis 1364.

18   Pierre de La Jugie, neveu de Clément VI, archevêque de Narbonne de 1347 à 1375.

19   Le séjour du pape à Montpellier est relaté des fos 117v à 119v dans le ms AA 9 (*Petit Thalamus*) des Arch. mun. de Montpellier.

20   Sur la construction de l'église du collège Saint-Benoît, voir : Jean NOUGARET, « L'église du monastère Saint-Benoît à Montpellier (1364-1368) », dans *Autour des maîtres d'œuvre de la cathédrale de Narbonne. Les grandes églises gothiques du Midi, sources d'inspiration et construction*, Actes du 3e colloque d'histoire de l'art méridional au Moyen Âge, 4 et 5 décembre 1992, Narbonne : Ville de Narbonne, 1994, p. 81-93 et en dernier lieu : Philippe BERNARDI, « L'implantation en ville : une question de moyens ? À propos de quelques exemples en France méridionale au xive siècle », *Mélanges de l'École française de Rome. Moyen Âge*, 124 :1 (2012), p. 137-146.

21   Cf. *infra*.

22   Gaucelm de Déaux, neveu du cardinal et vice-chancelier de l'Église romaine Bertrand de Déaux, avait été abbé de Psalmodi, puis évêque de Nîmes (1362-1367).

23   Jean Gasc, abbé d'Aniane, puis évêque de Nîmes (1367-1372).

Vraisemblablement soulagé d'avoir constaté l'avancement satisfaisant du chantier de ses fondations montpelliéraines, Urbain V put alors se consacrer aux préparatifs de son départ pour l'Italie. Et c'est de Rome qu'il promulgua une série de bulles destinées à institutionnaliser le monastère-collège Saint-Benoît et Saint-Germain et à en formaliser le fonctionnement. Alors que le projet initial envisageait une structure d'accueil pour une centaine de pensionnaires, la bulle du 1er février 1368 ne mentionne plus que seize étudiants en droit canonique, originaires de Saint-Victor de Marseille ou de ses prieurés[24]. Dans les mois suivants, quatre autres religieux, originaires quant à eux du Gévaudan, allaient les rejoindre. La modestie de l'effectif de la première communauté de moines-étudiants contraste avec l'ampleur de la construction et l'emprise au sol d'une maison immense, alors quasiment achevée, fortifiée et fermée. Un tel contraste tend néanmoins à prouver que le projet initial – à savoir créer un lieu de vie et d'étude pour une centaine de religieux – n'avait pas été abandonné. Seuls les problèmes financiers qui surgirent lorsqu'on fut confronté à la nécessité de prendre en charge de façon régulière l'entretien des maîtres et des étudiants, dans une période difficile pour les finances de la papauté, expliquent sans doute que l'ambitieux projet tel qu'il avait été envisagé par Urbain V ne fut finalement, mais durablement, réalisé que sur le plan architectural, avec son cloître, ses bâtiments de vie et d'étude, sa grande chapelle, que le pape avait voulue vaste et pour laquelle il avait dépêché ouvriers et maîtres d'œuvre d'un des chantiers qui travaillaient alors à l'élévation des églises d'Avignon, le tout enserré dans une enceinte jouant le rôle à la fois de muraille défensive et de clôture monastique.

Dès les années 1364-1365, alors que les travaux de construction du collège Saint-Benoît démarraient, le frère du pape, Anglic Grimoard, évêque d'Avignon, avait décidé de créer lui aussi un collège, qu'il destinait aux étudiants en droit canonique et en théologie issus de la congrégation des chanoines réguliers de Saint-Ruf, une congrégation dont il avait été abbé. À l'emplacement de la *domus pape* qui avait abrité provisoirement les premiers collégiens du pape en attendant l'achèvement des travaux de Saint-Benoît et ceux du collège des Médecins – espace complété par quelques terrains déjà acquis par Urbain V – s'éleva donc un deuxième collège régulier. Sa fondation fut solennellement approuvée par une bulle du 22 octobre 1364, accompagnée de privilèges, notamment celui de disposer d'un oratoire[25].

Anglic Grimoard, devenu cardinal en 1366, accompagna Urbain V à Montpellier. Il put y voir avec satisfaction, lui aussi, son collège quasi achevé. Les statuts qu'il rédigea à son intention sont toutefois plus tardifs. Ils ont été donnés à Bologne le 13 avril 1368, pendant sa légation dans le Patrimoine de Saint-Pierre. Ils prévoient un effectif de 18 chanoines étudiants, dont 8 en droit canonique, 6 en arts et 4 en théologie, régis par un prieur,

---

24   *C.U.M.*, n° 139.
25   À la demande de l'abbé et des religieux de Saint-Ruf, Urbain V confirme le 22 octobre 1364 la fondation faite par l'évêque d'Avignon Anglic, à l'intérieur des murailles de Montpellier, d'un collège appelé *domus scolarium Sancti Ruffi*, réunissant plusieurs maisons contiguës, destiné à douze religieux chanoines du monastère de Saint-Ruf, OSA, au diocèse de Valence, venus pour étudier la théologie et le droit canonique. Ces douze étudiants seront choisis par les définiteurs du chapitre de Saint-Ruf. Pendant leur séjour dans cette maison, ils ne devront pas détenir de bénéfices ecclésiastiques. En cas de manquements, tels l'indocilité ou l'échange de propos déshonnêtes, ils seront susceptibles d'être renvoyés. Le pape rattache au collège le prieuré Saint-Martin de Caveirac. Il autorise l'érection d'un oratoire où les collégiens pourront célébrer la messe, dire et entendre les autres offices divins. *Urbain V (1362-1370). Lettres communes, analysée d'après les registres dits d'Avignon et du Vatican*, par Michel et Anne-Marie Hayez, Janine Mathieu et Marie-France Yvan, Rome, École française de Rome – Paris, De Boccard, 1989, n° 11884) ; *C.U.M.*, n° 124.

avec une durée d'étude de sept ans[26]. Le 27 avril suivant, Urbain V promulgua une bulle de confirmation, rappelant le lien qui unissait son frère à l'ordre de Saint-Ruf[27]. Le 25 juin 1369, il accorda trois nouvelles bulles, à la demande d'Anglic, soustrayant les collégiens de Saint-Ruf de la juridiction de l'évêque de Maguelone et de celle de l'archevêque de Narbonne, pour les faire dépendre uniquement de celle de l'abbé de Saint-Ruf, autorisant le collège à posséder un cimetière pour l'ensevelissement de ses pensionnaires, des convers et des familiers séculiers et commensaux défunts, renouvelant enfin sa permission à tous ceux qui étaient prêtres de célébrer messes et offices divins, *alta voce cum nota*, dans l'église du dit collège[28].

Un ultime privilège pontifical fut accordé, le 27 juin 1370, le pape étant alors à Montefiascone, réservé à ceux des collégiens munis des ordres sacrés, celui de pouvoir administrer les sacrements, spécialement l'Eucharistie[29].

C'est également pendant son séjour en Italie qu'Urbain V, illustrant une fois de plus sa bienveillance envers les institutions universitaires montpelliéraines, prit des dispositions pour consolider sa fondation du collège des Douze-Médecins[30]. Il envisagea même de créer à Montpellier une faculté des arts, pour laquelle il avait recruté deux maîtres, mais il n'eut pas le temps de mener à bien ce projet[31].

Les *références* précédentes qui illustrent les relations privilégiées établies entre Urbain V et la ville de Montpellier montrent déjà qu'au-delà de la « vulgate » entretenue par l'historiographie à partir des sources locales, il est possible d'apporter de nouvelles données en se fondant sur la documentation pontificale proprement dite, conservée à l'*Archivio segreto Vaticano*, dans le fonds de la chancellerie. Des mentions relevées dans la série des comptes de la Chambre apostolique fournissent également un ensemble documentaire inédit.

***

Le corpus constitué par la correspondance émanant de la chancellerie apostolique a depuis longtemps été exploité, édité et travaillé. Il faut cependant attendre la seconde moitié du xxᵉ siècle pour disposer de l'édition complète des lettres communes d'Urbain V[32]. Dans cet ensemble considérable, une soixantaine d'entre elles concernent Montpellier, réparties sur la quasi totalité du pontificat (1363-1370). Elles sont adressées aux consuls et aux habitants, aux couvents, à des clercs, à des universitaires. Une partie de ces dernières, connues grâce aux dépouillements des érudits, ont été éditées dans le *Cartulaire de l'Université de Montpellier*, avec en particulier les bulles de fondation et de confirmation des collèges.

Dès son accession au pontificat, Urbain V envoie huit lettres, toutes datées du 2 janvier 1363, en réponse à des suppliques qui lui ont été adressées par les consuls montpelliérains[33]. Il s'agit de confirmations de privilèges qui avaient été consentis à la ville par les papes, depuis le début du xiiiᵉ siècle.

---

26   *C.U.M.*, n° 141.
27   *Ibidem*, n° 21782.
28   *Ibidem*, n° 24695, 24696, 24697.
29   *Ibidem*, n° 27173 ; *C.U.M.*, n° 156.
30   Daniel Le Blévec, « Le livre des privilèges... », *op. cit.*
31   *C.U.M.*, n° 143-148.
32   Cf. *supra* n. 18. Les lettres pontificales sont également consultables en version électronique sur CD Rom ou en ligne à partir de plusieurs centres de recherche ou bibliothèques (*Ut per litteras apostolicas*, Brepols Publishers, 2011).
33   *Urbain V. Lettres communes*, n° 5960, 5961, 5962, 5963, 5966, 5967, 5968, 5969.

Tableau 1. Privilèges consentis par les papes et confirmés par Urbain V en 1363

1217	Honorius III	Interdiction aux clercs de faire payer la terre des morts
1229	Grégoire IX	Interdiction aux clercs de faire payer l'administration des sacrements
1229	Grégoire IX	Interdiction aux prélats d'excommunier ou de mettre sous interdit les Montpelliérains sans raison valable
1236	Grégoire IX	Interdiction aux clercs de faire payer les sonneries de cloches et le port de la croix lors des enterrements
1247	Innocent IV	Interdiction aux recteurs des églises de Montpellier d'exiger un testament de la part des héritiers d'un laïc mort intestat
1257	Alexandre IV	Interdiction aux prélats et aux clercs du diocèse de Maguelone d'accueillir dans leurs églises des laïcs qui viendraient s'y réfugier en espérant éviter d'être poursuivis pour dette ou fraude.
1267	Clément IV	Interdiction aux supérieurs des monastères et des couvents de Montpellier de recevoir et de faire prendre l'habit régulier à des jeunes gens non adultes sans autorisation de leurs parents ou tuteurs
1318	Jean XXII	Interdiction aux inquisiteurs de la dépravation hérétique officiant dans le royaume de France d'inquiéter indûment les consuls et les habitants de Montpellier, car ils persistent fidèlement dans la dévotion à leur mère l'Église et la stabilité de la foi catholique

Les demandes adressées par les consuls de Montpellier pour obtenir le renouvellement de ces anciens privilèges témoignent de l'actualité, encore en 1363, des préoccupations relatives d'une part aux droits de sépulture indûment exigés par les clercs, car s'ajoutant à la quarte funéraire canonique due aux paroisses, d'autre part à l'hérésie. À cet égard, les Montpelliérains ne veulent en aucun cas que leur fidélité séculaire à la foi catholique soit remise en cause. Urbain V consent volontiers à reconnaître qu'ils sont toujours demeurés « *supra firmam petram catholice fidei stabiliti* »[34].

Mais d'autres sujets les préoccupent également. Ils n'hésitent pas à en informer le nouveau pontife, car ils connaissent sa bienveillance à l'égard de leur ville et le moment leur semble opportun. Au début du XIIIe siècle, dans le contexte de la succession de Marie de Montpellier à la seigneurie de la ville, Innocent III avait pris sous sa protection spéciale les consuls et les habitants, ainsi que leurs biens, en échange d'une forme d'allégeance au siège apostolique, symbolisée par le versement chaque année à Pâques d'un cens de deux marcs d'or[35]. Cette protection avait été confirmée par Honorius III, Grégoire IX et Jean XXII. En la confirmant à son tour, à la même date du 2 janvier 1363, Urbain V s'inscrivait donc dans la suite de ses prédécesseurs[36]. Il semble toutefois que la redevance annuelle ait posé quelques problèmes, comme le révèle une lettre du 4 août 1365[37]. Il s'agit d'une confirmation d'un accord passé précédemment entre le camérier du pape, Arnaud Aubert, d'une part, et le représentant du consulat et un groupe de notables de la ville de Montpellier d'autre part. Jusque là, précise le texte de l'accord, les deux marcs correspondant à la somme due au titre du cens annuel étaient comptés pour 100 « massamutins » par marc, en conformité avec

---

34   *Ibidem*, n° 5968.
35   Sur les relations entre Innocent III et les seigneurs de Montpellier, voir Françoise DURAND, « Innocent III et les Guilhem de Montpellier », in *Innocent III et le Midi*, Cahiers de Fanjeaux 50, Toulouse, Privat, 2015, p. 63-88.
36   *Urbain V. Lettres communes*, n° 5969.
37   *Ibidem* n° 14691.

le privilège d'Innocent III[38]. Or, à l'époque d'Urbain V, on ne sait apparemment plus ce que vaut cette monnaie, devenue obsolète, et vraisemblablement inconnue des agents de la Chambre apostolique chargés de percevoir la redevance, ce qui rendait difficile l'évaluation exacte de son montant, la valeur du marc d'or ayant elle-même fortement évolué depuis un siècle et demi d'histoire monétaire. Une réforme s'imposait. Après discussion entre les Montpelliérain et le camérier, un accord était intervenu. Il fut convenu que le marc à retenir serait désormais le marc d'or de Rome, évalué à 24 carats, étant entendu que si un jour on retrouvait la valeur du massamutin, les agents de la Chambre en répercuteraient aussitôt le montant réel sur le cens dû. C'est donc cet accord qui fut entériné par le pape le 4 août 1365.

À côté de cet ensemble de lettres venant répondre à un souci légitime des consuls de bonne gestion financière de la ville, le fonds de la chancellerie pontificale contient également plusieurs privilèges accordés par Urbain V à des couvents appartenant aux ordres Mendiants, essentiellement sous la forme d'indulgences en faveur des fidèles venant visiter leurs églises, donc susceptibles de leur laisser des aumônes.

Tableau 2. Privilèges octroyés aux ordres Mendiants de Montpellier par Urbain V

13 avril 1364 *Lettres communes*, n° 11471	Indulgence d'un an et 40 jours à tous les fidèles pénitents et confessés qui visiteront chaque année les jours de fête habituels[39], le jour de l'octave, les six jours suivant la Pentecôte et le jour de la Saint Yves, pendant au moins dix ans, la chapelle Saint-Yves située dans l'église des Ermites de saint Augustin de Montpellier, dans laquelle de nombreux miracles sont accomplis.
15 mars 1365 *Lettres communes*, n° 14426	Indulgence d'un an et 40 jours aux fidèles pénitents et confessés qui contribueront à la reconstruction de l'église des Carmes, totalement détruite à cause de la guerre.
16 janvier 1367 *Lettres communes*, n° 19631	L'église des Carmes ayant été reconstruite, le pape [qui vient d'arriver à Montpellier] accorde une indulgence d'un an et 40 jours aux fidèles qui la visiteront et y laisseront des aumônes.
30 mars 1367 *Lettres communes*, n° 19723	Le pape [qui vient de quitter Montpellier] accorde une indulgence d'un an et 40 jours aux fidèles qui visiteront la chapelle Sainte-Croix dans l'église des Prêcheurs aux jours de fêtes habituels, auxquels s'ajoutent 100 jours à ceux qui, en plus, la visiteront dans l'octave de ces fêtes et pendant les 6 jours suivant la Pentecôte.

L'observation de ce tableau suscite deux remarques. En premier lieu, on relèvera que trois des quatre ordres Mendiants bénéficient de l'octroi d'indulgences. Si les Franciscains semblent en être exclus, c'est sans doute parce que le pape avait déjà exprimé sa générosité envers eux en leur offrant, en 1366, une relique insigne : un bras de saint Louis d'Anjou, don que nous apprend un passage du *Petit Thalamus*[40]. Par ailleurs, les moniales n'obtiennent pas de privilèges identiques, en dépit de la présence à Montpellier tant des branches féminines des ordres mendiants que de communautés de femmes rattachées à d'autres instituts.

---

38 Bulle du 10 avril 1215 : ... *duas marchas auri, centum massamutinis computandis pro marcha* (publ. par Alexandre GERMAIN, *Histoire de la commune de Montpellier...*, t. I, p. 372-373). « Massamutin » désigne le dinar almohade, qui avait cours en Méditerranée au XIIIe siècle.

39 Liturgie des fêtes à l'époque d'Urbain V : Noël, Circoncision, Épiphanie, Pâques, Ascension, Corps du Christ (Fête-Dieu), Pentecôte, Nativité de la Vierge, Annonciation, Purification de la Vierge, Assomption, Nativité de saint Jean-Baptiste, SS. Pierre et Paul, Toussaint.

40 *Aquest an* [1366] *nostre senh'r lo papa trames al covent de frayres menors de Montpellier lo bras drech de mossenh'r sant Loys de Masselha encastrat en argent, loqual trames per frayre P. d'Aragon, frayre menor, nebot del dich sant Loys et oncle del rey d'Aragon* (f° 116).

En revanche, par une bulle du 12 février 1367, l'église de Notre-Dame des Tables se voit accorder un privilège comparable à celui dont bénéficient les églises mendiantes[41].

Un troisième ensemble de lettres pontificales relatives à Montpellier concerne le *studium*, les universitaires et la fondation des collèges. Plusieurs d'entre elles sont des octrois de bénéfices ecclésiastiques, situés dans divers diocèses, à des clercs venus faire leurs études à Montpellier. Dès 1364, Urbain V avait accordé la dispense de résidence que ces avantages exigeaient, d'abord pendant quatre ans, ensuite sans limitation de durée[42]. Il autorise ainsi, par une bulle du 5 février 1368, les docteurs, les maîtres et les étudiants de Montpellier à percevoir les revenus de leurs bénéfices pendant le temps de leur présence dans le *studium*, même si leur bénéfice impliquait la *cura animarum*[43].

On ne reviendra pas ici, car elles sont connues grâce à leur publication dans le *Cartulaire de l'Université de Montpellier* et étudiées, en particulier par Louise Guiraud, sur l'ensemble des lettres relatives aux collèges. On se limitera à porter un nouveau regard sur quelques-unes d'entre elles qui n'ont pas fait jusqu'ici l'objet de commentaires. Signalons par exemple une lettre concernant un collège moins célèbre que les grands établissements pontificaux, le collège de Brescia. Fondé quelques années auparavant par l'évêque de Brescia[44], il était destiné à dix pauvres clercs venus à Montpellier pour étudier les lettres. Mais faute de dotation suffisante, ces étudiants qui avaient déjà, semble-t-il, été recrutés ne disposaient ni de maison, ni de ressources. Le 11 février 1367, alors qu'il est à Montpellier, où son attention a dû être attirée sur cette situation, Urbain V leur attribue une résidence et, sur les biens qui avaient été laissés à l'Église par le fondateur défunt, fait acheter une vigne dont les revenus devront permettre aux collégiens de poursuivre leurs études et, plus particulièrement, après avoir été formés *in primitivis scientiis*, c'est-à-dire aux arts libéraux, de continuer leur cursus universitaire en droit civil ou canonique pendant six années[45].

Parmi les nombreuses lettres d'Urbain V concernant le collège Saint-Benoît, sa construction, son église, ses bâtiments et ses pensionnaires, on en retiendra quatre, qui s'inscrivent, par leur sujet, dans un champ de recherche actuel pour les médiévistes : les rapports entre l'Église et la ville, l'insertion des établissements religieux dans le tissu urbain, les liens entre les clercs qui les desservent et la société laïque environnante[46].

Le 25 octobre 1366, Urbain V accorde à un laïc originaire du diocèse de Lyon, Jean de Oyena, l'autorisation d'avoir dans le monastère Saint-Benoît une chambre qui devra être « convenable à son statut », tant qu'il vivra. Il bénéficiera des ressources du monastère, où il résidera en habit séculier, recevra de la nourriture et des vêtements décents. Au plan juridictionnel, il sera soumis à l'autorité du prieur ou de son représentant[47]. Il faut voir dans la situation de ce personnage le cas classique d'un donat, installé dans un monastère encore en pleins travaux. La lettre ne nous renseigne malheureusement pas sur les motifs d'une telle générosité, sans doute venue récompenser un service rendu à la papauté par son bénéficiaire.

---

41   *Urbain V. Lettres communes*, n° 20212. *C.U.M.*, n° 122.
42   *Ibidem*, n° 10580.
43   *Ibidem*, n° 21573.
44   Bernard Tricard, o. cist., moine de Valmagne, évêque de Bergame en 1342, transféré au siège de Brescia en 1349, mort en 1358.
45   *Urbain V. Lettres communes*, n° 19673 ; *C.U.M.*, n° 136.
46   Sur ce sujet, voir pour le Midi : *Moines et religieux dans la ville (XIIe-XVe siècle)*, Cahiers de Fanjeaux 44, Toulouse, Privat, 2009.
47   *Urbain V. Lettres communes*, n° 17911.

Quelques jours après son arrivée à Montpellier, le 14 février 1367, Urbain V consacre le maître-autel de l'église du monastère Saint-Benoît. Cet acte liturgique, essentiel puisqu'il autorise dès lors la célébration du culte, est suivi le lendemain par la création dans la nouvelle église d'une « confrérie Saint-Germain », accueillante aussi bien aux hommes qu'aux femmes[48]. Le pape, qui avait offert à sa fondation des reliques de saint Benoît et de saint Germain, décide d'initier auprès d'elles une sorte de petit pèlerinage en y attirant les fidèles. Le 6 novembre 1369, depuis Rome, il accorde une indulgence de trois ans et trois fois 40 jours aux fidèles qui, pénitents et confessés, viendront chaque année visiter ces reliques dans l'église du monastère-collège lors des grandes fêtes du calendrier et le jour de leur octave, ainsi qu'aux fêtes de saint Benoit, saint Germain et saint Blaise[49].

Enfin, le 19 novembre 1370, alors qu'il est de retour à Avignon et qu'il n'a plus qu'un mois à vivre, préoccupé qu'il est par les problèmes de l'heure et par ses ennuis de santé, Urbain V pense encore à Montpellier et à son cher collège. Il tient à confirmer une décision qu'il avait prise à Rome l'année précédente, autorisant les sépultures de certaines catégories de laïcs dans le cimetière du monastère : serviteurs, familiers, donats, tous ceux qui étaient les commensaux des moines pourront y être ensevelis, aucune quarte funéraire ne devant être perçue à ce propos par les paroisses d'origine de ces personnes[50].

L'on voit donc, à travers cette série de dispositions qu'Urbain V, tout en soumettant sa fondation à la règle de saint Benoît et par conséquent, pour ses pensionnaires religieux, à la clôture monastique, matérialisée par un mur d'enceinte, a aussi souhaité donner aux Montpelliérains, tant hommes que femmes, la possibilité de venir prier, assister aux offices, vénérer les reliques, s'organiser en confrérie, dans une église qu'il a voulu ouverte, accueillante, bien insérée dans un réseau religieux déjà dense. Sans doute au grand dam des chanoines de Maguelone et plus particulièrement du prieur de Saint-Firmin, curé principal de la ville, mais à cette époque le chapitre et les prieurs qui en étaient issus ne constituaient plus une puissance de résistance aussi forte qu'ils l'avaient été aux siècles précédents à l'encontre des instituts réguliers. En outre, face à la volonté d'un pape, il était plus que difficile pour un chapitre d'exprimer la moindre réserve à l'encontre de ses décisions[51].

***

L'autre grand corpus documentaire susceptible d'apporter des points de vue neufs sur le sujet qui nous préoccupe est celui que constituent les comptes de la Chambre apostolique. Conservés également aux Archives du Vatican, il constitue la remarquable série, quasi complète pour la période avignonnaise, des *Introitus et exitus camere*, quelques registres étant rangés dans la série des *Collectoriae* et dans celle des *Registra Avenionensia*[52].

Les registres des comptes pontificaux n'ont pas été inconnus des premiers chercheurs qui ont travaillé de manière sérieuse sur les collèges fondés par Urbain V, tant

---

48   *Ibidem*, n° 18466.

49   *Ibidem*, n° 26348.

50   Excepté toutefois les excommuniés, les interdits et les usuriers, mais incluant en revanche les pauvres et les voyageurs qui décéderaient dans les limites du monastère et n'auraient pas élu sépulture ailleurs. *Ibidem*, n° 26355 et n° 27878.

51   D'autant qu'Urbain V, pape réformateur, soucieux du respect de la discipline ecclésiastique, n'a pas hésité à rappeler à l'ordre les chanoines de Maguelone, trop peu assidus à ses yeux aux réunions capitulaires, en exigeant leur présence. *Ibidem*, 24787.

52   En particulier Collect. 388, Reg. Aven. 166 et 170. Les registres de comptes de la série des *Introitus et exitus* correspondant au pontificat d'Urbain V sont consultables sur microfilms au Centre de recherche sur la papauté d'Avignon (Palais des Papes, Avignon), ainsi qu'à l'IRHT (Centre Augustin-Thierry, Orléans).

Louise Guiraud que l'abbé Chaillan, Marcel Fournier et Eugène Müntz, mais la totalité du travail de dépouillement exhaustif n'a pas été fait[53]. Plusieurs registres restent à transcrire et à analyser. Or, ils sont susceptibles d'apporter quantité d'informations, non seulement sur la construction des édifices, en complément de ce qu'a réalisé Louise Guiraud, mais également sur l'organisation interne de la maison, sur la vie quotidienne des collégiens, leur nourriture, leur habillement, les dépenses étant détaillées semaine après semaine avec, périodiquement, la mention des dépenses « extraordinaires » concernant, par exemple, l'équipement liturgique de l'église en vases précieux, en croix, en livres, sans omettre le salaire versé au médecin en cas de maladie de tel membre de la communauté. La présence de ces registres de comptes particuliers dans le fonds caméral s'explique par le mode de financement des chantiers montpelliérains. Si Anglic Grimoard a largement financé son collège de Saint-Ruf sur sa cassette personnelle, son frère a, quant à lui, procuré les recettes indispensables à la fois en puisant dans la trésorerie de l'Église, usant du système des assignations sur un certain nombre de collectories, et en offrant au collège pour assumer ses dépenses les revenus de l'évêché de Maguelone, resté vacant entre 1364 et 1367.

On choisira un exemple révélateur de la richesse et de l'intérêt de cette source avec la constitution de la bibliothèque du collège Saint-Benoît, sujet qui intéresse l'histoire à la fois religieuse, universitaire et culturelle de Montpellier au XIVᵉ siècle. Urbain V, en tant qu'intellectuel de haut niveau et ancien universitaire, a eu particulièrement à cœur d'y travailler. Cet effort de collecte de manuscrits à l'intention des collégiens sera du reste compté à son actif par les promoteurs de sa cause. Son procès de béatification signale en effet que le pape défunt avait donné au collège « un grand nombre de bons livres, de grande valeur, concernant diverses disciplines : théologie, philosophie, droit, histoire, contemplation et dévotion, dont il a ordonné qu'ils soient constitués en bibliothèques publiques dans ledit monastère, afin que ceux qui sont pauvres ou ceux qui ne possèdent pas de livres puissent y trouver de consolantes joies »[54].

Ces réflexions sont confirmées par les nombreuses mentions figurant dans les comptes d'achats, de travaux de copie de manuscrits, de reliure, de restauration de livres à l'intention des étudiants du nouveau collège. Mandaté par le pape, le collecteur de Narbonne Jean Garrige s'employa à réunir 130 ouvrages, parmi lesquels 110 de droit, dont il prit soin de noter les titres, avec leur prix et le nom du vendeur. Une trentaine provenait des dépouilles du collecteur du Portugal, parmi lesquels une vingtaine d'ouvrages non juridiques (liturgie, sermons...). Les différents comptes, publiés par Marie-Henriette Jullien de Pommerol et Jacques Monfrin, énumèrent notamment les quantités remarquables de livres de droit : en droit canonique, 8 décrets, 24 volumes de décrétales, 4 Sexte, 9 Clémentines, un recueil des Extravagantes ; en droit civil, 18 Code, 10 Digeste vieux, un Reforciat, 12 Digeste neuf[55].

Dans l'extrait du procès de béatification cité ci-dessus, on relèvera la mention : « *fecit publicas librarias in ipso monasterio* », ce qui suppose que plusieurs lieux de conservation et/ou de consultation des livres avaient été prévus, expliquant par là même l'existence de plusieurs exemplaires de chaque ouvrage.

---

53 Cf. *supra* n. 7.
54 Cité par Marie-Henriette Jullien de Pommerol et Jacques Monfrin, *Bibliothèques ecclésiastiques au temps de la papauté d'Avignon*, Paris, CNRS Éditions, 2001, t. II, p. 369.
55 *Ibid.*, p. 370-381.

Pendant son séjour à Montpellier, Urbain V poursuivit au bénéfice des miséreux son œuvre caritative, telle qu'il avait coutume de l'illustrer quotidiennement lorsqu'il était à Avignon[56]. Dès le mois d'octobre 1366, en prévision de son voyage à Montpellier, il avait envoyé sur place l'aumônier de la Pignotte Raimond Gayraud, accompagné d'un chapelain, d'un notaire et d'un serviteur, avec la mission de trouver des locaux aptes à recevoir cet important service de distribution de nourriture au bénéfice des pauvres affamés[57]. La mission ayant été un succès, l'administrateur de la Pignotte, Gérard de La Chaume, put gagner directement Montpellier, avant même le départ du pape, accompagné d'une partie du personnel de son service et du matériel nécessaire, le reste devant voyager avec le pontife et la curie. Ainsi, à l'arrivée d'Urbain V à Montpellier, le 9 janvier 1367, la Pignotte était déjà installée, prête à travailler à ses tâches charitables. Pendant deux mois, quotidiennement, elle allait se consacrer, dans ce nouveau cadre pour elle, aux distributions de nourriture aux pauvres, tandis que l'aumônier secret, Durand André, s'attachait de son côté à remplir la mission qui était jusque là la sienne à Avignon : secourir les couvents mendiants, les hôpitaux, les étudiants pauvres, les filles à marier et autres personnes nécessiteuses, par des subsides en argent[58]. Les frères Prêcheurs surtout reçurent d'importantes gratifications. C'est dans leur église que le pape célébra la liturgie de la Chandeleur, le 2 février. L'affluence y fut telle que neuf personnes, huit hommes et une femme, furent blessées tant la presse était forte. Ému par l'incident, le pape ordonna à son aumônier de verser aux victimes une somme d'argent leur permettant de payer le chirurgien et l'apothicaire qui leur avaient dispensé des soins[59].

***

Peu de villes, comme Montpellier, ont été l'objet de la part d'un pape d'autant de soins, attentifs et généreux, si l'on met à part sans doute la ville de Rome sous certains pontificats. Pour s'en tenir au Midi et à Urbain V, toute la documentation rassemblée à cet égard, tant celle anciennement connue que les fonds nouvellement mis à la disposition des chercheurs, le confirme : Montpellier fournit un exemple quasi unique d'une relation privilégiée entre un pape et une ville. Ni Avignon, résidence ordinaire de la curie au XIVᵉ siècle, ni Marseille, où Urbain V a souhaité que son corps repose après sa mort, n'ont reçu l'équivalent des bienfaits dont Montpellier fut comblée, plus spécialement lors du séjour qu'y fit le pape du 9 janvier au 8 mars 1367. Si Montpellier a été pendant longtemps, dès la fin du XIᵉ siècle, une « terre pontificale » (Julien Théry), on considérera volontiers, si l'on se réfère à l'adage *Ubi papa, ibi Roma*, que pendant ces deux mois Montpellier fut bel et bien la capitale du monde chrétien.

---

56 Sur le fonctionnement de l'aumônerie secrète : Daniel Le Blévec, « L'aumône secrète de la papauté sous Urbain V », in *Histoire et société. Mélanges offerts à Georges Duby*, vol. I : *Le couple, l'ami et le prochain*, Aix, Publications de l'Université de Provence, 1992, p. 209-219. Sur la Pignotte, Id., *La part du pauvre. L'assistance dans les pays du Bas-Rhône, XIIᵉ –milieu XVᵉ siècle*, Rome, Collection de l'École Française de Rome, 2000, t. II, p. 448-544.

57 Le voyage à Montpellier de l'aumônier de la Pignotte a fait l'objet d'un compte particulier, rendu à son retour à Avignon, le 15 octobre 1366 (Arch. Vat, Intr. et exit., 318, fᵒ 101) : *soluti fuerunt fratri Raymundo Guyraldi, elemosinario domus elemosine Panhote, nuper misso de mandato domini nostri pape apud Montempessulanum ad videndum hospitium in dicto loco pro dicta elemosina ibidem danda dum idem dominus noster papa illuc proxime ibit...*

58 Les dépenses correspondant au séjour d'Urbain V à Montpellier sont détaillées dans le « journal » de la 5ᵉ année du pontificat : Arch. Vat., Intr. et exit 321, fᵒ 78-85 et 99-110.

59 *Ibid.*, fᵒ 104.

Conclusion

Nouvelles approches sur l'histoire de Montpellier

Lucie Galano
Université Paul-Valéry Montpellier 3 et Université de Sherbrooke

Lucie Laumonier
University of Calgary

Cette conclusion vise, non pas tant à fournir d'abondantes références bibliographiques sur l'histoire de Montpellier (d'ores et déjà présentées en introduction – le lecteur ou la lectrice trouvera dans les notes une bibliographie indicative), mais plutôt à esquisser un panorama des différentes perspectives qui permettraient d'enrichir l'histoire de la ville en y intégrant les apports nombreux et variés des articles publiés ici. Les participants à la table ronde qui clôturait le colloque s'étaient entendus pour souligner que, si l'histoire de Montpellier a bénéficié de bien des attentions, la relecture d'archives connues et la sollicitation d'une documentation extérieure à la ville, ainsi que l'adoption de nouveaux angles d'approches, en favorisant l'interdisciplinarité, confirment que la recherche a encore de beaux jours devant elle. Nous proposons ainsi d'offrir une vue d'ensemble de ces champs d'étude et d'indiquer les archives qui pourraient être employées à cet effet.

Avant toutes choses, il convient de rappeler quelques dates qui ont marqué l'histoire politique de Montpellier. De la toute fin du Xe jusqu'au début du XIIIe siècle, la ville était le chef-lieu de la seigneurie établie par le lignage des Guilhem, qui s'était étendue progressivement à une bonne partie du Bas-Languedoc[1]. Les Guilhem ne possédaient pas la totalité de leur territoire en bien propre : ils devaient rendre hommage pour certaines de leurs possessions, dont Montpellier. Relevant de la juridiction du comté de Melgueil – ou, à l'origine, de l'évêché de Maguelone – Montpellier était devenue en 1085 une terre pontificale[2]. En 1204, le roi d'Aragon Pierre II avait obtenu les droits sur la seigneurie de Montpellier par

---

[1]   Hideyuki Katsura, « Serments, hommages et fiefs de la seigneurie des Guilhem, fin XIe siècle-début XIIIe siècle », *Annales du Midi*, 104 :198 (1992), p. 141-161.

[2]   *Cartulaire de Maguelone*, Imprimerie Louis Valat, Montpellier, tome I, 1912, p. 18-20, « le comte Pierre donne à l'église romaine le comté de Melgueil et de Maguelone ». Julien Théry, lors de sa communication au colloque malheureusement absente de cette publication, avait souligné ce fait parfois oublié de l'histoire montpelliéraine. Il faudrait noter que Julien Rouquette, pour sa part, considérait que Montpellier avait appartenu à l'*episcopatus* de Maguelone et avait été l'objet d'une usurpation par les comtes de Melgueil. Ce serait à la suite de la donation de 1085 que les évêques auraient récupéré leurs droits sur d'anciens territoires. Julien Rouquette, *Histoire du diocèse de Maguelone*, tome I, Nîmes, Lacour-éditeur, 1996 (1ère éd. 1921), p. 59-60 (sur la donation du comté, voir également p. 133-138).

Montpellier au Moyen Âge. Bilan et approches nouvelles, éd. Lucie Galano et Lucie Laumonier, Turnhout, 2017
(*Studies in European Urban History*, 40), p. 217-232

BREPOLS ❧ PUBLISHERS   DOI: 10.1484/M.SEUH-EB.5.113312

son mariage avec Marie, reconnue légitime descendante des Guilhem. La cour seigneuriale s'était alors éloignée de la ville : si cet éloignement avait agrandi sa zone d'influence, il lui avait également permis d'affermir l'autonomie de son gouvernement consulaire. Au XIIIe siècle, Montpellier cumulait ainsi trois « identités » politiques : alleu du Saint-Siège sous l'autorité de l'évêque, fief de la dynastie des rois d'Aragon et de Majorque, elle était aussi une ville consulaire. À la fin du XIIIe, s'ajouta à cet écheveau l'autorité du roi de France après qu'il eut obtenu, en 1293, des droits sur les territoires de l'évêque de Maguelone, comprenant Montpellier et Montpelliéret. En 1349, le roi de France avait intégré Montpellier au domaine royal.

Le point commun à tous les articles rassemblés ici est, en fin de compte, l'étude de l'espace montpelliérain, abordé par des perspectives variées. Ainsi, cette publication met elle en lumière l'aspect éminemment territorial de l'histoire de la ville : la constitution de ce territoire est le résultat produit par une « spatialisation des pouvoirs » qui encadrent une communauté d'habitants au sein de laquelle s'est développé un sentiment d'appartenance à l'espace vécu[3]. L'ensemble des travaux peut ainsi légitimement s'articuler autour de la notion de « territoire » : territoire politique tout d'abord, envisageant Montpellier dans sa dimension de seigneurie ; puis territoire urbanisé, un espace pensé et modelé par les usages qu'en avaient les institutions politiques, religieuses et les habitants de la ville. En dernier lieu, Montpellier était un espace d'échanges intellectuels et informels, favorisant le développement d'une tradition savante et d'une culture populaire qui ont contribué à forger l'identité de la ville.

Territoire(s) montpelliérain(s)

Depuis son enceinte et ses faubourgs, l'horizon de la ville était étendu aux autres lieux dépendants du même pouvoir. Ainsi Montpellier n'était-elle pas au Moyen Âge seulement une ville, mais l'une des composantes d'un territoire seigneurial plus vaste et morcelé. Jauger l'étendue de ce territoire oblige dès lors à se confronter à l'histoire politique de Montpellier. La multiplication des figures seigneuriales de la ville, la superposition de leurs droits juridictionnels sont à l'origine de la complexité de son histoire politique, une complexité qui n'est d'ailleurs toujours pas complètement éclaircie. Une relecture en profondeur s'impose dans la mesure où l'historiographie traditionnelle a très souvent traité les archives connues du consulat indépendamment des archives seigneuriales qui demeurent moins exploitées en raison de leur dispersion entre les différentes cours seigneuriales distantes de Montpellier – archives barcelonaises et françaises notamment[4].

L'emprise territoriale de Montpellier à l'échelle locale mériterait certainement d'être abordée à nouveau. Plusieurs champs de recherche restent à explorer : les stratégies d'acquisition instaurées par les Guilhem, l'organisation de la défense de leur territoire, et

---

3   Benoit Cursente et Mireille Mousnier, « Conclusion générale », in Benoit Cursente et Mireille Mousnier (dir.), *Les territoires du médiéviste*, Rennes, Presses universitaires de Rennes, 2005, p. 439-445.

4   L'historiographie traditionnelle de Montpellier est représentée par deux figures incontournables : Alexandre Germain, républicain affirmé, et Julien Rouquette, prêtre du diocèse de Montpellier. Le premier s'était attardé sur les archives consulaires montpelliéraines, voyant dans l'institution consulaire les prémices du régime républicain tandis que le second s'était efforcé, à la suite d'un travail exceptionnel d'éditions de documents médiévaux, de démontrer l'importance de l'évêché maguelonais, notamment en tant que seigneur de Montpellier. Cette image de la ville divisée entre sa seigneurie et son consulat s'est perpétuée dans l'historiographie. L'article de Pierre-Joan Bernard engage les historiens à confronter de manière plus systématique les sources seigneuriales dispersées aux sources consulaires sédimentées.

CONCLUSION

les échanges qui y avaient cours. L'assise de la seigneurie des Guilhem à Montpellier offrait la possibilité à la ville de trouver dans son arrière-pays des collaborations importantes pour développer ses activités et son économie – exploitation des ressources naturelles, échanges commerciaux et démographiques. Les rois d'Aragon et de Majorque avaient perpétué, dans une moindre mesure, l'extension de leur domaine seigneurial en Bas-Languedoc. Les consuls avaient également veillé à pourvoir Montpellier en nouvelles terres pour enrichir et diversifier les ressources[5]. Si une partie de la documentation est connue et éditée – *Cartulaire des Guilhem* notamment, *Cartulaire des rois d'Aragon et de Majorque*, moins étudié –, les archives communales et les registres notariés des archives départementales de l'Hérault peuvent servir à de nouvelles études pour les XIIIe, XIVe et XVe siècles.

L'exercice du droit de justice est l'une des manifestations les plus élémentaires de l'emprise du seigneur sur sa ville et sur son territoire. Les potences, installées à l'intérieur et aux frontières de son espace juridictionnel, étaient tout autant des objets pragmatiques de répression que des symboles du pouvoir qui s'exerçait sur les habitants vivant dans ce territoire[6]. Les seigneurs de Montpellier s'étaient montrés soucieux de leur autorité judiciaire, et ils pouvaient pratiquer une justice sévère[7]. Si les consuls semblent avoir été moins concernés en la matière – mais sans doute cela est-il dû à l'apparente rareté des sources judiciaires – ils savaient défendre eux aussi leurs droits juridictionnels. En dépit de la maigreur des sources disponibles pour l'étude des pratiques de justice criminelle dans la seigneurie de Montpellier, plusieurs procès et documents judiciaires sont conservés aux archives municipales et départementales[8]. Leur analyse scrupuleuse permettrait d'une part d'éclairer les rouages de la justice seigneuriale et consulaire à Montpellier (publicisation des procès, « spectacle » de la justice, personnel de cour, prisons, sentences, etc.), d'autre part de s'interroger sur les rapports des habitants à ces institutions, sur leur connaissance des droits exercés par les seigneurs et les consuls, sur leur capacité à négocier leur sort face à l'intrication des juridictions[9].

La multiplication des figures seigneuriales dans la région n'était pas sans avoir entraîné des conflits. Une étude systématique des oppositions entre les seigneurs, les consuls de Montpellier et les évêques de Maguelone est encore à réaliser ; elle permettrait d'éclairer les relations entre ces pouvoirs qui se disputaient et se partageaient l'autorité sur une ville, divisée en deux juridictions distinctes : la part antique, la « rectorie », sous autorité de l'évêque, puis du roi de France, et la part neuve, la « baylie », dépendant du seigneur. La limite entre ces deux zones constituait une frontière tangible, connue des habitants et qui marquait la bipolarité de l'espace urbain montpelliérain.

---

5   Voir la contribution de Lucie Galano au présent ouvrage.
6   Vincent CHALLET, « Les fourches sont-elles vraiment patibulaires ? Les fourches et leur contraire à partir de quelques exemples languedociens », *Criminocorpus*, « Les Fourches Patibulaires du Moyen Âge à l'Époque moderne. Approche interdisciplinaire, Communications », [en ligne], disponible sur :
http://criminocorpus.revues.org/3033 (**mis en ligne le 25 septembre 2015**).
7   C'est notamment ce qu'a démontré l'étude de Leah Otis-Cour présentée ici.
8   Aux archives municipales, le fonds du Grand Chartier conserve plusieurs procès. Aux archives départementales, certains registres des notaires (série 2 E 95) paraissent liés à l'activité des cours de justice de Montpellier. Voir par exemple le registre 2 E 95/386, couvrant la période 1369-1371, dont la notice indique que le notaire œuvre pour « la cour royale. Il enregistre les actes judiciaires ». Autre référence, le registre 2 E 95/547, daté de 1438, décrit comme un « plumitif d'audiences du bayle ».
9   Ce champ de recherche a été abordé par Kathryn Reyerson dans deux articles : « Flight from Prosecution : The Search for Religious Asylum in Medieval Montpellier », *French Historical Studies*, 17 :3 (1992), p. 603-626 ; et « L'expérience des plaideuses devant les cours de Montpellier (fin XIIe-mi-XIVe siècle) », in Julie CLAUSTRE, Olivier MATTÉONI et Nicolas OFFENSDADT (dir.), *Un Moyen Âge pour aujourd'hui, mélanges offert à Claude Gauvard*, Paris, PUF, 2010, p. 522-528.

Les oppositions entre Maguelone et Montpellier ne s'étaient pas exercées seulement dans le domaine judiciaire : l'Église de Maguelone – son évêque tout comme son chapitre – s'était montrée vigilante face à une ville qui attirait à elle une population susceptible d'habiter la cité épiscopale et qui favorisait des ordres nouveaux, perturbant l'équilibre religieux préexistant. Exerçant sa suprématie, le chapitre maguelonais avait entravé l'installation d'autres institutions religieuses[10]. Dans cette situation tendue, le rôle de la papauté avait été décisif et semblait marqué par une propension favorable envers Montpellier, à qui elle renouvelait bien souvent des marques de protection. Les échanges entre le Saint-Siège et Montpellier étaient fréquents et nombreux, et mériteraient d'être étudiés avec attention. Solliciter les archives vaticanes, en particulier les fonds de la Chancellerie apostolique en partie édités mais souvent négligés par les historiens de Montpellier, promet de nombreuses avancées sur la question, car l'importance de la papauté dans le paysage politique de la ville n'a pas été entièrement dévoilée par l'historiographie[11].

À l'extrême mobilité des archives seigneuriales, s'oppose la grande stabilité des archives communales. Les consuls de Montpellier, détenteurs de la *potestas statuendi* et soucieux de l'exercer, ont été de grands producteurs d'archives. L'étude de la scripturalité est un domaine qui a suscité de nombreuses avancées. La rédaction de documents attestait des compétences du gouvernement consulaire à administrer la ville, motivé et justifié par la recherche du bien commun, auquel devaient aboutir ses décisions. Si la recherche du profit commun était bien sûr une construction discursive visant à légitimer le pouvoir et les actions des consuls sur la ville, elle n'en constituait pas moins une manifestation effective de leur capacité à agir[12]. Leur *potestas statuendi* avait permis aux consuls d'élaborer une législation favorable aux activités de la population urbaine et donc aux intérêts de la ville, notamment dans le domaine marchand[13]. Devant garantir la santé des habitants pour le bien de tous, le consulat avait organisé la gestion des hôpitaux ou la prise en charge des enfants exposés[14]. De nouvelles approches se dessinent à travers l'analyse de l'exercice des prérogatives consulaires : les questions de gestion des déchets, d'entretien de la voierie ou de la Commune clôture sont très prometteuses, et peuvent s'appuyer sur une importante documentation les concernant[15]. Ces approches permettent de mieux comprendre l'action des seigneurs et du consulat sur l'urbanisme de Montpellier et de ses faubourgs.

Usages de l'espace urbain

Les recherches archéologiques ont dévoilé que, derrière l'apparence moderne de son bâti, Montpellier reste une ville médiévale encore fortement marquée par son passé. De nouvelles découvertes sont faites régulièrement qui permettent d'affiner la

---

10 Voir l'article de Françoise Durand-Dol.

11 En plus des éditions connues du *Bullaire de Maguelone* et du *Liber instrumentorum memorialum* qui contiennent déjà de nombreuses bulles adressées aux seigneurs de Montpellier et à la communauté des habitants.

12 L'étude de la poursuite du « bien commun » constitue une problématique de recherche fertile, comme le montre l'exemple des villes italiennes. Élodie LECUPPRE-DESJARDIN et Anne-Laure VAN BRUENE (éd.), *De bono communi : the Discourse and Practice of the Common Good in the European City (13th-16th c.) / Discours et pratique du bien commun dans les villes d'Europe (XIIIᵉ au XVIᵉ siècle)*, Turnhout, Brepols, 2010.

13 Voir la contribution de Maïté Ferret-Lesné.

14 Ce qu'a démontré Geneviève Dumas.

15 André GOURON, « De l'impôt communal à l'impôt royal. Le cas de Montpellier », in Denis MENJOT, Manuel SANCHEZ MARTINEZ et Albert RIGAUDIÈRE (DIR.), *L'impôt dans les villes de l'Occident méditerranéen XIIIᵉ-XVᵉ siècle*, Paris, CHEFFE, 2005, p. 291-304.

compréhension des structures urbanistiques. Cette perspective architecturale et d'aménagement de la ville invite à considérer l'espace urbain à travers les différents usages qui en étaient faits. Ces usages sont politiques, ils sont aussi de nature religieuse et culturelle. Enfin, Montpellier était un espace de vie quotidienne pour une population sociologiquement diversifiée, se répartissant inégalement sur son territoire, et dont les activités sont toujours perceptibles dans l'urbanisme de la ville actuelle.

Si la localisation des lieux de pouvoir est une donnée identifiée depuis longtemps déjà, l'histoire de ces lieux mêmes et des enjeux entourant leur construction, leur destruction, leur déplacement ou leur utilisation effective reste à faire en grande majorité. L'espace urbain est « une réalité sensible mais qui relève aussi d'un domaine non visible[16]. » Notre appréhension de la « réalité sensible » du Montpellier médiéval a bénéficié des recherches archéologiques, mais il reste à analyser plus en profondeur la question de l'occupation et l'investissement symbolique de l'espace par ses seigneurs. La destruction au début du XIIIe siècle, sur requête des consuls, de la tour bâtie en 1143 sur le château des Guilhem[17] est ainsi particulièrement évocatrice de cette valeur symbolique associée au bâti institutionnel et de l'intérêt que présente ce champ historiographique, révélateur tant des ambitions seigneuriales et consulaires que des tensions sociales et politiques[18]. De même, le roi de France multipliait dès la fin du XIIIe siècle les fondations dans la part-antique (hôtel de la monnaie, cour du Petit-Scel), afin d'affirmer et d'asseoir son emprise sur le territoire. Préciser les connaissances sur certains lieux institutionnels, sur lesquels peu de recherches ont été faites, éclairerait les modalités d'établissement du pouvoir.

L'un de ces grands « chantiers » historiographiques est sans nul doute celui de la Commune clôture. Son tracé est de mieux en mieux connu grâce aux fouilles archéologiques, sa période de construction a été affinée – elle précède le consulat[19]. On sait qu'elle avait été l'objet d'importants travaux de réfection pendant les troubles causés par les mouvements des Grandes compagnies lors de la guerre de Cent Ans et qu'elle avait été doublée à certains endroits d'une palissade. Pourtant, les archives de la Commune clôture sont peu étudiées par les historiens[20]. La muraille avait motivé l'instauration de pratiques de surveillance – chaque échelle des métiers devait garder les différentes portes selon les jours de la semaine – et d'une institution particulière, les « ouvriers de la Commune clôture », élus par les consuls majeurs. Les ouvriers étaient, entre autres, chargés de l'inspection des murs. Les sources sont nombreuses permettant d'étudier ces hommes et leurs tâches. L'imaginaire et les éléments discursifs attachés aux murs de la ville sont eux aussi à analyser : ils étaient la représentation matérielle et symbolique de l'unicité urbaine. Ainsi, la présence de la Commune clôture sur le sceau des consuls de la ville (à partir de 1218 et jusqu'en 1272 ou 1317[21]) indique la charge symbolique conférée à la muraille, représentation matérielle de l'*universitas*, une communauté dotée d'une personnalité juridique, établie autour d'intérêts

---

16   Benoit Cursente et Mireille Mousnier, « Conclusion générale », *art. cit.*, p. 445.

17   Alexandre Germain, *Histoire de la commune de Montpellier*, Montpellier, Jean Martel l'Aîné, 1851, vol. I, p. 47-48.

18   Ghislaine Fabre, « La seigneurie : impact topographique, enceintes urbaines et châteaux-forts de Montpellier (1140-1206) », in *Seigneurs et seigneuries au Moyen Âge*, Paris, CTHS, 1993, p. 399-435. Pour une réflexion sur ce thème, Patrick Boucheron et Jacques Chiffoleau (dir.), *Les palais dans la ville. Espaces urbains et lieux de la puissance publique dans la Méditerranée médiévale*, Lyon, Presses universitaires de Lyon, 2004.

19   Voir par exemple Ghislaine Fabre et Thierry Lochard, *Montpellier, la ville médiévale, op. cit.*

20   Fonds EE des archives municipales de Montpellier.

21   L'usage du sceau de la Vierge à l'enfant est attesté à partir de 1317. La dernière trace conservée du sceau représentant la ville date de 1272. Nous remercions Pierre-Joan Bernard pour ces précisions.

semblables et réunie au sein d'un même espace[22]. De même, les travaux entamés devant la menace de la guerre de Cent ans avaient-ils déclenché une série de cérémonies consulaires reliées à la clôture[23].

L'usage des cloches de Notre-Dame-des-Tables revenait aux consuls, qui contrôlaient par ce biais « le temps du marchand[24] » au moins depuis le début du XIVe siècle. Les importants travaux engagés pour la maintenance et la réparation de ces cloches et de la flèche de Notre-Dame sont bien documentés, tant dans le *Petit Thalamus* que dans les registres des notaires du consulat, qui indiquent en outre l'identité de leur sonneur pour le XVe siècle[25]. Les sources concernant les horloges sont elles aussi abondantes[26]. Le paysage sonore et la mesure du temps sont deux champs de recherche à investir, qui révèlent l'implication du consulat dans la gestion de la vie quotidienne de ses habitants et de leur temporalité, affirmant leur pouvoir face aux prérogatives épiscopales et religieuses sur la ville. Dans la ville résonnaient les bruits des activités quotidiennes : crieurs publics et musiciens, prédicateurs, vendeurs et vendeuses à la criée étaient sans doute les plus notables. Des sons s'échappaient des échoppes des artisans, qui conversaient avec les passants, confectionnaient leurs marchandises. L'on dispose de quelques renseignements sur le monde des métiers, en particulier sur l'organisation du travail. Mais les pratiques artisanales dans la ville ou ses faubourgs (ferronnerie, teinturerie, boulangerie, pour n'en citer que trois) demeurent peu connues, malgré les apports de l'archéologie (par exemple sur le travail de la céramique ou du cuir), et n'ont regrettablement pas été l'objet d'une étude particulière dans le présent ouvrage[27].

Montpellier était aussi un centre intellectuel et religieux, malgré les réticences de l'évêque de Maguelone et du chapitre évoquées plus haut. Les restrictions imposées par l'évêque et le chapitre au sein de l'espace urbain se traduisaient en particulier par le maintien d'une seule paroisse dans la part neuve (Saint-Firmin), c'est-à-dire dans la majeure partie de l'espace protégé par la Commune clôture, malgré les requêtes régulières des consuls pour en augmenter le nombre. La part antique ne comptait elle aussi qu'une seule paroisse (Saint-Denis), plutôt délaissée par l'historiographie. Si les églises de Montpellier n'ont guère laissé de traces archéologiques, la plupart ayant subi des destructions lors des guerres

---

22   Des reproductions des sceaux figurent dans Maurice OUDOT DE DAINVILLE, *Sceaux conservés dans les archives de la ville de Montpellier, texte et 492 dessins*, (Inventaire des archives de Montpellier, tome X) Montpellier, imprimerie Laffitte Lauriol, 1952.

23   Des pistes de réflexion très stimulantes sont proposées dans Vincent CHALLET, « Une ville face à la guerre : l'entrée de Montpellier dans la guerre de Cent Ans (1352-1364) », *Annales du Midi*, 286 (2014), p. 161-180.

24   Selon l'expression de Jacques LE GOFF, « Au Moyen Âge : temps de l'Église et temps du marchand », *Annales E. S. C.*, 15 :3 (1960), p. 417-433.

25   Certains de ces documents ont été édités par Jules RENOUVIER et Adolphe RICARD, « Des maîtres de pierre et des autres artisans gothiques de Montpellier », *Mémoires de la Société archéologique de Montpellier*, 14 :2 (1841), p. 135-350. En 1416, avec l'aide de Charles VI, les consuls firent venir une horloge de Dijon pour mesurer le temps avec davantage de précision. Une partie des redevances levées par le roi sur le sel devaient être employées pour l'achat de l'horloge : « [...] *quatre deniers parisis, pour estre employez & convertiz ; c'est assavoir, les quatre deniers qui se lievent audit Diocese de Magalonne, à faire & construire l'oreloge de Mompellier, & une tour pour icellui oreloge seulement* [...]. » Ordonnances des rois de France de la troisième race, vol. X, Paris, Imprimerie royale, 1763, 22 octobre 1416, p. 378. Une deuxième horloge fut plus tard achetée à Avignon et vint, comme la première, orner la façade de Notre-Dame-des-Tables.

26   Outre la série BB, les ordonnances des rois des France (dont certaines copies sont disponibles dans le Grand Chartrier), se référer à la série CC, comptabilité consulaire.

27   Vianney FOREST, Olivier GINOUVEZ et Laurent FABRE, « Les fouilles de la Faculté de Droit à Montpellier. Urbanisme et artisanat de la peau dans une agglomération languedocienne du bas Moyen Âge », *Archéologie du Midi médiéval*, tome 22 (2004), p. 45-76.

CONCLUSION

de religion, les archives de l'évêché, celles des seigneurs et consuls, ainsi que les fonds pontificaux permettraient sans doute de mieux connaître leur histoire.

La fondation de l'ordre du Saint-Esprit et l'installation d'ordres religieux nouveaux – notamment Templiers, Hospitaliers, Dominicains, Franciscains – avaient suscité l'opposition du chapitre maguelonais mais obtenu le soutien et la protection pontificale[28]. Les enjeux entourant la fondation d'une partie de ces ordres ont bénéficié d'une relecture salutaire, mais beaucoup d'aspects de leur histoire restent à aborder. Par exemple, l'histoire des couvents mendiants est connue de manière parcellaire, les prêcheurs et les mineurs étant les mieux documentés[29]. Installés sur le territoire montpelliérain, les enclos des Dominicains et des Franciscains étaient très vastes et situés à des emplacements stratégiques des faubourgs. L'extrémité sud-est de l'enclos des frères mineurs coïncidait avec la frontière entre la part neuve et la part antique. Le couvent était localisé sur un axe particulièrement fréquenté de Montpellier, le chemin de Lattes, à proximité du « quartier rouge » de la ville. Quelques rares religieux avaient obtenu la propriété de certains territoires au cœur de la juridiction montpelliéraine. Ainsi, le « Petit Saint-Jean », enclos des Hospitaliers de Saint-Jean-de-Jérusalem, avait été intégré à la ville *intramuros* par la Commune clôture. Les ordres constituaient des collaborateurs aux activités économiques urbaines, des intercesseurs privilégiés par les habitants, se faisant opposants ou complices des seigneurs de la ville, des consuls et du chapitre dans la sauvegarde de leurs droits.

Parmi les fondations prestigieuses, les collèges du pape Urbain V et de son frère font partie des grands chantiers du XIVᵉ siècle. De ces fondations, les archives situées à Montpellier ne disent pas grand-chose : il faut chercher ailleurs, dans les archives pontificales notamment, pour trouver la documentation nécessaire permettant d'éclairer les enjeux qui ont entouré leur édification[30]. Le collège Saint-Benoît et Saint-Germain, dont l'église devait devenir le siège épiscopal en 1536, avait certainement représenté un chantier d'envergure impressionnant les habitants par ses dimensions. Outre la question du mécénat et de l'édilité, ces fondations de grande ampleur soulèvent des interrogations quant à l'identité des maîtres d'œuvre (étaient-ils de Montpellier ou d'ailleurs ?), des artisans qui travaillaient sur les chantiers (des locaux ? des travailleurs étrangers à la ville ?), sur les matériaux utilisés pour les bâtiments[31]. Des recherches prometteuses ont été menées pour d'autres centres urbains, qui offrent des pistes pour réaliser des études semblables à Montpellier[32].

Un autre champ de recherche concerne les activités et manifestations religieuses au sein de la ville, dans les rues, sur les places, qui animaient l'espace urbain. Les conditions de l'émergence de ces pratiques cultuelles et de dévotion proprement urbaines et fondamentalement associées au consulat demeurent marginalement étudiées, en dépit de sources abondantes les concernant. De nombreuses processions, qui rassemblaient régulièrement

---

28 Outre sa contribution au volume, voir la thèse de Françoise DURAND-DOL, *Origines et premiers développements de l'ordre hospitalier du Saint-Esprit dans les limites de la France actuelle (fin XIIᵉ-fin XIIIᵉ siècle)*, thèse de doctorat, Université Paul-Valéry Montpellier 3, 2011.

29 Voir les références en introduction.

30 Daniel Le Blévec a bien démontré la richesse des sources vaticanes pour documenter les entreprises pontificales.

31 Ces questions ne se posent pas pour le chantier de Saint-Benoit Saint-Germain. Voir Philippe BERNARDI, « L'implantation en ville : une question de moyens ? À propos de quelques exemples en France méridionale au XIVᵉ siècle », *Mélanges de l'École française de Rome – Moyen Âge*, 124 :1 (2012), en ligne.

32 Élisabeth CROUZET-PAVAN (dir.), *Pouvoir et édilité. Les grands chantiers dans l'Italie communale et seigneuriale*, Rome, École Française de Rome, 2003 ; Sandrine VICTOR, *La construction et les métiers de la construction à Gérone au XVᵉ siècle*, Toulouse, CNRS-Université Toulouse Le Mirail, 2008.

223

l'ensemble de la communauté urbaine, sont relatées dans le *Petit Thalamus* avec force détails. Les frères mendiants prononçaient leurs sermons dans les lieux publics : le célèbre Vincent Ferrier fit ainsi grande impression lors de son passage en ville en 1408. Certaines dates du calendrier chrétien étaient marquées par de grandes festivités religieuses. L'espace urbain était investi, au quotidien et lors d'occasions plus exceptionnelles, par des pratiques de dévotion liées à la vie en ville. Il conviendrait de s'interroger sur le développement d'une spiritualité spécifique à Montpellier, d'une « religion civique[33] » centrée sur la figure de la Vierge, patronne de la ville, représentée sur certains sceaux consulaires et sur leurs armoiries. Son église, Notre-Dame-des-Tables, était au cœur de l'espace urbain et de la vie politique du consulat[34]. Tout autour de Notre-Dame-des-Tables se tenaient certaines des plus importantes activités de Montpellier : les tables de changeurs se trouvaient sur son parvis, tandis que se distribuaient à son abord les loges des marchands et certains lieux commerçants, comme l'herberie, la poissonnerie et la boucherie. Le deuxième hôtel de ville était situé au chevet de l'église et les consuls en faisaient sonner les cloches pour rassembler les habitants.

Le culte de la Vierge s'était développé rapidement à Montpellier et trouva son assise grâce aux miracles opérés à Notre-Dame-des-Tables[35]. Ce culte prendrait ses origines dans une sculpture appelée « Vierge Noire » que Guilhem VI aurait rapporté des croisades. Le même Guilhem VI serait aussi revenu avec un morceau de la Vraie-Croix. Une autre relique de la Vraie-Croix devait être donnée par Clément VII en 1383[36]. De nombreuses reliques étaient vénérées à Montpellier : celles de saint Cléophas, peut-être ramenées d'Orient par Guilhem V, de saint Germain, données par Urbain V en 1366, de saint Thomas d'Aquin, reçues en 1377, de saint Côme obtenues en 1401... La liste n'est pas exhaustive ; le *Petit Thalamus* les mentionne fréquemment et le *Cérémonial des consuls* indique les modalités de certaines festivités et processions rattachées à leur culte[37]. Outre ces reliques, la communauté urbaine chérissait des « images » ou « majestés » – des statues – comme celle en argent de la Vierge, conservée à Notre-Dame-des-Tables, ou celle de saint Sébastien, conservée à Notre-Dame-du-Château depuis 1397. Les reliques et les miracles suscitaient le pèlerinage et scellaient l'union de la communauté urbaine autour de saints protecteurs et de processions qui bornaient le territoire urbain, dessinant un paysage religieux quotidien et familier pour les habitants de la ville.

Les caractéristiques architecturales des maisons aux XIIIe, XIVe et XVe siècles sont de mieux en mieux connues, notamment celles des riches Montpelliérains[38]. Les traces de leurs activités sont encore décelables dans l'espace urbain. Les archives confirment dès le

---

33 André VAUCHEZ (dir.), *La religion civique à l'époque médiévale et moderne (Chrétienté et Islam)*, Rome, École française de Rome, 1995. Pour une réflexion sur ce concept dans le cadre flamand, Andrew BROWN, *Civic Ceremony and Religion in Medieval Bruges, c. 1300-1520*, Cambridge, Cambridge University Press, 2011. Le sujet a été abordé par Jean-Arnault DÉRENS, « La prédication et la ville : pratiques de la parole et « religion civique » à Montpellier aux XIVe et XVe siècles », in *La prédication en Pays d'Oc (XIIe-début XVe siècle)*, Cahiers de Fanjeaux 32, Toulouse, Privat, 1997, p. 335-362.

34 L'étude la plus récente sur cette église : Jean-Loup LEMAÎTRE, « Un inventaire des ornements liturgiques et des livres de l'église Notre-Dame-des-Tables à Montpellier (6 septembre 1429) », *Journal des savants*, 1:1 (2003), p. 131-167.

35 Louise GUIRAUD, *Histoire du culte et des miracles de Notre-Dame-des-Tables*, Montpellier, Jean Martel, 1885.

36 AMM, AA9, *Petit Thalamus*, f° 154.

37 Le Cérémonial des consuls est conservé aux AMM sous la cote BB 196. Il a été édité au XIXe siècle : Achille MONTEL, « Le Cérémonial des consuls », *Revue des langues romanes*, 1 :6 (1874), p. 70-93 et p. 384-414. Cette édition est cependant inachevée. Une édition plus récente a été réalisée par Aline GARCIA, *Le Cérémonial consulaire de Montpellier (XVe siècle) : la religion civique et les rituels urbains*, mémoire de maîtrise sous la direction de Patrick Gilli et Vincent Challet, Université Paul-Valéry Montpellier 3, 2003.

38 Tel que l'a prouvé Bernard Sournia.

XIIᵉ siècle l'existence de plusieurs *fondici*, prouvant la vocation commerciale de Montpellier. Ces vastes bâtiments permettaient d'entreposer de grandes quantités de marchandises et d'offrir un lit aux muletiers et aux marchands de passage[39]. Outre ces lieux spécifiques, dès le XIIIᵉ siècle, les rez-de-chaussée des demeures des commerçants les plus aisés pouvaient également être utilisés comme des entrepôts. Les recherches sur les élites montpelliéraines se sont surtout focalisées sur les grands marchands de la part neuve, délaissant le cas des officiers royaux qui s'étaient installés en ville, surtout dans la part antique, au fil des XIVᵉ et XVᵉ siècles. Grâce à leurs moyens financiers, les membres de l'élite marchande avaient embelli leurs maisons de créations picturales originales, représentant par exemple sur leurs plafonds leur emblème ou leur saint patron, protecteur de leurs affaires. Ces splendides ornements font partie des découvertes récentes des archéologues. Cependant, les artistes qui œuvraient sur ces chantiers privés sont encore peu connus. L'habitat des plus humbles, lieu de vie des habitants occupant les quartiers proches des murs et les faubourgs, a été récemment mieux identifié[40]. Une certaine discrimination sociale existait à Montpellier, attestée par l'étude des sources fiscales et de la répartition des vestiges archéologiques des maisons médiévales[41]. Le croisement des perspectives est particulièrement fécond et permet d'appréhender les expériences quotidiennes et les manières d'habiter ces demeures modestes[42].

L'espace public et son contrôle constituaient un enjeu politique important : les seigneurs comme les consuls avaient marqué la structure urbaine et veillé à signifier leur implication dans les usages liés à cet espace commun. La ville et ses faubourgs étaient avant tout des lieux de vie, avec leurs rues et leurs places dans lesquelles se côtoyait une population bigarrée. Différents niveaux d'échanges s'y déroulaient, dont l'étude permet de mettre en lumière les réseaux qui structuraient la sociabilité urbaine[43].

Montpellier au cœur des échanges

La ville de Montpellier jouissait d'un rayonnement certain, tant au niveau local, dans les territoires de sa seigneurie, qu'au-delà de ses frontières juridictionnelles. Ce rayonnement s'exerçait par l'action diplomatique de ses dirigeants, par les activités commerciales – locales et internationales – de ses marchands et par le développement d'une culture savante et populaire. Les échanges touchant Montpellier sont bilatéraux : Montpellier recevait biens et idées extérieures, autant qu'elle les diffusait. C'est par l'étude de ces échanges que pourraient se jauger les éventuelles spécificités de l'histoire montpelliéraine.

Seigneurs et consuls recevaient d'illustres personnages. La chronique romane, désormais consultable en ligne, a été sollicitée afin d'étudier la manière dont le consulat et la communauté se mettaient en scène lors de ces visites notables, des événements qui

---

39   Nous renverrons ici à la contribution de Jean-Louis Vayssettes.
40   Comme le souligne à nouveau l'article de Jean-Louis Vayssettes.
41   Anne-Catherine MARIN-RAMBIER, *Montpellier à la fin du Moyen d'après les compoix (1380-1450)*, Thèse de l'École nationale des chartes, 1980 ; Lucie LAUMONIER, *Solitudes et solidarités en ville. Montpellier, mi XIIIᵉ fin XVᵉ siècle*, Turnhout, Brepols, p. 80.
42   Le parallèle qu'il est possible d'établir entre les contributions des archéologues Bernard Sournia, Jean-Louis Vayssettes et le travail en histoire sociale et de la famille de Lucie Laumonier, témoigne des apports très riches qu'offriraient des études interdisciplinaires à l'histoire montpelliéraine.
43   Voir l'article de Kathryn Reyerson.

marquaient l'histoire de l'*universitas*[44]. Les seigneurs de Montpellier avaient largement participé à l'ouverture de la ville vers l'extérieur et à son rayonnement politique. En prenant part aux croisades en Terre Sainte, dans la péninsule ibérique et à Majorque, les Guilhem avaient élargi la zone de trafics de leur seigneurie. L'éloignement de la couronne arago-majorquine puis celui de la cour de France rendaient nécessaires les envois fréquents d'ambassades, afin de garantir la communication entre le seigneur et sa ville lointaine. La guerre de Cent Ans suscita quant à elle une abondante correspondance entre la couronne française et les villes méridionales, parfois par l'entremise des États Généraux[45]. L'histoire de la diplomatie et des échanges politiques mériterait d'être étudiée de manière plus approfondie pour Montpellier, en convoquant les abondantes sources seigneuriales et consulaires, ainsi que les documents produits par les institutions étrangères avec lesquelles les seigneurs et les consuls de la ville entretenaient des correspondances, ou à la rencontre desquelles ils pouvaient être allés. Ce champ apporterait des éclairages nouveaux sur les alliances et les mésalliances de la ville, sur les rapports entretenus avec des puissances extérieures, relations diplomatiques qui ont influencé son histoire. Les consuls disposaient de plusieurs moyens afin de renforcer ces relations parmi lesquels l'octroi de présents honorifiques tels que les mirobolants confectionnés par les apothicaires de la ville[46].

Les rapports diplomatiques, particulièrement développés avec les grandes villes méridionales et méditerranéennes, représentaient pour Montpellier autant d'opportunités de partenariats commerciaux, ce qui garantissait la protection des marchands dans ces villes et accroissait les perspectives de négoce. Les seigneurs de Montpellier, puis à leur suite les consuls, se déplacèrent afin d'établir des traités de paix et de commerce avec les principales villes du pourtour oriental méditerranéen les conduisant vers l'Italie, et au-delà, vers le Levant[47]. Par ces traités, ils contribuèrent à étendre le rayonnement de la ville, en particulier celui de ses activités marchandes. L'étude détaillée de ces accords commerciaux est encore à mener, elle bénéficierait largement d'investigations dans les archives des cités partenaires de Montpellier. Car c'est un fait bien connu de l'historiographie et qui n'est pas démenti par les recherches récentes : Montpellier était une ville marchande[48]. Son économie s'exerçait à plusieurs échelles, du niveau le plus local au grand commerce avec le Levant.

Les échanges au niveau local mériteraient de nouvelles approches prenant davantage en compte les rapports de la ville avec ses environs immédiats. L'arrière-pays pourvoyait Montpellier en denrées alimentaires nécessaires au ravitaillement de sa population nombreuse – en plus des importations plus lointaines de blé – et à l'artisanat. L'accès aux

---

44 Vincent CHALLET, « Les entrées dans la ville : genèse et développement d'un rite urbain (Montpellier, XIVe-XVe siècles) », *Revue historique*, 670 :2 (2014), p. 267-293.

45 Sylvie QUÉRÉ, *Le discours politique des États de Languedoc à la fin du Moyen Âge (1346-1484)*, Montpellier, PULM, 2016.

46 Lucie GALANO, « Produits de luxe et rapport de pouvoir : l'exemple du consulat de Montpellier au XIVe siècle », in Philippe MEYZIE (dir.), *Banquets et présents honorifiques dans les villes de province, XIVe-XXe siècle*, à paraître aux éditions Féret en 2017.

47 Les traités de paix et de commerce passés par le consulat avec les villes du pourtour méditerranéen (Marseille, Gênes, Pise, etc.) ou plus éloignées dans les terres (Montélimar) ont été édités par Alexandre Germain, voir le tome II de l'*Histoire de la Commune*, Montpellier, J. Martel aîné, 1851, p. 417-500. Les documents, issus majoritairement du Grand Chartrier, des privilèges qu'avaient obtenus les consuls pour leurs marchands qui allaient commercer vers le Levant, à Chypre, en Romanie, à Tripoli ou à Antioche, sont également présents dans cette édition (p. 501-514). Sur ces traités de commerce, voir aussi Gilbert LARGUIER, « Ports du golfe du Lion et trafics maritimes », in Ghislaine FABRE, Daniel LE BLÉVEC et Denis MENJOT (dir.), *Les ports et la navigation en Méditerranée au Moyen Âge*, Paris, Le Manuscrit, 2009, p. 61-74.

48 Kathryn REYERSON, « Le commerce et les marchands montpelliérains au Moyen Âge », in Ghislaine FABRE, Daniel LE BLÉVEC et Denis MENJOT (dir.), *Les ports et la navigation..., op. cit.*, p. 19-28.

CONCLUSION

ressources constituait un enjeu d'importance suscitant des tensions entre les consuls et l'évêque de Maguelone[49] ; leur transformation et leur vente en constituait un autre, et donnait lieu à un encadrement consulaire assez strict. L'étude de la législation démontre que le gouvernement consulaire, favorable aux échanges commerciaux, s'était montré soucieux de garantir les intérêts des acteurs variés de l'économie urbaine[50]. Cette législation encadrant les échanges à petite et grande échelle (on songe par exemple à l'interdiction d'importer du vin en ville), pouvait occasionner des résistances. De nombreuses sources, dont certaines ont été éditées par Alexandre Germain, existent pour documenter plus précisément la régulation des marchés locaux par les seigneurs et les consuls de Montpellier[51]. Une attention portée aux goûts des consommateurs permettrait de comprendre le développement d'activités spécifiques à la ville qui viseraient à répondre à leur demande[52].

Parmi ces consommateurs comptaient aussi les populations rurales dont le rôle dans les échanges ne doit pas être négligé. Les biens manufacturés à Montpellier étaient vendus dans la ville et sur les marchés du Bas-Languedoc (comme la vaisselle de céramique) ou exportés (draps teints en rouge portant le sceau de Montpellier). L'étude de ces échanges locaux affine notre compréhension du rôle de Montpellier à l'échelle régionale – à l'intérieur et à l'extérieur de la seigneurie – et permet de tisser autour du centre urbain un réseau d'interdépendance économique, éclairant par là même certaines tensions politiques locales[53]. Si l'histoire de l'économie du quotidien n'est pas toujours aisée à réaliser faute de documentation, des cadres plus stables, comme la boucherie, peuvent aisément être étudiés par la confrontation de la documentation statutaire et législative avec les registres des notaires publics des archives départementales de l'Hérault.

D'autre part, l'histoire des échanges économiques et des réseaux commerciaux est fortement liée à celle des grands marchands de Montpellier, sur lesquels beaucoup reste encore à découvrir. Certaines familles ont été clairement identifiées par l'historiographie, mais les lignages et réseaux de la plupart de ces marchands demeurent méconnus. Une approche prosopographique du milieu marchand serait très prometteuse, en particulier afin d'identifier plus précisément leur place au sein du gouvernement consulaire et d'interroger les modalités d'un accaparement éventuel des responsabilités politiques. Une telle entreprise est réalisable à travers l'analyse par exemple des alliances matrimoniales, de la diversification des activités, des réseaux de sociabilité et de la circulation des charges au sein du consulat. Très mobile, la population marchande n'investissait pas qu'à Montpellier ; l'étude du milieu marchand devrait inclure ceux qui s'étaient installés ailleurs et maintenaient des échanges commerciaux avec leur ville d'origine.

Ces fonds situés hors de Montpellier permettraient de documenter l'histoire des comptoirs commerciaux établis dans les villes-partenaires situées sur le pourtour méditerranéen. Les collaborations commerciales s'étendaient à Barcelone, à Gênes, à Pise, jusqu'à

---

49   Nous renverrons à nouveau à la contribution de Lucie Galano.
50   Voir l'article de Maïté Ferret.
51   Alexandre GERMAIN, *Histoire du commerce de Montpellier antérieurement à l'ouverture du Port de Cette*, Montpellier, Imprimerie Jean Martel Aîné, 1861, volume I, pièces justificatives, en particulier à partir du n°LVI.
52   Ainsi, Montpellier pratiquait-elle la teinture des draps qu'elle exportait vers des contrées demandeuses de sa draperie, mais importait les tissus qui y étaient sous-traités, n'ayant pas eu les possibilités ou n'ayant pas ressenti la nécessité de développer ces activités tisserandes de manière intensive.
53   Kathryn REYERSON, Gilbert LARGUIER et Monique BOURIN, « Les dynamiques commerciales dans les petites villes languedociennes aux environs de 1300 » in Monique BOURIN, François MENANT et Lluís TO FIGUERAS, (éd.), *Dynamiques du monde rural dans la conjoncture de 1300*, Rome, École française de Rome, 2014, p. 171-204.

LUCIE GALANO ET LUCIE LAUMONIER

l'Arménie, la Romanie et Chypre ; des documents sont à chercher là-bas[54]. Il s'agit d'une perspective prometteuse éclairant le rayonnement international du commerce de Montpellier et les institutions qui avaient été dévolues à son administration[55]. Si ces dernières sont évoquées dans des travaux récents, elles n'ont pas fait l'objet de recherches plus systématiques et leur rôle n'est pas clairement défini[56]. Il devait être pourtant d'importance : le consul d'outremer représentait les intérêts des marchands montpelliérains présents dans les comptoirs étrangers ; et le consul des marchands-navigants garantissait la sécurité des hommes et de leurs marchandises sur les navires les transportant. Par ailleurs, l'historiographie a d'ores et déjà présenté un certain nombre de pratiques liées aux transports des marchandises, qui mettent en exergue les processus nécessaires aux échanges commerciaux[57]. Mais la documentation notariale et les archives extérieures à la ville permettraient sans doute d'affiner le tableau esquissé, en précisant par exemple les modalités du recrutement des patrons de navires et de leurs marins, celles du charroi depuis Aigues-Mortes et Lattes jusqu'à Montpellier. Par ailleurs, la présence des marchands montpelliérains aux foires de Champagne, et au-delà, dans le Nord de l'Europe, est un fait connu qui mériterait de plus amples développements[58].

Si les institutions consulaires favorisaient le déplacement de marchands de la ville vers l'étranger et l'outremer, l'espace montpelliérain était tout autant propice à leur accueil et à la réception des voyageurs. Les découvertes archéologiques récentes ont permis de mieux comprendre la structure des auberges, étudiées par Jean Combes dans les années 1970[59]. Montpellier était un lieu de passage, en particulier pour les pèlerins, en route vers Saint-Jacques-de-Compostelle ou venus se recueillir auprès des reliques conservées en ville. Si l'histoire des hôpitaux – destinés à l'origine à l'accueil de ces voyageurs – est de mieux en mieux connue[60], rien ou presque n'a été écrit sur les pèlerinages en direction de Montpellier. En raison de son rayonnement culturel très précoce et durable, Montpellier avait aussi attiré à elle les lettrés et les étudiants. Ainsi la notion d'échanges ne s'applique-t-elle pas uniquement au monde économique mais aussi à la sphère intellectuelle et culturelle (dans Montpellier, hors de Montpellier) et aux sociabilités urbaines.

Montpellier avait acquis très tôt une réputation de centre intellectuel. Sa population juive était ancienne et très dynamique dès le XIIe siècle, alors que l'enseignement de la médecine et du droit s'y développait peu à peu. La ville, par sa situation de carrefour, bénéficiait de la présence d'une population cosmopolite. S'y mêlaient les influences arabes, juives, italiennes, catalanes, provençales. Toutefois, les manifestations culturelles ne se limitaient pas à l'élaboration d'une tradition savante à laquelle la grande majorité de la population

---

54 Voir par exemple Enrica SALVATORI, « *Boni amici et vicini* ». *Le relazioni tra Pisa e le città della Francia meridionale dall'XI secolo agli inizi del XIV*, Pise, GISEM-ETS, 2002.

55 Quelques exemples montpelliérains figurent dans la recherche de Bernard DOUMERC, « Les marchands du Midi à Alexandrie au XVe siècle », *Annales du Midi*, 97 :171 (1985), p. 269-284. L'historien s'est appuyé sur des archives vénitiennes.

56 Louis BLANCARD, « Du consul de mer et du consul sur mer », *Bibliothèque de l'école des chartes*, 18 (1857), p. 427-438 ; Gilbert LARGUIER, « Ports du golfe du Lion ... », *art. cit.*

57 Kathryn REYERSON, « Le commerce des marchands... », *art. cit.* ; Jean COMBES, *Montpellier et le Languedoc*, Montpellier, Société archéologique de Montpellier, 1990.

58 Jean COMBES, « Montpellier et les foires de Champagne », in *Actes du 96e congrès national des sociétés savantes (Toulouse, 1971)*, tome I, Paris, Bibliothèque Nationale, 1978, p. 381-428.

59 Jean COMBES, « Hôteliers et hôtelleries à Montpellier à la fin du XIVe siècle et au XVe siècle », in Henri VIDAL (dir.), *Études médiévales languedociennes offertes en hommage à André Dupont*, Montpellier, Fédération historique du Languedoc méditerranéen et du Roussillon, 1974, p. 55-82.

60 Geneviève Dumas, *Santé et société à Montpellier à la fin du Moyen Âge (1293-1516)*, Leyde, Brill, 2014.

228

CONCLUSION

restait étrangère. Outre ses universitaires et ses lettrés qui produisaient et diffusaient des savoirs scientifiques, Montpellier était aussi le berceau d'une culture « populaire » peu étudiée par l'historiographie[61].

La rencontre à Montpellier de ces populations diversifiées pose au préalable la question de la langue. Il a été suggéré que tous ceux, ou à peu près, qui vivaient sur le pourtour méditerranéen comprenaient quelques rudiments de l'ancien italien[62]. L'étude de l'évolution de la langue vernaculaire, qui subissait des influences multiples et extérieures, est prise en charge par les linguistes et les occitanistes, mais n'est pas sans intérêt pour les historiens[63]. La rédaction des documents officiels, tout d'abord en latin, aux côtés d'écrits élaborés sciemment en langue vernaculaire, témoigne de la volonté d'affirmer l'existence d'une langue propre à l'*universitas*[64]. Ainsi, la chronique romane du *Petit Thalamus* n'était pas destinée à être lue par toute la population, mais affirmait l'importance d'écrire l'histoire de la ville dans la langue qui était la sienne[65]. Dans ce contexte, l'usage identitaire de la langue vernaculaire se trouvait confronté au français, lorsque les institutions administratives du royaume de France se firent de plus en plus présentes dans la ville. La situation aboutit à un plurilinguisme administratif, les notaires tout comme les officiers royaux devant maîtriser au moins trois langues : la langue vernaculaire, le latin et le français.

La question de la langue est également prépondérante pour celle de l'accès aux savoirs. Ainsi, la présence de la population juive avait été tout particulièrement profitable dans ce domaine : ses lettrés, maîtrisant l'arabe, l'hébreu, le latin, avaient traduit de nombreux ouvrages et avaient ainsi permis la diffusion des connaissances scientifiques, philosophiques et religieuses contenues dans ces livres. Ces savoirs n'étaient pas seulement traduits, mais aussi commentés, faisant émerger des débats dont la querelle maïmodienne est un bon exemple[66]. Les médecins montpelliérains pratiquaient également la traduction. L'accès aux connaissances rendait l'acquisition de livres, écrits dans différentes langues, nécessaire. Il n'existe pas (ou très peu) d'études sur les bibliothèques montpelliéraines et maguelonaises, bien que les sources notariales par exemple, mentionnent de temps à autres des transmissions d'ouvrages, en particulier dans les testaments[67]. Ces ouvrages étaient souvent reliés à

---

61 La notion de « culture populaire », aujourd'hui datée, n'est utilisée ici que par commodité pour évoquer une histoire qui reste encore très largement à écrire. Marin AURELL, *La vielle et l'épée : troubadours et politique en Provence au XIIIᵉ siècle*, Paris, Aubier, 1989 ; Aaron J. GOUREVITCH, *La culture populaire au Moyen-âge : simplices et docti*, (trad. du russe par Elena Balzamo), Paris, Aubier, 1996 ; Francesca CANADE SAUTMAN, Diana CONCHADO et Giuseppe Carlo DI SCIPIO (éd.), *Telling Tales : Medieval Narratives and the Folk Tradition*, New-York, McMillan, 1998.
62 Kathryn REYERSON, *The Art of the Deal : Intermediaries of Trade in Medieval Montpellier*, Leyde, Brill, 2002, p. 22.
63 Benoît SOUBEYRAN, « L'écrit occitan dans les Archives de la Ville de Montpellier (XIVᵉ-XVIIᵉ siècles) : thèse en cours », *Bulletin historique de la ville de Montpellier*, 36 (2014), p. 92-95.
64 Ainsi l'étude du *Petit Thalamus* a amené l'équipe financée par l'ANR à considérer qu'au XIIIᵉ siècle, « la langue d'oc devient un élément important de l'identité culturelle et politique de la ville. » Voir, « *Aysso es lo comessamen*, Thalamus : écritures et mémoires du Montpellier médiéval », Catalogue de l'exposition, *Bulletin historique de la ville de Montpellier*, 36 (2014), p. 26.
65 Voir à ce sujet l'article d'Hervé LIEUTARD, « L'occitan, langue officielle du consulat montpelliérain », in Vincent CHALLET (dir.) avec la participation de Yves MAUSEN et Gilda CAITI-RUSSO, *Aysso es lo comessamen : écritures et mémoires du Montpellier médiéval*, Montpellier, PULM, 2017, p. 217-230.
66 Danièle Iancu a dévoilé ici nombre de données prosopographiques sur les acteurs de ces débats au sein de la communauté juive.
67 Les bibliothèques de l'Université de médecine et des collèges de Montpellier sont pour le moment les mieux connues. Marie-Henriette JULIEN DE POMMEROL, « La bibliothèque de l'Université de médecine de Montpellier en 1506 », *Bibliothèque de l'École des chartes*, 141 (1984), p. 344-351 ; Geneviève DUMAS, *Santé et société...*, p. 75-76. Voir également Jean-Loup LEMAÎTRE, « Un inventaire des ornements... », *art. cit.*

229

des pratiques professionnelles (livres médicaux et juridiques[68]). Le sujet des bibliothèques et du livre comme objet matériel amène à s'intéresser à leur production à Montpellier (des parcheminiers apparaissent dans les sources), à s'interroger sur l'existence d'ateliers de copistes et d'enlumineurs dans la ville au Moyen Âge. L'on sait par exemple que les consuls avaient engagé un certain Guilhem Blatnou pour enluminer le manuscrit du *Liber instrumentorum memorialis* lors de son acquisition au milieu du XVᵉ siècle[69]. Les archives notariales là encore, mais aussi les sources fiscales et la comptabilité consulaire, contiennent plusieurs informations à leur sujet[70]. Les activités des universités et des collèges nombreux à Montpellier, tout comme celles des membres de la communauté juive avaient été bénéfiques à ce marché du livre, au développement des savoirs, aux réflexions et aux débats intellectuels.

L'histoire des universités et des collèges de Montpellier est désormais bien défrichée. Les fondations d'Urbain V du XIVᵉ siècle avaient tout particulièrement été profitables à l'enseignement. Mais les structures d'enseignement présentes à Montpellier ne se limitaient pas aux universités. Les *studia* mendiants, tant celui des Dominicains que celui des Franciscains, formaient à la fin du XIIIᵉ et encore au début du XIVᵉ siècle des théologiens réputés et participaient de manière importante au rayonnement intellectuel de la ville[71]. Leur rôle dans la vie culturelle montpelliéraine – dans leurs échanges avec les milieux universitaires par exemple – n'a pas été pleinement évalué. Les écoles de grammaire mériteraient elles aussi de plus amples recherches. La documentation consulaire dispense quelques renseignements sur les maîtres des écoles de grammaire, dont les statuts sont datés du début du XVIᵉ siècle[72]. Enfin, un enseignement privé des mathématiques serait attesté dès le XIVᵉ siècle, mais les sources ne livrent pour le moment que peu d'informations sur le préceptorat privé – qui ne concernait pas uniquement les mathématiques[73].

L'exercice du pouvoir exigeait de ses représentants de maîtriser l'écriture et la lecture, et supposait donc un apprentissage de ces compétences. La *potestas statuendi* des consuls témoigne en elle-même de la valeur conférée à l'écrit dans l'exercice du pouvoir : leur capacité à légiférer s'était matérialisée par l'écriture des statuts donnés à la communauté urbaine. La gestion administrative de la ville exigeait également l'acquisition des compétences scripturaires. Ainsi les écuyers auraient dû, pour remplir pleinement leurs fonctions du point de vue des consuls, au moins au XVᵉ siècle, être capables de lire et d'écrire, ce qui n'était semble-t-il pas toujours le cas[74]. Pour la rédaction de documents officiels, les notaires avaient été fréquemment sollicités par les consuls. Au service d'une clientèle privée issue de la plupart des composantes sociales de la population urbaine, les notaires apparaissent dans

---

68 Par exemple, legs de livres de droit : ADH, 2 E 95/368, 19 janvier 1327 (a.s.), f° 110 ; legs d'un livre de médecine : ADH, 2 E 95/748, 7 mai 1488, f° 325v.

69 Pierre-Joan BERNARD, « Le cartulaire des Guilhem de Montpellier : *Liber Instrumentorum memorialis* alias Mémorial des nobles », *Bulletin historique de la ville de Montpellier*, 35 (2013), p. 12-33.

70 Plusieurs copistes et enlumineurs sont mentionnés dans Jules RENOUVIER et Adolphe RICARD, « Des maîtres de pierre... », *art. cit.*

71 Stéphanie, MARTINAUD, « Le réseau des *studia* mendiants dans le Midi (XIIIᵉ-XIVᵉ siècle) », in *Église et culture en France méridionale (XIIᵉ-XIVᵉ siècles)*, Cahiers de Fanjeaux 35, Toulouse, Privat, 2000, p. 93-126 ; Sylvain PIRON, « Les *studia* franciscains de Provence et d'Aquitaine (1275-1335) », in Kent EMERY, William COURTENAY et Stephen METZGER (éd.), *Philosophy and Theology in the « Studia » of the Religious Orders and at the Papal and Royal Courts*, Turnhout, Brepols, 2012, p. 303-358.

72 *Thalamus Parvus. Le Petit Thalamus de Montpellier publié pour la première fois d'après les manuscrits originaux*, édité par la Société archéologique de Montpellier, Montpellier, Jean Martel Aîné, 1840, p. 212-213. Statuts datés de 1510.

73 Sur ces mathématiques marchandes et leur enseignement, voir la contribution de Romain Fauconnier.

74 Mars 1413 : « Establimen que los escudiers sapian legir et escrieure dayssi avant quant y seran receuputz » *Thalamus Parvus. Le Petit Thalamus de Montpellier...*, p. 182-183.

CONCLUSION

l'histoire montpelliéraine comme des figures intermédiaires, ayant permis à certains, exclus des pratiques de l'écrit, de pouvoir bénéficier de la rédaction d'actes.

Savoir lire et écrire permettait d'élaborer des discours scientifiques et d'imposer un contrôle politique. Si ces compétences peuvent apparaître dès lors comme discriminantes, détenues par une poignée d'initiés qui excluaient la majorité de la population, elles n'avaient pas empêché que se développe une culture populaire fondée, quant à elle, sur l'oralité. Les relations politiques seigneuriales s'étaient elles-mêmes basées pendant des siècles sur l'échange de la parole donnée. Ainsi, un accord oral continuait-il à avoir autant de valeur dans la législation urbaine qu'un acte écrit et validé par un notaire[75]. Cette reconnaissance du poids de l'oralité transparaît également dans l'usage de la criée, permettant la communication des décisions consulaires à l'*universitas* qui donnait lieu à la réalisation d'un document écrit[76].

Ainsi, à côté de cette culture savante existait une « culture populaire » qui reste dans l'ombre en raison même de son oralité et qui se définit en marge de la tradition savante. Les occasions pour les festivités privées et les célébrations collectives ne manquaient pas à Montpellier et la documentation en conserve quelques traces. Les noces et les cortèges nuptiaux étaient ainsi animés par la présence de jongleurs[77]. La tradition des « arbres de mai », que le consulat tâchait d'encadrer, était un moment de réjouissances où l'on trouvait *jotglars*, *jotglaressas* et *trompas*[78]. Les musiciens engagés par les consuls pour accompagner les criées louaient probablement leurs talents aux particuliers et se produisaient en ville. De manière générale, des spectacles publics proposés par les jongleurs et les saltimbanques devaient participer à donner vie aux rues de la ville[79]. De manière plus formelle, le calendrier chrétien offrait de multiples dates à souligner. Le jour de l'Ascension se tenait la fête de la charité, organisé par le consulat avec le soutien des métiers. Les entrées solennelles d'invités de prestige constituaient des opportunités, comme en 1502, d'organiser des spectacles de grande ampleur[80]. Cependant, le consulat ne parvenait pas à encadrer toutes les manifestations festives : certaines pouvaient échapper à son contrôle.

Les étudiants de médecine affectionnaient certains divertissements moins appréciés des consuls et des autorités ecclésiastiques en raison des possibles débordements qu'ils pouvaient engendrer. Durant leur carnaval, ils mettaient par exemple en scène des sotties[81] qui rappellent l'importance du rôle de la communauté estudiantine dans le développement d'une culture populaire dont témoignait déjà la production des goliards[82]. Il est difficile de dire si toute la population de la ville était présente à leurs spectacles. Toutefois, c'est par ce

---

75 Article 76 de la charte de 1204.

76 On renverra à l'article de Pierre Chastang dans le présent volume.

77 Établissement daté de 1255 : « Establimen que neguns jutglars non venga a novias », *Thalamus Parvus. Le Petit Thalamus de Montpellier…*, p. 142.

78 Établissement daté de 1253 : « Establimen de las maias », *Thalamus Parvus. Le Petit Thalamus de Montpellier…*, p. 147.

79 Le cas de Montpellier est fréquemment abordé dans l'ouvrage de Gretchen PETERS, *The Musiscal Sounds of Medieval French Cities : Players, Patrons and Politics*, Cambridge, Cambridge University Press, 2012. La chercheure a identifié pas moins de 125 musiciens dans la ville entre 1350 et 1450 (p. 18). Une charité des ménestrels est attestée à partir de 1353 (p. 193).

80 « Aussi devant luy [l'archiduc de Flandres] furent jouées plusieurs farces tant par medecins que autres enfans de la ville, et autres joyeusetez fort plaisantes, le tout à l'onneur du roy nostre sire ». Les « autres joyeusetez » sont, entre autres, des danses et des pièces musicales. *Thalamus Parvus. Le Petit Thalamus de Montpellier…*, p. 485.

81 Geneviève DUMAS, *Santé et société…*, p. 413-418, voir aussi p. 318.

82 Sur ces *clerici vagantes*, voir Pierre RICHÉ et Jacques VERGER, *Des nains sur des épaules de géants, Maîtres et élèves au Moyen Âge*, Paris, Taillandier, 2006.

231

type de spectacles que la population pouvait avoir accès à une culture littéraire dont elle entendait et voyait certaines expressions. De même, les fresques, les vitraux et les sculptures des églises, dont les traces ont aujourd'hui pratiquement disparu, étaient autant de supports visuels grâce auxquels les rudiments du christianisme, au-delà des sermons des prédicateurs, pouvaient être appris aux fidèles[83].

***

Territoire seigneurial et juridictionnel, espace urbain habité et vécu, lieu de production des savoirs, Montpellier a su rayonner tout au long de son histoire, malgré les crises et les difficultés rencontrées lors de la deuxième moitié du XIVe siècle et encore au début du XVe siècle. Ce tour d'horizon des « approches nouvelles », qui permettraient sans doute d'approfondir les connaissances historiques sur la ville médiévale, n'a pas l'ambition de l'exhaustivité. Il vise à démontrer que, malgré les nombreux travaux réalisés ou menés par des chercheurs débutants et confirmés, il existe encore bien des sujets pour lesquels l'historiographie reste lacunaire, en dépit de l'importante documentation disponible en Languedoc et dans les fonds d'archives extérieurs à la région. L'histoire de Montpellier demeure aujourd'hui un terrain d'expérimentation pour les interrogations nouvelles de la science historique[84].

---

83   Jean-Arnault Dérens, « La prédication et la ville... », *art. cit.*
84   Merci à Daniel Le Blévec (Université Paul Valéry-Montpellier) et Geneviève Dumas (Université de Sherbrooke) pour leurs commentaires sur cette conclusion.

Table des illustrations

Figure 1. Carte particulière du diocèse de Montpellier par Jean Cavalier, 1640. Montpellier Méditerranée Métropole – Réseau des médiathèques, EST L0069 viii

Figure 2. Plan de la ville de Montpellier, ses enceintes et ses faubourgs au Moyen Âge par Louise Guiraud, 1895. Archives Municipales de Montpellier, 2Fi441 (Planche 1) xvi

Figure 3. Dates d'acquisition totale ou partielle des territoires du Bas-Languedoc par les seigneurs de Montpellier 19

Figure 4. Archives municipales de Montpellier, EE 25 (1336) 67

Figure 5. Témoins de la criée de 1336 70

Figure 6. Les quatre premiers lieux de la criée, 1336 (Planche 2) 74

Figure 7. Carte des hôpitaux de la ville de Montpellier au Moyen Âge 79

Figure 8. Détail des expertises de lèpres effectuées à Montpellier 86

Figure 9. L'hôtel de Gayon, 3 rue de la Vieille, entièrement remodelé à l'âge classique (1) (Planche 3) 106

Figure 10. L'hôtel de Gayon, 3 rue de la Vieille, entièrement remodelé à l'âge classique (2) (Planche 4) 108

Figure 11. Restitution de l'ostal des Carcassonne, rez-de-chaussée et premier étage 110

Figure 12. Restitution de l'ostal des Carcassonne, vue sur la tour et l'angle sud-ouest (Planche 5) 111

Figure 13. Restitution de l'ostal des Carcassonne, écorché sur la cour (Planche 6) 112

Figure 14. Pointage des éléments d'architecture médiévale sur le fond du cadastre contemporain (Planche 7) 113

Figure 15. Autres traits caractéristiques du grand parcellaire médiéval (Planche 8) 114

Figure 16. L'habitat intra muros de petit parcellaire (Planche 9) 115

Figure 17. Détail du retable d'Ambrogio Lorenzetti : Scènes de la vie de Saint Nicolas. Vers 1332, Musée des Offices, Florence (Planche 10) 116

Figure 18. 1, rue Sainte-Ursule (Planche 11) 120

Figure 19. 2, rue de la Carbonnerie. Façade sur la rue Delpech après dégagement des baies du début du XIIIe siècle (Planche 12) 121

Figure 20. 30, rue Saint-Sépulcre. Maison à l'angle de la rue de la Rochelle, fin XIIIe début XIVe siècle (Planche 13) 122

Figure 21. 9, rue de la Petite-Loge (Planche 14) 125

Figure 22. 28, rue de la Valfère 128

Figure 22 bis. 1, rue du plan Plan d'Agde. Maison d'angle du XIIIe-XIVe siècle (Planche 15) 129

Figure 23. Montpellier. Plan de situation des maisons à avant-solier (Planche 16) 130

Figure 24. Montpellier. Plan de situation des plafonds peints du XIIIe-XIVe siècle (Planche 17) 131

Figure 25. 3, rue de la Vieille. Élément du plafond (Planche 18) 133

Figure 26. 3, rue de la Vieille. Restitution du plafond (Planche 19) 134

Figure 27. Les règles algébriques et leur ordre de présentation 178

Figure 28. Liste des recteurs des écoles de grammaire de Montpellier au XVe siècle 186

Index thématique

A

Abbaque, 169, 171, 172, 173, 176, 183, 184, 189

Algorisme, 173, 174, 176, 183, 184, 188

Apprentissage, 95, 146, 147, 173, 184, 187, 188, 230

Archives, vii, xi, xiii, xiv, xv, xvi, 2, 3, 4, 5, 6, 7, 8, 9, 10, 11, 12, 13, 14, 16, 23, 25, 42, 51, 57, 59, 65, 66, 69, 83, 107, 119, 126, 127, 142, 143, 150, 160, 180, 183, 196, 206, 217, 218, 219, 220, 221, 223, 224, 226, 227, 228, 230, 232

Artisans, xiii, 16, 20, 21, 22, 23, 92, 95, 100, 112, 119, 122, 138, 143, 145, 147, 148, 161, 222, 223, 226

Aumônes, 87, 89, 212

B

Barbiers, 81, 82, 83, 88, 89

Bayle, Baylie, 2, 5, 6, 8, 10, 11, 13, 51, 52, 54, 57, 64, 66, 68, 70, 73, 127, 156, 159, 219

C

Cartulaire, 3, 4, 5, 8, 9, 11, 17, 18, 58, 155, 156, 166

Chancellerie apostolique, 210

Changeurs, 101, 102, 132, 167, 170, 181, 182, 183, 184, 185, 187, 188, 189, 224

Chapitre, 2, 31, 32, 33, 34, 35, 36, 37, 38, 39, 40, 41, 42, 43, 44, 45, 46, 47, 48, 49, 209, 214, 220, 222, 223

Chartrier, 11, 13, 26, 222, 226

Chirurgiens, 81, 82, 83, 84, 86, 87, 88, 89

Cimetière, xii, 33, 34, 36, 37, 39, 46, 82, 100, 210, 214

Collège, 154, 206, 207, 208, 209, 210, 213, 214, 215, 223, 229, 230

Colportage, 93, 95, 96, 102, 160

Commerce, x, 16, 21, 37, 49, 70, 94, 95, 98, 126, 145, 148, 170, 182, 188, 189, 226, 228

Consulat, xiv, 2, 3, 7, 9, 10, 12, 13, 15, 16, 20, 25, 26, 27, 28, 29, 30, 31, 37, 46, 48, 49, 51, 52, 53, 54, 55, 57, 63, 68, 70, 71, 72, 73, 78, 80, 81, 82, 83, 84, 85, 86, 87, 88, 89, 92, 95, 96, 97, 109, 142, 145, 147, 149, 155, 161, 165, 167, 171, 185, 189, 207, 208, 210, 211, 212, 218, 219, 220, 221, 222, 223, 224, 225, 226, 227, 230, 231

Controverse, 77, 137, 191, 192, 193, 197, 198, 200, 201, 204

Cour de justice, 6, 7, 10, 27, 51, 52, 54, 56, 61, 98, 138

Cour pontificale, 205, 206

Coutumes, 13, 51, 52, 53, 54, 55, 56, 57, 58, 69, 70, 138, 139, 140, 155, 156, 158, 159, 160, 161, 163, 164, 165, 166, 167

Créancier, *voir aussi* Débiteur, 52, 156, 158, 161, 162, 163, 164, 165, 166, 167

Criée, 2, 6, 28, 59, 60, 61, 62, 63, 64, 65, 66, 67, 68, 69, 70, 71, 72, 73, 74, 75, 76, 160, 222, 231

Crimes et délits, 52, 53, 54, 55, 56, 138, 159

D

Débiteur, *voir aussi* Créancier, 52, 155, 158, 161, 162, 163, 164, 165, 166, 167

Diocèse, viii, 19, 31, 34, 39, 46, 208, 211, 213, 218

Droit canonique, 45, 141, 156, 157, 158, 161, 207, 209, 215

Droit pénal, 52, 53, 55, 57, 58, 139

Droit romain, ix, 4, 54, 57, 77, 100, 139, 156, 157, 159, 161, 162, 163, 164, 165, 167, 187

E

École de grammaire, 185, 186, 188, 230

Élevage, 28, 29

Enquête, 37, 53, 54, 55, 56, 72, 92, 94, 95, 96, 116

Témoins, 11, 27, 53, 54, 55, 56, 57, 68, 69, 71, 95, 96, 97, 98, 99, 100, 101, 102, 105, 140, 159, 193

MONTPELLIER AU MOYEN ÂGE

Environnement, 15, 71, 102, 160, 176, 179, 189
Espace public, 59, 62, 65, 69, 92, 95, 98, 103, 127, 134, 225
Expertises, 84, 85, 86, 88, 107, 109, 117

F

Familia, voir aussi Ménage, 35, 36, 39, 43, 92, 138, 139, 146, 147, 148
Famille, xv, 4, 14, 17, 18, 20, 28, 44, 53, 72, 92, 95, 96, 97, 99, 103, 107, 112, 132, 137, 139, 142, 143, 144, 145, 146, 147, 148, 149, 150, 151, 159, 162, 164, 167, 195, 201, 204, 207, 225, 227
Foires et marchés, 80, 87, 93, 94, 95, 96, 97, 98, 99, 101, 102, 103, 155, 157, 160, 170, 227, 228, 230

G

Gouvernement, xiv, 3, 59, 60, 63, 64, 66, 68, 75, 81, 139, 218, 220, 227

H

Hôpitaux, 2, 33, 34, 35, 36, 38, 40, 41, 42, 45, 46, 47, 48, 50, 78, 79, 80, 82, 83, 85, 87, 88, 100, 119, 216, 220, 228
Hostal, voir aussi Maisons, 110, 111, 112, 117, 136, 143, 147, 150

J

Juifs, Judaïsme, xi, 56, 135, 154, 171, 179, 180, 181, 189, 191, 192, 193, 194, 195, 196, 197, 198, 199, 200, 201, 202, 203, 228, 229, 230
Juridiction, 2, 5, 7, 9, 13, 15, 16, 19, 20, 21, 22, 24, 25, 26, 27, 28, 29, 30, 51, 66, 69, 160, 164, 165, 166, 167, 210, 217, 219, 223
Justice, 2, 6, 9, 10, 11, 26, 27, 28, 29, 51, 52, 53, 54, 56, 57, 58, 68, 156, 158, 159, 160, 163, 165, 166, 167, 168, 201, 219

L

Lèpre, 2, 83, 84, 85, 86, 88
Litiges, 94, 95, 96, 155, 166, 168

M

Mahzor (rituel hébraïque), 203
Maisons médiévales, *voir aussi Hostal*, 17, 29, 33, 34, 35, 37, 38, 41, 42, 47, 73, 75, 81, 92, 96, 97, 98, 99, 101, 102, 103, 105, 107, 109, 110, 111, 112, 113, 114, 116, 117, 119, 120, 121, 122, 123, 124, 126, 127, 129, 130, 131, 132, 133, 134, 138, 142, 145, 146, 147, 148, 149, 161, 191, 198, 201, 208, 209, 213, 215, 224, 225
Marchands, 25, 63, 69, 70, 71, 92, 93, 95, 97, 100, 103, 124, 126, 134, 155, 159, 160, 167, 168, 169, 170, 171, 172, 176, 180, 181, 182, 183, 184, 185, 187, 188, 189, 220, 222, 224, 225, 226, 227, 228
Mathématiques, xiv, 154, 169, 170, 171, 172, 173, 174, 175, 176, 177, 179, 180, 182, 183, 184, 185, 187, 189, 194, 196, 230
  Algèbre, 171, 177, 178, 179, 181
Médecins, 78, 80, 81, 82, 83, 84, 85, 86, 87, 88, 192, 193, 197, 200, 201, 202, 203, 205, 215, 229
Ménage, *voir aussi Familia*, 53, 92, 94, 137, 138, 139, 141, 142, 143, 144, 145, 146, 147, 148, 149, 150, 151
Métallurgie, 23

N

Nazirs (ascètes juifs), 195

O

Ordonnances, 11, 66, 81, 82, 139, 167, 222
Ordre de la Trinité, 2, 37, 38, 39, 40, 41, 42, 46, 47
Ordre de Saint-Antoine, 37, 39, 42, 46, 47
Ordre de Saint-Jean de Jérusalem, 33, 34, 35, 36, 38, 39, 41, 43, 45, 46
Ordre du Saint-Esprit, xv, 2, 31, 33, 34, 35, 36, 40, 41, 42, 43, 45, 46, 47, 48, 49, 50, 83, 119, 223
Ordre du Temple, 34, 35, 36, 37, 39, 41, 43, 45, 131, 195, 199, 223
Ordres Mendiants, xiii, 49, 189, 212
  Carmes, xii, 119, 212
  Dominicains, 176, 193, 223, 230
  Franciscains, 176, 193, 212, 223, 230

P

Paroisse, xiii, 31, 37, 38, 46, 48, 100, 222

Patriciat, 109, 120, 131

Pauvreté, 24, 35, 40, 44, 45, 48, 49, 81, 82, 87, 88, 92, 198, 213, 214, 215, 216

Peste, 2, 80, 81, 82, 83, 84, 86, 87, 88, 143, 144, 150

Prélèvements, xii, 8, 26, 27, 35, 36, 38, 39, 45, 70, 80, 81, 132, 160, 171, 222

Prêt à intérêt, 156, 158, 162, 165, 166, 181

Privilèges, 7, 32, 33, 35, 36, 37, 38, 39, 40, 42, 43, 45, 48, 49, 72, 75, 154, 182, 207, 209, 210, 211, 212, 226

R

Réseaux économiques, 93

Ressources naturelles

Bois, xiii, 16, 20, 21, 22, 23, 26, 27, 28, 29, 35, 88, 100, 107, 117, 124, 127, 129, 130, 132

Eau, 22, 24, 25, 30, 35

Revente, 94, 95, 96, 97, 98, 99, 100, 103, 144

S

Sanction, Peine, 38, 42, 46, 52, 53, 54, 56, 57, 59, 159

Sépulture, 32, 35, 36, 37, 39, 82, 100, 211, 214

Sûretés personnelles et réelles, 161, 162, 163

U

Université, *studium*, xi, 2, 50, 72, 73, 75, 77, 80, 174, 175, 176, 184, 185, 205, 206, 207, 213, 230

INDEX DES NOMS DE PERSONNES

A

Alexandre, IV, 37, 40, 44, 48, 211
Al-Khwarizmi, 169, 177, 178, 179
Anglic Grimoard, 207, 209, 215
Armengaud Blaise, 197

B

Barthélémy de Romans, 170, 176, 183, 185
Benjamin de Tudèle, 191, 192, 197
Bérenger Frédol, évêque de Maguelone, 27, 40
Bernard IV, comte de Melgueil, 24
Boni Amici (famille), 95, 96, 97, 98, 99, 102, 103
Boniface, VIII, 47, 48, 197

C

Carcassonne (famille), 107, 110, 111, 112, 117,
    132, 133, 134, 136, 197, 203
Célestin III, 33, 41, 43, 44, 46
Charles IV, roi de France, 73, 75
Charles VI, roi de France, 86, 222
Clément IV, 175, 211
Clément V, 205
Clément VI, 205, 208, 224

G

Grégoire IX, 41, 47, 211
Gui de Montpellier, 34, 36, 41, 42, 44, 47, 48
Gui de Ventadour, évêque de Maguelone, 41,
    43, 44, 48
Guilhem d'Aumelas, 18, 23, 24
Guilhem V, 4, 18, 23, 24, 224
Guilhem VI, 4, 17, 23, 24, 25, 32, 33, 41, 126, 224
Guilhem VII, 4, 7, 20, 24, 33, 42, 43
Guilhem VIII, 4, 6, 7, 10, 20, 33, 36, 41, 42, 49, 56, 57
Guillaume d'Autignac, évêque de Maguelone,
    28, 40
Guillaume Grimoard, *voir* Urbain V, 207

H

Honorius III, 35, 37, 40, 41, 47, 211

I

Innocent III, 33, 34, 35, 41, 42, 44, 46, 47, 48,
    211, 212
Innocent IV, 43, 44, 45, 47, 211

J

Jacopo da Firenze, 170, 172, 174, 175, 176, 177,
    179
Jacques Ier d'Aragon, 6, 7, 20, 129, 175, 199
Jacques II de Majorque, 7, 199
Jacques III de Majorque, 7, 8, 13
Jacques IV de Majorque, 13
Jean de Montlaur II, évêque de Maguelone,
    34, 40, 43, 47
Jean de Montlaur, évêque de Maguelone, 37,
    44, 175
Jean XXII, 205, 211
Johannes de Sacrobosco, 173, 174, 176, 203

M

Maïmonide, 179, 191, 192, 193, 196, 197, 198, 202

P

Paolo Gherardi, 170, 172, 179, 180, 183
Paulus Christiani de Montpellier ou Paul Chré-
    tien, 200, 201
Philippe le Bel, 191, 192, 199
Pierre II d'Aragon, 5, 6, 7, 33, 217
Pierre IV d'Aragon, 13

S

Salomon Avigdor d'Arles, 203, 204

T

Thomas d'Aquin, 224
Tibbonides (famille), 179, 191, 192, 196, 197

U

Urbain V, *voir aussi* Guillaume Grimoard, 154,
    205, 206, 207, 208, 209, 210, 211, 212,
    213, 214, 215, 216, 223, 224, 230

INDEX DES LIEUX

A

Aigues-Mortes, 126, 170, 182, 228
Argelliers, 22, 23
Aumelas, 4, 5, 10, 11, 18, 19, 21, 23, 24
Avignon, 13, 44, 81, 84, 107, 169, 173, 180, 205, 206, 207, 208, 209, 214, 216, 222

B

Barcelone, 5, 6, 17, 70, 116, 193, 194, 195, 197, 198, 199, 200, 202, 203, 204, 227
Béziers, 9, 12, 17, 33, 44, 129, 197, 199, 201
Bologne, 94, 176, 209

C

Caravètes, 26
Carcassonne, 9, 11, 57, 163, 177, 183

F

Florence, 94, 116, 117, 170, 172, 181, 183, 184, 203

L

Lattes, 5, 8, 11, 13, 18, 23, 25, 26, 36, 70, 71, 126, 135, 170, 193, 194, 200, 204, 223, 228
Le Lez, 21, 25, 26, 32
Le Pouget, 11, 13, 17, 18, 19, 24
Les Matelles, 22, 29
Lunel, xi, 33, 34, 35, 46, 122, 191, 193, 196, 197, 199
Lyon, xv, 45, 170, 180, 184, 213

M

Maguelone, diocèse de Maguelone, xiii, 2, 5, 16, 17, 19, 20, 26, 27, 28, 31, 32, 33, 34, 35, 37, 38, 39, 40, 41, 42, 43, 44, 45, 46, 47, 48, 49, 50, 83, 155, 156, 164, 166, 175, 199, 205, 208, 210, 211, 214, 215, 217, 218, 219, 220, 222, 227
Melgueil, 11, 17, 20, 24, 25, 26, 28, 31, 163, 164, 166, 167, 201, 217
Montpellier
  Boucherie, 224, 227
  Charnier Saint-Barthélemy, 82, 100
  Cimetière Saint-Côme, xii, 82, 119
  Collège Saint-Ruf, 207, 209, 210, 215
  Costa frigida, 75
  Église Notre-Dame-des-Tables, 101, 117, 119, 126, 222, 224
  Église Sainte-Eulalie, 75
  Hôtel de ville, 95, 97, 208, 224
  Mikvé, xi, 135, 192, 203
  Monastère collège Saint-Benoît, 207, 208, 209, 213, 214, 215, 223
  Montpelliéret, 38, 47, 101, 175, 191, 199, 218
  Place de l'Herberie, 92, 95, 96, 97, 98, 101, 102, 103
  Poissonnerie, 224
  Saint-Denis, 37, 38, 47, 222
  Saint-Firmin, xiii, 31, 36, 38, 39, 41, 43, 46, 48, 83, 100, 214, 222
  Université de médecine, xi, 2, 175, 176

N

Narbonne, 32, 40, 41, 42, 44, 60, 69, 70, 78, 162, 166, 199, 202, 208, 210, 215
Nîmes, 9, 11, 12, 60, 84, 182, 198, 208

P

Pamiers, 56, 57
Paris, 10, 13, 14, 41, 61, 62, 94, 103, 173, 175, 176, 201, 202, 204
Perpignan, 7, 8, 10, 13, 195, 197, 198, 199, 202, 203, 204

S

Saint-Gilles, 33, 34, 36, 41, 126, 158, 161, 166

T

Toulouse, xv, 9, 11, 20, 31, 33, 44, 49, 51, 60, 61, 66, 126, 156, 163, 166, 176, 184, 207
Valène, xiii, 16, 19, 20, 22, 23, 26, 27, 28, 29
Venise, 116, 201

PLANCHES COULEUR

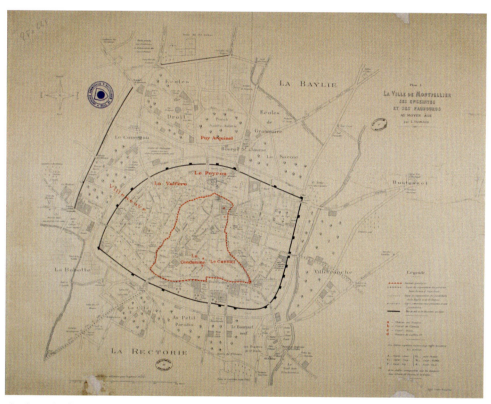

Planche 1. Plan de la ville de Montpellier, ses enceintes et ses faubourgs au Moyen Âge par Louise Guiraud, 1895. Archives Municipales de Montpellier, 2Fi441 (voir figure 2)

PLANCHE COULEUR

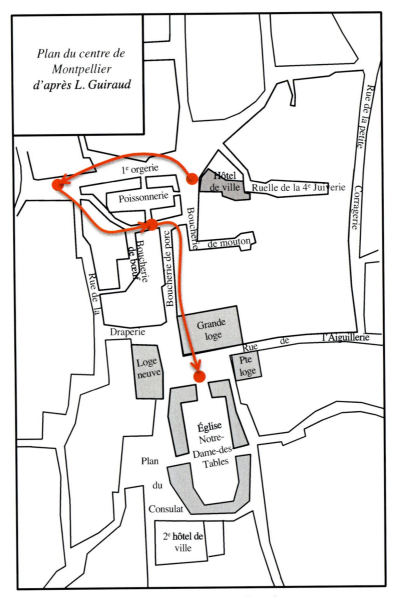

Planche 2. Les quatre premiers lieux de la criée, 1336 (voir figure 6)

Planche 3. L'hôtel de Gayon, 3 rue de la Vieille, entièrement remodelé à l'âge classique (1) (voir figure 9)

Planche Couleur

Planche 4. L'hôtel de Gayon, 3 rue de la Vieille, entièrement remodelé à l'âge classique (2) (voir figure 10)

PLANCHE COULEUR

Planche 5. Restitution de l'ostal des Carcassonne, vue sur la tour et l'angle sud-ouest (voir figure 12)

PLANCHE COULEUR

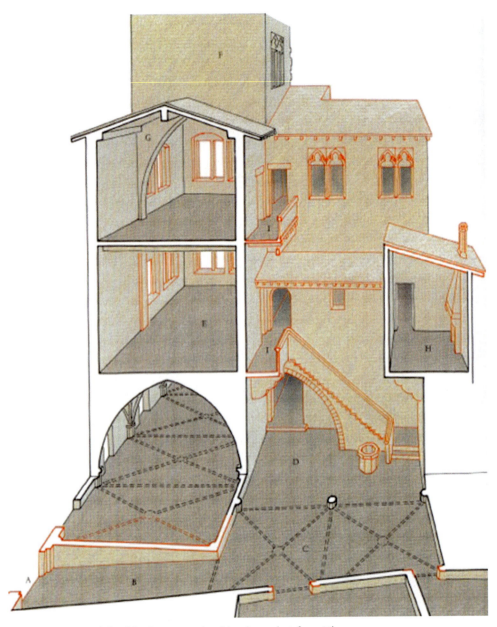

Planche 6. Restitution de l'ostal des Carcassonne, écorché sur la cour (voir figure 13)

PLANCHE COULEUR

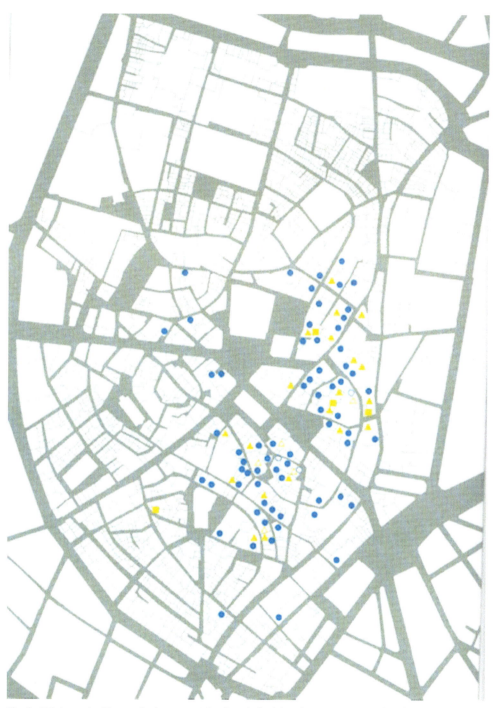

Planche 7. Pointage des éléments d'architecture médiévale sur le fond du cadastre contemporain (voir figure 14)

Planche Couleur

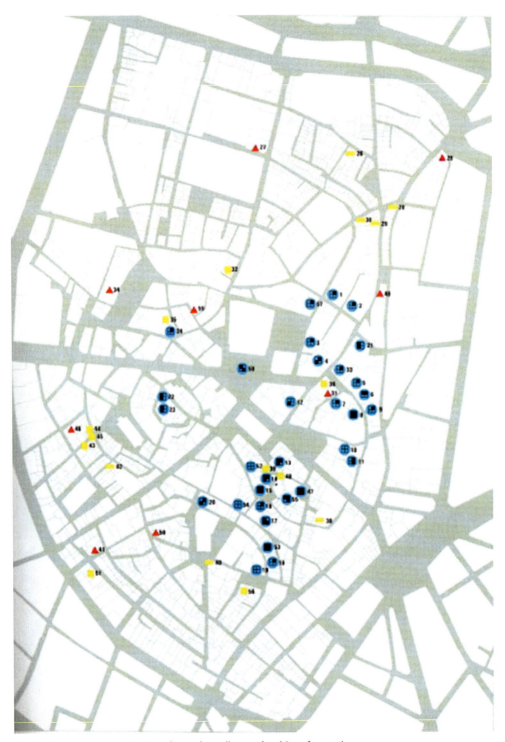

Planche 8. Autres traits caractéristiques du grand parcellaire médiéval (voir figure 15)

Planche Couleur

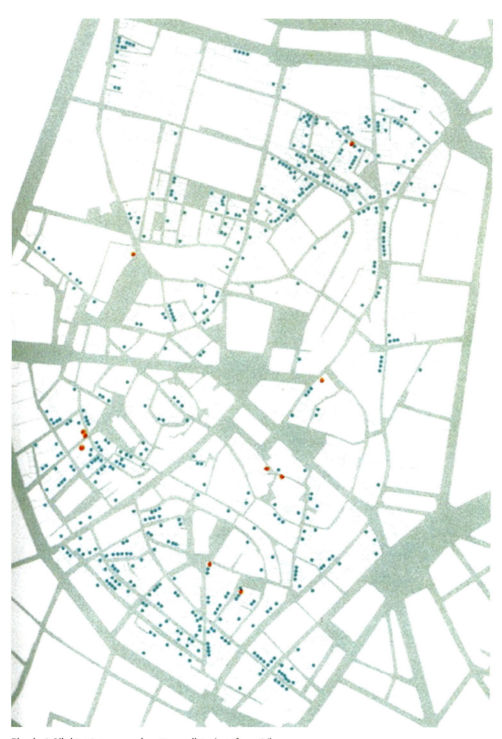

Planche 9. L'habitat intra muros de petit parcellaire (voir figure 16)

Planche Couleur

Planche 10. Détail du retable d'Ambrogio Lorenzetti : Scènes de la vie de Saint Nicolas. Vers 1332, Musée des Offices, Florence (voir figure 17)

Planche 11. 1, rue Sainte-Ursule (voir figure 18)

Planche Couleur

Planche 12. 2, rue de la Carbonnerie. Façade sur la rue Delpech après dégagement des baies du début du xiiie siècle (voir figure 19)

Planche 13. 30, rue Saint-Sépulcre. Maison à l'angle de la rue de la Rochelle, fin xiiie début xive siècle (voir figure 20)

Planche Couleur

Planche 14. 9, rue de la Petite-Loge (voir figure 21)

PLANCHE COULEUR

Planche 15. 1, rue du Plan d'Agde. Maison d'angle du XIIIe-XIVe siècle (voir figure 22 bis)

PLANCHE COULEUR

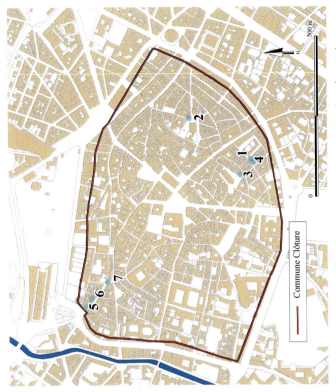

Planche 16. Montpellier. Plan de situation des maisons à avant-solier (voir figure 23)

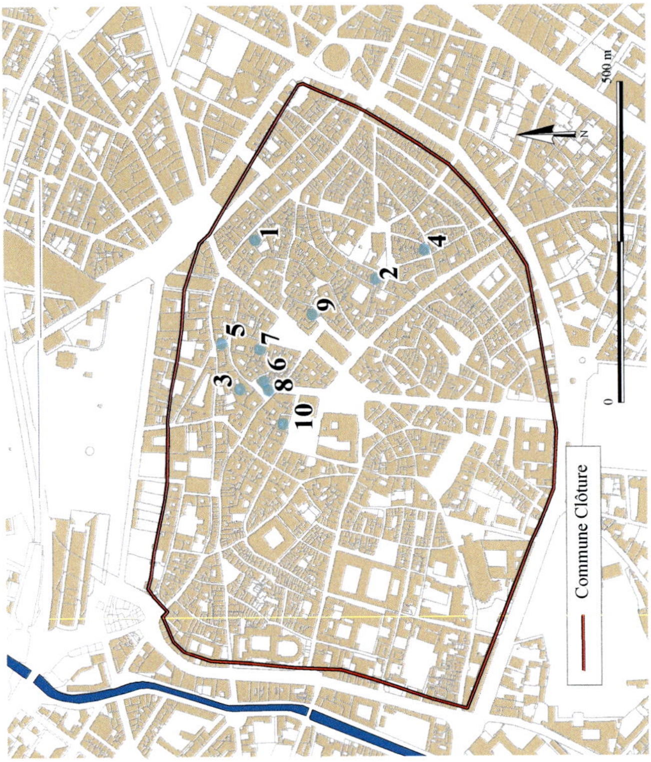

Planche 17. Montpellier. Plan de situation des plafonds peints du xiiie-xive siècle (voir figure 24)

PLANCHE COULEUR

Planche 18. 3, rue de la Vieille, élément du plafond (voir figure 25)

Planche Couleur

Planche 19. 3, rue de la Vieille. Restitution du plafond (voir figure 26)